高等院校城乡规划学系列教材

土地利用规划

田莉　张书海　著

清华大学出版社
北京

内 容 简 介

土地利用规划是国土空间规划的核心内容。本书系统整合原城乡规划、土地利用总体规划等的内容，结合我国"五级三类"国土空间规划体系的建构，系统介绍了土地利用、土地利用规划的概念及相关的空间、社会、经济、政治、环境等方面的理论，对土地利用规划的方法和支持系统、国内外土地开发控制的体系及我国不同层面国土空间规划阶段的土地利用规划内容、土地利用规划的实施评价等进行了详细阐述，最后简要介绍了我国土地利用的相关制度和土地的开发控制与管理实践，以期读者对土地利用规划和管理体系有较为全面的理解。

本书针对的主要对象是城乡规划、土地资源规划、土地管理等相关专业的本科、研究生及相关领域的研究人员。

版权所有，侵权必究。举报：010-62782989，beiqinquan@tup.tsinghua.edu.cn。

图书在版编目(CIP)数据

土地利用规划/田莉，张书海著．—北京：清华大学出版社，2022.8
高等院校城乡规划学系列教材
ISBN 978-7-302-59514-4

Ⅰ．①土… Ⅱ．①田… ②张… Ⅲ．①土地规划—高等学校—教材 Ⅳ．①F301.2

中国版本图书馆 CIP 数据核字(2021)第 230502 号
审图号：GS 京(2022)0738 号

责任编辑：张占奎
封面设计：陈国熙
责任校对：赵丽敏
责任印制：刘海龙

出版发行：清华大学出版社
　　网　　址：http://www.tup.com.cn，http://www.wqbook.com
　　地　　址：北京清华大学学研大厦 A 座　　邮　编：100084
　　社 总 机：010-83470000　　邮　购：010-62786544
　　投稿与读者服务：010-62776969，c-service@tup.tsinghua.edu.cn
　　质量反馈：010-62772015，zhiliang@tup.tsinghua.edu.cn
印 装 者：三河市龙大印装有限公司
经　　销：全国新华书店
开　　本：203mm×253mm　　印 张：21.75　　插 页：4　　字 数：510 千字
版　　次：2022 年 8 月第 1 版　　印 次：2022 年 8 月第 1 次印刷
定　　价：65.00 元

产品编号：088809-01

本书编写组名单

主　　　编：田　莉　张书海

编写组成员：（按姓氏笔画为序）

　　　　　王博祎　李经纬　严雅琦　张　博　吴怡沁
　　　　　杜　坤　杨　瑞　姚之浩　郭　旭　高　原

高等院校城乡规划专业系列教材

主　　　编：顾朝林

副　主　编：谭纵波　甄　峰　周　恺

编　　　委：（按姓氏笔画为序）

　　　　　王世福　　王亚平(英)　王兴平　　叶裕民
　　　　　田　莉　　刘合林　　　许　浩　　运迎霞
　　　　　李王鸣　　李志刚　　　李　燕(日)　吴维平(美)
　　　　　吴缚龙(英)　沈建法　　　周　恺　　周　婕
　　　　　洪启东　　袁　媛　　　顾朝林　　黄亚平
　　　　　韩笋生(澳)　甄　峰　　　谭纵波

前　言

2019年5月，中央和国务院发布了《中共中央国务院关于建立国土空间规划体系并监督实施的若干意见》。提出到2020年，基本建立国土空间规划体系，逐步建立起"多规合一"的规划编制审批体系、实施监管体系、法规政策体系和技术标准体系。土地利用是国土空间规划的核心问题。在发达国家的规划如美国的区划和英国的地方发展规划中，土地利用一直是规划管理与开发控制的核心内容。

本书是在2016年清华大学出版社《城市土地利用规划》的基础上修订而成。《城市土地利用规划》针对我国城乡规划和土地管理体系的分设及城乡二元土地制度下存在的城市总体规划与土地利用总体规划不统一、政出多门、管理难以协调等问题，结合北京、上海、武汉等城市"两规合一"乃至"多规合一"的探索与实践，整合了城乡规划与土地利用规划的相关知识，从概念、理论基础、规划方法、规划内容、开发控制等诸多方面进行较为全面的分析与介绍。本次在充分借鉴《中共中央国务院关于建立国土空间规划体系并监督实施的若干意见》的基础上进行了修订。原来的第六章"城市总体规划阶段的土地利用规划"改为"市县国土空间规划阶段的土地利用规划"，增加了"三区三线"划定的内容；同时，增加了"国土空间规划体系"章节，较为系统地介绍了国土空间规划的内容体系与支撑体系。希望读者能对土地利用规划的内容有较为全面的了解。

本书是清华大学城市规划系顾朝林教授主编的"高等院校城乡规划学系列教材"的组成部分，也是团队工作的成果。笔者在同济大学与清华大学城市规划系任教期间的博士后、博士生和硕士生参与了教材编写的工作。中国人民大学土地管理系张书海博士参与了修订版中"我国的国土空间规划体系"章节的编写。各章节的内容与作者如下：

全书大纲、目录、具体内容及主要参考文献由田莉拟定，并对全文内容进行修改。具体编写人员分工如下：

第一、二章由浙江大学城市学院城乡规划系讲师、同济大学城乡规划学博士郭旭撰写；

第三章由普华永道管理咨询有限公司研究员、同济大学城市规划硕士王博祎撰写；

第四章由清华大学建筑学院博士李经纬撰写；

第五章由湖南湘江新区管理委员会国土规划局规划师、同济大学城市规划硕士张博撰写；

第六章由中国人民大学土地管理系副教授张书海撰写；

第七章由清华大学建筑学院博士研究生严雅琦与北京林业大学园林学院讲师、清华大学建筑学院博士后高原撰写；

第八章由苏州科技大学城市规划系讲师、同济大学城乡规划学博士姚之浩撰写；

第九章由上海市青浦区规划与自然资源局规划师、同济大学城市规划硕士吴怡沁撰写；

第十章由深圳市城市规划设计研究院有限公司规划师杨瑞撰写；

第十一章由武汉大学资源与环境学院博士杜坤和深圳市城市规划设计研究院有限公司杨瑞撰写。

全书由田莉统稿，严雅琦进行格式编排。

最后，笔者衷心感谢清华大学出版社为本书出版辛勤贡献的编辑们，他们高质量的文字编辑工作和认真负责的工作态度令人印象深刻。没有大家的支持和协助，本书的付梓出版是不可能的，在此致以最诚挚的谢意。

当然，由于作者本人的知识水平和能力的限制，书中的内容难免存在诸多疏漏与不足，希望读者不吝指正，以便在未来的研究中不断修正提升。

田　莉
2021 年 11 月

目　　录

第一章　导论 ··· 1
　第一节　土地的概念与特性 ·· 1
　　　一、土地的概念 ·· 1
　　　二、土地的特性 ·· 2
　第二节　土地利用的概念 ··· 3
　　　一、土地利用的含义 ·· 3
　　　二、土地利用的特点和本质 ·· 4
　第三节　城市土地利用分类 ·· 5
　　　一、土地利用分类的内涵 ··· 5
　　　二、原国土系统的土地分类 ·· 6
　　　三、原规划系统的土地分类 ·· 7
　第四节　土地利用规划体系 ·· 8
　　　一、原国土领域的土地利用规划体系 ·· 8
　　　二、原城乡规划领域的城镇土地利用规划体系 ······························ 10
　　　三、国土空间规划体系 ·· 11
　参考文献 ·· 12
　思考题 ··· 13

第二章　城市土地利用规划的相关理论 ·· 14
　第一节　地租地价理论 ·· 14
　　　一、地租理论 ·· 14
　　　二、地价理论 ·· 18
　第二节　区位理论 ·· 20
　　　一、区位理论概述 ·· 20
　　　二、杜能农业区位理论 ·· 21
　　　三、韦伯工业区位论 ··· 21
　　　四、中心地理论 ··· 23
　第三节　政治经济学视角下的土地利用 ··· 25
　　　一、结构主义 ·· 25
　　　二、区位冲突学派 ·· 26
　　　三、城市管理学派 ·· 27
　第四节　城市土地利用规划的价值观 ·· 28

一、土地利用的价值观 ………………………………………………………… 28
　　　二、经济发展价值观 …………………………………………………………… 28
　　　三、环境保护价值观 …………………………………………………………… 29
　　　四、公平正义价值观 …………………………………………………………… 29
　　　五、宜居的价值观 ……………………………………………………………… 30
　参考文献 …………………………………………………………………………… 31
　思考题 ……………………………………………………………………………… 32

第三章　城市土地利用规划的方法 ……………………………………………… 33
　第一节　社会经济分析 …………………………………………………………… 33
　　　一、城市土地利用规划与社会经济发展的关系 …………………………… 33
　　　二、城市土地利用规划中社会经济分析的主要内容 ……………………… 35
　　　三、城市土地利用规划中社会经济分析的主要方法 ……………………… 39
　第二节　环境影响分析 …………………………………………………………… 44
　　　一、城市土地利用规划环境影响分析的内涵 ……………………………… 44
　　　二、城市土地利用规划环境影响分析的流程与内容 ……………………… 45
　　　三、城市土地利用规划环境影响的评价指标与方法 ……………………… 47
　第三节　交通和基础设施系统分析 ……………………………………………… 54
　　　一、城市土地利用与基础设施的关系 ……………………………………… 54
　　　二、土地利用规划中交通基础设施分析方法 ……………………………… 57
　　　三、土地利用规划中其他基础设施分析方法 ……………………………… 60
　第四节　景观生态学分析 ………………………………………………………… 65
　　　一、城市土地利用规划中景观生态学分析的内涵 ………………………… 65
　　　二、城市土地利用规划的景观生态学理论基础和分析方法 ……………… 66
　　　三、城市土地利用规划中景观生态学分析的应用 ………………………… 72
　参考文献 …………………………………………………………………………… 74
　思考题 ……………………………………………………………………………… 77

第四章　城市土地利用规划的支持系统 ………………………………………… 78
　第一节　LUCC 在城市土地利用规划中的运用 ………………………………… 78
　　　一、土地利用/土地覆盖变化的产生和概念 ………………………………… 78
　　　二、土地利用/土地覆盖变化的研究目标与内容 …………………………… 79
　　　三、土地利用/土地覆盖变化的信息获取与分类系统 ……………………… 81
　　　四、土地利用/土地覆盖变化的分析与预测模型 …………………………… 83
　　　五、土地可持续利用与土地利用/土地覆盖变化 …………………………… 87
　第二节　GIS 在城市土地利用规划中的应用 …………………………………… 88
　　　一、地理信息系统的产生和应用 …………………………………………… 88
　　　二、土地利用规划信息系统及功能 ………………………………………… 90

　　　　三、土地利用规划信息数据库管理系统 ················· 92
　　　　四、GIS在城市土地利用规划中的应用 ················· 95
　参考文献 ················· 97
　思考题 ················· 98

第五章　国内外土地利用规划与开发控制体系 ················· 99
第一节　美国土地利用规划与开发控制体系 ················· 99
　　　　一、背景概述 ················· 99
　　　　二、美国的土地利用规划层次 ················· 102
　　　　三、美国的土地开发控制的主要内容与手段 ················· 105
第二节　英国土地利用规划与开发控制体系 ················· 107
　　　　一、背景概述 ················· 107
　　　　二、英国的土地利用规划层次 ················· 110
　　　　三、英国的土地开发控制的主要内容与手段 ················· 117
第三节　中国香港土地利用规划与开发控制体系 ················· 119
　　　　一、背景概述 ················· 119
　　　　二、香港的土地利用规划层次 ················· 122
　　　　三、香港土地开发控制的主要内容与手段 ················· 128
第四节　新加坡土地利用规划与开发控制体系 ················· 131
　　　　一、背景概述 ················· 131
　　　　二、新加坡的土地利用规划层次 ················· 134
　　　　三、新加坡的土地开发控制的主要内容与手段 ················· 138
　参考文献 ················· 140
　思考题 ················· 141

第六章　国土空间规划体系 ················· 142
第一节　"多规合一"的国土空间规划改革 ················· 142
　　　　一、我国主要的空间型规划 ················· 142
　　　　二、"多规合一"的改革进程 ················· 145
第二节　国土空间规划的内容体系 ················· 147
　　　　一、国土空间总体规划 ················· 147
　　　　二、国土空间详细规划 ················· 155
　　　　三、国土空间专项规划 ················· 157
第三节　国土空间规划的支撑体系 ················· 161
　　　　一、法律法规体系 ················· 161
　　　　二、编制审批体系 ················· 161
　　　　三、实施监督体系 ················· 163
　　　　四、技术标准体系 ················· 168

参考文献 …………………………………………………………………… 169
　　思考题 ……………………………………………………………………… 169

第七章　市县国土空间规划阶段的土地利用规划 …………………………… 170
第一节　市县国土空间规划中土地利用规划内容 ………………………… 170
第二节　市县国土空间"三区三线"的划定 ……………………………… 171
　　一、生态空间与生态保护红线的划定 ……………………………… 172
　　二、农业空间与永久基本农田保护红线的划定 …………………… 174
　　三、城镇空间与城镇开发边界的划定 ……………………………… 176
第三节　土地利用功能分区 ………………………………………………… 188
　　一、土地利用功能分区的概念与内涵 ……………………………… 188
　　二、城市主要功能要素的布局 ……………………………………… 188
第四节　土地利用结构 ……………………………………………………… 190
　　一、土地利用结构的概念与内涵 …………………………………… 190
　　二、土地利用数量结构 ……………………………………………… 190
　　三、土地利用的空间结构 …………………………………………… 192
　　四、土地利用结构的定量分析方法 ………………………………… 201
　　参考文献 …………………………………………………………………… 204
　　思考题 ……………………………………………………………………… 205

第八章　控制性详细规划阶段的土地利用规划 ……………………………… 206
第一节　控规阶段的土地利用控制 ………………………………………… 206
　　一、控规阶段土地利用控制的本质 ………………………………… 206
　　二、控规阶段土地利用控制的作用 ………………………………… 207
　　三、控规的规划控制体系 …………………………………………… 208
第二节　控规中的土地利用规划 …………………………………………… 210
　　一、土地利用的控制要素 …………………………………………… 210
　　二、土地利用规划控制的方式 ……………………………………… 214
第三节　控规土地利用规划的指标确定 …………………………………… 215
　　一、土地利用性质确定和兼容性管理 ……………………………… 215
　　二、容积率控制的确定方法 ………………………………………… 222
　　参考文献 …………………………………………………………………… 227
　　思考题 ……………………………………………………………………… 229

第九章　土地利用规划实施评价 ……………………………………………… 230
第一节　土地利用规划实施评价的类型 …………………………………… 230
　　一、土地利用规划实施之前的评价 ………………………………… 231
　　二、土地利用规划实施过程的评价 ………………………………… 231
　　三、与土地利用相关的政策实施分析 ……………………………… 232

　　　　四、土地利用规划实施结果的评价 ·················· 236
　　　　五、影响土地利用规划实施的因素分析 ············· 238
　第二节　土地利用规划实施评价的方法 ····················· 239
　　　　一、以土地利用一致性为原则的评价方法 ············ 239
　　　　二、比较实施效果与规划主旨的评价方法 ············ 241
　　　　三、以规划实践为基础的评价方法 ·················· 241
　　　　四、PPIP 政策-规划实施评价过程模型 ··············· 243
　　　　五、以目标为导向的评价方法 ······················· 245
　第三节　土地利用规划实施评价的指标体系 ················ 246
　　　　一、评价指标体系的构建原则 ······················· 247
　　　　二、评价指标体系的构建 ··························· 248
　参考文献 ·· 254
　思考题 ·· 255

第十章　我国的土地利用制度 ······························ 256
　第一节　我国土地有偿使用制度的建立及演进 ·············· 257
　　　　一、我国土地有偿使用制度建立的背景 ·············· 257
　　　　二、土地有偿使用制度的建立 ······················· 259
　　　　三、土地有偿使用制度建立以来的阶段演进 ·········· 260
　第二节　土地征收制度 ······································ 265
　　　　一、土地征收的内涵 ······························· 265
　　　　二、土地征收的范围 ······························· 265
　　　　三、土地征收的程序 ······························· 266
　　　　四、土地征收的补偿与安置 ························· 267
　第三节　土地储备制度 ······································ 269
　　　　一、土地储备制度的产生与发展 ····················· 269
　　　　二、土地储备制度的内涵 ··························· 270
　　　　三、土地储备的运作程序 ··························· 272
　　　　四、土地储备制度的不足 ··························· 274
　第四节　土地使用权交易制度 ································ 275
　　　　一、土地一级市场的交易制度 ······················· 276
　　　　二、土地二级市场的交易制度 ······················· 278
　　　　三、土地使用权交易中的管理制度 ··················· 280
　参考文献 ·· 282
　思考题 ·· 284

第十一章　土地的开发与管理 ······························ 285
　第一节　城市土地利用管理概述 ····························· 286

	一、土地利用管理的概念及指导思想	286
	二、土地利用管理的内容	286
第二节	土地利用规划的法律体系概述	287
	一、土地利用规划的法律体系	287
	二、我国土地利用规划法律体系的特点	288
第三节	土地利用的计划管理	290
	一、土地利用计划管理的含义	290
	二、土地利用计划与土地利用规划的关系	291
	三、土地利用计划体系	291
第四节	土地利用的管制	292
	一、建设用地总量控制	292
	二、城市土地利用标准控制	296
	三、规划的行政许可	301
第五节	土地管理的组织架构	303
	一、土地利用管理架构	303
	二、改革开放以来土地利用、城市规划管理体制的变迁过程	305
第六节	城市土地利用规划的实施管理	308
	一、土地利用规划实施保障的内涵及任务	308
	二、国外规划实施管理的主要模式及手段	309
	三、提升我国土地利用规划实施管理的思路与建议	311
参考文献		313
思考题		314

附录 A	土地利用现状分类和三大地类对应	315
附录 B	城镇村及工矿用地分类和编码	320
附录 C	城乡用地分类和代码	321
附录 D	城市建设用地分类和代码	323
附录 E	划拨用地目录(国土资源部令第9号)	327
附录 F	限制用地项目目录(2012年版)	332

第一章 导论

第一节 土地的概念与特性

一、土地的概念

土地作为人类社会活动的载体,是人类生存和发展的基本资源。中国古代学者管仲曾言"地者,万物之本原,诸生之根苑也"。对于农业、矿业或是土地开发等活动而言,土地是最基本的生产要素。威廉·佩第(William Petty)认为:劳动是财富之父,土地是财富之母。"土地"是土地科学中最重要的基本概念,对土地的属性内涵的准确把握有利于进一步深入地进行土地开发利用、管理等的研究和实践。

马克思认为属性是指事物本身所固有的性质,土地作为基本的研究客体,它同时具有自然、经济和社会属性(段正梁,2000)。土地利用的社会化进程不断强化着土地的本质属性,并使其社会、经济属性不断扩展。这些属性使得土地在城市发展、土地经济和城市规划与建设中显示出越来越重要的作用(吴志强,2010)。

土地的自然属性是指土地自身具有的自然环境性能以及不可变更的特性,它将影响到城乡用地的选择、城乡土地的用途结构以及建设的经济性等方面。土地首先以物质实体的形式存在,其物质实体实际上是由地表各自然要素(如地质、地貌、气候、生物、土壤、水文等)和以物理状态存在的社会经济要素(如建筑、道路、地下物等)所组成的。简单而言,即土地是由土地自然物和土地资本物组成的以自然方式存在的土地物质实体。土地可以通过人类社会活动而体现出经济价值。

城市用地因人为的土地利用方式而得以开发土地的经济潜力。土地具有经济属性,就是以自然状态存在的物质实体能为人类所用、带来经济效用或其本身具有经济效益的功能。土地具有资源和资产的双重特性功能。土地的资源功能是指土地作为生产要素和环境要素是人类生产、生活的物质基础和来源,土地的资产功能是指土地可以作为财产来使用和进行交换的功能。土地的社会属性则反映了土地的社会关系。土地关系的核心是土地权属或土地产权关系。土地产权是指土地所有者或使用者按照相关法律的规定所享有的对土地占有、使用、收益和处分的权利。

不同的学科对土地也有着不同的解释。经济学认为,土地是指"大自然无偿资助人们的地上、水中、空中、光热等物质和力量"(马歇尔,1982);"土地是自然的各种力量,或自然资源……侧重于大自然所赋予的东西"(伊利,1982)。从地理学角度而言,土地是指"地表上的一个立体垂直剖面,从空中环境到地下的物质层,并包括过去和现在的人类活动成果"

(王万茂,2006)。从系统科学的角度,土地是由耕地、林地、牧地、水域、工矿用地等子系统组成的复杂系统。

综上,根据土地的自然、经济和社会属性以及各学科的相关探讨,土地的概念可表述为:土地是固定于地表,包括地表上一定空间和地表下一定深度,由土地自然物与土地资本物所组成的具有资源、资产、产权三重属性的综合体。

二、土地的特性

伊利(1982)指出,成功的土地利用是以对土地特性的认识为基础的。因此,研究土地特征对真正认识并合理利用土地十分重要。目前对土地特征的界定,比较有代表性的表述有四种:第一种是两分法,该观点认为,土地的特征包括自然特征和经济特征。第二种是三分法,该观点又可细分为两种,一种是土地的特征主要有自然特征、社会经济特征与法律特征三类,另一种是土地的特征主要有两重性、自然特征、社会经济特征三类。第三种是混合法,即对土地自然特征、社会经济特征等不作区分,而是合二为一地去论述。第四种是方法确定法,即根据一定的方法去确定土地的特征,在该观点看来,对任何事物的特征的研究,必须采用一定的方法,而且只有方法得当,技术路线正确,才能取得满意的结果。

上述对土地特性的探讨有两点需要说明:一是两分法和三分法并无本质的不同,只是内容或多或寡(姜爱林,2000)。混合法是不加区分的两分法或三分法。二是方法确定法过于偏重人为的因素,但作为一种研究尝试,具有一定的研究价值。著者认为,两分法、三分法、混合法与方法确定法这四种观点各有千秋,都有值得借鉴之处。根据上文对土地概念的科学界定,并结合土地科学的实际,对土地的特征可从土地的本质特性和派生特性两个方面来论述。

土地自然特性是土地自然属性的反映,是土地所固有的、不以人的意志为转移的,也是由其本身的物理、化学、生物性能所决定的,与人类对土地的利用与否没有必然的联系。土地自然特性主要包括:①土地是自然的产物;②土地数量(面积)的有限性;③土地位置的固定性;④土地质量的差异性;⑤土地利用的永续性。通过上述对土地自然特性的分析以及对土地生产能力的评价,生产用地配置会对解决经济发展与合理开发利用土地之间的矛盾产生积极意义。

土地的派生特性主要有经济、社会、生态、法律等四个方面。①土地的经济特性是在土地自然生产力的基础上,土地被人类利用、改造中所表现出来的。在人类诞生之前,土地尚未被人类开发利用,这些特征自然并不存在。这些特征有土地供给的稀缺性、土地报酬的递减性、土地用途变更的困难性、土地利用方式的分散性、土地损失的补偿性、土地资本的储藏性、土地投入的增值性。②土地的社会特性,是指建立在土地产权之上的政治和社会权力而表现出的特性,它与土地的经济属性具有密切的关联。土地不仅是生产资料,也是社会关系的客体。人们在利用土地这个生产资料时,一方面要依据土地的自然属性,合理利用土地;另一方面又产生了对土地的占有、使用、支配与收益等生产关系,而土地的占有、使用关系则是一定社会关系的基础,这就是土地的社会特性。另外,这也反映了对土地进行分配和再分配的客观必然性。③土地的生态特性,是由土地本身的生态系统及其环境因素所体现出来的一种特性。土地生态是指人类社会经济活动与土地资源之间的相互依存、互相制约的一种关系。生态学和地理学认为,土地是由气候、地貌、岩石、土壤、植被、水文、基础地质等组成的生态系统。土地生态系统又可细分为农用地生态系统、建设用地生态系统以及未利用地生态系统。其中,农用地生态系统又可细分为耕地生态系统、林地生态系统、草地生态系统与养殖水面生态系统。水土流失、土地污染、土地质量退化、土地沙化等土地生态环境恶化,不仅破坏了土地自身生态系统的生产力,而且直接影响地球上更大生态系统的能量和物质循环。土地的生态特性有易受污染性、可更新性、质量退化性、水土流失性、危害株连性。④土地的法律特性,是由土地的位置固定性与财产权利体现出来的一种特性。它所强调的是与土地相关的各种利益的权利和责任,如土地所有权、使用权、收益权、处分权等。其特征有不动产性、两权分离性、范围性、归属性和排他性等。

第二节 土地利用的概念

一、土地利用的含义

土地利用是一个内涵丰富的概念。土地利用包括将自然环境或未开发的土地改造和管理成建设环境,比如把耕地、牧草地以及林地改造成居民点或半自然环境。联合国粮农组织(FAO)认为,土地利用可被定义为:在一定的自然、社会、经济背景下,按一套经营管理的技术经济指标加以详细规定和描述的土地利用类型,这套技术经济指标包括产品、市场方向、经营规模、劳动力集约度、资金集约度、所采用的动力、技术和物质投入等(FAO/UNEP,1999)。

从不同的角度看待土地利用有着不同的理解。土地利用作为一种干预过程而言,是指人类对特定土地投入劳动力资本,以期从土地得到某种欲望的满足(林英彦,1995),或是指人类通过与土地结合获得物质产品和服务的经济活动过程(毕宝德,2003)。作为一种存在状态,是指在既定时间、空间和特定地点的一切已开发和空闲的土地的表面状况(曼德尔,1986)。综合相关观点,可以发现土地利用包括了三个核心要素,即人、土地及土地利用方式(董祚继,2007)。第一个基本要素是人,作为土地利用的主体,人是土地利用过程中最为主导和具有能动性的因素。人的需求是土地利用的出发点和根本目标,土地利用过程因为有了人的因素而有别于单纯的自然生产过程,成为自然再生产与经济再生产相互影响的过程。第二个基本要素是土地,作为土地利用的客体,土地是一切活动的物质源泉。土地利用的过程也是一个人与土地进行物质、能量和价值交流、转换的过程。第三个基本要素是土地利用方式。土地利用方式是连接人与土地两个要素的媒介。

作为人类有目的地对土地进行干预的活动,土地利用包括四个方面:土地开发、土地利用、土地整治和土地保护。土地开发有广义和狭义之分。广义的土地开发是指把尚未利用的土地经过清理、整治,使之可以投入使用;狭义的土地开发指的是土地开垦,是指把适于耕作的荒地经过开垦变为耕地,以种植农作物(张占录,2006)。

此处的土地利用是狭义的概念,是指由土地质量特性和社会土地需求协调所决定的土地利用过程,是人类通过与土地结合获得物品和劳务的经济活动过程。合理的土地利用是一个寻求土地资源最佳利用的过程。土地整治是指改变土地利用不利于生态环境条件的综合措施,使土地资源得到永续利用,如水土流失整治、盐碱地整治等。土地保护是指保护土地资源及其环境条件中有利于生产和生活的状态,依据自然规律采取措施以保护和利用土地,最终达到保护土地资源的目的。

基于上述的各种认识,本书将土地利用定义为:土地利用是指人类通过特定的行动,在特定的社会生产方式下,依据土地的自然、社会和经济属性,对其进行有目的的开发、利用、整治和保护等活动,以满足人类生产生活需求的活动。

二、土地利用的特点和本质

(一) 土地利用的特点

1. 土地利用性质变更的困难性

尽管土地具有多种使用用途,但土地一旦转为具体的用途之后,便具有了"使用惯性",再要变更其用途比较困难。这是因为:一方面,受制于土地的自然条件;另一方面,更改土地利用性质往往会在短期内造成巨大的财富消耗以及相关的交易成本。因此,注重土地利用规划,在行动实施前做好勘测设计与富有远见的规划十分重要。

2. 土地利用的报酬递减性

土地报酬递减规律认为,在技术水平一定的前提下,土地上最后会出现产出物的增加值小于投入物的增加值,该规律尤其在农用地的表现最为明显,也即土地的"内卷化"(黄宗智,2002)。这要求在提高土地利用强度、提高投入时,需要在一定的经济技术条件下进行,而非一味地提高土地上的投入量,最终导致土地利用报酬递减。无论是农用地还是建设用地都遵循该规律。

3. 土地利用效应的外部性

外部性又称外部效应,是一个经济学概念,指某一微观经济行为主体的经济活动对另一主体的福利所产生的效应,且这种效应没有通过市场交易反映出来。结合土地而言,土地外部性是指人们在对土地这一客体进行利用的过程中,对他人的生活、工作或者生产活动或社会所造成的影响,并且这种影响无法通过市场来进行交易。土地外部性的承受者虽与土地利用者没有直接关系,但他们不能自主地选择或避免这种外部性对自己造成的影响,这就造成了土地利用者的私人收益与社会收益、私人成本与社会成本不一致的现象(刘湘洪等,2010)。土地利用的外部性,是经济系统运行中正常的、无处不在的和不可避免的组成部分。土地利用的外部性涉及面广,类型多样。

4. 土地利用的可持续性

土地利用的可持续性,是指在获得最高产量的同时保护土壤等赖以生产的基本资源,来维护土地的永久生产力(蔡运龙,2003)。土地是一种可变更的资源,不会因使用而减少,土地可能因不当的利用方式而改变其性质或出现退化,但其面积和空间位置是不会改变的。如果能合理利用,其生产力不但不会随着时间的推移而丧失,相反,还会随着科技的进步而得到提高。

5. 土地利用的动态性

随着社会经济发展和自然环境的变化,土地的用途、土地资源的分配、土地利用效益并非一成不变,而是一个动态过程。从人类社会早期的直接向自然生态索取的方式到农业生产再到工业革命后的工业化与城市化,土地利用的方式发生了极大的变化。随着生产力的发展以及科技的进步,诸多曾经无法利用的土地得到了重新利用。

(二) 土地利用的本质

土地利用本质上是一个自然、经济、社会和生态等多种因素相互作用的持续运动过程。本质上是一种人地关系,是人类为满足某种需求对土地实施干预的过程,这也是人地关系的首要和核心问题。在人地关系中,人处于主导地位,起着决定性作用(吴次芳,2009)。因此,土地利用的状况能否为人类社会发展提供必要的物质资料,一方面取决于自然环境条件,另一方面还取决于劳动、资本和技术的投入。

土地利用是对土地功能的利用,人们在确定具体的土地使用功能时,往往会根据不同的使用需求对土地功能进行安排。伴随着经济发展和社会进步,人们不再像过去那样仅从经济的角度出发决定土地功能,同时也改变了总是按着先易后难、从好到坏的顺序利用土地的做法。除了对土地进行开发利用,也开始对土地进行保护和整治(吴次芳,2009)。

人口的数量和质量是决定土地利用的根本性要素。人口的增加一方面会引起粮食需求增加,还会对城市建设用地比如住宅、工业、休闲娱乐、交通设施产生需求,但由于土地数量与位置的固定性,由此会引发土地利用的竞争和土地开发强度的增加。因此,土地利用方式、结构和布局都会随着人口的变化而变化。除了人口总量上的变化,还有人口在区域间的流动,如伴随着城市化的推动,人口从农村向城市转移、从欠发达地区向经济发达地区集中,从而形成区域之间的不平衡发展。因此,促进区域统筹发展也是土地利用的一个重要内容(吴次芳,2009)。

第三节 城市土地利用分类

一、土地利用分类的内涵

土地分类(land classification)是土地科学的基本任务和重要内容之一,它既是认识土地利用的开始,也是充分合理地利用土地资源以及对土地实施动态监管和控制的重要环节(秦明周,1997)。人类根据自身需要和土地的特征,对土地资源进行了多种形式的开发和利用。国家通过土地分类,从而掌握土地资源现状、制定土地政策、合理利用土地资源。常用的土地分类方法有三种:土地自然分类系统、土地评价分类系统、土地综合分类系统。土地自然分类系统依据土地自然属性的相同性和差异性,以地貌、土壤、植被为具体标志,揭示土地类型的分异和演替规律,遵循土地构成要素的自然规律,为最佳、最有效地挖掘土地生产力服务;土地评价分类系统是依据评价指标的相同性和差异性,以土地生产力水平、土地质量、土地生产潜力、土地适宜性等为具体标志,为开展土地条件调查和适宜性调查服务,为实现土地资源的最佳配置服务;土地综合分类系统是依据土地的自然特性和经济社会特性、管理特性及其他因素,以土地的覆被特征、利用方式、用途、经营特点、利用效果等为具体标志,了解土地利用现状,反映国家各项管理措施的执行情况和效果,为国家和地区的宏观管理和调控服务,在土地资源管理中应用最为广泛。目前我国应用较广泛的土地利用现状分类属于土地综合分类系统。

国内外都普遍开展了多种目的和用途的土地利用分类研究,但由于各国国情以及使用目标的不同,土地分类体系、规范成果也各不相同。我国从20世纪80年代开始开展了大规模的土地利用分类系统研究,因各项建设和管理需要,国土、建设、农林等部门制定了不同的土地利用调查分类。在2018年3月自然资源部成立之前,我国存在着两种土地分类方法,一种是原国土系统的土地利用分类,另一种是原规划建设系统的土地利用分类。两者分属不同的部门管理,各有偏重。前者由原国土资源部门管理,出于耕地保护的目的,侧重于农用地的细分,将城市建设用地作为一个整体;而后者由建设部门管理,面向城市发展,侧重建设用地的细分。两种分类方法尽管实现了在空间上全覆盖,但由于目标的差异性,导致土地利用总体规划与城乡规划在实践中的衔接存在一定问题。由于自然资源部成立后尚未发布新的土地利用分类标准,我们将主要介绍目前使用的分类标准。

二、原国土系统的土地分类

原国土系统的土地利用分类主要有2001年1月1日起实施的《全国土地分类(试行)》,2007年8月10日发布的《土地利用现状分类》(GB/T 21010—2007)和2017年发布的《土地利用现状分类标准》(GB/T 21010—2017)。

《全国土地分类(试行)》遵循《土地管理法》采用了三级分类,其中一级分为农用地、建设用地和未利用地3类。二级分为15类,为耕地、园地、林地、牧草地、其他农用地、商服用地、工矿仓储用地、公共设施用地、公共建筑用地、住宅用地、交通运输用地、水利设施用地、特殊用地、未利用土地和其他土地;三级分为71类。该分类体系的框架建立在农用地、建设用地和未利用地分类的基础上,最大限度地满足了土地管理和国家社会经济发展的需求,同时也给今后的发展和修改留有了余地,实现了与新《土地管理法》的衔接,打破了城乡分割的界线,顺应了城乡一体化和土地使用制度改革的要求。这种土地分类方法有利于保护耕地和控制建设用地,有利于全国城乡土地的统一管理和调查成果的扩大应用,对我国土地管理产生了深远影响(周建明,2009)。

为了进一步全面查清土地利用状况,掌握真实的土地基础数据,建立和完善土地调查、统计和登记制度,实现土地调查信息的社会化服务,满足社会经济、社会发展及国土资源管理的需要,我国颁布了国家标准《土地利用现状分类》(GB/T 21010—2007)。该标准采用二级分类体系，一类12个、二类57个，与2001年的《土地分类标准（试行）》相比，最大的区别在于新的标准采用二级分类标准，取消了原来的一级分类（农用地、建设用地、未利用土地等三大类），12个一级分类不再受原来的三大类限制而自成体系。但由于现行《中华人民共和国土地管理法》有三大类的表述，2007年的新标准不可避免地存在一些问题，主要在于新的分类与原有分类以及不同分类得出的调查数据的衔接问题，在衔接方面需要通过制定相应的实施细则来解决（陈百明等，2007）。

2017年11月，我国发布了新的《土地利用现状分类标准》（GB/T 21010—2017），详见附表A。土地利用分类中将土地划分为三大地类，即农用地、建设用地、未利用地三类。在12个一级类中，耕地、园地、林地、牧草地及新设的"其他农用地"等5个地类共同构成农用地；原城市土地分类的商服、工矿仓储、公用设施、公共建筑、住宅等5个一级类及原来两个分类中都有的特殊用地、交通用地（除农村道路）和从土地利用现状分类的水域中分离出来的水利建设用地等共8个地类构成了建设用地；原土地利用现状分类的未利用土地（除田坎）和未进入农用地、建设用地的其他水域共同构成未利用地。二级地类设73个，是在原来土地分类的二级地类基础上调整、归并、增设而来的。

2017版土地分类未打破2007版土地分类原12个一级类的设定，仅对部分二级地类进行了细化，对部分二级地类名称、地类含义进行了调整和完善，尽可能维持了原有的分类框架，保持了类型内涵和分类体系总格局稳定。新版本综合考虑了当前生态文明建设的重要性和国土资源管理对土地分类的最新需求，兼顾了农、林、水、交通、城市、环保等有关部门对涉地管理工作的需求，修订主要内容涉及湿地、城市建设用地相关分类，新产业、新业态相关分类以及其他土地分类含义等方面。

2017版土地分类为了突出生态文明建设和生态用地保护需求，加强了对湿地的保护力度，将具有湿地功能的沼泽地、河流水面、湖泊水面、坑塘水面、沿海滩涂、内陆滩涂、水田、盐田等二级地类归类为湿地大类，能够实现通过统计获得湿地数据的目的，充分发挥土地调查成果对生态文明建设的基础支撑作用。对新兴产业用地类型进行了显化和明确，如将原"医卫慈善用地"细分为"医疗卫生用地"和"社会福利用地"，将原"批发零售用地"细分为"零售商业用地"和"批发市场用地"，将原"住宿餐饮用地"细分为"餐饮用地"和"旅馆用地"，将原"科教用地"细分为"教育用地"和"科研用地"等。这对增强国土资源管理对战略性新兴产业的支撑与保障作用，顺应新时代发展需要具有重要意义。

三、原规划系统的土地分类

为编制城市规划，合理利用城镇土地，原建设部于1991年3月颁布了《城市用地分类与规划建设用地标准》（GBJ 137—1990）。城市用地的用途分类是城市用地规划中用地布局的统一表述，有着严格的内涵界定。城市用地划分为大类、中类、小类三类，共10大类、46中类、73小类，详见附录B。在这一分类标准中，城市用地按土地利用的主要性质和功能划分归类，采用三个层次的分类体系，每类用地的内涵都有清晰的界定，可操作性强。此外还提出了城市建设总用地的人均指标及居住用地、工业用地、道路广场用地的用地标准，对规划建设用地的结构提出了参考指标。

《城市用地分类与规划建设用地标准》(GBJ 137—1990)在统一全国城市用地分类和计算口径、合理引导不同城市建设布局等方面发挥了积极作用,但也显现出一些不适性:公共政策属性不强,缺乏对公益性用地的调控;忽视区域性用地管理与统筹城乡发展;政府、市场职责不清,用地统计与管理难度较大;对农村地区管理缺位;对非建设用地控制不足;与土地规划管理相关标准之间缺乏有效的衔接。

随着我国城镇化进入转型发展阶段,城乡统筹、集约发展、转型提质等提出了新的发展要求,这对用地分类和建设用地标准也提出了新的要求。需要将城市发展目标与国家《城市用地分类与规划建设用地标准》中确定的用途类型相对应,并具体落实到空间布局上。2012年1月1日,我国实行新版《城市用地分类与建设用地标准》(GB 50137—2011)(以下简称"2012版国标")。2012版国标是《城乡规划法》颁布实施后第一部与之相配套的技术规章,是城乡规划技术标准体系所确定的基础标准。新的用地分类包括城乡用地分类、城市建设用地分类两部分,按土地使用的主要性质进行划分。用地分类采用大类、中类和小类三级分类体系,城乡用地共分为2大类、9中类、14小类,城市建设用地共分为8大类、35中类、42小类,详见附录C和附录D。

2012版国标与上一版国标相比,具有较多的创新之处。首先适应了城乡发展宏观背景的变化,提出建立城乡全覆盖的"分层次控制的综合用地分类体系",落实城乡统筹要求。标准增加了空间覆盖完整的"城乡用地分类",有利于更好地在市域层面与土地利用规划的相关分类和指标进行衔接。其次,立足我国人地关系的紧张国情,完善规划建设用地标准的设计框架和控制机制,坚持节约集约用地。最后,基于"以人为本"的思想理念,强调政府对基础民生需求服务的保障,体现城市规划公共政策属性。2012版国标适应了政府职能转变的时代趋势,将公益性与营利性公共设施、公用设施用地在分类中进一步分化调整,在单项指标中增加人均公共管理与公共服务设施用地指标,并将指标的表达形式调整为仅规定低限,不设定上限,以鼓励政府加强公共投入,提高公益性设施的建设水平和服务能力,同时也有利于充分发挥市场配置资源的基础性作用。

第四节 土地利用规划体系

不同种类、不同类型、不同级别以及不同时序的土地利用规划所组成的相互联系的系统称为土地利用规划体系。完善的土地利用规划体系是科学编制土地利用规划、科学管理土地使用的基础。

一、原国土领域的土地利用规划体系

原国土部门的土地利用规划是以土地利用总体规划为主体的一个多层次的规划体系。按照规划体系可分为区域性土地利用总体规划和详细土地利用规划。土地利用总

体规划按行政区域划分为全国、省(区)、地(市)、县(市)和乡(镇)五个层次(见图1-1)。详细土地利用规划包括土地规划设计和专项土地利用规划,如基本农田保护规划、土地整理规划等。

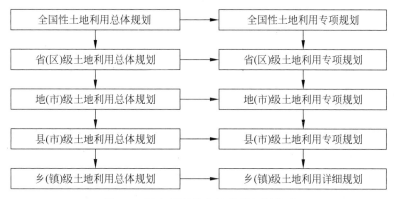

图1-1 国土部门的土地利用规划体系

资料来源:张占录,2006.土地利用规划学[M].北京:中国人民大学出版社.

(一) 土地利用总体规划

土地利用总体规划是指人民政府依照法律规定在一定的规划区域内,根据国民经济和社会发展规划、土地供给能力以及各项建设对土地的需要,确定和调整土地利用结构和用地布局的总体战略部署。其核心是确定和调整土地利用结构和用地布局,具有综合性、战略性、长期性和指导性特点。根据土地利用总体规划所控制的层次范围的不同,土地利用总体规划包括全国、省(自治区、直辖市)、地区(省辖市)、县(县级市)、乡(镇)五级规划。

1. 全国性土地利用总体规划

全国性土地利用总体规划是为国家的宏观经济调控提供依据,属于战略性、政策性规划。其基本内容是从促成全国的人口合理分布、资源合理配置、生产力合理布局与经济均衡发展、食物的安全供给以及环境整治的要求出发,提出全国土地利用的战略目标,确定土地开发、利用、整治和保护的重点项目和重点地区,协调全局性的重大基础设施建设的用地关系,提出不同类型地区土地利用的方向、目标、重点和土地利用政策。

2. 省(区)级土地利用总体规划

省级土地利用总体规划仍然属于政策性规划的范畴,内容与全国性规划相近,但它更强调区域内土地供需总量的平衡,土地开发、利用、整治和保护的重点地区和项目更加明确,土地利用政策的区域差异性更加具体。省级规划一般而言需要协调好各地市间的用地关系,根据各地市的经济发展状况与土地资源状况,提出各地市的耕地总量动态平衡目标和城市用地规模控制目标。

3. 地(市)级土地利用总体规划

就规划深度而言,地(市)级土地利用总体规划属于政策性规划范畴,是由省级规划向县级规划的过渡层次,基本内容是在上级规划的控制下,结合区域规划的要求,在分析本地

(市)的人口、土地与经济发展的基础上,进一步分析土地的供需情况,突出土地供应的总量控制指标和确定本地区土地开发、利用、整治和保护的重点地区和范围。此外,还需要合理确定区域城市体系、各城市的职能分工、中心城市的人口用地规模以及区域性骨干设施的用地关系。

4. 县(市)级土地利用总体规划

县(市)级土地利用总体规划是管理型规划,重点在于定性、定量、定位地落实,强调规划的可操作性。县级规划是土地总量控制的最基本层次。在土地开发、整治、保护层面上,县级规划需要具体确定重点项目的类型、时序、规模和范围。

5. 乡(镇)级土地利用总体规划

乡(镇)级土地利用总体规划是规划的最低层次,属于实施型规划,其成果以规划图为主,为土地管理提供直接依据。乡(镇)级规划的重点是在县级规划总量控制与用地分区控制的基础上进行详细的土地用途编定,把各类用地定量、定位落实到具体地段,并确定每类用途土地的具体要求和限制条件,为土地的用途管制提供直接依据。

(二) 土地利用专项规划

土地利用专项规划是在土地利用总体规划的控制框架下,对土地开发、利用、保护等某一专门问题或某一产业部门的土地利用问题进行的规划,是土地利用总体规划的补充或延伸。土地利用专项规划可分为两大类:一类是以保护土地,提高土地利用率和土地生产力,保证土地资源持续利用为主的专项规划,如土地保护规划、土地整治规划等;另一类是各产业部门用地的专项规划,如林业用地规划、水产业用地规划、牧业用地规划等。

(三) 土地利用详细规划

土地利用详细规划是在总体规划的控制和指导下,详细规定各类用地的各项控制指标和规划管理要求,或直接对某一地段、某一土地使用单位的土地利用进行具体的安排和规划设计。土地利用详细规划可分为农用地详细规划和建设用地详细规划。农用地详细规划又可分为耕地规划、林地规划、园地规划等,建设用地详细规划又可分为城镇用地规划、村庄用地规划等(张占录,2006)。

二、原城乡规划领域的城镇土地利用规划体系

原城乡规划系统的土地利用规划的重点是建设用地,与国土领域的土地利用规划的对象有明显的差异。2008年颁布的《中华人民共和国城乡规划法》明确了城乡规划包括城镇体系规划、城市规划、镇规划、乡规划以及村规划五个方面的内容,如图1-2所示。我国的城镇土地利用规划体系主要包含于城镇体系规划和城市规划两方面之中。

(一) 城镇体系规划

《城乡规划法》明确指出,国务院城乡规划主管部门会同国务院有关部门组织编制全国城镇体系规划,用于指导省域城镇体系规划、城市总体规划的编制。省域城镇体系规划的内容应当包括:城镇空间布局和规模控制,重大基础设施的布局,为保护生态环境、资源等

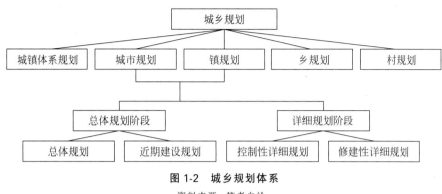

图 1-2 城乡规划体系

资料来源：笔者自绘.

需要严格控制的区域。城镇体系规划分为四级：全国城镇体系规划、省域城镇体系规划、市域城镇体系规划、县域城镇体系规划。另外，一些省、市也开展了镇域或乡域的村镇体系规划。

(二) 城市(镇)总体规划

从本质上来说，城市总体规划是对城市发展的战略安排，是战略性的发展规划。总体规划的工作是以空间部署为核心制定城市发展战略的过程，是推动整个城市发展战略目标实现的组成部分。城市(镇)总体规划是指导和控制城市发展和建设的蓝图，在规划体系中属于较高层次的规划。在总体规划阶段，需要对城市发展战略进行研究，以确定城市职能、性质和规模。在总体布局阶段，需要综合协调城市功能与结构形态的关系，合理规划不同的用地性质(曼德尔，1986)。

(三) 详细规划

详细规划是以总体规划或分区规划为依据，详细规定建设用地的各项控制性指标和其他规划管理要求，或者直接对建设作出具体的安排和规划设计。详细规划分为控制性详细规划和修建性详细规划。根据城市规划的深化和管理的需要，一般需要编制控制性详细规划，以控制建设用地性质、使用强度和空间环境，作为城市规划管理的依据，并指导修建性详细规划的编制。控制性详细规划是城市规划管理和用地的综合开发、土地出让转让的依据。修建性详细规划则是作为当前开发建设的依据，此外也是城市建设施工设计的依据。

三、国土空间规划体系

2019 年，《中共中央国务院关于建立国土空间规划体系并监督实施的若干意见》发布，提出到 2020 年，基本建立国土空间规划体系，逐步建立"多规合一"的规划编制审批体系、实施监督体系、法规政策体系和技术标准体系。

"五级三类"的国土空间规划中，"五级"对应我国的行政管理体系：国家级、省级、市级、县级、乡镇级(见图 1-3)。其中国家级规划侧重战略性，省级规划侧重协调性，市县级和乡镇级规划侧重实施性。"三类"是指规划的类型，分为总体规划、详细规划、相关的专项规划。总体规划强调的是规划的综合性，是对一定区域，如行政区全域范围涉及的国土空间保护、开发、利用、修复做全局性的安排。详细规划强调实施性，一般是在市县以下组织编制，是对具体地块用途和开发强度等作出的实施性安排。详细规划是开展国土空间开发保护活动，包括实施国土空间用途管制，核发城乡建设项目规划许可，进行各项建设的法定依据。村庄规划属于详细规划，对村庄的土地利用规划与建设活动进行规范。专项规划一般由自然资源部门或者相关部门来组织编制，可在国家级、省级和市县级层面进行编制。一类是对特定的区域或者流域如长江经济带流域，或者城市群、都市圈等，或海岸带开展的专项规划；另一类是对特定领域如交通、水利等，为体现特定功能对空间开发保护利用作出的专门性安排，也包括为特定目标如土地整治等而编制的专项规划。

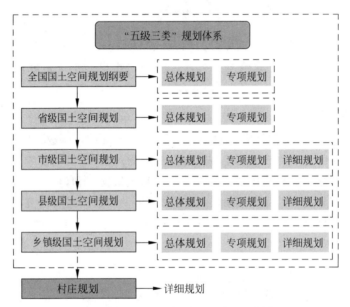

图1-3 我国"五级三类"的国土空间规划体系

从规划运行方面来看，国土空间规划体系分为四个子体系：按照规划流程可以分成规划编制审批体系及规划实施监督体系，从支撑规划运行角度包括法规政策体系和技术标准体系。这四个子体系共同构成国土空间规划体系。和之前的规划体系相比，该体系更为注重规划编制审批与规划的实施监督。

参 考 文 献

FAO,UNEP,1999. The future of our Land — Facing the Challenge, Guidelines for Integrated Planning for Sustainable Management of Land Resources[R]. Rome.

毕宝德,2003. 土地经济学[M]. 4版. 北京：中国人民大学出版社.

蔡运龙,李军,2003. 土地利用可持续性的度量——一种显示过程的综合方法[J]. 地理学报,58(2)：

305-313.
陈百明,周小萍,2007.《土地利用现状分类》国家标准的解读[J].自然资源学报,22(6):994-1003.
董祚继,2007.中国现代土地利用规划研究[D].南京:南京农业大学.
段正梁,2000.关于土地科学中土地概念的一些思考[J].中国土地科学,14(4):18-21.
黄宗智,2002.发展还是内卷?十八世纪英国与中国——评彭慕兰《大分岔:欧洲,中国及现代世界经济的发展》[J].历史研究,(4):149-176.
姜爱林,2001.论土地政策的概念与特征[J].国土资源科技管理,18(2):17-22.
雷木·巴哈德·曼德尔,1987.土地利用理论与实践[M].西安:西北农业大学.
雷木·巴哈德·曼德尔,李柱臣,1986.土地利用模式[J].地理科学进展,5(1):50-54.
林英彦,1995.土地利用概要[M].台北:台湾文笙书局.
刘湘洪,徐艳晴,2010.土地利用的外部性及政府对策研究[J].湖北社会科学,12(12):33-35.
马歇尔,1982.经济学原理[M].北京:商务印书馆.
戚冬瑾,2015.城乡规划视野下多维土地利用分类体系研究[D].广州:华南理工大学.
秦明周,1997.土地利用分类及其影响因素研究[J].地域研究与开发,(1):13-16.
王万茂,2006.土地利用规划学[M].北京:科学出版社.
吴次芳,2009.土地利用学[M].北京:科学出版社.
吴志强,等,2010.城市规划原理[M].4版.北京:中国建筑工业出版社.
伊利,等,1982.土地经济学原理[M].北京:商务印书馆.
张占录,2006.土地利用规划学[M].北京:中国人民大学出版社.
周建明,2009.中国城市土地利用的理论与实践[M].北京:中国建筑工业出版社.

思 考 题

1. 简述原国土系统和原规划系统的土地分类的演进过程,并说明为什么会发生土地分类变化。

2. 我国现阶段规划系统的土地分类是否合理?能否作出修正?结合实际谈谈你的见解。

3. 我国原国土和城乡规划两部门的土地利用规划体系的本质差异是什么?两者合并所带来的优势何在?谈谈你的看法。

第二章 城市土地利用规划的相关理论

土地利用涉及政治、经济与环境等方方面面,开展土地利用规划,需要对相关理论进行梳理,并应用到规划过程当中去。本章重点介绍地租地价理论、区位理论、政治经济学学派视角下的土地利用等,并从经济、环境与社会公平等方面阐述土地利用的价值观。

第一节 地租地价理论

地租地价理论是经典的经济学理论,也是土地利用的基本原理之一。在不同的制度背景下,不同的土地所有权都要在经济上得到体现,地租就是土地凭借所有权而获得的收入,它反映的是社会生产关系。任何社会只要土地所有权和使用权分离,并且后者在土地利用中有剩余生产物被前者所占有,就有产生地租的经济基础。在市场经济条件下,地租是使用土地的代价,对于土地所有者而言,地租是出售一定时期的土地使用权所收取的价格,其实质是土地所有权在经济上的实现。对于土地使用者而言,地租是购买一定的土地使用权所付出的价格。地租是土地所有权在经济上实现的间接形式。

地价是土地所有权的价格,是土地资产保有者所拥有的资产金额,是出售土地所有权可获得的金额,也是购买土地所有权应付出的金额。这也意味着地价是土地所有权在经济上实现的直接形式。本质上,地租与地价具有同一性,都是土地所有权在经济上的实现。土地价格＝地租/还原利息率,即地价是地租的还原(张占录,2006)。

一、地租理论

地租理论按其发展演变,可分为四个阶段:古典地租理论、马克思地租理论、新古典经济学地租理论以及当代西方地租理论。

(一) 古典地租理论

17世纪后期,英国古典政治经济学家威廉·佩第在其《赋税论》中最早提出地租理论。他认为,地租是使用农地生产作物的一种剩余或净报酬,即地租＝市场价格－生产成本。其理论缺陷在于没有把利润和地租区分,认为地租是土地产生的利润,而不是人类投入劳动的结果。佩第还从肥力相同但土地位置以及土地肥力的差异角度分析了级差地租。土地的优劣或土地的价值取决于该土地所产出的产品与生产这些产品而投入的劳动的比例大小。佩第首次提出了级差地租的概念,为级差地租理论的建立奠定了基础,但他并没有提出剩余价值和利润这些完整的概念,没有揭示资本主义地租的本质,错误地把利润包含在地租中,将地租等同于全部剩余价值。虽然他提出了级差地租,但却没有发现绝对地租(华伟,2004)。

亚当·斯密是最早系统地研究地租理论的古典经济学家,他认为地租是一种垄断价格,是因使用土地而支付给地租的代价,其来源是农业的无偿劳动。他肯定了绝对地租的存在,但没有明确提出级差地租的概念。他认为自然力参加了农业生产,但没有参加工业生产,所以农业生产力比工业大,多余的部分就是地租。地租是自然力的产物,这种观点掩盖了地租的本质。另外,他还将房租区分为建筑物租和地皮租。詹姆斯·安德森最早研究了级差地租,他认为,在不同生产条件中生产出来的农产品具有统一的市场价格,这是地租形成的前提,而由于土地条件差异所带来的利润差异是形成级差地租的基础。

在古典经济学中对地租研究最为充分的是大卫·李嘉图,他以劳动价值论为基础,对级差地租进行了深入研究。他于1817年发表的《政治经济学与赋税原理》一书中阐述了他的地租理论。他运用流动价值理论研究地租,在级差地租研究方面作出了突出贡献。他认为,地租是为使用土地而付给土地所有者的报酬,是由劳动创造的。他认为地租产生的两个条件是:土地的有限性和土地肥沃程度以及位置的差异。在土地肥力和位置差异的基础上,他建立了级差地租的初步体系:级差地租产生于土地数量的有限性。在资本竞争的条件下,农产品的市场价格由劣等地的劳动耗费所决定,于是优等、中等土地就会得到一个超过平均利润的差额,这就是级差地租。李嘉图还区分了三种不同形式的地租:丰度地租、位置地租、资本地租。

(1) 丰度地租。在社会发展过程中,当次等肥力的土地投入耕种时,头等的土地马上就开始有了地租,而地租额取决于这两份土地在质量上的差别。这是由于土地肥沃程度不同而产生的级差地租,属于级差地租Ⅰ。

(2) 位置地租。农产品的交换价值是由从生产到市场这一过程中所必需的各种形式的劳动总量所决定的,距离市场近的土地运输费用低,可以获得超过平均利润的差额,这实际上是由于位置不同产生的级差地租,属于级差地租Ⅰ。

(3) 资本地租。通常情况下,在第二、第三等或更差的土地投入耕种前,人们能使资本在已耕种的土地上生产出更多的东西来。可以发现,把用在第一等土地上的原有资本增加一倍,产品虽然不会加倍,但却可能有所增加。这个数量超过了在第三等土地上增加同样资本所能获得的产生增加量,这就是级差地租Ⅱ。

李嘉图把地租理论与劳动价值论联系起来,从而为地租理论提供了科学的基础。但由于他未厘清产品价值和生产价格的差别以及土地所有权的垄断,因此否认了绝对地租的存在(阿隆索,2010)。

(二) 马克思地租理论

马克思地租理论是马克思主义理论的一个分支,其理论基础除了劳动价值论以外,还有剩余价值论、利润理论以及生产价格论。马克思(1976)科学地阐述了资本主义土地私有制下的地租的本质。

马克思认为,地租是由绝对地租和级差地租共同组成的。绝对地租是指土地使用者为取得土地使用权而以地租的名义支付给土地所有者的租金。在资本主义私有制条件下,耕种任何土地都必须缴纳地租,这是由于土地所有权的垄断而形成的。级差地租是由于经营优等土地和中等土地获得的超过平均利润以上的超额利润,这部分超额利润通常转化为地租,即级差地租。马克思发展了资本主义级差地租理论,解释了级差地租的性质、形成及其运动规律。土地存在优劣差别,经营优等地可获得超额利润;土地经营的私人垄断是使级差地租利润相对固定化的社会经济基础;土地所有权的垄断使这种稳定而持久的超额利润转化为级差地租,归土地所有者占有。由于土地条件的差异以及在土地上追加投资和必要劳动的不同,产生了两种级差地租:级差地租Ⅰ、级差地租Ⅱ。在肥沃程度较高的土地或位置较好的土地上创造的超额利润转化的地租,就表现为级差地租Ⅰ。把资本连续投在同一块土地上,利用新技术、设备提高单位面积产量,由此带来的超额利润而形成的地租就是级差地租Ⅱ。级差地租Ⅰ和级差地租Ⅱ本质是一致的,都是投入在土地上等量资本所具有的不同生产率的结果。

马克思对地租理论的主要贡献表现在以下几个方面:①否认了地租是"自然对人类的赐予"的错误观点,明确指出地租是土地所有权在经济上的实现。②发展了级差地租理论,将其分成级差地租Ⅰ和级差地租Ⅱ进行分析。③创立了绝对地租的概念。马克思之前的地租理论都认为最劣等地是不需要缴纳地租的,马克思对此进行了矫正,认为劣等地也是有地租的。④提出土地价格的计算方法,认为土地价格不是购买土地的价格,而是购买土地所提供的地租的价格。

(三) 新古典经济学地租理论

新古典经济学流行的地租理论是地租的边际生产力理论。一般认为冯·杜能(Thunon)是这一理论的先驱,他在《孤立国》一书中应用边际生产力概念分析了地租理论,并建立了区位地租理论。另外,门格尔、克拉克、马歇尔等人也对地租理论作出了重要贡献。

自19世纪后期,随着世界范围的城市化发展,城市用地与农业用地间的矛盾日益加剧,大量农用地转变为非农用地。美国经济学家约翰·克拉克运用边际分析、数量分析以及报酬递减规律研究了地租地价。英国经济学家阿尔雷德·马歇尔运用边际和供求综合分析的方法研究了地租的形成。另外,美国经济学家威廉·阿隆索利用数学模型,揭示了地租的成因、结构,并进行了地价的边际分析。

1. 克拉克的地租理论

克拉克认为地租是由土地的边际生产力决定的,地租是总产量扣除工资的金额,即"经济剩余"。在其经济理论中,地租不是一个独立的范畴,它被认为是与资本无本质差异的。地租被视为土地资本的利息,是利息的派生物。

克拉克的边际生产力论是生产三要素论、边际效用论、报酬递减规律的混合物。他认为在一定的土地上不断增加劳动力所新得到的报酬是逐渐减少的,当再增加一个工人所增加的报酬只够支付这个工人的工资时,这一生产率就是土地的边际生产力,地租量则为之前所有工人生产的产量值减去最后一个工人产量的差与人数的乘积(即这块土地的边际生产力与人数的乘积)。

在上述计算方式中,地租为总产量扣除工资的剩余,所以克拉克称地租为"经济剩余",称这种确定地租的方法为"剩余法"。这就导致地租的数量应该是由市场上农产品的价格高低所决定而非工人的劳动所创造。克拉克的错误不在于他将边际递减引入地租理论,而在于用边际生产力说明地租的源泉时否定了劳动创造价值。

2. 马歇尔的地租理论

马歇尔认为,地租理论"不过是一般供求原理中的特定的一种应用而已"。土地与其他生产要素的重要区别在于土地的供给受自然条件的限制,供给量缺乏弹性,地租的大小只受土地需求状况的影响,取决于土地的边际生产率。同时他也认为在同一块土地上连续投入资本和劳动,其所产生的报酬会出现递增、递减或者增减交替的过程。边际生产率即为当所生产的报酬刚好与投入的生产费用一致时的报酬量。

地租量的决定如图2-1所示,等于 $dbcO$ 的面积减去 $abcO$ 的面积,其中 bc 段为边际报酬。马歇尔称 $abcO$ 的面积为一般总报酬,$dbcO$ 的面积为实际产出的总报酬,两者之差就是土地的剩余生产物,在一定条件下转化为地租。

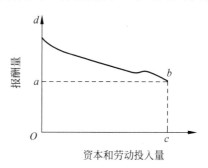

图 2-1 马歇尔的边际生产力地租的形成
资料来源:华伟,2004.房地产经济学[M].上海:复旦大学出版社.

3. 阿隆索的地租模型

威廉·阿隆索(William Alonso)是新古典主义地租模型的代表,他的突出贡献在于将空间作为地租问题的核心进行考虑,并首次引进区位平衡的概念,同时成功解决了城市地租计算的理论方法问题。

和杜能一样,阿隆索假设城市活动发生在没有地理差异的平原上,土地质量相等,每片土地都可以直接用于开发,并可以在市场上自由贸易,同时还假设在该平原上有一座单一核心的城市。阿隆索首先对单个家庭进行了分析,他认为,当一个家庭到达该城市时,将面临一个问题:他们将在距离市中心多远的地方购买多大面积的土地?由于家庭收入固定,这一收入将用于土地投资、交通运输费用以及购买其他商品。

通过对土地数量、其他商品数量和距中心距离三者之间的关系进行分析之后,阿隆索指出,对于一个家庭来说,区位平衡取决于这三者之间比例的确定,即通过调整这三者的比例关系使其满意程度最大,但开支总数又不超出收入的约束。另外,他设计了竞价曲线(bid price curves)来表示假设的地价和距离的组合,他将其定义为"一组家庭在不同的距离都有能力支付而又保证同等满意度的价格曲线"(对企业而言,满意度即为利润)。如果地价按此曲线变化,那么家庭(或企业)将不会在意具体的区位。相对于不同的满意度水平,就会有一组竞价曲线。竞价曲线位置越低,其满意度或利润越高(见图2-2)。最终他将五个要素简化为一个二维求解过程,即仅剩下地价和距离两个变量。

阿隆索对城市以及郊区土地市场进行了分析,提出了土地市场取得平衡的条件,即供求数量相等,"直到城市边缘的所有的土地都被卖光,在一定距离以内不再有土地出售"。竞价曲线斜率最大的用户因其竞争性强而取得市中心的区位,斜率次大的将位于其外,一直外推出去,直到城市边缘。综合考虑居住用地以及多种产业用地距离城市中心的最优距离,竞租函数越陡峭,离城市中心距离越近,所愿出的租金越高。如图 2-3 所示,A、B、C、D 依次表示办公楼、制造业、住宅和农业的竞租函数,A_1、B_1、C_1 依次表示办公区、制造区以及住宅区。

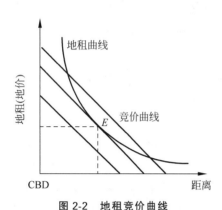

图 2-2　地租竞价曲线

资料来源:华伟,2004.房地产经济学[M].上海:复旦大学出版社.

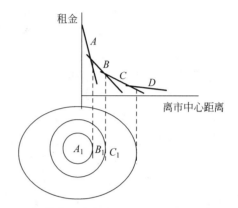

图 2-3　单中心城市的地租竞价函数与土地利用

资料来源:华伟,2004.房地产经济学[M].上海:复旦大学出版社.

(四) 当代西方地租理论

当代西方地租理论主要集中研究影响地租数量的因素以及地租数量的决定问题。美国经济学家保罗·萨缪尔森(P. A. Samuelson)认为,土地的供应量就整个社会而言是一定的,供给曲线是缺乏弹性的,土地的价格主要取决于土地的需求曲线。地租是土地要素的相应报酬。地租取决于供求关系形成的均衡价格,由于供给缺乏弹性,所以需求就成为唯一的决定因素,地租完全取决于土地需求者支付的竞争性价格。地租数量完全取决于土地需求者之间的竞争。

二、地价理论

土地与资本、劳动力共同构成社会经济的三大生产要素,是各经济学流派研究的对象,土地价格则是核心研究问题。地价本源问题的理论根源有两种经济思想体系,一是马克思主义的思想体系,二是西方经济学的思想体系。

(一) 马克思地价理论

马克思地价理论从劳动价值论出发,认为土地价格是地租的资本化。其地价理论包括以下内容。

(1) 地价的二元构成。从理论上看,现实的土地可以分成两个部分:土地物质和土地资本。土地是自然产物,不是人类劳动创造的,所以没有价值。但在资本主义私有制下,土地成为商品,有了价格可以买卖。土地资本是土地的另一个组成部分,是凝结在土地之中的固定资产。土地资本的价值和价格与其他固定资本的价值和价格在经济上是相同的,具有使用价值和价格,其价格是真实的价值价格,个别生产价格由土地开发成本加上平均利润而形成。

(2) 地价是土地收益的资本化。马克思认为,土地价格不外是资本化的地租。土地购买价格是土地所提供的地租的购买价格。土地价格无非是出租土地的资本化收入,地租是土地价格的内核。土地价格是资本化的地租,也就是土地收益。地租资本化实质上是地租收益资本化,土地价格是土地权利和土地收益的购买价格。

(3) 地价的本源是剩余价值。一切地租都是剩余价值,是剩余劳动力的产物。地租是租赁土地的价值,地价是购买土地的价格。地租、地价的存在是以土地所有权的存在为前提的,二者都是土地所有权借以实现的经济形式。

(二) 西方经济学地价理论

西方经济学地价理论可分为总体地价理论和个体地价理论。总体地价理论又分为古典学派和新古典学派。古典地价理论着重于地价的概念、来源、实质以及特点方面的描述,与古典地租理论紧密联系,代表人物有亚当·斯密、大卫·李嘉图等人。新古典地价理论则将影子价格、区位平衡、边际主义等新概念、新方法引入,认为地价的决定因素是土地的供给和需求,从而成为当代西方土地经济学的核心。个体地价理论是伴随着地价的计量而逐步发展起来的。其主要特点是突出了地价的量化及与地价量化有关的因素分析。个体地价理论又包含了不同的学派,并有其各自特点。

土地经济学派强调运输成本与地价间的互补性。海格(Heig)认为,地价是运输费用节省后的反映,而运输费用是克服"空间摩擦"所支付的费用。他指出,场地地租和运输成本通过同空间摩擦的关系而有机地联系起来。运输是以时间和金钱为代价来消除这一摩擦的手段。场地地租是对运费较低、易接近的场地能收到的费用。在运输克服摩擦的同时,场地地租和运输克服摩擦带来的费用这两个组成部分,被视为是互补的,二者结合起来称为"摩擦成本"。因此海格认为,城市中心的土地利用类型应该"用摩擦成本最小的原则来确定"。瑞特克里夫(Ratcliff)认为,在自由土地市场条件下,整个社会地价之总和可达到最小,而最好的土地利用与运输规划可使社会总地价达到最高。

土地利用学派从土地利用出发,建立城市土地供需函数,并认为城市土地供需函数是基于不同类型的城市土地使用者相互竞标(bidding)的结果。胡佛是第一个建立竞价曲线理论的学者。早期的学者在分析城市问题时,将住宅或商业等不同用途分开处理,而胡佛则提出竞价曲线来说明不同使用者之间的关系。他最大的贡献在于其理论能同时处理许多不同类型的土地使用竞标者。竞价曲线斜率越大,该区域越接近市中心,商业区集中于此;竞价曲线斜率越小,该区域越接近边远区。住宅竞价能力低于商业用途,因此住宅一般都处于城市外围。经过竞价曲线的设计和分析,胡佛认为:作为消费者,一般试图定居在生活安全、开支少、生活舒适的地方;作为生产者,他们试图定居在挣钱多、收入有保障、工作条件好的地方。

生态学派也就是一般所说的社会学派,主要从社会角度分析城市地价问题。生态学派坚持认为,每一个努力竞争的经济强力——"优势"即指人及其活动的位置,地价即与此相对应。在任何社会中,占优势的区域通常就是地价最高的区域,而决定整个社会发展模式的商业区往往代表一个都市的中心。同心圆、扇形、多核心等空间结构理论的市中心都为中央商务区(central business district,CBD),便是此说的表征。若某项经营活动不能与享有更高经济利润的活动相互竞争,则需另一活动位置,否则必须停止其活动。生态学派代表人物有派克、柏杰士、麦肯齐等。

行为学派主要从政策和其他社会心理方面研究城市地价问题,其中代表人物有乌斯沃特和戈得。乌斯沃特认为,计划(规划)对于地价的影响完全表现在地价在空间上的重新分配或移位(shift)上,而对于土地总价没有影响。对于土地使用的公共管制,不论是法律手段,还是行政手段等,仅发生地价移位,即地价有增有减,但总价不变。戈得经过分析后则认为,地价受政府及预期投机因素的影响远大于受土地市场竞争因素的影响。

西方地价理论的发展,经历了一个从论质到论量、从宏观到微观、从理论到实际操作的过程。尽管由于研究的局限性,西方地价理论也存在一些问题,如对宏观经济环境考虑不够,尤其没有注意通货膨胀和企业利润率的影响,对市场的分析近乎苛刻,但这并不影响其重要的研究和应用价值。西方经济学地价理论与马克思土地价格理论不同,它从土地的效用和稀缺性出发,认为地价由土地效用决定,其变化则由稀缺程度决定,用使用价值来解释价值或价格,从而回避了地价的来源。但西方经济学地价理论对地价量化的研究,以及对边际分析、弹性分析、供求分析等数学工具的运用都值得参考和借鉴。

第二节 区位理论

一、区位理论概述

区位是指人类行为活动的空间。具体而言,区位除了解释为地球上某一事物的空间几何位置,还强调自然界的各种地理要素和人类经济社会活动之间的相互联系和相互作用在空间位置上的反映。区位就是自然地理区位、经济地理区位和交通地理区位在空间地域上有机结合的具体表现。区位理论是关于人类活动的空间分布及其空间中的相互关系的学说。具体而言,区位理论是研究人类经济行为的空间区位选择及空间区内经济活动优化组合的理论。

区位理论也称区位经济学、地理区位论,是指研究经济活动在空间分布规律的科学,是研究地块地理和经济空间位置分布及其相互关系的学说。迄今,经过许多经济学家和地理学家对区位问题进行研究,按照理论观点,已主要形成了成本学派、市场学派和行为学派三大学派。就具体理论而言,包括农业区位理论、工业区位理论及中心地理论等。

二、杜能农业区位理论

区位论产生于对农业土地利用问题的研究,最早提出并论述区位理论的是德国农业经济学家冯·杜能(Thunon),他于1826年完成了农业区位论专著——《孤立国对农业和国民经济之关系》(简称《孤立国》),是世界上第一部关于区位理论的古典名著。杜能根据资本主义农业和市场的关系,揭示了因土地距离市场(城市)的远近不同而引起的农业分带分布的现象和规律。市场(城市)周围土地的利用类型以及农业集约化程度呈"距离带"分布,围绕消费中心形成一系列的同心圆称作"杜能圈"。根据"杜能圈",城市的周围将形成在某一圈层以某一种农作物为主的同心圆结构,以城市为中心,由里到外依次为自由式农业、林业、轮作式农业、谷草式农业、三圃式农业、畜牧业,如图2-4所示。

杜能农业区位论的核心是农业区位地租,这是研究农业级差地租的依据。从区位论的观点来看,土地具有明显的区位特征,土地的区位条件不同,其在社会经济活动中的地位、作用就不同,土地的生产率和利用效率会有明显的差异,从而导致级差收益的形成。因此,根据区位理论,分析研究不同区位条件下的土地上社会经济活动的运动规律和集约程度,研究各种已有配置在土地上的作用及对土地的影响,就可以揭示出土地利用的规律和土地质量的差异。

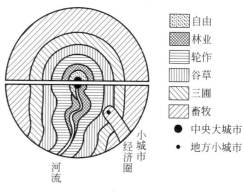

图2-4 杜能圈

资料来源:李小建,2006.经济地理学[M].2版.北京:高等教育出版社.

三、韦伯工业区位论

工业区位论是西方研究工业生产布局的理论,研究工业企业根据什么原则选择特定场所,从而获得最大利益。工业区位论的奠基人阿尔弗雷德·韦伯(Alfred Weber)于1909年出版《工业区位论》(韦伯,1997),从经济区位的角度,选择了生产、流通与消费三大经济活动基本环节中的工业生产活动作为研究对象,通过探索工业生产活动的区位原理,试图说明与解释人口的地域间大规模移动以及城市的人口与产业的集聚机制(李小建,2006)。其理论核心是,通过运输、劳动力及集聚因素相互关系的分析与计算,找出工业产品生产成本最低的点作为工业企业的理想区位。后续的研究者在其基础上发展了工业区位论,包括胡佛的运输费用学派、廖什的市场学派、伊萨德的区域科学派等。韦伯区位理论的中心思想是区位决定生产场所,韦伯将经济活动在某特定地点进行时所得到的利益定义为"区位因子",并分为一般因子和特殊因子。一般因子与所有工业有关,如运费、劳动力、地租等;特殊因子则与特定工业有关,如空气湿度等。

韦伯工业区位理论建立在三个基本假定条件之上:①已知原料供给地的地理分布。

②已知产品的消费地与规模。③劳动力存在于多数的已知地点,不能移动;各地的劳动力成本是固定的,并且在这种劳动力成本水平下可以得到劳动力的无限供应。在上述三个假定条件下,韦伯分三个阶段逐步构筑其工业区位理论。第一阶段:运费指向论。不考虑运费以外的一般区位因子,即假定不存在运费以外的成本区域差异,影响工业区位的因子只有运费,由运费指向形成地理空间中的基本工业格局。第二阶段:运费指向基础上的劳动力成本指向论。将劳动力作为考察对象,考察其对由运费所决定的基本工业区位格局的影响,即考察运费与劳动力成本和为最小时的区位。第三阶段:运费指向和劳动力指向基础上的集聚指向论。将集聚与分散因子作为考察对象,考察集聚与分散因子对由运费指向与劳动力指向所决定的工业区位格局的影响。

(一) 运费指向论

运费指向论中设定了两个与原料运费相关的工业生产区位决定因子,即原料指数和区位重量。原料指数等于局地原料重量与产品重量之比,即

$$原料指数(M_i) = \frac{局地原料重量(W_m)}{产品重量(W_p)}$$

当原料指数 $M_i > 1$ 时,工厂区位在原料地;原料指数 $M_i < 1$ 时,工厂区位在消费地;原料指数 $M_i = 1$ 时,工厂区位在原料地、消费地都可。

在生产工厂不可分割、原料地为两个且同消费地不在一起时,其区位图形为三角形;而当原料地为多个且不同消费地在一起时,其区位图形为多边形,即区位多边形。韦伯采用了范力农架构(Varignnon frame)进行区位的推求(Bale,1990)。给定 1t 供应市场(C)的产品,需原料产地 1(M_1)供应 3t 原料,原料产地 2(M_2)供应 2t 原料,根据韦伯工业区位理论的运费指向论,工厂区位应该在运费最小地点。韦伯假定运费只和距离和重量有关,那么运费最小地点(P)应是 M_1、M_2 和 C 构成的区位三角形的重力中心(见图 2-5)。

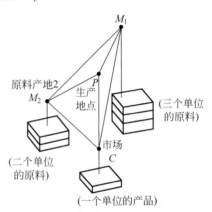

图 2-5 范力农架构(Varignnon frame)

资料来源:Bale J,1990. 工业地理学入门[M]. 北村嘉行,等,译. 东京:大明堂.

(二) 劳动力成本指向论

韦伯劳动力成本指向论的逻辑是工业区位由运费指向转为劳动力成本指向仅限于节约的劳动力成本大于由此增加的运费。对此韦伯用临界等费用线进行了分析。如图 2-6 所示,围绕 P 的封闭连线即从运费最小点(P)移动而产生的运费增加额相同点的连线,理论上以 P 为中心可以画出无数条线。在这些综合等费用线中,与低廉劳动力供给地 L 的劳动力成本节约额相等的那条综合等费用线称为临界等费用线(杉浦芳夫,1988)。韦伯提出了"劳动力成本指数"的概念,即单位重量产品的平均劳动力成本。如果劳动力成本指数大,则从最小运费区位移向廉价劳动力区位的可能性就大;否则,这种可能性就小。另外,他还提出了"劳动系数"的概念,即每单位区位重量的劳动费,用来表示劳动力成本的吸引力,即

$$\text{劳动系数} = \frac{\text{劳动力成本}}{\text{区位重量}}$$

劳动系数大,表示远离运费最小区位的可能性大;劳动系数小,则表示运费最小区位的指向强。进一步可以认为,劳动系数越高,工业越向少数劳动力廉价地集中。

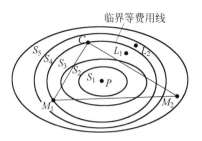

图 2-6　劳动力成本最低区位的图解

资料来源:杉浦芳夫,1988.区位的空间的行动[M].东京:古今书院.

(三) 集聚指向论

集聚的作用可分为两种状态:一是由经营规模扩大而产生的生产集聚,这种集聚一般是由"大规模经营的利益"或"大规模生产的利益"所引发;二是由多种企业在空间上集中产生的集聚,这种集聚利益主要来自企业间的协作、分工和基础设施的共同利用等。集聚又可以分为纯粹集聚和偶然集聚两种类型。纯粹集聚是由技术性和经济性的集聚利益产生的集聚,也称为技术性集聚;偶然集聚是由诸如运费指向和劳动力成本指向的结果而带来的工业集中。

韦伯进一步研究了集聚利益对运费指向或劳动力成本指向区位的影响。他认为,当集聚节约额大于因运费或劳动力成本指向带来的生产费用节约额时,便产生集聚。如图 2-7 所示,在不考虑集聚情况下,五个工厂的费用最小地点分别在 A、B、C、D、E 处。假定当三个工厂集聚时单位产品可以节约成本 2 个货币单位,为得到这一集聚利益,工厂必须放弃原有费用最小地点,由此必然带来运费增加。工厂移动的前提是增加的运费必须低于 2 个货币单位。图中围绕各工厂的封闭连线即是 2 个货币单位运费增加额曲线。当工厂集聚地设在三条临界等费用线内侧的交叉区域时,三个工厂集聚带来的成本节约均高于运费成本的增加,是最有可能发生集聚的区域(山本健二,1994)。

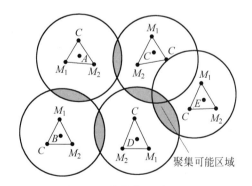

图 2-7　集聚指向的图解

资料来源:山本健二,1994.经济地理学入门[M].东京:大明堂.

四、中心地理论

中心地理论也称为中心地方论,是由德国地理学家克里斯•泰勒提出的。在其著作

《德国南部中心地原理》中,深刻揭示了城市、中心居民点发展的区域基础以及等级-规模的空间关系,为城市规划和区域规划提供了重要的方法论依据。克里斯·泰勒中心地理论的假设为:中心地分布的区域为自然条件和资源相同且均质分布的平原;地区交通条件都是同样的方式;生产者受追求最大利润和消费者受尽可能少的交通费用的制约。

中心地理论的要点是:城镇是区域的"中心地";不同等级的中心地的地位与作用不同;不同等级的中心地在外形上相互衔接,上一级中心地与下一级中心地的数量比例具有固定的系数 K。克里斯·泰勒认为,有三个条件或原则支配中心地体系的形成,它们是市场原则、交通原则和行政原则。在不同的原则支配下,中心地网络呈现不同的结构,而且中心地和市场区大小的等级顺序有着严格的规定,即按照所谓 K 值排列成有规则的、严密的系列。

(一) 市场原则体系

在市场原则基础上形成的中心地的空间均衡是中心地系统的基础。中心地的市场区域规模是按照一定的比例变化的。按照市场原则,低一级的中心地应位于高一级的三个中心地所形成的等边三角形的中央,从而最有利于低一级的中心地与高一级的中心地展开竞争,由此形成 $K=3$ 的系统。各等级中心地的市场区域数具有如下关系:1,3,9,27,81,…,见图 2-8。

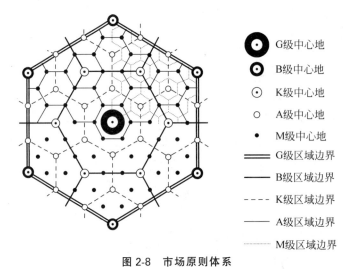

图 2-8 市场原则体系

资料来源:克里斯·泰勒,1998.德国南部中心地原理[M].北京:商务印书馆.

(二) 交通原则体系

交通原则基础上形成的中心地系统的特点是:各个中心地布局在两个更高一级中心地的交通线中点。高级市场区的边界通过 6 个次一级中心地,但次中心地位于高级中心地市场区边界的中点,这样它的腹地被分割成两个部分,分属于两个较高级中心地的腹地内。而对较高级的中心地来说,除包含一个次级中心地的完整市场区外,还包括 6 个次级中心地市场区的一半,即包括 4 个次级市场区,由此形成 $K=4$ 的系统。各等级中心地的市场区域关系为:1,4,16,64,256,…,见图 2-9。次一级中心地位于联系较高一级中心地的主要道路上,被认为是效率最高的交通网,而由交通原则形成的中心地体系被认为是最有可能在现实社会中出现的。

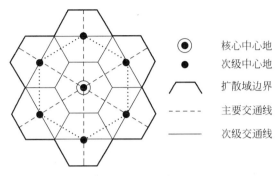

图 2-9 交通原则体系

资料来源:克里斯·泰勒,1998.德国南部中心地原理[M].北京:商务印书馆.

(三) 行政原则体系

行政原则基础上形成的中心地系统不同于市场原则和交通原则作用下的中心地系统,前者的特点是低级中心地从属于一个高级中心地。在行政区域划分时,尽量不把低级行政区割开,使它完整地属于一个高级行政区域。因此,各等级的中心地的市场区域数为:1,7,49,343,…,以 7 的倍数增加。在行政原则基础上形成的中心地系统也被称作 $K=7$ 的中心地系统,如图 2-10 所示。

德国经济学家廖什在 1939 年出版的《经济的空间秩序》中提出了区位理论,是对克里斯·泰勒理论的继承和发展。他对前者的理论作出重大修改和补充,他区分了富裕区与贫穷区,指出前者的经济活动远远丰富于后者,而不是各区完全相同;各个中心地之间也存在着重叠、交错的市场区,而不是彼此分割的同等级

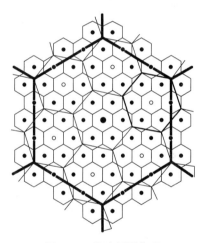

图 2-10 行政原则体系

资料来源:克里斯·泰勒,1998.德国南部中心地原理[M].北京:商务印书馆.

的中心地之间也存在着互补性,因而它们之间的交通问题同样重要,而非只有不同等级中心地之间的交通问题才是重要的。

第三节 政治经济学视角下的土地利用

一、结构主义

结构主义利用马克思主义政治经济学的基本概念和原理来解释城市土地利用的空间

结构及变化过程,认为社会生产关系是城市土地利用空间结构变化的内因机制,个人、公司、政府土地利用的空间行为和区位决策必须被放置在其特有的社会、政治和经济背景与结构中加以考察。因为城市土地开发与其他商品生产过程一样,受制于社会生产方式(包括生产力水平和生产关系),也反映了阶级、社会经济利益。结构主义的代表人物为D. Harvey、M. Castells 和 A. J. Scott。

Harvey 起初是应用马克思的地租理论来研究城市土地利用的。他认为古典经济学中的地租概念掩盖了社会阶级关系的内在矛盾,因为城市土地的稀有性是由社会决定的,而不是受自然的限制。垄断地租和绝对地租的差别可以重新表述为收取地租的个人垄断权力与整个阶级权力之间的差别。他引入了一个新术语"阶级垄断地租"(class monopoly rent),其产生是因为存在一个资源(土地、房屋等)拥有者阶级。其后,Harvey 进一步提出了资本循环理论(the theory of circuits of capital)。他认为资本循环有三种形式,初级循环是商品生产,第二级是建成环境的投资和消费基金的资本,第三级是流向科学技术和劳动力再生产方面的投资。当第一循环发生过度积累而产生危机时,资本就转移到对建成环境的投资。"二战"后城市郊区化就是为了克服资本主义危机而把资本从商品生产中转移到对建成环境投资的一个例证。他又特别从劳动力再生产的过程中分析阶级斗争,认为阶级斗争促进了"转移的危机"。因而,资本的积累和阶级斗争是最终引发城市土地利用空间结构变化的根本动因。

Harvey(1978)基于马克思的地租理论来解释城市土地利用的变化过程,提出把社会生产关系作为内在因素,资本的积累和阶级斗争是最终引发城市土地利用空间结构变化的根本动因。由于城市土地开发受制于社会生产力水平和生产关系,反映了阶级、社会经济利益,所有空间行为和区位决策,包括政府、企业和个人的影响土地利用变化的行为必须回归到其所特有的政治、社会和经济背景与结构中来加以研究。Form(1954)认为土地市场是高度有组织的,城市土地利用的空间结构和区位模式是许多相互作用的土地利益集团在适当的冲突和妥协之后形成的"合理化"结果。Cox(1974)认为城市土地利用空间结构形成的内在动力源是空间的权力分布。Pahl(1975)把城市政府当作看门人,包括地方各级政府官员、房地产开发商、不动产代理中介等众多机构和个人在内的城市管理者从不同角度参与了稀缺资源配置,作用于城市社会空间结构和土地利用模式。

二、区位冲突学派

区位冲突学派关注权力、冲突和空间之间的关系,认为城市土地利用的空间结构和区位模式是有着不同目标、不同权力及影响力程度的各个利益集团之间相互冲突、相互妥协而"合理化"的结果。这一观点的早期表述是 W. H. Form,他认为土地市场是高度有组织的,由诸多相互作用的土地利益集团(land interested groupings)所控制。可以根据这些集团各自掌握的资源、在土地市场的作用、内部组织和责任模式来进行研究,土地利用的变化很大程度上是这些集团之间相互冲突与讨价还价的结果,并以美国城市土地利用的分区(zoning)决策实例来说明。K. R. Cox 将冲突理论运用到美国城市土地利用的实例研究中,他认为空间的权力分布是城市土地利用空间结构形成和演化的内在动力机制。O. P. Williams认为空间的组织就是政治。事实上,空间不只是由政府、市场所分配的一种有价值的东西,而且具有权力资源的特征,空间分配能更快地反馈到城市政治过程中。

在区位冲突学派中,城市政体理论(urban regime theory)也是研究城市政治结构形成的一种理论,研究的主要对象是城市社会决策系统和行为模式。Fainstein(1986)首先概括了"二战"后美国三种比较典型的城市政体,即管制型、授权型、保守型政体。C. N. Stone(1989)通过对亚特兰大市的案例研究,总结出四种城市政体(维持型、发展型、中产阶级型、低收入阶层机会扩展型),认为城市政体是一种"合作性"的制度安排,架构了该理论的基本框架。Dowding(2001)认为城市政体理论是城市权力研究的一个新的模型方法,指出城市权力通过促进社会治理主要力量联合的政治性安排起作用,将之应用于社会参与政治的研究领域。张庭伟(2001)指出了政府在城市发展的过程中可选择的四种发展战略(促进增长、管理城市发展、维持现状和激进战略),分析了"政府力""市场力""社会力"在四种战略中对城市空间结构的影响作用,并构建了动力机制理论模型。

伴随着中国城市化进程的加快,国内学者开始研究城市政体理论,但总体尚处于起步阶段。政体理论的核心是在政府-市民关系和政府-私人集团关系之间寻找平衡点。何丹(2003)从中央政府和地方政府的关系、公共部门和非公共部门的关系、地方政府主要官员政治利益和经济精英经济利益之间的关系、社会各阶层在城市发展中的关系和作用等四个视角分析了企业、政府、社会组织三方面的利益权衡。总之,城市政体理论提供了城市发展的一个分析模型,需要中国的实践案例来研究和检验。

三、城市管理学派

城市管理学派认为资本主义国家政府具有看门人(gate-keeper)角色。因为政府需要采取措施干预不平等现象,从而对土地利用空间结构的形成机制有深刻的影响。管理学派认为城市管理者(urban-manager),包括公共房屋经理、房地产商、地方政府官员等众多机构,在稀缺资源的分配过程中起着不同作用并具有不同动机,是影响城市社会空间结构和土地利用模式的重要作用者。20世纪80年代初,管理学派对国家背景下城市土地利用的空间塑造过程进行了大量的研究,试图揭示国家对城市土地利用空间结构的影响,国家组合体(corporatist)模式被应用于土地利用变化及其分布影响的研究。

政治经济学派理论注重研究不同权力、不同目标及影响程度的利益集团影响城市土地利用变化的过程和作用(何芳,2009)。它特别强调社会历史背景、政治环境与土地利用决策之间的互动联系,提倡从土地开发利用整个过程和它所在的政治背景和经济社会结构深入研究土地利用空间结构及其变化,从而探究土地利用系统的内在动力机制和演变规律(刘盛和等,2011)。政治经济学派理论把社会政治经济结构作为决定因素,注重研究不同利益集团之间的相互冲突、妥协、博弈,认为政治权利是城市土地利用变化的内生动力机制(何芳,2009)。马克思主义的结构主义方法从本质上揭示了城市土地利用变化的性质,立足于资本主义社会的生产方式和生产关系,研究城市土地利用的空间结构及土地系统的演变规律和逻辑。但是目前大多数政治经济学模型普遍呈现过分简单化和决定主义的倾向(刘盛和,周建民,2001)。在社会主义制度下,对土地系统的演变及其遵循的基本逻辑、生产方式约束等问题的讨论还不多(倪尧,2013)。

第四节　城市土地利用规划的价值观

一、土地利用的价值观

价值观是指个人对客观事物以及自身行为所导致结果的总体性评价,包括行为的意义、作用、效果以及重要性的评价。价值观是对什么是好的、应该做什么的总体判断,是指引并推动个人或组织采取行动的原则和标准,使行为带有稳定的倾向。城市土地利用规划作为一项社会实践,价值观对于土地利用规划目标的确立、执行、调整和评估具有重要意义,价值观的影响更是贯穿于规划立法、编制、开发控制和项目实施等所有环节。任何规划都不可能是脱离价值观的中立的工作,只有明确了土地规划的价值观,方可在规划工作中进行有目的的协调、编制、实施、评价等工作。

从规划师的角度而言,规划师必须理解在土地规划中相关参与者所持有的目标和价值观,规划师需要跟踪、辨别各利益相关者之间相互分歧和相互补充的价值观。在对如何解决土地利用中的相关问题达成共识的过程中,以及在新的议题产生的过程中,利益群体的组成和联盟关系会随着时间而改变。尽管土地利用有着多个价值观,但在一定时期内,一些主导性的价值观左右着土地利用:经济发展、环境保护、社会公平以及宜居。在具体的土地利用规划中,上述价值观可能是混合的也可能是相互竞争的、分离的。

二、经济发展价值观

在经济发展价值观看来,土地是一种具有生产和消费属性的商品,被用来提供产品和服务。经济发展价值观主要是通过对工业、商业、房地产开发的投资,使得土地的附加值增加。土地销售和土地开发收益的多少是衡量土地利用博弈输赢的判断标准。土地利用的经济发展价值观实际上是土地伦理中效率原则的体现,在公平和生态价值观的前提下,提高土地利用效率、促进经济发展才能够符合土地伦理思想。人类合理地组织土地利用的目的在于获取最大效益和最佳服务。

随着我国社会经济的发展,土地越来越难以满足人们日益增长的经济社会需求。据相关统计,1991—2000年全国城市建设用地每年平均增加超过10万hm^2,2001年在20万hm^2以上,2002年上升到33万hm^2左右。另据国土资源部的数据显示,在1997—2000年期间,平均每年建设占用耕地超过18万hm^2;而在2001—2005年期间,已增加至22万hm^2。所以有效率的经济发展价值观就成为解决生态危机、建立土地生态伦理的重要原则之一,也是土地伦理的应有之义和必然要求。具体而言,从有效率的经济发展价值观出发,不仅要建立土地利用的效率评价系统,而且要增加科技投入、创新土地利用方式,从而提高人地系的整体效率。这就要求人们：①提高单位面积投资强度，②大力盘活存量土地，③建立土地集约利用评价指标体系，④建立并完善建设用地跟踪管理制度，⑤提高人们保护土地生态功能的意识(李全庆，2010)。

三、环境保护价值观

环境保护价值观视城市为土地和资源的消费者以及废弃物的生产者。无论是具有功利主义目的而要求保护环境的人，还是对自然怀有深厚情感的人都可归为持有这类价值观的群体。这些群体往往是各种环保分支机构或非政府组织，他们通过生态和环保的视角来看待土地政策和土地规划，寻求保护现有的自然环境特征，他们往往会与反对增长的邻里社团结成联盟。

在实践中，规划师往往会从直接效用价值(direct utility values)、间接效用价值(indirect utility values)和固有价值(intrinsic values)这三个视角来认识环境价值。直接效用价值所提出的问题是"它有什么好处"。许多人只能认同自然对自身的直接效用所带来的价值。他们通过强大的"产品"导向的论据呼吁保护自然。在某些情况下，持有此类价值观的群体可能赢得公众的支持，从而实现对生态系统某一部分的保护。

间接效用价值主要集中于生态系统为人类社会提供的服务。他们认为生态系统中的相互依赖关系具有特殊的价值，但这种生态价值无法在直接效用价值中得到体现，譬如土壤对作物生长来说十分重要的更新和分解功能、能减轻洪水或污染的湿地和水坝。间接效用的视角可以证明一些开发控制法规的必要性，比如沿河设置保护水质的缓冲带、保护林木以维护野生动物的生存环境。

固有价值评判了直接和间接效用价值立场的缺陷，它强调对所有生命形式深刻而内在的欣赏。Aldo Leopold认为，人类是更大的生态群落或生态系统中的一部分，那种仅仅从经济自利出发的保护将会导致令人绝望的失衡。它倾向于忽略并逐渐直至最终消除缺乏商业价值的土地群落上的诸多要素，然而这些要素对于土地功能的健康运转来说却是至关重要的。这种保护错误地假设"生物时钟的经济部分能够脱离非经济的部分运转"。

随着环境系统相关的知识积累以及在土地利用规划中的引入，城乡土地利用和环境质量之间的关系越来越紧密。因此，未来将会进行更为精密的环境质量检测，设置更为精密的效能标准，并在土地利用规划过程中应用新的土地适宜性评价和环境影响评价方法。

四、公平正义价值观

从社会管理的角度来看，"公平正义"是指在社会生活中的每一个个体都能有全面发展自己和获得自己正当权利的机会。结合当下中国实际，公正至上，效率隐含在公正之中，没有公正也就没有效率。土地作为非再生的稀缺资源，更需要遵循公平正义的原则。

社会公平的价值观把城市看作资源、服务和机会分配过程中的一个冲突场所。持有此类价值观的人，主张土地利用模式应该认识到并改善低收入人群和少数族群的生活条件，使他们享有基本的环境健康和尊严。社会经济资源的公平使用对消除贫困和解决弱势群体的需求至关重要。环境公平的倡议者们反对危险性设施的不公平设置,反对在少数族群社区设置垃圾场,反对歧视性的城市住房市场。他们认为,在商业社会中收益与负担并不平等。富人的财富增长往往建立在对其他人权利的限制基础之上,导致他们无法生活在清洁、安全并在经济上能够承受的社区。

伴随着土地利用的不断演化,城市土地利用出现了空间分异、中产阶级化等现象。如何理解并促进城市土地利用的公平正义是一个重要的议题。城市空间分异是指城市社会要素在空间上明显的不均衡分布现象。西方城市社会地理学者特别强调对差异和不平等以及基于它们的城市空间结构模式的研究,认为它们能够展示充满隔离、交叠和极化作用纷繁复杂的城市景观(Knox,Pinch,2000)。无论是在人口结构还是在文化、城市景观方面,环境的异质性与破碎性、多元文化主义与快速发展的亚文化成为当代都市的社会景观,公共空间的现实化与私有化以及围墙和门禁社区都获得了发展(The Ghent Urban Studies Team,1999)。随着全球化的发展,在后福特主义体制、灵活的劳动用工制度以及生产者服务业获得大发展的背景下,国际上的全球城市正在不断呈现出越来越细分化、破碎化和多中心化的社会空间(Wu,2005)。近年来,随着第五次人口普查数据面世,关于转型期中国城市社会空间结构和分异的实证研究成果不断增多,如对北京、上海、广州、西安、南昌等城市的研究,基本结论是转型期中国大城市已存在明显的社会区,基于社会区的城市结构表现出异质性的特征,也就是说中国大城市已存在社会空间分异现象(冯健,2008)。

除了城市空间分异现象,在城市化进程中也出现了中产阶级化(gentrification),其显著特征是城市中产阶级及以上阶层取代低收入阶层重新返回城市中心区(吴启焰,2007)。城市中心区在形成中产阶级化的过程中,其社会空间产生了一系列的重构,体现在:①社区邻里社会结构、特征重构:由多元化有机延续的社区结构转变为具有中产阶级特征的单一隔离性结构;②建筑环境的重组:由低矮的土木结构的平房变成了具有现代生活服务设施的高楼大厦,由低级住宅区变成了高级住宅区和现代的商业办公和零售业集聚地;③城市经济活动的重构:由产业混杂模式转化为以第三产业为主导的产业结构模式(Smith,1996)。中国在改革开放以后伴随着旧城改造形成的中产阶级化,给城市的社会空间和物质空间带来了极大的影响。其产生背景和发展机制都与中国城市的特殊发展历程和一系列经济、城市发展政策有关。中产阶级化给城市中心区带来了活力,但被替代的城市中心居民流落成为新的城市贫困阶层,如何解决他们的安置问题成为政府亟待解决的事情,也是应该进行深入研究的问题。中产阶级化是一种经济行为,但其社会空间结果是加剧了居住空间的隔离,导致社会极化,不利于体现社会公平和人文关怀(吴启焰,2007)。

五、宜居的价值观

宜居的价值观往往表现在出于自身社会和社区利益而反对土地利用变化的群体之中。他们经常要求保护和提高城市社会环境和物质环境的舒适性,以此确保他们所期望的行为模式、安全、生活方式和美学价值。此外他们会仔细审查土地政策和规划对他们生活质量的影响,密切关注政策和规划对他们财产的市场价值的影响。如果土地利用规划对城市未来的发展缺乏考虑,那些重视环境宜居性的群体可能就会动员阻止或改变开发活动。

在邻里群体中有时候会出现以下情况:寻求阻止新的开发项目,或至少是阻止比他们自身开发密度更高的相邻的开发项目。这些群体的阻力常常会导致开发项目的停滞。譬如"别在我后院"(NIMBY)、"本地区不欢迎的用地"(LULU)、"任何人旁边任何地方什么都别建"(BANANA)这样一些说法已经成为邻里宜居价值观的象征。Hester(1999)认为,当代公众参与的特征包括自我利益驱动、短视、阶级和种族割裂等。

然而对于大多数城市来说,Hester 的描述过于极端,通过合理的程序设计,地方上的土地规划可以避免一些导致自利行为的障碍。规划师可以通过参与式的城市设计,使得当地居民了解什么样的城市形态能体现广大公众的利益,从而改变对宜居概念的狭隘认识,建立一种更加广泛和更具包容性的宜居观。

参 考 文 献

BALE J,1990. 工业地理学入门[M]. 北村嘉行,等译. 东京:大明堂.

CLARENCE N S,1989. Regime politics:Governing Atlanta,1946—1988[M]. Lawrence:University Press of Kansas,1989.

COX K R,1974. Locational approaches to power and conflict [M]. New York:John Wiley.

DOWDING K,2001. Explaining urban regime [J]. International Journal of Urban and Regional Research,(1):7-19.

ELLISON C E, FAINSTEIN S S, 1986. Restructuring the city: the political economy of urban redevelopment[J]. American Political Science Review,78(1):296-222.

FORM W H,1954. The place of social structure in the determination of land use:some implications for a theory of urban ecology[J]. Social Forces,32(4):317-323.

HARVEY D,1978. The urban process under capitalism [J]. International Journal of Urban and Regional Research,2(1):101-131.

HESTER R T,1999. Arefrain with a view [J]. Places:A Forum of Environmental Design,12(2):12-25.

JENKINS-SMITH H C,SABATIER P A,1994. Evaluating the advocacy coalition framework [J]. Journal of Public Policy,14(14):175-203.

KNOX P,PINCH S,2000. Urban social geography:an introduction[M]. 4th ed. Englewood Cliffs,NJ:Prentice Hall.

LEOPOLD A,1949. A sand country almanac [J]. Top Sustainability Books,87(4):10-13.

PAHL R E,1975. Whose city [M]. 2ed. Harmondsworth:Penguin.

SCOTT A J,1980. The urban land nexus and the state [M]. London:Pion Limited.

THE GHENT URBAN STUDIES TEAM,1999. The urban condition:space,community and self in the contemporary metropolis [M]. Rotterdam:010 Publishers.

WILLIAMS O P,1975. Urban politics and urban ecology [C]//Young. Essay on the Study of Urban Politics. London:Palgrave Macmillan UK.

WU F,LI Z,2005. Socio-spatial differentiation:processes and spaces in subdistricts of Shanghai[J]. Urban Geography,26(2):137-166.

阿隆索,2010. 区位和土地利用[M]. 北京:商务印书馆.

伯克,2009.城市土地使用规划[M].北京:中国建筑工业出版社.
杜能,1986.孤立国同农业和国民经济的关系[M].北京:商务印书馆.
冯健,周一星,2008.转型期北京社会空间分异重构[J].地理学报,63(8):829-844.
顾朝林,克斯特洛德C,1997.北京社会极化与空间分异研究[J].地理学报,(5):385-393.
哈维,2009.新帝国主义[M].北京:社会科学文献出版社.
何丹,2003.城市政体模型及其对中国城市发展研究的启示[J].城市规划,27(11):13-18.
何芳,2009.城市土地经济与利用[M].上海:同济大学出版社.
华伟,2004.房地产经济学[M].上海:复旦大学出版社.
克里斯·泰勒,1998.德国南部中心地原理[M].北京:商务印书馆.
勒施,2010.经济空间秩序[M].北京:商务印书馆.
李嘉图,周洁,2005.政治经济学及赋税原理[M].北京:华夏出版社.
李全庆,2010.土地伦理理论与实践研究[D].南京:南京农业大学.
李小建,2006.经济地理学[M].2版.北京:高等教育出版社.
廖什,2010.经济空间秩序[M].北京:商务印书馆.
刘盛和,周建民,2001.西方城市土地利用研究的理论与方法[J].国外城市规划,(1):17-19.
刘武俊,1995.市民社会与现代法的精神[J].法学,(8):28-30.
马克思,1976.资本论:第3卷[M].北京:人民出版社.
倪尧,2013.城市重大事件对土地利用的影响效应及机理研究[D].杭州:浙江大学.
秦晖,1998.土地·公平·效率[J].中国土地,(1):14-15.
山本健二,1994.经济地理学入门[M].东京:大明堂.
杉浦芳夫,1988.区位的空间的行动[M].东京:古今书院.
石楠,1990.西方新古典主义城市地租理论浅述[J].城市规划,(5):28-32.
韦伯,1997.工业区位论[M].北京:商务印书馆.
吴启焰,2005.城市社会空间分异的研究领域及其进展[J].城市规划学刊,(3):23-26.
吴启焰,罗艳,2007.中西方城市中产阶级化的对比研究[J].城市规划,31(8):30-35.
吴志强,李德华,2010.城市规划原理[M].北京:中国建筑工业出版社.
张庭伟,2001.1990年代中国城市空间结构的变化及其动力机制[J].城市规划,25(7):7-14.
张占录,2006.土地利用规划学[M].北京:中国人民大学出版社.

思 考 题

1. 地租地价理论与土地利用规划之间有何关联?
2. 简述经典区位论的形成机制和现实局限,如何利用经典区位论指导我国某一城市的土地利用规划?
3. 土地利用规划的编制应遵循什么样的价值观体系?结合一个熟悉的土地利用规划,对其价值观体系进行评判。

第三章　城市土地利用规划的方法

在进行城市土地利用规划时，规划师需要从多方面理解城市当前的问题、分析未来发展条件、进行发展目标设计以及比较不同城市发展情景中的土地利用方案。本章集中讨论了与城市土地利用规划密切相关的若干要素的特征及相关分析方法。首先，探讨城市土地利用规划中社会经济要素的影响，介绍经济、人口、社会等数据的分析内容与方法；其次，讨论城市土地利用规划中环境系统的要素、进行环境影响分析的步骤和内容，以及土地适宜性分析等常用环境影响分析方法；再次，在交通与基础设施分析方面，关注在土地利用规划层面如何将交通以及其他基础设施要素整合到规划中，并介绍常用的分析评价指标；最后，介绍城市土地利用的景观生态学分析的主要内容、理论基础及其应用，为规划师分析土地利用结构提供定量工具。

第一节　社会经济分析

一、城市土地利用规划与社会经济发展的关系

城市发展的经济要素主要包括经济规模、产业等，社会要素主要包括人口、制度、政策、法律法规等。在土地利用规划中进行社会经济分析，有助于理解城市或区域的社会经济发展历史，把握其发展规律并识别社会经济变化带来的问题或规划诉求。同时能够对城镇未来的发展进行预测，为计算未来土地需求、设施需求等提供基础。

城市的社会经济发展与土地利用规划之间具有紧密联系，主要表现在规模、结构和空间分布三方面。

(一) 社会经济总体规模对土地利用的影响

经济发展是土地利用变化的重要驱动力。首先，城市未来的人口、经济规模是预测城市未来发展规模、增长范围的基础。城市化水平的提升伴随着城市人口比例的提高和城市规模的增大，在土地利用上则表现为城市建设用地面积的扩张，因此对城市社会经济规模的预测有助于确定城市的增长界限。此外，社会经济发展的规模以及不同的发展阶段也将形成不同的土地利用方式。例如，在城市经济高速增长时，城市空间多以增量扩张为主，在土地利用上呈现出松散状态；而在经济增长稳定或缓慢时，城市建设将逐渐从外延式转为内涵式的发展，以土地再开发为主。

其次，城市未来社会经济的规模是估算居住、商业、工业等各类用地需求量，以及估算

城市公共服务设施需求量的基础。在进行土地利用规划时,需基于未来城市人口和经济发展水平配置相应的服务设施,以保障城市生产和生活需求。

(二) 社会经济结构对土地利用的影响

社会经济结构包括产业结构、人口结构等多方面的内容,其变化与土地利用结构之间具有密切的联系。

1. 产业结构

产业结构对土地利用的影响表现在土地利用方式、土地结构调整和空间布局等方面,产业发展最终将影响土地资源的配置和利用效益。从产业自身的生命周期而言,产业在不同的发展阶段具有不同的土地利用方式的需求(吴英杰,2010)(见图 3-1)。从产业类型而言,不同的产业类型对土地区位选址的要求决定了土地的空间分布和土地利用结构,例如工业用地偏好于较为集中、大面积的土地,而商业办公等第三产业则多集聚在城市中心区。此外,从产业结构调整而言,城市的发展过程中伴随着不断的产业结构调整与主导产业部门置换,因此土地要素的时空分布、结构组成也相应进行着不断的调整和优化。例如在城市工业化时期,大量农用地将转换为工业用地;而在城市后工业化发展时期,中心城区的工业用地及其他用地也可能会转换为服务业用地。

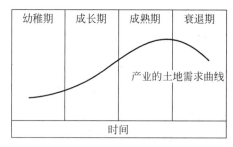

图 3-1 产业在不同周期的土地需求

资料来源:吴英杰,2010.城市土地利用与经济发展的互动机制研究[D].杭州:浙江大学.

2. 人口结构

人口结构包括年龄结构、性别结构、家庭类型结构等,不同的人口结构将对公共服务提出不同的需求。例如老龄化人口更加需要医疗、健康等相关服务设施,青少年群体则更关注休闲、文化等服务设施的供给。人口结构与人口老龄化、迁移率、自然增长率等密切相关,有必要对其进行预测和模拟,在土地利用规划中反映出不同人群的需求。

(三) 社会经济活动的空间分布对土地利用的影响

社会经济活动在空间上的分布决定了不同类型土地的分布特征。由集聚经济产生的空间吸引力以及集聚不经济产生的空间排斥力相互作用,从整体上影响了城市空间结构的变化,并在微观层面影响了企业和居民的选址决策,因此也进一步促使城市土地利用在空间上的分异。

二、城市土地利用规划中社会经济分析的主要内容

城市土地利用规划过程中进行的社会经济分析,主要包括历史与现状情况分析、未来趋势预测、方案可行性分析等方面的内容。历史和现状分析有助于把握当前的状况并揭示变化的规律,对于未来的预测和分析是明确未来需求的基础,对不同方案进行经济、社会要素的可行性分析也是确定最优土地利用方案的必要条件。

(一) 现状宏观经济社会背景分析

现状宏观经济社会背景分析包括评估当前人口和经济发展的水平与结构等内容。把握现状的社会经济发展有助于理解城乡历史演变中的规律,并识别当前土地利用规划需要解决的问题及其性质。对于现状经济发展状况的分析也有助于评价当前总体人均公共服务的供需情况,通过评估地区土地的承载能力,指导土地利用规划中相关设施的配置以及政府相应的投入。

1. 经济要素

从规划层次而言,与土地利用规划相关的宏观经济要素主要包括以下指标。

(1) 城市经济总量

城市经济总量能够反映城市的整体经济发展水平,主要包括国民生产总值、工农业及服务业生产总值、财政收入、外资投入额、对外进出口总额、固定资产投资等。

(2) 城市总体经济水平

城市总体经济水平包括人均国民生产总值、人均工农业及服务业产值、人均国民收入、城乡居民人均年可支配收入、年均固定资产投资额等。

(3) 城市经济结构

城市经济结构包括三大产业生产总值比例、轻工业及重工业产值比例、就业结构、投资结构等。

(4) 经济增长水平

经济增长水平包括经济增长率、经济增长目标、三大产业的经济增长率等。

(5) 经济布局情况

经济布局情况包括经济发展的集约水平、分散水平、均衡水平等。

2. 社会要素

城市土地利用规划中的社会要素分析主要包括与城市土地利用相关联的各种社会结构、社会组织、社会问题、城市生活方式、社会发展规律等,具体包括以下指标。

(1) 历史沿革

历史沿革,即行政区划变迁、城市建成区范围演变、城市用地结构变化等。

(2) 社会制度

社会制度主要关注与土地问题相关的制度,即因土地的权属和利用问题而产生的土地产权制度以及土地国家管理制度(何芳,2009)。土地利用规划作为一种重要的土地使用制度,对于土地资源的合理配置起到了有效激励的作用。

(3) 社会组织系统特征

社会组织系统特征主要包括基本人口特征(例如人口规模、人口密度、人口自然增长率等)、人口结构(例如性别结构、年龄结构、人口素质水平等)、社会公平水平(例如贫困人口比例、城乡收入差距、基尼系数等)及公民意识(例如消费者投诉率、社区志愿者数、公众参与程度等)。

(4) 社会文化环境

社会文化环境包括社会投资水平(例如城市公共教育投入比重、城乡居民人均图书拥有量、每万人拥有医生数等)、物质生活质量(例如城乡居民人均可支配收入、人均居住面积、恩格尔系数等)、精神文化生活水平(例如有线电视普及率、教育娱乐支出比例等)、社会安全水平(例如城镇刑事案件发案率、失业率、犯罪率等)、社会保障水平(例如城镇医疗保险参保人数、养老保险参保人数等)及社区设施建设水平等。

(5) 社会风尚

社会风尚包括地方居民生活方式、公众参与的行动和意识等。

(二) 现状微观经济社会背景分析

对于详细规划层面的土地利用规划而言,还需根据实际需求,进一步对区域内的微观经济社会因素进行分析,具体可包括城市土地的级差地租水平、地块自然条件等,从而为不同类型用地的布局、城市用地空间拓展范围等规划方案提供依据。本节主要介绍土地价格、土地产权、人均设施供需等几类微观尺度的社会经济分析内容。

1. 城市土地价格分析

根据城市土地竞租理论,城市的土地价格将随着与城市中心距离的增大而降低,其降低的速率呈现出递减的趋势。越接近城市中心或区位条件优越的地块,其土地价格越高,相应的土地开发成本也将增加,同时还存在着明显的资本对土地要素的替代效应(Alonso,1964;阿瑟·奥沙利文,2003)。

具体而言,对于公开招拍挂的城市用地,可以从土地部门获取地块出让的价格信息;对于其他难以获得一手数据的用地,可以借助地块的房屋租金价格、销售价格进行代替;此外还可以通过样本调查、结合 GIS 插值法的方法,对地区整体的地价分布进行模拟(郑文含等,2013)(见图 3-2 及书后彩图)。对于现状城市土地的区位及其价格分布规律进行分析,有助于探讨现有不同类型城市用地分布的合理性,为土地利用规划中某类用地的空间分布、规划开发强度、开发时序等提供参考,从而促进土地价值最大化的实现。

2. 土地产权地籍分析

产权地籍指某类城市地块的界限、权属状况、数量、质量、用途等,通常可以从土地管理部门获取。产权地籍与城市土地利用的权属问题直接相关,是进行用地地块划分的重要因素。新制度经济学派认为,明确的产权界定将促进资源分配效益的最大化,合理的产权界定还应使得交易成本最小化(Coase,2006;North,1990)。可见,明确土地产权边界是土地价值实现的必要前提。在进行土地利用规划时需充分考虑现有用地的产权边界、各产权主体的发展诉求和未来开发的可能,从而保障后期土地开发的有效实施。

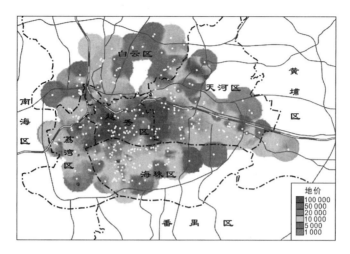

图 3-2 某城市现状地价分布模拟（书后有彩图）

资料来源：郑文含,唐历敏,2012.控制性详细规划经济分析的一般框架探讨[J].现代城市研究,(5):39-44.

3. 人均设施供需分析

在某些经济和人口增长迅速的大中城市,往往存在着较为严重的公共服务设施供需矛盾。在城市控制性详细规划、修建性详细规划层面的土地利用规划中,需进一步分析现状公共服务设施等类型用地的分布、供需条件等具体内容。人均设施供需分析是对现状公共服务设施用地合理性及服务水平的评价,也为土地利用规划中相应用地类型的布点、规模、规划时序等要素提供参考,保证公共利益的实现。常用分析方法包括基于网络的服务水平评价、基于时间的设施均等化评价等。也有学者进一步提出用密度估计方法进行评测,并取得了较好成效(宋小冬等,2014)。

(三) 社会经济定量预测

预测是进行土地利用规划及管理的重要手段。在土地利用规划的社会经济发展分析中,需要预测产业、人口、国民生产总值等诸多因素的总量增长、结构变化等内容,明确城市未来发展的最优人口以及经济活动的水平、增长速度与结构。经济、人口等要素的预测既是进行未来各类土地需求量预测的基础,也是公共服务设施与市政基础设施配置的基础。这里主要介绍经济、人口维度的预测内容。

1. 经济预测

在城市发展过程中,经济规模的不断增长、产业持续的转型升级是驱动城市土地利用格局变化的主导力量。在土地利用规划中进行经济预测的目的在于确定城市未来经济发展的规模、结构等内容,从而为土地利用的需求量、布局等提供参考。在经济预测分析中,需基于不同的规划目标,重点对城市未来经济规模、经济增长率、产业发展等内容进行预测。常用的城市经济预测的方法包括趋势外推法、经济基础分析法、投入产出分析法等。

2. 人口预测

城市人口系统具有复杂性、开放性的特征,不同地区的增长变化规律往往具有其特殊性。城市土地利用规划阶段的人口预测需结合不同城市的性质和职能,充分考虑城市未来发展的可能规模、城市就业结构、劳动力供需条件等因素进行预测。对于人口的预测有助于估算未来住宅空间需求、公共服务设施需求等。通常而言,可以运用不同方法进行预测,获得多个预测方案,再辅以其他方法或参考要素进行比较和核对,尤其是与当地的土地承载力、生态环境容量等进行对比,最终确定合理的城市未来人口规模。常用的城市人口预测方法包括趋势外推法、成分变化拟合法等。

3. 土地使用需求预测

基于各项基础调研以及城市发展的目标,在经济、人口预测的基础上,结合城市活动的发展趋势,可进一步预测得到不同类型城市用地在未来发展的需求情况,并将不同的用地需求进行空间分配。通常而言,可通过不同类型用地的人均面积水平计算得到城市未来发展的总体土地规模,所得结果可与土地承载力等相关预测结果进行对比,最终得到最优的土地需求总量。

(四) 城市土地利用规划方案的经济可行性分析

城市土地利用通常伴随着大量的投资,不同用地规划方案具有不同的投入产出效益,并与地方政府的财政水平密切相关。因此,有必要对土地利用方案进行经济、社会的可行性测算,对其投资、效益、社会经济影响等多方面内容进行评估,探讨最优的土地利用方案。

1. 总投资估算

城市开发的投入成本通常包括征地收入、基础设施建设投入等。此外,对于某些城市更新地区的用地再开发方案而言,土地开发的投资还包括某些现有建筑的拆迁费、现有居民的安置补偿费用等。按照土地一、二级开发划分,土地一级开发成本主要包括征地拆迁补偿费用、前期工程费用、市政基础设施建设费用、不可预见费、管理费等,土地二级开发成本主要包括城市建设用地的获取成本(即土地开发成本和土地出让金)、建筑安装费用、市政费用、其他综合费用等。

2. 土地利用规划方案的开发效益估算

土地利用的效益包括直接效益和间接效益。直接效益主要是地块开发的直接经济收益,包括土地出让金、土地综合配套费以及相关税费等;间接效益包括土地开发所带来的产业带动力、对规划区周边经济和社会的正外部性影响等。

3. 风险分析

风险分析指通过对某些不确定因素进行评估,测算因素变化所带来的经济社会的变化幅度,并考察用地方案的风险适应能力。某些正在实施或处于规划中的重大项目、重要事件将对经济活动带来的外在影响,包括人口、就业、产业结构等相关变化,这也将间接影响到土地资源的优化配置以及合理利用。因此有必要对一些重大项目进行影响力评估,探讨相关项目所能取得的社会、经济等综合效益。常用方法包括技术性评估(technical SIA)和参与式评估(participatory SIA)。前者主要着眼于可量化的数据,包括人口变化、经济水平变化等；后者则主要通过大量的社会调查数据进行评估，通过问卷调查、访谈、情景分析等方法获取分析存在的影响（黄剑等，2009）。

三、城市土地利用规划中社会经济分析的主要方法

对社会经济数据的分析主要包括现状的统计调查、抽样调查等数据的统计或估计，以及对未来经济、人口发展的预测或设计。在估算、推测或设计方面，主要方法包括趋势外推法、成分变化拟合法、投入产出分析法以及供给导向法等，下面介绍几种主要的预测方法。

(一) 社会经济分析方法

1. 趋势外推法

趋势外推法可直接应用于人口和经济总量水平的分析，其逻辑是确定现状的发展规律并将其外推至未来，基于历史性的经济、人口数据绘制出动态变化的趋势图，再借助增长或衰退曲线，选择数学模式来判断未来发展水平。常见的曲线包括线性模型、指数模型、修正指数模型以及多项式模型（伯克，2009）（见图3-3）。

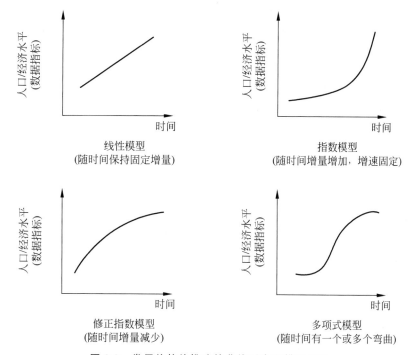

图3-3 常用趋势外推法的曲线形态和模型假设

资料来源：伯克，2009.城市土地使用规划[M].北京：中国建筑工业出版社.

下面以人口增长预测为例，说明几种趋势外推法的数学模型及其曲线的应用。

（1）指数模型

假设规划期间内的人口按照稳定的速度增长，通过基期年人口数来推算未来的人口数量，通常也被称为是人口年增长率法。其公式为

$$P_{t+n} = P_t(1+r)^n$$

式中，P_{t+n}——规划年人口数；P_t——基期年人口数；r——人口年增长率；n——规划年份。

(2) 线性模型

即一元线性回归法，假设人口变量在单位时间内以固定的数值变化。其公式为

$$P_{t+n} = P_t + bn$$

式中，P_{t+n}——未来人口规模；P_t——预测基年的人口数；b——单位时间内人口增长量；n——预测年份。

为了检验所建立的模型的可行性，还需对两变量的相关性进行检验。变量之间的线性相关性通过相关系数 r 来判断，一般而言，相关系数 r 越大，说明所建立的方程的拟合程度越好，其结果也越可信。

(3) 修正指数模型

假设人口增长的速率随着时间的变化而逐渐下降，最终增长率将趋近于某一上限。其公式为

$$P_{t+n} = K - [(K-P_t)b^n]$$

式中，K——研究区域的人口数量上限；b——固定的增长速率。

(4) 多项式模型

假设人口变化在不同阶段既有增长也有衰退，其增长模式是不规律的，相应的曲线也将出现弯曲。其公式为

$$P_{t+n} = P_t + b_1 n + b_2 n^2 + \cdots + b_p n^p$$

式中，$P=1$ 时，为直线模型；$P=2$ 时，为二次多项式(抛物线)模型；$P=n$ 时，为 n 次多项式模型。

利用趋势外推法进行经济与人口预测，仅归纳了众多要素在过去的总体影响，忽略了某些内在的影响要素或难以明确度量某一要素的影响，因此比较适用于变化稳定、速度中慢、只要求总量数据的预测，而并不适用于长期预测。此外，趋势外推法也适用于为某些复杂的分析方法提供基准预测数据。

2. 成分变化拟合法

该方法将人口和经济的总量变化分解，通过结构的细化来拟合未来增长变化。

(1) 人口分组构成推测

对于未来人口预测，将人口按照年龄、性别、自然增长率(出生率与死亡率之差)、迁移率等进行分组分析，通过不同分组结构的变化来进行整体的影响预测。

例如对于人口年龄构成及其预测，通常采用人口金字塔的形式判断未来学龄人口、劳动力人口以及老龄化人口的发展趋势(张文范，2002)(见图3-4)。该方法需对未来的人口自然增长率和人口迁移率进行推断，通常也会结合趋势外推法等进行分析。

(2) 经济基础分析法

对于未来经济及就业进行预测，可将城市经济分为基本经济活动与非基本经济活动两类。基本经济活动指城市对外提供或交换产品和服务，是地方未来发展的主要动力；非基

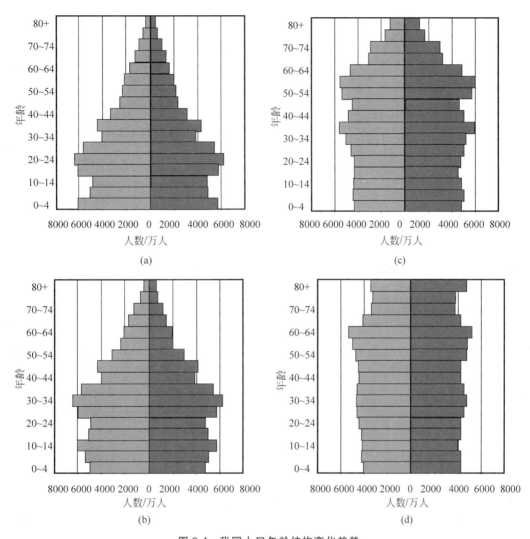

图 3-4 我国人口年龄结构变化趋势

(a) 1990 年；(b) 2000 年；(c) 2025 年；(d) 2050 年

资料来源：张文范，2002.我国人口老龄化与战略性选择[J].城市规划，26(2)：68-72.

本经济活动即城市对内的服务，主要是本地消费者的经济活动。

基本经济活动与非基本经济活动的增长之间存在着乘数效应关系。城市基本经济活动的每一次投资、收入和职工的增加，将形成连锁反应，最后所得的结果将数倍于原来的投资、收入和职工的增加。通常地区的经济基础乘数为 2~9，其计算公式为

$$K = \frac{\Delta Y}{\Delta Y - \Delta C} = \frac{1}{1 - \Delta C / \Delta Y}$$

式中，K——投资乘数；ΔY——国民收入增量；ΔC——消费增量。

但在实际发展过程中，乘数效应并非无限增长，在规模经济达到一定程度之后，由于供大于求将出现超额收益的降低。因此根据时间段的长短，也可利用 Logistics 增长曲线来表

示乘数效应(宗跃光等,2002)。随着时间的推进,乘数效应经历了缓慢增长、快速增长、缓慢增长的阶段性变化,最终将趋于增长极限(见图3-5)。其公式为

$$Y = \frac{k}{1 + kb_0 b_1^t}$$

式中,k——预计的一定时期内经济增量的最高水平;b_0、b_1——系数;t——时间。

3. 投入产出分析法

投入产出分析法是一种基于构成的、反映经济系统内部不同经济部门之间联系的方法(吴志强等,2010)。每个经济部门对其他经济部门的

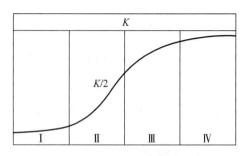

图 3-5 Logistics 增长模式示意

资料来源:宗跃光,张振世,陈红春,等,2002.北京大都市土地开发的乘数效应和增长模式研究[J].地理研究,21(1):89-96.

影响均需计算一个乘数,最后计算得到综合影响。投入产出分析法通常适用于预测一个特定经济部门的增长,能够表示某一经济部门的变化通过直接和间接的关联对整体带来的作用。

进行投入产出分析,首先需根据不同经济部门建立投入产出表(见表3-1),通过计算经济部门的直接消耗系数以及列昂惕夫矩阵,建立起各经济部门与最终产出之间的关系。尽管投入产出表的计算方式更复杂,但随着近年来数据的丰富,也逐渐在不同层面的社会经济分析中得到应用(孙建卫等,2010)。

表 3-1 投入产出表

投入＼产出	中间产品	最终产品	总产品
1	$q_{11}, q_{12}, \cdots, q_{1n}$	y_1	q_1
2	$q_{21}, q_{22}, \cdots, q_{2n}$	y_2	q_2
⋮	⋮	⋮	⋮
n	$q_{n1}, q_{n2}, \cdots, q_{nn}$	y_n	q_n
劳动	$q_{01}, q_{02}, \cdots, q_{0n}$	—	L

4. 供给导向预测法

上述方法均从需求角度进行预测,除此之外,还可以根据未来土地供应水平及其相应的土地开发强度来进行人口和经济预测。

土地承载力法是基于供给方的常用预测方法,反映了区域土地的经济、社会承载状况,并受到环境与基础设施水平、城镇土地管制、政府财政水平等相关因素的约束。其基本思路是,根据预测的可开发建设用地和预计的人均建设用地水平标准,计算得到人口或经济的最大规模。

通常可以采用层次分析法,建立指标评价体系预测可用于建设的用地规模。根据土地类型的不同,可进一步划分为耕地人口承载力、建设用地承载力以及土地生态承载力三类。表3-2所示为建设用地承载力预测可选用的部分指标(郭志伟,2008)。

此外，根据现有资料的完善程度，也可根据理论以及政策约束(例如生态中位理论等原理、城市生态发展政策等目标)综合判断未来可建设用地面积，从而得到最大的人口规模。

表 3-2　建设用地承载力预测常用指标

类　　别	指　　标
建设用地经济承载力	单位建设用地的财政收入(万元/km²)、单位建设用地的产出(万元/km²)、单位建设用地吸纳的就业人口(人/km²)
建设用地建筑承载力	城乡建筑容积率、城乡建筑覆盖率
建设用地人口承载力	常住人口密度(人/km²)、人均建设用地面积(m²/人)

资料来源：郭志伟，2008.北京市土地资源承载力综合评价研究[J].城市发展研究，15(5)：24-30.

规划编制中的人口规模预测实例见专栏 3-1。

专栏 3-1　规划编制中多方案的人口规模预测

在进行城市土地利用规划过程中，人口规模预测是社会经济分析的重要组成部分，是预测城市未来发展规模、土地供给规模以及合理配置城市资源的重要基础。在规划编制过程中，应采用多方案、多角度的预测与校核方式，结合现状情况和城市未来目标，对城市人口发展进行尽可能准确的模拟。上文所介绍的若干种社会经济分析方法中，趋势外推法、成分变化拟合法、土地承载力法等均可用于人口预测。在趋势外推法中，除了上文的几种常用方法之外，还可运用 Logistic 曲线等数学模型进行拟合。此外，根据现有资料的完善程度还可采取灰色模型法、基于就业岗位和劳动生产率的预测等方法进行分析。本栏以南京市为例，重点介绍常用的趋势外推法、土地承载力预测法两种方法的实现(程茂吉，2011)。

(1) 趋势外推法

2009 年末，南京市常住人口为 771.3 万人，其中户籍人口为 629.7 万人、暂住人口为 141.6 万人。首先，基于南京市 1990—2008 年各年份的人口数据对户籍人口进行预测。预计 2008—2030 年间户籍人口年增长率仍然保持在 2000 年以来的 1.78% 的水平，通过增长率法、指数增长模型、Logistic 曲线模型，可分别计算得到 2020 年的户籍人口为 776 万人、2030 年的户籍人口为 926 万人(三种方法的平均值)。其次对暂住人口进行预测，考虑到暂住人口和城市经济吸引力之间的关系，采用暂住人口占总人口的比重以及参考相关城市的经验进行确定。预计 2020 年、2030 年暂住人口和户籍人口的关系取值为 30%，则相应年份的暂住人口为 240 万人和 280 万人左右。因此，综合户籍人口和暂住人口的预测，可得到南京市 2020 年、2030 年常住人口规模分别为 1050 万人、1200 万人左右。

(2) 土地承载力预测法

本栏主要介绍根据理论约束、政策约束进行用地和人口预测的方法。

首先，根据生态中位理论，当所有城市建成区超过了区域总面积的 50% 之后，生态修复将变得困难。由此可计算得到南京市域面积中可用于建设的面积为 2239km²(除去域内部分不可建设的水域、森林等)，在远期人均建设用地 115m² 的标准下，人口容量约为 1900 万人。

其次，根据《南京市生态市建设规划》，2020 年南京市森林覆盖率需达到 26% 以上，即需保护的森林面积为 1711km²，加上重要水域、湿地、基本农田等，剩下的可建设用地面积为

$1643km^2$。在远期人均建设用地 $115m^2$ 的标准下,人口容量约为 1430 万人。

再次,基于生态空间供给水平理论,一定区域内 CO_2 和 O_2 将达到动态平衡。在南京市未来需达到 $1711km^2$ 森林面积、$2280km^2$ 耕地面积以及维持园地和绿地面积不变的目标基础上,将各类用地面积进行等效森林面积的经验换算(见表3-3),再结合国内外经验预测人均等效森林面积达到 $200m^2$ 的水平,则人口规模可控制在1200万人左右。

表 3-3 南京市预测等效森林面积表

供氧项	面积/km^2	换算系数	等效森林面积/km^2
林地	1711.4	1	1711.4
耕地	2280	0.2	456.0
园地	97.75	0.9	88.0
公共绿地	215	0.6	129.0
总计	4524.2	0.56	2384.4

(二) 分析方法的选择

在实际预测中,初始假设将对最终的输出结果起到关键的作用。假设通常包括以下几类:第一类假设需判断各种发展规律将在未来继续延续,还是会在未来发生改变,包括过去的增长模式、产业结构、人口结构及增长速率等;第二类假设需明确未来公共政策的变化及其影响;第三类假设需合理选择所需的历史和预测数据,包括数据时期、数据类型等;第四类假设包括所选择的预测模型是否合理,例如经济分析模型中隐含的经济规律是否适用于所应用的地区发展等。

因此在具体分析中,需根据不同地区以及不同的阶段选取合理的分析方式,从而更加准确、全面地对未来社会经济发展进行预测。一方面,应明确当前地区社会经济发展的特征,包括其人口、产业构成以及变化趋势;另一方面,应对预测结果进行深入剖析,对所应用的假设、模型进行适用性评判,并针对未来发展的不确定性提出多种可能的选择。

第二节 环境影响分析

一、城市土地利用规划环境影响分析的内涵

(一) 环境影响分析的内涵与目的

在城市经济发展过程中,由于市场失效等原因将带来非确定性和不可逆转的环境问题(赵民等,2000)。现阶段我国的土地资源利用正日益受到土地环境问题的制约,因此有必要将环境问题系统地纳入土地利用规划过程中,以提高规划的科学性。

土地利用规划的环境影响分析是一种在规划层次协调环境和发展关系的决策手段,主要分析和评估土地利用的宏观结构调整后可能对区域的自然环境和生态系统带来的影响(周文霞等,2009)(见表3-4),在此基础上进一步提出预防或者减轻某些不良环境影响的对

策与措施,并建立跟踪监测的方法和制度(蔡玉梅等,2004)。开展土地利用规划环境影响评价的工作和研究的目的在于提高城市发展决策质量,既有利于提高土地利用规划的科学性、发挥其综合协调功能,也有利于弥补单一项目环境影响评价的不足,从整体上综合性地控制土地利用变化所带来的生态环境问题。

表 3-4 土地利用规划可能产生的环境影响

类别	环境影响方式	相应经济行为
大气	SO_2、烟尘、尾气排放	建设用地增加、耕地转为建设用地
水资源	水体污染、水资源缺乏	工业用地增加、土地开发、土地复垦
土壤资源	土壤污染、土壤侵蚀、水土流失	土地开发、独立工矿用地增加
社会	外来人口、产权问题、用水、心理	建设用地增加导致农田的非农化
生态	植被减少、景观多样性降低、生物生存空间减少	土地开发
	影响自然环境	水利设施用地增加
	影响动物迁徙	交通用地增加
经济	经济水平提高	工业用地增加

资料来源:周文霞、陈笑媛、郭旭辉,2009.土地利用规划环境影响评价的实例研究——以贵州省毕节地区为例[J].长江流域资源与环境,18(12):1132-1136.

(二) 环境影响分析的空间层次与特点

我国土地利用规划环境影响评价的相关研究起步较晚,早期多借鉴国际尤其是欧盟国家的评价方法。欧美国家目前主流的环境影响评价包括两种:一种是政策和规划层面的战略环境评价(strategic environmental assessment,SEA),以英国、瑞典等国家为代表;另一种是项目层面的项目环境影响评价(environmental impact assessment,EIA)(王川等,2005)。但由于规划制度、政治文化等因素的不同,相关方法在我国的适用性也有一定差别。

我国的土地利用规划具有国家—省—市—县—乡镇 5 个层次。不同层次、不同类型的土地利用规划在内容上的侧重点有所不同,因此环境影响分析的方式和深度也有所不同。2003 年 9 月开始实施的《中华人民共和国环境影响评价法》明确规定,市级及以上的地方政府需要在土地利用相关规划的编制过程中组织进行环境影响评价,因此目前我国开展的土地利用环境影响评价主要集中于总体规划的层面,具有战略性、综合性以及区域性等特点(王川等,2005)。

二、城市土地利用规划环境影响分析的流程与内容

(一) 规划分析

对土地利用规划的全面分析和理解是进行环境评价的基础,其分析方法包括叠置分析、层次分析、情景分析等。主要内容包括规划概述、规划的协调性分析以及不确定性分析,具体如下:

首先应简要分析土地利用规划的编制背景、规划目标、规划对象、规划内容、现状资源环境条件等,对土地利用规划进行全局性的把握;其次应分析与土地利用规划相关的法律

法规以及其他规划的协调性,包括在不同规划层次(省级、市级、县级等)、功能属性(总体规划、详细规划、专项规划等)、时间属性(首轮规划、调整规划)中的定位、矛盾等;最后应识别出可能对本区域及周边区域的未来发展带来较大影响的不确定性的重要环境因素,提出多个可能出现的规划和发展情景。

(二) 现状调查、分析与评价

区域的现状调查、分析与评价有助于规划师把握评价范围内的主要资源和环境要素的总体水平和变化趋势。其中现状调查的方法包括资料收集、现场勘探、问卷调查、访谈调查等,现状分析与评价的方法包括层次分析、类比分析、叠置分析、灰色系统分析等。

现状调查的内容包括自然地理状况(地形地貌、水文条件、气候特征等)、环境基础设施建设情况(污水处理设施、固体废物处理、区域噪声污染控制等相关设施的服务水平)、资源禀赋利用情况(主要用地现状、水资源总量、能源与矿产资源条件、旅游资源条件等)、环境质量与生态状况调查(水、大气环境、声环境的功能区划,生态系统的类型、结构等)。

现状分析与评价的内容主要包括以下几类:资源利用现状评价(各类资源的供需条件和利用效率等)、环境与生态现状评价(各环境要素的质量水平、变化趋势及其驱动力,区域生态系统的组成、结构与功能状况等)、主要行业经济和污染贡献率评价(主要行业的经济贡献率、资源消耗率以及污染贡献率)以及环境影响回顾性评价(评价上一轮规划的实施情况)。

(三) 环境影响识别、确定环境目标和评价指标

环境影响识别即受到土地利用变化影响的所有环境因素,根据其识别结果并结合环境目标,建立评价体系并明确环境评价的重点和范围。其基本方法包括叠置分析、灰色系统分析、层次分析、情景分析、压力-状态-响应分析等。

环境影响识别应从土地利用规划的目标、时序、规模等方面综合性地识别出规划要素对资源环境的影响方式与程度,筛选出受到规划影响较大、范围较广的环境要素,并将其作为分析与预测的重点内容。在识别过程中应尤其关注规划可能造成的重大不良环境影响,包括直接影响、间接影响、短期影响、长期影响。对于此类重大不良影响,可通过规划实施是否导致区域环境功能变化、资源环境利用的严重冲突以及居民健康状况是否发生明显变化三方面进行评判。

在不同的规划时段应满足相应的环境目标,目标可分解为多个评价指标,包括环境质量、生态保护、资源利用以及社会与经济环境等。现状调查中所确定的某些重要环境要素应作为环境评价指标的选择重点。

(四) 环境影响预测、分析与评价

环境影响预测要求根据环境影响识别的评价重点,按照规划的不确定性分析对不同的发展情景进行预测和评价,从而得到可行的规划方案和优化调整建议。影响预测应根据土地利用规划的层次,采用定性、定量或两者结合的方式进行。常用方法包括情景分析、类比分析、供需平衡分析、叠置分析等。

环境影响预测的主要内容和方法包括以下几方面:土地利用规划开发强度分析,通常

选取与规划方案相关发展条件相似的案例进行类比,并对不同的发展情境进行分析比较;影响预测与评价分析,预测不同土地利用发展情境下的水环境质量、大气污染、土壤污染等环境要素的发展趋势;累积环境影响预测,预测分析土地利用规划实施和其他相关规划在时空上的累积影响;资源环境的承载力评估,动态分析不同阶段可利用的资源、环境容量指标,判断区域环境对规划实施的支撑能力。

(五) 规划方案综合论证和优化调整建议

规划环境影响评价的最终目的在于减弱土地利用所带来的不利环境影响,并优化土地利用规划方案。规划方案综合论证包括规划方案的环境合理性论证以及可持续发展论证。对于土地利用规划而言,综合论证的重点在于规划实施对生态系统以及环境敏感区所带来的影响,以及其他潜在的生态风险。根据论证的结果,还应对现有土地利用规划方案提出修改、补充、完善策略,例如限制和约束土地利用的规模、强度等,从而最小化环境影响;对已受到损害的环境进行修复和补救等。

(六) 环境影响跟踪评价

基于规划的不确定性,应对某些可能产生重大环境影响的规划实施进行跟踪监测,所获得的数据和评价结果可为编制下一轮规划提供参考。跟踪评价的主要内容包括对规划实际产生的环境影响与预测结果进行比较,以及对方案中提出的应对不良环境影响的对策和措施的有效性进行评价等。

三、城市土地利用规划环境影响的评价指标与方法

(一) 土地利用规划环境影响的评价指标

通过规划方案分析,识别具体的环境影响要素、选择合理的指标并建立评价体系是土地利用规划环境影响评价的基础和关键。现有研究通常根据不同的环境目标,从生态、资源、社会、土地利用结构、规模等方面对环境的影响选取指标,并建立指标体系。土地利用规划的环境影响主要包括对土地资源规划和管理的影响、对土壤的影响、对生态系统的影响、对自然灾害的影响、对生物多样性的影响、对污染排放的影响等几方面(任偲等,2008)。常用土地利用规划环境影响评价指标见表 3-5。

表 3-5 常用土地利用规划环境影响评价指标

总目标层	环境目标	评价指标
区域土地资源规划管理	保障土地资源的有效规划管理,保护具有环境价值的自然景观	土地利用率(%) 农用地比例(%) 建设用地比例(%) 森林覆盖率(%) 自然保护区覆盖率(%) 湿地面积比例(%) 退耕还林面积比例(%)

续表

总目标层	环境目标	评价指标
土壤	保护土壤,保证食品和其他产品的供应	土壤受污染面积比例(%) 土壤盐渍化面积比例(%) 土壤荒漠化比例(%) 水土流失率(%)
生态系统	保障生态系统的稳定性和可持续性	草场退化率 林地转化率
自然灾害	降低自然灾害的发生率	灾害发生率
生物多样性	维护生物的多样性	物种丰度 生物多样性指数
污染排放	降低污染排放量	单位面积的大气排放量 单位面积的水排放量 单位面积的固体废弃物排放量

资料来源:任偲,赵言文,施毅超,2008.长江三角洲区域土地利用规划环境影响评价研究[J].江西农业大学学报,30(4):746-750.

(二) 土地利用规划环境影响的常用方法

土地利用规划环境影响评价方法与土地资源可持续利用评价、可持续发展评价等相关方法具有一定的相似性,如上文所述,较为通用的方法包括指标法、层次分析法、叠图法、矩阵法、环境数学模型法、模糊系统分析法、加权比较法、核查表法、专家咨询法、投入产出法等(贾冰等,2009)。除此之外,不少学者还在此基础上进行了进一步探索以及相应的实证研究。现着重介绍其中几种较为常见的评价与分析方法。

1. 压力-状态-响应方法

压力-状态-响应方法(pressure-state-response analysis,PSR)反映了土地生态环境质量变化的因果关系,是识别环境影响、建立评价指标体系的常用方法。该评价框架由三大类指标构成,即压力、状态和响应指标。压力指标指土地利用规划的实施对土地生态环境质量所带来的变化,包括正向和负向的变化;状态指标用于衡量这种变化的程度和时间;响应指标则是为了应对土地压力、土地质量状态改变而需要调整的土地用途管制、技术改进、政策措施等内容。三类指标在土地利用规划环境影响评价中的关系如图 3-6 所示(王川等,2005)。

2. 土地生态适宜性评价

土地适宜性指综合分析影响土地使用的自然因素或社会经济因素,将土地适宜性分为若干等级,并评估土地用于某种用途的适宜程度的过程(代磊等,2006)。进行土地生态适宜性评价的基本方法是层次分析法,首先基于不同的生态环境目标建立评价的指标体系,其次对不同因子进行量化或去量纲化,最后通过加权得到综合适宜性水平。

(1) 建立评价指标体系

根据不同的目标,需评价的指标也具有一定差异。从区域生态安全角度而言,可对土地的生态环境敏感性进行评价,分析不同的生态要素可能对城市土地开发带来的影响或约

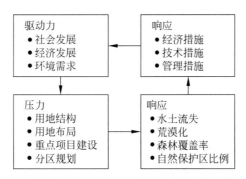

图 3-6　压力-状态-响应方法在土地利用规划环境评价中的应用

资料来源：王川,刘茱,2005.规划导向的土地利用规划环境影响评价方法[J].中国土地科学,19(2)：3-8.

束。表 3-6 所示为某城市基于生态目标进行城市土地适宜性评价所选取的标准,通过评价建立生态敏感度高、中、低三种区域,并相应进行开发强度设计。

表 3-6　城市建设用地生态敏感性评价标准

指标因子	适宜	基本适宜	不太适宜	不适宜
坡度/%	0～10	10～20	20～35	>35
高程/m	420～550	362～420	550～650	>650
植被覆盖度	植被覆盖度高(>60%)	植被覆盖度中等(40%～60%)	植被覆盖度较低(20%～40%)	植被覆盖度低(<20%)
地表水保护范围	饮用水源之外的区域	饮用水源 500～1000m 缓冲区	饮用水源 200～500m 缓冲区	饮用水源 200m 缓冲区

资料来源(修改自)：高洁宇,2013.基于生态敏感性的城市土地承载力评估[J].城市规划,37(3)：39-42.

对于某些工业用地或物流用地而言,其可能带来的环境影响还包括空气污染、噪声污染等。因此需综合分析其可能的环境影响,从而获取适宜的选址区位(董家华等,2006)(见表 3-7)。

(2)因子量化

首先对各生态因子进行等级划分,基于生态适宜程度的大小,通常进行区间为 0～5 的赋值。其次根据各生态因子与土地利用之间的相互影响程度的大小,对各因子赋予不同的权重。因子权重通常可通过判断矩阵获得,即对不同因子之间进行两两比较,产生比例矩阵并计算权重值。在表 3-7 中,也列举了某地区生态环境敏感性评价所选取的评价因子、赋值及其权重。

表 3-7　工业用地生态因子及评价标准

第一层指标		第二层指标		适宜	基本适宜	不太适宜	不适宜
类型	权重	类型	权重				
地理位置	0.2	相对其他用地的风向位置	1.00	下风向	偏下风向	偏上风向	上风向

续表

第一层指标		第二层指标		适宜	基本适宜	不太适宜	不适宜
类型	权重	类型	权重				
环境条件	0.5	大气环境容量	0.33	有较大的环境容量	有一定的环境容量	环境容量较小	没有环境容量
		水环境容量	0.33	有较大的环境容量	有一定的环境容量	环境容量较小	没有环境容量
		生态资源保护要求	0.33	区内生物品种较少,无保护品种	区域内生物资源不多,基本无保护品种	生物资源丰富,且有生物保护品种	生物资源丰富,有珍稀生物保护品种
与周围区域的距离	0.3	与城市生活区的距离/km	0.33	1~5	5~10	10~20 或 0.5~1	>20 或 <0.5
		与综合区的距离/km	0.33	2~4	4~10	10~20 或 0.5~2	>20 或 <0.5
		隔离绿化带的宽度/m	0.33	>200	100~200	50~100	<50

资料来源:董家华,包存宽,黄鹤,等,2006.土地生态适宜性分析在城市规划环境影响评价中的应用[J].长江流域资源与环境,15(6):698-702.

(3) 进行综合的适宜性评价

将所有单因子加权叠加在一起,可得到综合的生态适宜性得分,比较不同片区或不同类型用地的生态适宜性的结果,其计算公式如下:

$$S_{ij} = \sum_{k=1}^{N} W(k) \cdot C_{ij}(k)$$

式中,S_{ij}——生态适宜性综合得分;$W(k)$——第 k 个因子的权重;$C_{ij}(k)$——第 k 个因子的适宜性得分。

土地生态适宜性评价的应用实例见专栏 3-2。

专栏 3-2 土地生态适宜性评价在土地利用规划环境分析中的应用

在规划过程中,城市土地的布局、某些特定用地的选址通常需要满足多种环境因素的约束,例如尽量减少对耕地的占用、维护自然生态格局等。土地生态适宜性评价考虑了不同环境因素的差异及其影响,得到综合的生态环境约束范围并直观地反映在空间上,从而为用地布局提供了参考。本专栏以湖北恩施为例,说明土地适宜性评价在城市土地资源评估中的作用(高洁宇,2013)。具体的分析步骤仍然包括构建评估指标体系、因子量化和综合的适宜性评价三步。其中,完整的评估指标体系和因子量化标准见表 3-8,在此主要介绍综合评价部分。

本例主要选取了五类环境因子,基于 GIS 软件,各类因子可分别得到标准化后的专题地图(见图 3-7)。对五类因子的单一分析结果进行加权叠加后可得到综合的生态敏感评价地图(见图 3-8 及书后彩图),根据得分高低可进一步划分为生态非敏感区、低敏感区、高敏感区和最敏感区。其中,生态非敏感区为现状建成区和适合开发建设的区域,占总面积的

7.21%,该区域的用地对人工干扰的自我调控能力、适应能力最强;生态高敏感区、最敏感区占总面积的56.86%,以山体、风景名胜区等为主,在后期土地布局中应首先考虑为禁止开发建设的地区;而生态低敏感区则多为农用地和灌木林地,是在后期开发建设中需要重点调控的区域。

表 3-8 生态因子分级标准及权重

编码	评价因子	属性分级	分值	权重
1	坡度/%	0～10	1	0.15
		10～20	2	
		20～35	3	
		>35	5	
2	高程/m	362～420	3	0.20
		420～550	1	
		550～650	3	
		>650	5	
3	植被覆盖度	植被覆盖率高(>60%)	5	0.30
		植被覆盖率中(30%～60%)	3	
		植被覆盖率低(<30%)	1	
4	地表水保护范围	大龙潭饮用水源区及陆域300m缓冲区	7	0.15
		大龙潭饮用水源区及陆域300～600m缓冲区	5	
		大龙潭饮用水源区及陆域600～1200m缓冲区	3	
		其余城区饮用水源区陆域200缓冲区	5	
		其余城区饮用水源区陆域200～500m缓冲区	3	
		其余城区饮用水源区陆域500～1000m缓冲区	2	
		饮用水源区外的区域	1	
		其余河流及陆域100m缓冲区	2	
5	重点保护对象	旅游景点	5	0.20
		一般用地	1	

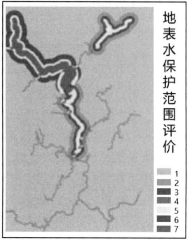

图 3-7 单因子评价

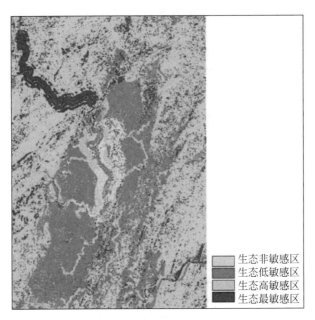

图 3-8　综合评价结果（书后有彩图）

针对生态低敏感区，可设计出高（开发强度为 35%）、中（开发强度为 35%）、低（开发强度为 35%）三种强度的土地利用规划方案。在此基础上，可进一步计算得到适宜城市建设的土地面积以及人口容量，为城市未来的用地规模、人口规模预测均可提供参考（见表 3-9）。

表 3-9　适宜土地面积及人口容量评估结果

总面积/km²	开发方案	城市建设用地面积/km²	土地承载力/万人	
			83m²/人	100m²/人
600	低	68.9	82.96	68.86
	中	74.0	89.13	73.98
	高	79.1	95.30	79.10

3. 生态足迹和生态承载力分析

(1) 生态足迹

生态足迹（ecological footprint，EF）是一种对人类活动的可持续性进行评价的方法，通过生态空间的大小来表征人类对自然资源的消费以及生态系统所能供给的生态服务功能（Rees，1992；Wackernagel，1999）。模型主要通过构建土地利用消费矩阵来解释人类消费活动和土地资源之间的关系，其计算公式如下：

$$EF = N \cdot ef = N \sum (aa_i) = N \sum (c_i/p_i)$$

式中，EF——区域总生态足迹；N——总人口；ef——人均生态足迹；c_i——第 i 种商品的人均消费量；p_i——第 i 种消费品的全球平均生产能力；aa_i——人均 i 种商品折算的生产土地面积。

（2）生态承载力

生态承载力(biological capacity, BC)进一步关注载体，即通过计算区域内实际能提供的各类生态生产性土地的总面积来评估自然系统的生态服务功能，其计算公式如下：

$$BC = \sum(a_j r_j y_j)$$

式中，BC——区域总生态承载力，hm^2；j——生物生产类型；a_j——第 j 类生态生产性土地面积，hm^2；r_j——第 j 类生态面积均衡因子；y_j——第 j 类生态生产性土地的产量因子。

不同类型的生产性土地的均衡因子和产量因子如表3-10所示（郑俊鹏等，2012）。

表3-10 不同土地类型的均衡因子和产量因子

土地类型	均衡因子	产量因子
耕地	2.8	1.66
林地	1.1	0.91
草地	0.5	0.19
水域	0.2	1.00
建设用地	2.8	1.49

资料来源：郑俊鹏，欧名豪，王婷，2012. 基于改进生态足迹的扬州市土地利用总体规划环境影响评价研究[C]//2012年中国土地科学论坛——社会管理创新与土地资源管理方式转变.

（3）生态盈亏

通过计算生态足迹同生态承载力之间的差值，可得到地区的生态盈亏情况，并衡量地区的可持续发展水平，其公式为

$$ED = BC - EF$$

若 ED>0，即生态承载力大于生态足迹，则该地区处于生态盈余状态。若 ED<0，即生态承载力小于生态足迹，则表明该地区处于生态赤字的状态，其生态承载能力不足以供该区人口消费，属于不可持续发展状态。

4. 生态服务功能价值评价方法

生态系统服务功能指生态系统和生态过程中形成并维持的人类赖以生存的自然环境条件和效用(Daily et al., 1997)。土地利用变化将直接影响生态系统所提供的服务功能的类别和强度，因此可以通过计算区域内生态系统服务功能价值，定量化地评估土地利用规划所带来的用地格局改变对生态环境造成的影响。

根据 Costanaza(1997) 的方法，可计算得到不同土地利用类型的生态系统服务价值，计算公式如下：

$$E = \sum(A_k C_k)$$

式中，E——生态系统服务功能价值；A_k——土地利用类型 k 的面积；C_k——土地类型对应的生态系统服务价值系数。

根据耕地、园地、林地、草地等不同的土地利用类型，可划分出产品供给、生态调节、文

化娱乐等多种生态系统类型。各类用地的生态价值系数见表 3-11(湿地和耕地的生态价值估计参考有关文献进行调整)(吕昌河等,2007)。

表 3-11 不同土地类型的单位面积生态服务价值　　　　元/(hm²·a)

土地利用类型	产品供给功能	生态调节功能	生命系统支持功能	文化娱乐功能	合计
耕地	450.2	251.9	128.0	0.0	830.1
园地	588.2	1627.9	291.3	205.6	2713.0
林地	619.5	2040.2	444.4	313.9	3418.0
牧草地	557.0	1215.5	138.3	97.3	2008.1
建设用地	0.0	0.0	0.0	165.2	165.2
沼泽地	17942.8	69702.0	268.5	852.9	88766.1
水域	17825.1	50485.1	8.3	1899.8	70218.3
冰川积雪	8.3	51.32	0.0	8.3	57.8

资料来源:吕昌河,贾克敬,冉圣宏,等,2007.土地利用规划环境影响评价指标与案例[J].地理研究,2(2):249-257.

第三节　交通和基础设施系统分析

一、城市土地利用与基础设施的关系

基础设施系统与土地利用分别代表了区域发展的两种功能:前者负责投入,后者负责产出(周丹蓉,2004)。只有按照城市发展的内在规律,有目的地建设城市基础设施系统,合理进行规划和投资,才能促进城市高效、可持续的发展。因此在土地规划利用的过程中,规划师有必要将基础设施建设视为理解城镇现状以及未来发展方向的重要因素,以应对不同层面的发展需求。

(一) 城市基础设施系统的范畴

城乡基础设施指为城市物质生产和人民生活提供一般条件的公共设施(孙晓光,2004),通常有狭义和广义之分。狭义的基础设施主要指与市政工程相关的交通运输、给排水、邮电通信等设施,而广义的基础设施则进一步囊括了公共服务配套以及商业服务、金融保险等社会性设施。

1994 年《世界银行发展报告》将城市基础设施界定为三类:①公共设施,包括电力、电信、自来水、固体废弃物的收集与处理、管道煤气等;②公共工程,包括公路(道路)、大坝和运河工程设施等;③其他运输设施,包括市区与城市间的铁路、市区交通、港口和航道、机场等(黄金川等,2011)。这一定义涵盖了交通、通信、电力等多种类的基础设施,并具有网络特性。它将各区域视为有机的整体,各类设施通过网络系统提供服务(邓红蒂等,2008)。现今大多数国家采用了这一分类,同时部分西方国家也根据自身的情况进行了相应的调整和延伸。

结合国际通用定义、我国城市化进程以及自身基础设施发展的行业特征,我国城市基

础设施的内涵体系也进一步得到完善。从系统论角度出发,城市基础设施可分为六个子系统,包括给水排水系统,能源供应系统、道路交通系统邮电通信系统、园林卫生系统和防灾系统(徐春宁等,2012)(见图3-9)。

根据基础设施系统与城市土地利用的密切程度,本章重点关注交通基础设施在土地利用规划中的作用,以及在土地利用规划中整合相关交通要素的方法;此外也会涉及给排水、能源供应等其他基础设施在土地利用规划中的分析。

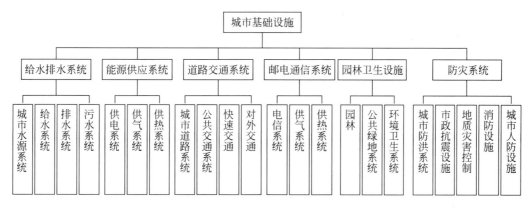

图 3-9 城市基础设施类别

资料来源:徐春宁,张平,2012.城市黄线在控制性详细规划层次中的实施问题与对策[J].规划师,28(7):51-56.

(二) 城市基础设施与城市土地利用的相互协调

城市土地是城市基础设施规划的基础载体,二者之间存在着复杂的相互影响关系。一方面,土地利用形式和开发强度不合理,将会导致规划预测的基础设施容量难以满足实际需求,从而造成资源配置以及运行效率的低效。另一方面,不同基础设施的容量和质量也将从不同方面影响城市的土地利用形态,进一步影响城市空间结构和增长效率。具体而言,城市土地利用和城市基础设施规划之间存在着以下互动作用。

1. 城市土地利用状况决定了居民对基础设施的需求

不同的土地类型和使用强度不仅将带来需求总量的差异,也会形成设施使用在时间、空间上的分异。以交通设施规划为例,城市发展中与交通流密切相关的土地类型主要为居住用地、产业用地、公共服务设施用地,其空间布局结构形成了不同的交通流量。交通流量较大的地区通常集中于城市中心区、城市各商业中心以及其他居住用地密度较高的区域。同时,城市用地的高强度开发也会相应产生更高的交通出行需求以及交通设施建设需求,二者呈现出明显的正相关关系。例如重庆主城区中,内环路高速西部的建设用地开发强度较大,其交通流量以及交通设施压力远远大于建设用地密度较小、开发强度较小的东部地区(彭瑶玲,2014)(见图3-10及书后彩图)。

2. 城市基础设施的建设将改变城市土地利用格局并促进土地的开发

城市基础设施项目的实际规划、运营水平将直接或间接地影响周边土地的利用规模和

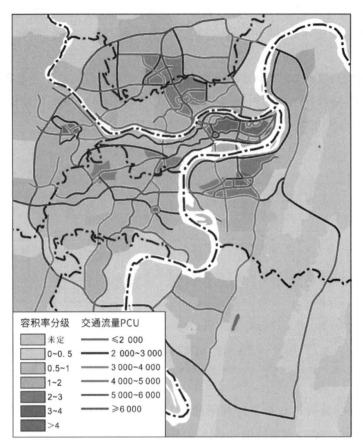

图 3-10 重庆主城区主要道路交通流量及用地开发强度叠加（书后有彩图）

资料来源：彭瑶玲,2014.土地利用视角下的交通拥堵问题与改善对策——以重庆主城为例[J].城市规划,38(9)：85-89.

类型,并进一步影响周边城市的空间结构及其发展规模。例如,城市交通设施的建设通常能够改善地区的土地可达性(Hansen,1956)。土地可达性的优化主要具有三方面的效应：在土地利用经济效益上,区位可达性优良的地区通常能带来人口、资本的集聚,使土地价格明显上升；在交通设施周边的土地利用方式上,土地利用强度通常会呈现距离重要交通设施越近开发强度越高的趋势；在土地利用布局上,交通基础设施周边的土地利用景观格局也将发生变化,进而对区域内的整体生态系统产生不同程度的影响(张慧芳,2011)。此外,垃圾场、核电站等邻避设施也可能降低土地的价值,带来开发的负外部性。

3. 城市基础设施建设是促进基础设施规划和土地利用规划之间相互协调的催化剂

城市基础设施的建设具有波浪式特征,其前期规划建设需要较大规模的投资,但其收益却不是一个连续增长的过程(伯克,2009)。部分基础设施在完成网络化建设之前,其作用几乎很难得以发挥。因此,城市基础设施的控制和管理对于土地利用而言具有重要的经济意义,不同城市通常结合自身情况采取"基础设施先于城市建设""基础设施后于城市建设"等不同的发展模式。但值得注意的是,如果基础设施不通过土地利用及时转化为有效的需求,则会直接影响到城市的效益。例如,珠海的城市基础按照 50 年不落后的标准进行建设,且多为一次建成,是典型的"基础设施先于城市建设"模式。2001 年珠海西区水厂一期工程的供水能力为 12 万 t/d,但其实际用水量仅有 2 万 t/d;其城市燃气管道已建设 61km、液化气站已建成 4 个,但多年内均未得以使用(周丹蓉,2004)。珠海市过度超前的基础设施建设忽视了土地利用的内在规律,难以发挥土地效率,也带来了城市公共财政的压力。因此,规划师在进行土地利用规划过程中,应结合城市发展需求、财政预算等诸多因素的情况下,对不同基础设施的建设时序、服务半径等进行综合考虑,从而更大程度上发挥基础设施和周边土地的效率。

二、土地利用规划中交通基础设施分析方法

(一) 交通基础设施分析指标

1. 道路网效率评价指标

以"机动性"为导向对道路网的绩效进行评估,例如减少道路拥堵、提高路网服务效率、减少通行的延误时间等。常用指标包括道路网密度、人均道路面积、道路宽度、人均公共停车场面积等。

2. 交通服务水平指标

交通服务水平指交通基础设施所提供的服务的质量,用于衡量交通系统的运作情况。针对不同的交通方式,通常也有不同等级的交通服务水平的衡量方法。以公共交通为例,其服务水平的衡量标准包括车站覆盖率、班次间的时间间隔等(徐以群等,2006)(见表 3-12)。

表 3-12 城市公共交通服务水平指标

服务水平等级	班次间平均时间间隔/min	营运时间/h	承载率	车站覆盖率/%	最大公交出行时间/min
优秀	$x<5$	$x=24$	$x<1$	$x=100$	$x<30$
合格	$5 \leqslant x<60$	$3 \leqslant x<24$	$1 \leqslant x<3$	$65 \leqslant x<100$	$30 \leqslant x<60$
不合格	$x \geqslant 60$	$x<3$	$x \geqslant 3$	<65	$x \geqslant 60$

资料来源:徐以群,陈茜,2006.城市公共交通服务水平的指标体系[J].城市交通,6(6):42-46.

3. 饱和度指标

饱和度是反映道路拥堵情况的综合指标,是对道路虚拟分配流量与实际通行能力的比较。饱和度值越高,道路的服务水平越低。饱和度的计算公式为

$$x = \frac{V}{C}$$

式中,x——道路饱和度;V——最大交通量;C——最大通行能力。

我国的道路服务水平、道路饱和度一般可分为四级,如表 3-13 所示(沈颖等,2007)。

表 3-13　我国道路饱和度指标

等级	服务水平质量	道路拥堵程度	饱和度值
一级	高	交通顺畅	$0 \leqslant x < 0.6$
二级	较高	稍有拥堵	$0.6 \leqslant x < 0.8$
三级	较差	道路拥堵	$0.8 \leqslant x < 1.0$
四级	很差	严重拥堵	$x \geqslant 1.0$

资料来源：沈颖,朱翀,徐英俊,2007.道路饱和度计算方法研究[J].交通标准化,(1)：125-129.

4. 可达性指标

城市交通可达性的提升将降低出行成本,并影响居民对不同交通方式的选择。可达性在数量、质量和空间分配方面能够表征交通基础设施的投资建设情况以及居民活动分布的变化,可以用来衡量交通及土地利用政策的成效。

城市内部土地利用规划通常考虑基于居民出行范围的微观可达性,通过等距可达范围、等时可达范围的分析评估基础设施的可达性。对于出行目的的宏观可达性,通常综合考虑 O—D 两点(交通起止点)的吸引力和交通成本,基于引力模型而得。宏观可达性指标适用于道路网以及不同设施的效率评价,可以对同一地区的交通系统变化、城市形态进行比较,也可以对不同的规划方案或不同城市进行相互比较(宋小冬等,2004)。可达性公式如下：

$$P_{ij} = GM_i M_j d_{ij}^a$$

式中, P_{ij}——i 点到 j 点的出行机会; G——常数; M_i——出发点发生的交通潜力(例如居住人口规模); M_j——到达点吸引交通的潜力(例如零售商业的规模); d_{ij}——从 i 点到 j 点的交通成本(例如距离、时间等); a——距离衰减系数,代表出行机会随着交通成本的上升而下降的敏感性。

某些时候也可不考虑出发点的潜力,则公式可以转换为

$$T_i = \frac{\sum M_j / d_{ij}^{a-1}}{\sum M_k / d_{ij}^a}$$

式中, T_i——从 i 点出发到所有吸引点的平均时间,即可达性。

可达性能够衡量交通规划对土地利用的影响,同时还有助于在土地利用规划和交通规划中考虑社会公平的要素,进而推动地区的可持续发展。例如,在某一给定的未来交通和土地利用变迁的情境中,可以通过可达性水平的测度来判断某些特定人群或个人的需求,从而进一步对交通和土地利用的供给进行优化。

(二) 土地利用与交通一体规划分析方法

通常交通和土地利用的分析模拟和规划编制是分离的,一般先进行用地规划,然后再进行交通规划。但这种传统模式的反馈周期较长,且容易受到政策、制度制约从而影响建设进程。因此有必要在土地利用规划的编制过程中对交通方案进行规划测试,使交通系统能够适应城市空间形态的发展,同时也在规划过程中强调交通系统对城市空间格局的引导作用(钱寒峰等,2010)。西方国家自 20 世纪 60 年代开始进行交通与土地利用一体化规划

的研究,并建立起一些一体化模型来指导实践,常见的包括 Lowry(1964)的"都市模型"(model of metropolis)、Putman 等人研发的住区分布模型以及就业分布模型,以及 Anans(1994)开发的土地使用-交通经济模型等。

总体而言,城市土地利用与交通一体化规划方法需要综合考虑空间规划与交通规划的对接问题,并检验不同土地利用和交通规划之间的相互影响和反馈作用。其主要步骤为:首先详细分析城市空间结构,包括分析城市未来社会经济发展,以及未来土地开发和交通方面的投资等;其次,采用经典的出行预测四步法进行交通需求预测;再次,对几种备选方案进行交通模型测试,通过多重指标评估交通系统与用地方案的契合程度,并根据评价结果调整城市用地规划和交通规划。

1. 城市空间结构的基准与设计

土地利用与交通一体规划方法的第一步在于分析现有和未来城市空间结构,以便预测未来出行行为和需求,并制定合理的城市交通发展战略。主要的考虑因素包括以下几个方面。

(1) 人口与城市规模预测

根据城市当前的地理特征、功能性质、自然环境以及当前的城市规模和人口密度等条件,预测未来城市的合理规模以及主要就业点、经济社会活动中心的分布。

(2) 土地利用规划

不同类型、强度、分布的用地将对不同的交通方式提出需求,进而影响交通战略的选择,例如混合的土地使用将引导非机动化交通以及公共交通模式的发展等。

(3) 未来区域交通网络

城市主要的道路交通网络将引导城市空间布局的方向。例如,扬州市历来是东西向带状发展的城市结构,《扬州市城市综合交通规划(2007—2020)》中规划构建新的交通走廊,串联新城西区、老城区、城东以及河东 CBD,形成新的空间格局带动城市整体发展(钱寒峰等,2010)。

城市交通系统对空间布局和土地利用引导的实例见专栏 3-3。

专栏 3-3　城市交通系统对空间布局和土地利用的引导

城市交通系统对土地利用的引导主要通过城市空间格局、城市土地价格分布、用地布局调整等要素实现。本专栏以广州市为例,进一步说明城市交通系统的演变对城市空间格局与土地利用的引导作用(毛蒋兴等,2005)。

从历史发展角度而言,广州市的城市交通系统经历了若干演变阶段。在各阶段中,交通出行方式、路网结构等要素对城市空间、土地利用分布具有明显的引导作用(见表 3-14)。随着交通系统的演变,广州市的主要交通出行方式由传统的以步行、自行车为主的结构逐渐转变为以机动化结构为主,城市空间和城市建设用地也从集中在北京路一带转变为分别在若干组团中集聚。到 20 世纪 90 年代后期,广州市形成了三个主要的城市中心。其中,北京路为传统市中心,道路网密度大于 $6km/km^2$,商业十分繁荣;环市东路、东风路片区是因为主干道修建而兴起的地区,道路网密度大于 $4km/km^2$,以发展旅馆业、商务办公等功能为主;天河新区的兴起源于东风东路、天河北路等若干主干道的建设,道路网密度大于 $4km/km^2$,是 20 世纪 90 年代后期新兴的城市 CBD。三个城市中心通过环市路等若干道路密切相连,在功能和空间上相互整合,并进一步推动了城市商业用地的调整和整体布局。可见在城市土地利用规划中,应充分考虑城市交通系统发展对未来空间结构的引导作用,以及两者之间的相互适应关系。

表 3-14　广州市城市交通系统与城市空间演化的关系

阶段	主要出行方式	城市路网结构	城市空间结构
1900 年前	水运、步行、人力车	棋盘状人行路网	沿北京路一带的团状发展
1900—1950 年	新增铁路	新增两条铁路和农林下路、中山路等若干主干道,形成"棋盘＋环形"路网	城市向外扩张,逐渐过渡到星形城市
1951—1980 年期间	新增城市公共汽车	打通东风路等若干主干道,新增黄埔大道等若干主干道,初步形成"棋盘＋环形＋放射"路网	城市向外扩张,新增海珠、天河五山地区两个组团,形成分散组团式城市
1981—1990 年期间	新增摩托车	沿珠江轴线组成带状交通线网,完善"棋盘＋环形＋放射"路网格局	城市向东发展,形成以旧城组团、河南组团、天河组团和黄埔组团共同组成的带状组团城市
1991 年至今	新增私人小汽车	新增若干高速路网	天河区逐渐成为新的市中心,城市空间呈现多核心状,形成多组团式半网络化城市

2. 出行预测四步法

出行预测四步法通常可以用于分区规划、交通走廊规划、项目影响评估、出行需求调控和效用评估等方面。其内容包括预测出行的数量(出行的产生)、将出行按照目的地进行分配(出行分配)、确定这些出行中将使用何种交通方式(模式划分)以及每种交通方式在道路系统中的出行线路预估(指派)。

3. 评价不同交通选择的效果

对于不同交通发展策略下的土地利用布局模式,应通过一定的指标体系进行评价,以便进一步优化土地使用。常见的评价体系包括以下几种(苏海龙等,2013)。

(1) 用地布局的空间绩效评价

交通设施需满足城市各组团内部的生活性和交通性双重需求,以及不同组团之间的交通需求。可利用居住中心与就业中心的平均空间距离,判断方案是否实现职住平衡。

(2) 空间布局的交通绩效评价

可通过上文所述的若干指标进行评价,包括交通服务水平、可达性、饱和度等指标。

(3) 土地使用与交通的耦合程度评价

主要考察以公共交通为主的交通体系与土地利用的功能强度等要素之间的空间关系。通过计算公共交通走廊所覆盖的人数占总人数的比例及其覆盖的就业岗位数占总就业岗位数的比例来评估公共交通的空间效率。

三、土地利用规划中其他基础设施分析方法

(一) 其他主要基础设施分析指标

基础设施的建设应保障各项设施的供给水平(数量、质量)以及运行效率(管理运营水

平),同时也应兼顾不同系统之间的协调程度。

表 3-15 列举了不同基础设施类型的常用评价分析指标,从系统类型而言包括给水排水系统、能源供应系统、通信系统、环卫系统、防灾系统指标;根据指标类型,可分为反映各类基础设施衔接程度、反映基础设施系统的完善程度、反映基础设施系统的先进程度的指标等(孙奇等,2009)。

表 3-15 常用基础设施评价与分析指标

系统	指 标	系统	指 标
给排水系统	人均综合用水量(L/(P·d)) 人均生活用水量(L/(P·d)) 用水普及率(%) 雨水管道排水能力(m^3/s) 雨水管道长度(km) 排水管网面积普及率(%) 污水处理率(%)	通信系统	邮政局服务半径(km) 电话主线普及率(线/百人) 住宅电话普及率 有线电视入户率(%) 电话交换机、长途交换机、移动电话交换机总容量(万门)
能源系统	人均综合用电量(kW·h/(人·a)) 人均居民生活用电量(kW·h/(人·a)) 年综合最大负荷利用小时数(h) 单位面积负荷密度(kW/hm^2) 最高用电负荷(kW) 停电次数(次/(户·a)) 居民生活用气量(MJ/(人·a)) 燃气普及率(%) 民用燃气普及率(%) 户均最大用气量(MJ/(户·d)) 清洁能源消耗量占能源总消耗量比例(%)	环卫系统	垃圾无害化处理率(%) 公共厕所设置密度(人/座,座/km^2) 公共厕所建筑面积(m^2) 生活垃圾收集点服务半径(m) 生活垃圾压缩收集点服务半径(km) 生活垃圾压缩收集点建筑面积(m^2) 每万人环保车辆数(辆/万人)
防灾系统	防洪标准、达标防洪堤建设比例(%) 人均设防标准 消防站设置标准 抗震设防标准 人均避震疏散面积(m^2) 河间水面率(%)		

资料来源:孙奇,戴慎志,2009.大都市郊区城镇基础设施配置指标体系研究——以上海为例[J].现代城市研究,(1):48-57.

此外,基础设施的绩效也受到运营效率、公众满意度等相关软性指标的影响,因此在常用评价指标的基础上,还可进一步利用投入产出指标和市民满意度指标来反映城市基础设施的具体绩效水平(邢海峰等,2007)(见表 3-16)。

表 3-16　其他基础设施评价与分析指标

指标维度		指标
经济效应	投入产出水平	城市基础设施建设投资占 GDP 比例(%)
公平效应	满意度水平	城市给排水满意度、城市能源设施满意度、城市通信服务满意度、城市综合环卫满意度、城市防灾水平满意度

资料来源：邢海峰,李倩,张晓军,等,2007.城市基础设施综合绩效评价指标体系构建研究——以青岛市为例[J].城市发展研究,14(4)：42-45.

(二) 其他基础设施分析方法

1. 基本分析内容

(1) 需求预测

进行城市各类基础设施规划时,首先需进行未来设施需求的预测。常用的预测方法为人均系数法,此外也可以参考其他具有可比性城镇的基础设施规模、系数,或利用回归分析的方法将基础设施需求与人口、经济等特征联系起来,根据历史数据计算参数来预测未来的需求变化。

(2) 现状供需评估

在确定未来设施需求之后,需评估现状的基础设施的服务能力。某些地区现有的基础设施可能存在着过剩或短缺的问题,因此有必要在土地利用规划中引导财政投入,平衡设施的供需关系。

(3) 方案分析

最后,对于某些需要额外增加基础设施的地区,还应对额外需求进行预测,包括新增设施的成本、选址等。

2. 需求预测方法

1) 供水量预测

(1) 人均综合指标法

根据相关规范,综合地区人均综合用水量的现状与未来发展趋势,并参考同类型城镇的人均用水指标进行确定(刘亚臣等,2015)(见表3-17)。

表 3-17　城市单位人口综合用水量　　　万 m^3/(万人·d)

区域	城市规模			
	特大城市	大城市	中等城市	小城市
一区	0.8~1.2	0.7~1.1	0.6~1.0	0.4~0.8
二区	0.6~1.0	0.5~0.8	0.35~0.7	0.3~0.6
三区	0.5~0.8	0.4~0.7	0.3~0.6	0.25~0.5

备注：一区包括：贵州、四川、湖北、湖南、江西、浙江、福建、广东、广西、海南、上海、云南、江苏、安徽、重庆；二区包括：黑龙江、吉林、辽宁、北京、天津、河北、山西、河南、山东、宁夏、山西、内蒙古河套以东、甘肃黄河以东；三区包括：新疆、青海、西藏、内蒙古河套以西、甘肃黄河以西。

资料来源：刘亚臣,汤铭潭,2015.市政工程统筹规划与管理[M].北京：中国建筑工业出版社.

（2）分类求和法

预测用水量可分为综合生活用水、工业用水、市政用水、消防用水、未预见用水五大类，分别预测各类用水量，从而得到供水的总需求量。

城市居民的人均综合生活用水量见表 3-18。工业生产用水量通常由工业企业生产部门提供，在缺少资料时可参考同类型企业用水量指标（见表 3-19）进行确定。部门工业门类用水可重复使用，相应的工业用水重复利用率见表 3-20。市政用水量包括街道洒水、绿地浇水等，其具体的用水量与路面种类、绿化、气候、土质等因素相关。街道洒水量通常可取 $1\sim1.5L/(m^2 \cdot 次)$，洒水次数可取 $2\sim3$ 次/d。绿地浇水量可按 $1\sim2L/(m^2 \cdot 次)$ 计算。消防用水量按照城镇中同一时间内发生的火灾次数以及每次灭火的用水量而定。用水量指标取决于城镇规模、人口密度、建筑物耐火等级、风向频率等因素。具体用水量需参照《建筑设计防火规范》等有关规定执行。此外，未预见用水量通常按照城市最高用水量的 15%～25% 计算。

表 3-18 人均综合生活用水量　　　　　　　　　L/(人·d)

区域	城市规模			
	特大城市	大城市	中等城市	小城市
一区	300～540	290～530	580～520	240～450
二区	230～400	210～380	190～360	190～350
三区	190～330	180～320	170～310	170～300

表 3-19 工业生产用水量

工业门类	用水性质	单位产品用水量/(m³/t)	
		国内资料	国外资料
水力发电	冷却、水利、锅炉	直流 140～470 循环 7.6～33	160～800 1.7～17
洗煤	工艺、冲洗、水利	0.3～4	0.5～0.8
石油加工	冷却、锅炉、工艺、冲洗	1.6～93	1～120
钢铁	冷却、锅炉、工艺、冲洗	42～386	4.8～765
机械	冷却、锅炉、工艺、冲洗	1.5～107	10～185
硫酸	冷却、锅炉、工艺、冲洗	30～200	2.0～70
制碱	冷却、锅炉、工艺、冲洗	10～300	50～434
氮肥	冷却、锅炉、工艺、冲洗	35～1000	50～1200
塑料	冷却、锅炉、工艺、冲洗	14～4230	50～90
合成纤维	冷却、锅炉、工艺、冲洗、空调	36～7500	375～4000
制药	工艺、冷却、冲洗、锅炉、空调	140～40000	—
水泥	冷却、工艺	0.7～7	2.5～4.2
玻璃	冷却、锅炉、工艺、冲洗	12～320	0.45～68
木材	冷却、锅炉、工艺、水力	0.1～61	—
造纸	工艺、水力、锅炉、冲洗、冷却	1000～1760	11～500

续表

工业门类	用水性质	单位产品用水量/(m³/t)	
		国内资料	国外资料
棉纺织	空调、锅炉、工艺、水力	7～44m³/km(布)	28～50m³/km(布)
印染	工艺、空调、冲洗、锅炉、冷却	15～75m³/km(布)	19～50m³/km(布)
皮革	冷却、锅炉、工艺、冲洗	100～200	30～180
制糖	冲洗、冷却、工艺、水力	18～121	40～100
肉类加工	冲洗、冷却、工艺、锅炉	6～59	0.5～35
乳制品	冲洗、冷却、工艺、锅炉	35～239	9～200
罐头	冲洗、冷却、工艺、锅炉、原料	9～64	0.4～0.7
酒水饮料	冲洗、冷却、工艺、锅炉、原料	2.6～120	3.5～30

表 3-20 各类工业用水重复利用率范围

行业	钢铁	有色金属	石油工业	一般化工	造纸	食品	纺织	印染	机械	火力发电
重复利用率/%	90～98	80～95	85～95	80～90	60～70	40～60	60～80	30～50	50～60	90～95

资料来源：刘亚臣，汤铭潭，2015. 市政工程统筹规划与管理[M]. 北京：中国建筑工业出版社.

2）污水量预测

城市污水量包括城市综合生活污水量和工业废水量两部分，通常根据用水量乘以污水的排放系数而确定。其中，城镇综合生活污水排放系数需根据当地的居住水平、给排水设施的完善程度、第二产业比重等相关要素而确定，工业废水排放系数应根据工业结构、门类、工艺水平等因素而确定（见表 3-21）。

表 3-21 城市分类污水排放系数

城市污水分类	污水排放系数
城市污水	0.7～0.8
城市综合生活污水	0.8～0.9
城市工业废水	0.7～0.9

资料来源：刘亚臣，汤铭潭，2015. 市政工程统筹规划与管理[M]. 北京：中国建筑工业出版社.

3）电力负荷预测

用电量的预测方法包括电力弹性系数法、回归分析法、平均增长率法、用地分类综合用电指标法、负荷密度法等。表 3-22 列举了采用负荷密度法进行用电量预测的相关指标范围，具体指标选取还需结合现状水平和城镇土地利用的实际情况进行比较分析而确定。

表 3-22 单位建设用地负荷指标

城市建设用地用电分类	单位建设用地负荷指标/(kW/hm²)
居住用地用电	100～400
公共设施用地用电	300～1200
工业用地用电	200～800

资料来源：刘亚臣，汤铭潭，2015. 市政工程统筹规划与管理[M]. 北京：中国建筑工业出版社.

4)通信量预测

城市电信需求量的预测是电话网路、设备容量规划的基础,预测方法包括简易市话需求量相关预测法、平均增长率预测法、普及率和分类普及率预测法、单项指标套算法、电话增长率预测法等(刘勇,2014)。

以单项指标套算法为例,在总体规划阶段,可按每户住宅一部电话进行计算,非住宅电话占总住宅电话的1/3。在详细规划阶段,可通过市话的服务面积来计算需求量,如表3-23所示。

表 3-23 每部电话的服务面积

用 地 类 型	面积指标/m²	用 地 类 型	面积指标/m²
办公用地	20～25	仓库用地	150～200
多层住宅用地	60～80	旅馆用地	35～45
高层住宅用地	80～100	商业用地	3～40
幼儿园用地	80～95	学校用地	90～110
医院用地	100～120	文化用地	110～130

资料来源:刘勇,2014.城市工程系统规划[M].北京:科学出版社.

5)环卫垃圾量预测

城市生活垃圾包括民用燃料、废纸、厨余垃圾等,生活垃圾量可通过人均指标法、增长率法进行预测。以人均指标法为例,目前我国城镇人均生活垃圾产量为0.6～1.2kg/(人·d),人均生活垃圾规划预测一般为0.9～1.4kg/(人·d)。

工业固体废物量可采取万元产值法、增长率法进行预测。以万元产值法为例,工业固体废物产量可由规划的工业产值乘以每万元的工业固体废物产生系数而得,系数一般为0.04～0.1t/万元。

第四节 景观生态学分析

一、城市土地利用规划中景观生态学分析的内涵

(一) 景观生态学的内涵

景观生态学(landscape ecology)是近年来新兴的一门地理和社会科学交织的综合性学科,从研究对象而言,景观生态学重点关注景观的结构(景观格局)、功能(生态过程)以及演变规律(景观动态)(Forman,et al. 1986)。其中,景观结构指景观系统各组成要素的类型、多样性及其空间关联;景观功能指景观结构与生态学过程的相互作用,或景观要素之间的相互作用;演变规律则指景观结构和景观功能的时空变化;三者之间是相互作用、相互依赖的。

景观生态学研究的具体内容较为广泛,通常涉及不同组织层次的格局和过程,例如景观结构特征、生物个体行为、群落形态、生态系统在不同时空尺度上的作用等(邬建国,2004)。在某些人为干预具有重要影响的景观环境中,自然生态过程和环境的可持续性受

到割裂和威胁,最终将影响到人类生存环境及其文化的可持续性。因此在应用于城市以及景观生态规划中时,景观生态学尤其强调的是维护和恢复景观生态过程以及景观生态格局的连续性(connectivity)、完整性(integrity)以及空间异质性(heterogeneity)(邬建国,2004;俞孔坚等,1998)。

从景观生态学的发展历程而言,其研究最初开始于土地规划、土地管理和恢复、农地生态、自然生态保护等实际问题。20世纪80年代以来,在相关概念、理论和方法不断完善的背景下,景观生态学研究进一步拓展到土地利用对各类物质流和能量流的影响、土地利用的结构和演变过程之间的相互关系等方面,并逐渐成为土地利用规划和管理的理论基础之一。

(二) 土地利用中景观生态学分析的目的

人类活动对生态学的影响是景观生态学研究的一个重要方面,当前景观生态学领域对土地利用已有较为系统的研究。景观生态学视角下的土地利用重点关注景观空间结构与生态过程的相互作用,借助空间统计学方法来分析土地利用空间格局的动态演变特征和驱动要素。常采用斑块数量、斑块密度、景观破碎度、分维度指数等一系列指标来描述土地利用及其变化的特征,其关注点多为自然环境系统(例如林地、湿地、水域等非建设用地)。近年来,随着人类活动对景观破碎化和生物多样性的影响日趋严重,景观生态学的相关概念、理论和方法也越来越被广泛运用于土地利用等方面。

城市是人流、能量流、物流、信息流等的高度密集地区,是受到人类活动干扰最为剧烈的生态系统,其景观格局也在不断发生深刻变化,尤其表现在土地利用变化上。在区域的发展过程中,认识城市建设用地景观在不同尺度上的空间变化有助于深入理解城市化进程。城市土地的属性变化、结构演替直接或间接地反映了城市人口、环境、社会经济等因素的变化,合理的土地利用结构有助于实现土地资源在国民经济各个部门中的有效配置以及利用效率的最大化。因此,只有充分认识和理解某一地区土地利用的时空动态变化规律,才能为土地利用的规划、决策及实践提供更有价值的参考信息,从而实现土地利用结构的优化,并制定符合区域发展规律的土地利用政策。

土地利用格局在空间上表现为不同类型用地的斑块镶嵌,具有典型的空间异质性和尺度依赖性,即具有典型的景观生态学特征。但当前在规划层面进行土地利用分析时,多利用各类用地的面积比例及其变化等简单的方式进行定量分析;对于土地结构特征还多停留在"用地混杂、工业居住用地犬牙交错"等类似的定性描述上。因此,在土地利用规划阶段引入景观生态学的相关概念和测度方法,可以更加准确、清晰地描述城市用地的空间结构特征以及用地的演变特征,同时也拓展了景观生态学在城市规划领域的应用范围。

二、城市土地利用规划的景观生态学理论基础和分析方法

(一) 城市土地利用规划的景观生态学理论基础

1. 景观结构的镶嵌性理论

土地镶嵌系统相当于一个景观单元,通常由斑块(patch)、廊道(corridor)、基质

(matrix)和边界(edge)来描述。斑块-廊道-基质之间的安排和空间关系影响了景观单元与区域单元中自然系统的运作和流动过程、动植物的迁徙过程、人类的社会经济活动以及土地利用方式(杨沛儒,2005)。在实际运用中,景观结构单元的划分与不同尺度相联系,某一尺度上的斑块既可能是更小尺度上的基质,也可能是更大尺度上的廊道的组成部分。

与之相似,城市整体也可视为一个较为宏观的景观单元。其中,斑块指具有不同生态学属性和功能、并与周边的景观要素有明显区别的空间单元,例如城市公园、城市绿地、林地等。同时,各种不同规模的功能地块也可视为斑块,例如居住小区、学校、工业区等。廊道为连接各地块之间的通道,对不同的景观生态过程起到连通、阻碍或者过滤的作用,包括以公路、铁路、街道等为主的交通网络,以及更具有景观生态意义的河流、绿化带等。此外,街道和街区构成了城市景观的基质(郭晋平等,2005)。城市网络系统越发达,内部各种物流和能量的流动越高效,不同类型的城市用地之间的联系也越密切(沈清基等,2009)。

2. 景观系统的整体性与异质性理论

景观系统由不同景观要素组成,具有一定的等级结构。根据景观生态学的综合整体观,土地应视为一个综合的功能整体,其性质取决于全部组成要素的综合特征而不是从属于其中单一要素(邱扬等,2000)。景观异质性(landscape heterogeneity)则是指景观生态学变量在空间分布上的不均匀性以及复杂程度,包括景观空间结构的变化(空间异质性)和景观及其成分随着时间的动态变化(时间异质性)等。景观异质性是景观功能的基础,决定了景观空间格局的多样性,也与景观格局稳定性密切相关。

在土地利用规划分析中,景观整体性与异质性理论主要应用于用地的空间分布格局的分析。用地的空间异质性可通过不同类型用地的斑块密度、斑块周长等指标来表示。一般而言,不同类型地块的密度越高、地块周长越小,土地利用的景观异质性越强。

3. 景观多样性与稳定性理论

多样性是景观生态学的基本概念之一,反映了景观要素的多少以及各要素所占的比例。景观多样性可分为斑块多样性、类型多样性和格局多样性三种类型,分别关注斑块的数量、大小、形状的多样性,景观类型和分布的多样性,以及斑块之间的连接性、连通性等结构和功能上的多样性特征(傅伯杰等,1996)。景观多样性的提升通常能够提高生态系统抵抗外界干扰以及进行自我恢复的能力,即在一定程度上提升稳定性。

景观多样性理论通常可运用于土地利用的结构性特征分析中,反映区域土地利用系统的有序程度。当区域处于未开发状态时,用地类型较为单一,呈均质化特征,其多样化指数为零;随着区域的开发成熟,各种用地类型将趋于稳定和均匀,即包括了两种以上的用地类型。具体而言,土地景观的斑块多样性可通过不同类型用地的大小、数量、地块形状的复杂程度等方面进行描述,类型多样性可通过某种类型的地块的面积比例或数量比例进行测度,景观格局多样性则通常通过不同地块的景观连接度进行测度。景观连接度指的是景观系统内部各个空间结构单元之间的连续性,包括结构连接度和功能连接度两类。前者是景观在空间上的连续性,可通过卫片、航片等进行确定;后者则是以所研究的对象的特征尺度来确定的景观连续性(邬建国,2004)。在土地利用规划中,对不同类型用地、自然景观要素的布局等规划设计都需要研究各要素之间的连接度水平,在某些重要地段或节点保留合理的廊道(安晨等,2009)。

4. 景观的集中和分散理论

景观的集中和分散理论体现了不同景观要素在空间上的相互作用与关系。Forman(1995)提出的景观总体布局模式认为,土地在景观或区域上的最佳生态配置为:土地利用在整体上呈现出集中布局的特征,一些小的自然斑块和廊道分散分布于整个景观系统中,而人类的活动则沿着较大斑块的边界进行分布。这种整体集中、部分分散的布局形式有助于提升景观总体结构的多样性与稳定性,不仅能增强景观系统抵抗外界干扰的能力,也有利于基因和物种多样性的保护(邱扬等,2000)。

景观的集中和分散理论通常可用于分析土地利用的空间分布特征,揭示各土地利用类型的集聚程度,以及某一主要土地利用的类型对整个研究区域的控制程度。不同类型用地的集聚和分散程度还可进一步反映用地布局的紧凑程度,并间接反映城市的蔓延趋势。一般而言,城市中不同类型用地的面积越大、地块数量越少,说明用地被分割的程度越低,而城市蔓延的趋势也越大(Frenkel et al.,2008)。

5. 景观变化理论

景观变化是指景观系统在结构和功能方面随时间推移而发生的变化,是自然干扰和人为干扰相互作用的结果。应用于土地利用分析上时,不同时期土地利用的动态变化可分为增加和减少两类,包括面积、比重、强度等变化(张健等,2007)。通过描述不同区域土地利用的变化程度,可反映出不同地区之间的用地特征差异。

(二) 土地利用规划中景观生态学分析方法

基于景观生态学的土地利用分析通常采用一系列的景观格局指数对用地结构进行评估,但现有景观生态学常用的景观格局指数多应用于农田、森林、草地、水域等非建设用地的用地分析中,并存在类型较少但数量较多,且部分指标之间具有一定的相关性或类似性的问题。因此,直接将某些景观生态学指数方法应用到土地利用规划分析时,可能存在着分析主体不对应、主旨不明确、指标使用不适应等问题。例如在景观格局分析中,建设用地皆被作为单个要素处理,未涉及不同建设用地类型的细化分析,在计量方法上也没有针对性的发展。为全面描述土地利用的特征,本节主要选取若干适用于建设用地空间格局及其变化特征的指标进行介绍。

1. 土地的空间格局特征

土地地块的空间格局特征可通过斑块个数(NP)、斑块面积占总面积的比例(PLAND)、平均斑块面积(MPS)等指标进行描述。

(1) 斑块个数(NP)

斑块个数指区域内某一斑块类型的总个数,反映了城市用地的空间格局特征。斑块个数与景观破碎度具有较好的正相关性。通常而言,NP值越大,城市土地的破碎度越高;反之,NP值越小,城市土地的破碎度越低。其公式为

$$NP = N_i$$

式中，N_i——景观类型 i 的斑块个数。

(2) 斑块面积占总面积的比例(PLAND)

斑块面积占总面积的比例有助于确定建设用地的优势类型，其值的大小决定了该用地在总用地中的地位。其公式为

$$\text{PLAND} = A_i / A$$

式中，A_i——该用地类型斑块的总面积；A——所有用地总面积。

(3) 平均斑块面积(MPS)

平均斑块面积既可以描述某类用地斑块的空间布局特征，也可用于表征城市用地的破碎程度。通常而言，MPS 的数值越小则用地越破碎。其公式为

$$\text{MPS} = \frac{A_i}{N_i}$$

式中，A_i——用地类型 i 的斑块总面积；N_i——景观类型 i 的斑块个数。

2. 土地的空间集聚特征

对于不同类型用地在空间上的集中或分散特征，可通过斑块密度(PD)、景观破碎度(LFI)以及平均最近距离(MD)等指标进行描述。

(1) 斑块密度(PD)

斑块密度即区域单位面积内的斑块数，反映了城市地块在空间分布上的均匀程度。其公式为

$$\text{PD} = \frac{N_i}{A}$$

式中，N_i——景观类型 i 的斑块数；A——研究区总面积。

(2) 景观破碎度(LFI)

景观破碎度表示城市土地被分割的破碎程度，其数值越大，表明破碎程度越高。其公式为

$$\text{LFI} = \frac{N-1}{S}$$

式中，N——斑块总数量；S——该类用地总面积。

(3) 平均最近距离(MD)

一般来说，MD 值越大，反映出同类型斑块之间的相隔距离越远，斑块的分布较离散；反之，说明同类型斑块间相距近，呈团聚分布。此外，斑块之间距离的大小与干扰密切相关，如距离近，不同斑块之间容易发生干扰；而距离远，相互干扰响应较少。其公式为

$$\text{MD} = \frac{\sum_{i=1}^{m} h}{N}$$

式中，i——第 i 个斑块；h——斑块与同类型斑块的最近距离；N——规划单元中具有最近距离的斑块总数。

3. 土地的形状特征

不同类型用地的地块形状特征可反映其地块的规整性，常用的景观生态学测度指标为

景观形状指数(LSI)。景观形状指数通过计算某一斑块形状与相同面积的圆或正方形之间的偏离程度来测量其形状复杂程度。LSI 数值越大,表示用地形状越不规整。其公式为

$$\text{LSI} = \frac{0.25}{\sqrt{S}} \times L$$

式中,L——所有斑块边界的总长度;S——该类用地总面积。

4. 土地的空间异质性特征

不同类型用地的空间异质性特征可采取用地混杂度(MDI)等指标进行描述。

用地混杂度(MDI)是以居住环境效应为评价准则,基于用地兼容性来评价居住、工业仓储两大类用地的混杂利用对居住环境的影响。工业仓储用地对居住用地呈现出负的外部效应,这种负外部性可以通过用地兼容性表达出来,因此土地利用之间的兼容性程度可作为用地混杂度与居住环境优劣的评价准则。土地兼容性越好,混杂度越小,居住环境效应越好。其公式为

$$\text{MDI}(j) = \sum_{i=1}^{n} \frac{n_i}{n \times 25} = \frac{1}{n \times 25} \sum_{i=1}^{n} n_i$$

式中,j——规划分析单元;i——规划分析单元中第 i 个建设用地地块;n——规划分析单元 j 中被居住用地地块覆盖或者切割的网格数目;n_i——在规划分析单元 j 中第 i 个建设地块的混杂度;25——每个居住单元网格可能的最大赋值。

运用景观生态学指标分析土地利用特征的实例见专栏 3-4。

专栏 3-4 运用景观生态学指标描述半城市化地区的用地空间特征

为更好地理解景观生态学相关指标的内涵和意义,本专栏以江阴和顺德两个半城市化地区的用地空间特征分析为例进行说明。半城市化地区是一种位于城市边缘的、非农经济和人口集中的地域,其土地使用多具有空间分散、破碎、开发效率较低等特征。但由于此类定性语句极具概括性,仅根据图片和文字描述较难衡量各类特征的程度,也难以对不同地区的用地进行比较(见图 3-11 及书后彩图)。因此可引入景观生态学指标进行定量描述,并建立起相对统一的评价标准,从而更为准确地描述不同地区之间的用地特征差异。

田莉(2014)曾以江阴、顺德为例,进行 2001—2010 年两地土地利用变迁的分析,其基本步骤和内容如下:

(1) 基于城乡建设用地的多类别特性,作者将两大地区的非农用地分为三类分别进行分析,包括城市居民点用地、农村居民点用地和工业用地。

(2) 基于分析目的,选取合适的景观生态学指标,包括斑块所占景观面积比例(PLAND)、斑块数(NP)、平均斑块大小(MPS)、斑块密度(PD)、景观形状指数(LSI)等。

(3) 计算各年份的指标得分,并进行对比(见表 3-24)。根据各项指标,可得出若干结论:

① 总体而言,2001—2010 年间的 NP、PD、LSI、LFD 指数均下降,而 PLAND、MPS 指数提升,说明两地非农用地的集约化程度均不断提高。其中顺德的集聚趋势更为明显,尤其体现在 PLAND 的增长率更高、MPS 增长率更低上。

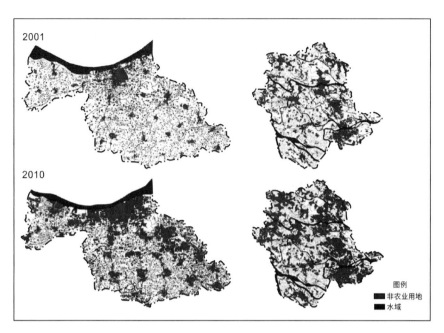

图 3-11 2001—2010 年江阴、顺德的非农用地扩张（书后有彩图）

表 3-24 2001—2010 年江阴、顺德的各项土地利用指数

土地利用指标	2001 年							
	江阴				顺德			
	总非农用地	城市居民点	农村居民点	工业用地	总非农用地	城市居民点	农村居民点	工业用地
PLAND/%	15.2	4.2	8.2	2.8	21.3	9.1	5.3	6.8
NP	3830	614	3570	662	1577	464	1524	852
MPS/hm²	3.9	6.7	2.3	4.2	10.9	15.8	2.8	6.5
PD	3.9	0.6	3.6	0.7	2	0.6	1.9	1.1
LSI	74.8	26.5	78.3	27	50.6	26.1	51.6	31
LFD	975.3	91.3	1564	159	145	29.4	547.1	131.9
土地利用指标	2010 年							
	江阴				顺德			
	总非农用地	城市居民点	农村居民点	工业用地	总非农用地	城市居民点	农村居民点	工业用地
PLAND/%	33.5	10.9	9.2	12.8	37.5	14.4	8.4	14
NP	3476	653	3566	1809	665	507	800	791
MPS/hm²	9.5	18.4	2.6	7	45.4	22.9	8.5	14.2
PD	3.5	0.7	3.6	1.8	0.8	0.6	1	1
LSI	82.3	23.2	77.5	38.9	38.9	21.9	46.8	30.9
LFD	364.6	39.7	1393	259.3	14.6	22.1	94.5	55.6

② 两地城市居民点用地的 PLAND、NP、MPS 和 PD 指数均增长，LSI 和 LFD 指数下降，说明用地具有斑块规模逐渐扩大、碎片化程度下降以及形状更加规整的特征。

③ 基于农村居民点用地各项指标的得分与变化情况而言，MPS 指数的增长以及其他若干指标的降低说明了两地的农村居民点用地都更为集聚和规整。

④ 两地的工业用地变化特征具有较大差别，其中江阴工业用地的 NP、PD、LSI、LFD 指数均大幅增长，而顺德的相应指标均降低。说明 2001—2010 年间江阴的工业用地呈现更加破碎的趋势，而顺德更加集聚。

三、城市土地利用规划中景观生态学分析的应用

(一) 城市用地景观生态格局的现状特征分析

城市中不同类型用地的斑块类型、形状、大小、数量、空间组合形式等是各种不同的干扰因素相互作用的综合结果，也进一步影响着城市用地景观格局的过程和演变。对城市不同功能用地的景观空间格局演变的分析，是识别当前城市用地空间特征以及把握城市用地空间结构的历史演变规律的有效手段。

1. 分析方法适用区域

在土地利用规划过程中，可利用景观生态学指标进行城市形态和结构的识别，并对城市空间结构的把握进行有机补充。通常而言，城市中心、城乡交错带、乡村的用地景观格局具有较为明显的分异。在城市中心，主导的用地为经济效益较高的商业文化用地景观，用地斑块多具有集聚度、破碎度较高的特征；在城市边缘区，多分布有经济效益较低的农业、工业等景观，用地斑块面积较大、破碎较小；在城市中心向外围过渡的中间地带，景观类型多样且空间格局较为复杂（徐建华等，2004）。

此外，景观生态分析尤其适用于某些景观结构的变迁较为明显的地区。某些大城市的边缘地带多存在着具有"半城半乡"特征的"半城镇化"地区，此类地区是典型的生态系统交错带，起到缓冲城市化发展矛盾以及保障城市生态环境等作用，其土地利用格局受到多重因素的作用，结构变迁更为剧烈。以江阴、顺德等较为典型的半城镇化地区为例，在 2001—2010 年间，其工业用地、农村居民点用地等类型的用地斑块均具有景观破碎度增强的特征（田莉，2014）。分析规划区内不同类型用地的斑块变迁特征，有助于梳理影响土地利用的主要因素，以制定合理的土地利用规划方案以及政策。

2. 主要分析步骤

在土地利用规划的过程中进行土地利用景观生态格局分析的步骤如下。

(1) 图像预处理

根据不同时期的卫星遥感影像或者航摄图，通过人工判读等方法对不同年份的土地利用现状进行绘制。由于建设用地进一步被细分为若干类不同的用途和功能（例如居住用地、工业用地等），基础数据通常还包括区域内的土地利用现状图。

通过地理信息系统（GIS）等工具软件进行图片管理、不同类型用地图斑的识别与数量

统计等工作,提取城市用地边界、行政区边界、斑块位置等信息,从而获得不同类型用地的结构特征。

(2) 确定分析尺度,建立基本栅格网格

为计算不同用地斑块的景观格局指数,需对用地矢量数据进行栅格转换。尺度问题是景观生态学的核心原理之一,空间斑块性将体现在不同的尺度上,通常情况下可以采取 100m×100m 的网格尺度。另外,还可根据地方土地利用的现状特征以及实际建设经验来确定基本网格单元的尺度。例如在定义居住用地的基本网格单元时,可以根据当地居住用地地块的平均面积作为网格的基本尺度。

(3) 景观生态学指标计算

借助 Fragstats 3.3 等软件,利用常用的景观生态学指标,即上文所述的斑块个数、斑块密度、景观破碎度、用地混杂度等,比较城市发展过程中区域土地嵌合模式的改变。

(二) 基于景观生态学理念的用地规划方案

运用景观生态学中土地利用空间格局分析的基本模型——斑块-廊道-基质模型,可有效调控城乡居民点体系、区域交通网络以及不同类型用地的布局,实现合理的土地布局以及可持续的土地利用。基于不同的规划目标,景观生态学的理念和方法可应用于不同类型的规划过程和方案中。

1. 城市自然生态恢复与生态建设用地布局

(1) 自然生态格局维护

在区域尺度的土地利用规划中,通常涉及自然生态系统和生态安全格局的维护、恢复等问题。Forman(1995)提出的景观总体布局模式也可视为一种土地配置的模式概念,为规划师在土地利用规划过程中遇到的一些实际情况提供了可操作的参考性准则。该土地配置模式的出发点在于保证景观系统中存在多样的组分,通过各类斑块大集中、小分散的格局建立起用地景观的空间异质性,从而实现生态多样性的目的。对于城市与区域的自然生态发展,通常有四种主要的土地利用模式:

① 重点保护城市中少量的大尺度或超大尺度的生态斑块,即大面积的水体、山体和林地等,维持自然生态景观的多样性和生态安全;

② 对城市边界空间进行保护和恢复;

③ 在城市中保留一定宽度的生态廊道,增加大型斑块之间的连接性;

④ 提升各个生态斑块的边界长度,从而形成具有细致纹理的多样化地区。

(2) 生态建设用地布局

对于城市内部生态建设用地的布局而言,还需进一步关注生态建设用地与其他用地之间的关系,一些主要的规划策略如下:

① 对于围合度较高的居住用地,应适度嵌入楔形的绿地、服务性的功能用地,以促进不同居住组团之间的交流。通过这种动态平衡的状态,增强居住用地的多样性。

② 鼓励商贸、绿地的带状和廊道开发,充分利用这两种具有高度活跃性的斑块的联系

效应,提升不同斑块之间的交流程度以及城市用地的空间异质性。

③ 对于集聚、较大规模的产业用地而言,可通过绿地斑块、绿地廊道的嵌入,对产业用地进行适度分割,并鼓励服务型用地斑块的进入。

④ 遵循城市用地斑块的现状和空间发展规律。例如老城区用地斑块的破碎度和多样性通常较高,在土地利用规划中应尊重这种自然演化特征,通过合理的用地功能置换,保证不同属性的景观空间混合,实现可持续的用地斑块演替。

2. 生态建设与城市用地多样性

生态建设是依据景观生态学原理,以土地合理利用为目标而进行的城市内部结构和外部环境相互协调过程。其主要措施之一是优化城市用地结构,促进城市生态系统的完善,从而满足人与其他生物的生存与发展需求。城市生态建设需通过城市用地这一平台方得以实施,建设的最终结果将反映在城市用地的各类改变上,尤其是城市用地多样性水平的改变。城市用地多样性代表了用地的丰富度和复杂度,反映出城市活力的大小,对城市未来的健康发展具有重要影响。在规划过程中通过合理的城市空间和用地布局规划方案来保证城市用地多样性的实现,是实现城市生态建设的坚实基础。同时,对现状和规划方案的城市用地多样性进行评价和分析,也有助于在规划过程中对相关策略进行调整,实现城市生态化的动态追踪和弹性控制(郑醉文等,2008)。

在土地利用规划的过程中,实现各类城市建设用地的多样性可遵循以下基本原则。

(1) 充分尊重用地的区位差异

城市用地多样性格局与空间区位密切相关,不同区位条件的用地尺度不同。例如,中心区地块不宜过大,否则会影响交通可达性;而位于郊区的地块规模可以加大。因此,需通过对用地斑块的规模差异进行控制。

(2) 控制不同类型用地斑块的竞争关系

在城市生态建设过程中,需通过不同用地斑块之间的等值竞争以及生态位资源供应的适宜性来保证用地的多样性。具体而言,需控制产业用地的规模,并利用绿地、公共服务设施用地等对居住和产业斑块进行分化,保证各类用地斑块的生态条件相对均衡(郑醉文等,2008)。

(3) 控制不同类型用地斑块的平均规模

根据不同类型用地的特征和功能需求,对不同用地斑块的规模进行控制,保证不同斑块之间的连通性和内部活动的高效性。对于办公、商业等用地斑块,可适当提升斑块平均面积,实现规模化发展;对于居住用地斑块,需保证内部功能联系的可达性;对于绿地斑块,在保证大规模生态绿化斑块的同时,还需兼顾生态格局的均质性。

参 考 文 献

ALONSO W, 1964. Location and land use: toward a general theory of land rent[J]. Economic Geography, 42(3): 11-26.

COASE R H，2006. The problem of social cost［J］. American Journal of Economics & Sociology，26(4)：399-416.
COSTANZA R，D'ARGE R，GROOT R D，et al.，1997. The value of the world's ecosystem services and natural capital［J］. Nature，387(6630)：253-260.
DAILY G，POSTEL S，et al.，1997. Nature's services：societal dependence On natural ecosystems［M］. Chicago：The University of Chicago Press.
FORMAN R T T，1995. Land Mosaics：The ecology of landscapes and regions［M］. Cambridge：Cambridge University Press.
FORMAN R T T，GODRON M，1986. Landscape ecology［M］. New York：John Wiley & Sons.
FRENKEL A，ASHKENAZI M，2008. The integrated sprawl index：measuring the urban landscape in Israel［J］. Annals of Regional Science，42(1)：99-121.
HANSEN W G，1959. How Accessibility shapes land use［J］. Journal of the American Institute of Planners，25(2)：73-76.
LOWRY I S，1964. A model of metropolis［M］. Santa Monica：Rand Corporation Press.
NORTH D C，1990. Institutions，institutional change and economic performance［M］. Cambridge：Cambridge University Press.
PUTMAN S H，1995. EMPAL and DRAM location and land use models：an overview［C］. Land Use Modeling Conference，Dallas.
REES W E，1992. Ecological footprints and appropriated carrying capacity：what urban economics leaves out［J］. Environment & Urbanization，4(2)：121-130.
WACKERNAGEL M，ONISTO L，BELLO P，et al.，1999. National natural capital accounting with the ecological footprint concept［J］. Ecological Economics，29(3)：375-390.
阿瑟·奥沙利文,2003.城市经济学[M].4版.北京：中信出版社.
安晨,刘世梁,李新举,等,2009.景观生态学原理在土地整理中的应用[J].地域研究与开发,28(6):68-74.
伯克,2009.城市土地使用规划[M].北京：中国建筑工业出版社.
蔡玉梅,郑伟元,张晓玲,等,2004.土地利用规划环境影响评价[J].地理科学进展,22(6):567-575.
程茂吉,2011.南京市人口规模预测与空间分布引导研究[J].城市发展研究,18(8):68-74.
代磊,汪诚文,刘仁志,2006.宁波市土地生态适宜性评价分析[J].环境保护,24(24):40-42.
邓红蒂,田志强,2008.基础设施建设与土地资源利用[J].中国土地科学,22(3):54-60.
董家华,包存宽,黄鹤,等,2006.土地生态适宜性分析在城市规划环境影响评价中的应用[J].长江流域资源与环境,15(6):698-702.
傅伯杰,陈利顶,1996.景观多样性的类型及其生态意义[J].地理学报,(5):454-462.
高洁宇,2013.基于生态敏感性的城市土地承载力评估[J].城市规划,37(003),39-42.
郭晋平,薛达,张芸香,等,2005.体现地域特色的城市景观生态规划——以临汾市为例[J].城市规划,(1):68-72.
郭志伟,2008.北京市土地资源承载力综合评价研究[J].城市发展研究,15(5):24-30.
何芳,2009.城市土地经济与利用[M].上海：同济大学出版社.
黄剑,戴慎志,毛媛媛,2009.浅析西方社会影响评价及其对城市规划的作用[J].国际城市规划,24(5):79-84.
黄金川,黄武强,张煜,2011.中国地级以上城市基础设施评价研究[J].经济地理,(1):47-54.
贾冰,李升峰,贾克敬,等,2009.中国土地利用规划环境影响评价研究评述[J].中国土地科学,23(5):76-80.
刘亚臣,汤铭潭,2015.市政工程统筹规划与管理[M].北京：中国建筑工业出版社.

刘勇,2014.城市工程系统规划[M].北京:科学出版社.
吕昌河,贾克敬,冉圣宏,等,2007.土地利用规划环境影响评价指标与案例[J].地理研究,(2):249-257.
毛蒋兴,阎小培,2005.高密度开发城市交通系统对土地利用的影响作用研究——以广州为例[J].经济地理,25(2):185-188.
彭瑶玲,2014.土地利用视角下的交通拥堵问题与改善对策——以重庆主城为例[J].城市规划,38(9):85-89.
钱寒峰,杨涛,杨明,2010.城市交通规划与土地利用规划的互动[J].城市问题,(11):21-24.
邱扬,傅伯杰,2000.土地持续利用评价的景观生态学基础[J].资源科学,22(6):1-8.
任愐,赵言文,施毅超,2008.长江三角洲区域土地利用规划环境影响评价研究[J].江西农业大学学报,30(4):746-750.
沈清基,徐溯源,2009.城市多样性与紧凑性:状态表征及关系辨析[J].城市规划,(10):25-34.
沈颖,朱翀,徐英俊,2007.道路饱和度计算方法研究[J].交通标准化,(1):125-129.
宋小冬,陈晨,周静,等,2014.城市中小学布局规划方法的探讨与改进[J].城市规划,38(8):48-56.
宋小冬,钮心毅,2004.再论居民出行可达性的计算机辅助评价[J].城市规划学刊,3(3):18-22.
苏海龙,谭迎辉,周锐,等,2013.基于规划过程的我国土地使用与交通一体化规划研究展望[J].城市发展研究,20(9):66-72.
孙建卫,陈志刚,赵荣钦,等,2010.基于投入产出分析的中国碳排放足迹研究[J].中国人口·资源与环境,20(5):28-34.
孙奇,戴慎志,2009.大都市郊区城镇基础设施配置指标体系研究——以上海为例[J].现代城市研究,(1):48-57.
孙晓光,2004.城市基础设施建设及其投融资研究[D].天津:天津大学.
田莉,2014.工业化与土地资本化驱动下的土地利用变迁——以2001—2010年江阴和顺德半城市化地区土地利用变化为例[J].城市规划,38(9):15-21.
王川,刘茉,2005.规划导向的土地利用规划环境影响评价方法[J].中国土地科学,19(2):3-8.
邬建国,2004.景观生态学——概念与理论[J].生态学杂志,19(1):42-52.
吴英杰,2010.城市土地利用与经济发展的互动机制研究[D].杭州:浙江大学.
吴志强,李德华,2010.城市规划原理[M].4版.北京:中国建筑工业出版社.
邢海峰,李倩,张晓军,等,2007.城市基础设施综合绩效评价指标体系构建研究——以青岛市为例[J].城市发展研究,14(4):42-45.
徐春宁,张平,2012.城市黄线在控制性详细规划层次中的实施问题与对策[J].规划师,28(7):51-56.
徐建华,岳文泽,谈文琦,2004.城市景观格局尺度效应的空间统计规律——以上海中心城区为例[J].地理学报,59(6):32-34.
徐以群,陈茜,2006.城市公共交通服务水平的指标体系[J].城市交通,6(6):42-46.
杨沛儒,2005."生态城市设计"专题系列之三——景观生态学在城市规划与分析中的应用[J].现代城市研究,20(9):32-44.
俞孔坚,叶正,李迪华,等,1998.论城市景观生态过程与格局的连续性——以中山市为例[J].城市规划,(4):14-17.
张慧芳,2011.交通发展对土地利用变化的作用机理研究[D].杭州:浙江大学.
张健,濮励杰,彭补拙,2007.基于景观生态学的区域土地利用结构变化特征[J].长江流域资源与环境,16(5):578-583.
张文范,2002.我国人口老龄化与战略性选择[J].城市规划,26(2):68-72.
赵民,何丹,2000.论城市规划的环境经济理论基础[J].城市规划学刊,2(2):54-59.
郑俊鹏,欧名豪,王婷,2012.基于改进生态足迹的扬州市土地利用总体规划环境影响评价研究[C].2012

年中国土地科学论坛——社会管理创新与土地资源管理方式转变.

郑文含,唐历敏,2012.控制性详细规划经济分析的一般框架探讨[J].现代城市研究,(5):39-44.

郑醉文,沈清基,2008.基于用地多样性评析的城市生态建设及规划调整[J].城市规划学刊,(5):60-67.

周丹蓉,2004.基础设施建设布局与城市土地开发[J].城市规划,9(9):52-54.

周文霞,陈笑媛,郭旭辉,2009.土地利用规划环境影响评价的实例研究——以贵州省毕节地区为例[J].长江流域资源与环境,18(12):1132-1136.

宗跃光,张振世,陈红春,等,2002.北京大都市土地开发的乘数效应和增长模式研究[J].地理研究,21(001):89-96.

思 考 题

1. 土地生态适宜性评价除了可应用于土地利用的环境影响分析,还可适用于哪些方面的分析？试设计若干约束条件,选取某一区域并运用该方法进行分析。

2. 选取某城市的某类基础设施,利用GIS软件进行可达范围的微观可达性分析。

3. 选取某一城市的某类用地,运用景观生态学指标对其土地利用格局进行描述。

第四章　城市土地利用规划的支持系统

近年来,人们逐渐认识到土地利用规划仅靠规划师的主观判断和传统的制图分析方法,远不能解决城市中复杂而多样的问题。规划支持系统主要是基于计算机的方法和模型的综合,将城市规划自身的理论基础以专业规划模型的形式融入信息技术中,能让规划理论和知识通过信息技术得到更有效的应用,提高规划编制的效率,并提供最终成果的可视化表达,以此来支持规划的应用。本章主要介绍在土地利用规划中,土地利用/土地覆盖变化(LUCC)和地理信息系统的理论与技术作为土地利用规划强有力的支持系统的应用,以帮助规划者和决策者了解规划和决策环境,提高规划和决策的效率和准确率。

第一节　LUCC 在城市土地利用规划中的运用

一、土地利用/土地覆盖变化的产生和概念

随着气候变化、人口增长、环境污染、能源短缺等诸多全球性问题的日益突出,人们相继开展了一系列关于全球气候变化的研究。20 世纪 70 年代,科学家们通过研究发现土地利用变化可以通过改变地表反照率、局地蒸散量等影响水分循环进而引起局地、区域甚至全球气候变化。随着全球变化研究的深入发展,科学家们也提出土地利用/土地覆盖变化对全球气候变化有重要的作用。

1992 年联合国制定了"21 世纪议程",这个议程的诞生意味着国际上正式开始了土地利用变化的研究的启动。接着在 1995 年,国际地圈-生物圈计划(international geosphere-biosphere programme,IGBP)和全球环境变化中的人文领域计划(international human dimensions programme on global environmental change,IHDP)联合提出了土地利用/土地覆盖变化(land use/land cover change,LUCC)研究计划,力图通过对"人类驱动力-土地利用/土地覆盖变化-全球变化-环境反馈"间相互作用机制的认识,从人类活动角度解释和预测 LUCC,进而评估生态环境变化,并寻求积极的人为干预。之后,LUCC 开始逐渐成为全球变化研究的前沿和热点课题。

土地利用是人类根据土地的特点,按照一定的经济与社会目的,采取一系列生物和技术手段对土地进行的长期性或周期性的经营和治理改造活动,它是一个把土地的自然生态系统变为人工生态系统的过程;强调了土地的社会属性,是人类对土地自然属性的利用方式和利用状况,包含着人类利用土地的目的和意图,是一种自然、经济和社会等因素综合作用的过程(比如居住用地、商业用地等属于此概念)。土地覆盖是指地表自然形成的或者人

为引起的覆盖物总和,它强调的是土地的自然属性,是自然活动和人类活动共同作用的结果(比如河流、森林等属于此概念)(Turner II et al.,1994,1995)。

土地利用的变化会导致土地覆盖的变化,通过渐变(modification)和转化(conversion)两种作用形式影响土地覆盖变化;土地覆盖是土地利用的表现形式,同时其变化又会反过来影响土地利用的方式,二者构成统一的整体。转换是一种土地覆盖类型完全为另一种类型取代,土地属性发生了根本变化,如森林变为农田或草原;改变则是指同一种土地覆盖类型内部的局部性变化,但土地属性未发生根本变化,如森林的间伐或疏伐、草原的改良等(贺秋华,2011)。此外,维护(maintenance)也是一种土地利用引起土地覆盖变化的方式,即通过采取一定的措施,让土地覆盖保持比较稳定的状态(摆万奇等,1999)。其实,土地利用变化和土地覆盖变化之间是一种互为因果的关系,一方面土地利用变化可以导致土地覆盖的变化,另一方面土地覆盖的变化影响土地利用决策,进而导致土地利用方式的改变。当土地覆盖被不合理地改变后,引发了严重的区域生态环境问题,对区域的生存与发展构成了威胁,人们必须改变原有的土地利用方式,如退田还湖、退耕还林还草等(陈佑启等,2000)。

二、土地利用/土地覆盖变化的研究目标与内容

(一) LUCC 研究目标

土地利用/土地覆盖变化是一个跨学科领域的研究课题。从大的方面而言,土地利用/土地覆盖变化研究在于更好地理解与不断地认识不同时间与空间尺度上土地利用与土地覆盖的相互作用及其变化,包括土地利用与土地覆盖变化的过程、机理及其对人类社会经济与环境所产生的一系列影响,为全球、国家或区域的可持续发展战略提供决策依据(陈佑启等,2001)。IGBP 与 IHDP 的"土地利用与土地覆盖变化研究"实施战略(1999)指出,土地利用与土地覆盖变化研究应具体回答如下与人类的生存与发展密切相关联的问题:

(1) 近 300 年来土地覆盖是如何受人类的影响而发生变化的?

(2) 在不同的地区与不同的历史时期内土地覆盖的变化主要受哪些人为因素的影响?

(3) 在近 50~100 年来土地利用的变化是怎样影响到土地覆盖及其变化的?

(4) 对于某一特定的土地利用类型来说,近期内有哪些人为因素或者自然环境要素的变化影响到土地利用的可持续性?

(5) 气候与地球生物化学圈层的变化是怎样影响到土地利用与土地覆盖及其变化的?

(6) 土地利用与土地覆盖的变化又是怎样反过来影响着人类的行为的?土地覆盖的变化如何导致或者加剧了某些特定区域的脆弱性?

从以上的研究问题可知,LUCC 研究的基本目标是加深对全球土地利用和土地覆盖变化动态过程的认知,并加强土地利用和土地覆盖变化的预测能力。具体包含四个目标:一是更好地认识全球土地利用和土地覆盖的驱动力;二是调查和描述土地利用和土地覆盖动力学中的时空可变性;三是确定各种土地利用和可持续性之间的关系;四是认识 LUCC、

生物地球化学和气候之间的关系(史培军等,2000)。

(二) LUCC 的研究内容

LUCC 是一个跨学科领域的研究课题,经过十多年的发展,它的研究范围和研究内容得到了扩展与深化。1999 年,IGBP 与 IHDP 在"土地利用与土地覆盖变化研究"实施战略中,提出了土地利用与土地覆盖变化研究应具体回答的六大问题(见前文)。紧接着,Nunes 和 Auge(1999)认为要试图回答 IGBP 与 IHDP 提出的六大问题,至少应开展五个方面的研究:①土地利用与土地覆盖变化的类型分析;②土地利用与土地覆盖变化的过程研究;③探讨人类对土地利用与土地覆盖变化的反应;④建立综合的全球性或区域性的变化模型,探讨不同空间尺度上土地利用与土地覆盖变化的动力学机制;⑤开展有关土地表层、生物过程及其动力机制方面的数据库建设。

目前,国际上 LUCC 研究主要在四个方面进行,即 LUCC 状况研究、LUCC 的驱动力和驱动机制研究、LUCC 的效应与作用机制研究、LUCC 的模型模拟与土地可持续利用研究。LUCC 的变化状况及其驱动力研究开展较早,成果也比较丰富;随着研究重点的转移,LUCC 的效应研究在近期得到了更多关注和重视;而在模型研究方面,一直有学者在进行尝试,但少有突破性成果,这除了普适模型构建和可持续性研究本身的难度外,还受制于 LUCC 状况研究、LUCC 的驱动力和驱动机制研究、LUCC 的效应与作用机制研究这三方面的成效与进展(何蔓等,2005)。

1. LUCC 状况研究

LUCC 研究需要一定广度、深度与精度的数据源,数据直接影响着 LUCC 研究的准确性及结果。目前来看主要依靠遥感的观测,对 LUCC 的特点进行分析。遥感因其同步观测、时效性、数据的综合性和可比性及经济性等诸多优势成为国内外获取 LUCC 信息最有效与最可靠的工具(张世文等,2006)。通过长期的历史资料整理及近些年遥感技术的广泛应用,全球大部分区域对其土地利用/土地覆被变化状况均有了较为系统的认识,且已经逐渐步入定量化的阶段,主要成果包括绘制成各种土地利用类型图、植被覆盖类型图等(史洪超,2012)。

2. LUCC 的驱动力研究

LUCC 驱动力的研究对于解释土地利用/土地覆被的时空变化和建立预测模型起着关键作用,是 LUCC 研究的焦点问题。驱动力是指导致土地利用方式和目的发生变化的主要生物物理和社会经济因素(高华中等,2003)。生物物理驱动力包括自然环境的特征及气候变化、土壤过程、植被演替和自然界存在的周期性干扰等自然过程(摆万奇等,2004),主要体现在全球尺度、大区域尺度等尺度上;而社会经济驱动力则主要体现在小区域尺度上。根据 IGBP 和 IHDP 的研究报告,可将社会经济驱动力分为直接因素和间接因素,其中间接因素主要包括人口变化、富裕程度、技术发展、政治经济、政治结构、观念与价值六个方面,它们通过土地产品的需求、土地的投入、土地利用的集约化程度、土地权属、土地政策以及对土地资源保护的态度等直接因素使土地利用与土地覆盖发生改变。随着全球城市化进程加速,人口快速增长,农业化、工业化等社会经济活动的不断推进,人为驱动因子较自然驱动因素更具研究价值(史洪超,2012)。

3. LUCC 的环境效应研究

土地利用/土地覆盖变化作为全球变化的重要内容,对全球生态环境产生了巨大的影响,引起国内外众多学者的普遍关注。LUCC 的环境效应主要体现在两方面:一方面 LUCC 通过影响气候、生物地球化学循环、土壤质量、区域水分循环等要素对自然环境产生深刻的影响(李秀彬,1996);另一方面 LUCC 可造成生态系统的生物多样性、物质循环与能量流动以及景观结构的巨大变化,使得生态系统的结构和功能均发生改变(丁正兴等,2008)。土地利用变化的环境效应方面的研究趋势是继续深入揭示两者之间的关系,在此基础上,从生态环境响应的角度发现生态环境的反馈机制,对丰富 LUCC 研究内容具有重要的理论意义,同时对生态环境的保护与恢复具有现实的指导意义。

4. LUCC 的模型研究

由于土地利用/土地覆盖变化涉及各方面因素繁多,过程错综复杂,因此以简化和抽象化为特征的各种模型对于理解和预测土地利用和土地覆盖的格局和过程变化具有不可代替的作用。LUCC 模型通常由四个主要部分构成,即土地利用/土地覆盖的类型、驱动因子、变化过程以及响应机制(刘英等,2004)。LUCC 模型的建立是深入了解土地利用和覆盖变化复杂性的重要手段,其作用和目的可以概括为:对土地利用/土地覆盖变化情况进行描述、解释、预测,并制定对策(摆万奇,1997)。2005 年 IGBP 和 IHDP 联合推出了以量测模拟和理解人类-环境耦合的陆地生态系统为目标的"全球土地计划"(global land project,GLP)(Moran et al.,2005)。该科学计划是全球变化与陆地生态系统(GCTE)研究计划和 LUCC 研究计划的综合,进一步推动了国际各学术组织对土地利用/土地覆盖变化模型的研究。

三、土地利用/土地覆盖变化的信息获取与分类系统

(一) LUCC 信息的获取方法

在 LUCC 的研究中,研究数据的获取直接影响研究的精度与深度,而数据的获取越来越多地依赖于遥感影像。遥感通常是指通过某种传感器装置,在不与被研究对象直接接触的情况下,获取其特征信息(一般是电磁波的反射辐射和发射辐射),并对这些信息进行提取、加工、表达和应用的一门科学和技术。遥感具有同步观测、时效性、数据的综合性和可比性及经济性等诸多优势,成为国内外获取 LUCC 信息的主要工具。

随着遥感(remote sensing,RS)技术的发展,遥感图像在空间分辨率、比例尺等方面更加完善和精确,初步形成全天候、多层次的全球对地观测体系,但遥感在分类方法、自身固有的及其他与解译人员、绘图技巧、工作经验、地学知识掌握程度等有关的误差,使得对影像的判读结果不尽如人意,如所得较模糊界限在应用于大比例尺图件绘制时仅具有示意性;另外,RS 无法正确反映因权属变更所引起的用地属性的改变(因为该地块物理光谱未变)(中国土地学会,2003)。

基于此,在原有土地调查图件和数据的基础上,将现有的遥感图像和原有的不同区域

的土地空间信息进行叠加和分析,再加上 GPS 的精确定位及 GIS 的数据管理与分析功能,就可真实地反映地表各种地物要素的特征,并能清晰地显示各种土地利用/土地覆盖类型的特征与分布、LUCC 的动态演变规律(王思远,2001)。加之"3S"(RS、GPS、GIS)集成技术具有数据更新快、精度高、成本低等特点(王晓栋,2000),因此利用"3S"技术获取并分析 LUCC 信息在国际上越来越受到重视。

(二) LUCC 的分类方法与系统

遥感图像解译(imagery interpretation)是从遥感影像上获取目标地物信息的一种过程。遥感影像解译分为两种:一种是目视解译,又称目视判读,或目视判译,它指专业人员通过直接观察或借助辅助判读仪器在遥感图像上获取特定目标地物信息的过程;另一种是遥感图像计算机解译,又称遥感图像理解(remote sensing imagery understanding),它以计算机系统为支撑环境,利用模式识别技术与人工智能技术相结合,根据遥感图像中目标地物的各种影像特征(颜色、形状、纹理和空间位置),结合专家知识库中目标地物的解译经验和成像规律等知识进行分析和推理,实现对遥感图像的理解,完成对遥感图像的解译(郝惠君,2010)。

在遥感图像解译后,土地利用/土地覆盖分类是基础性和关键性的一个环节。通过分类,可以了解土地利用/土地覆盖的基本类型和属性,也可以认识区域的土地利用/土地覆盖的结构与特点,为进一步的研究分析奠定基础。对地表的描述最早采用土地利用分类系统和植被分类系统,然而,随着对地观测技术的发展,遥感广泛地应用于土地覆被和全球变化等大尺度的科学研究中,土地利用和植被分类系统中的某些类别在遥感中无法识别,因此科学家们结合遥感获取地表地物属性特征的能力,提出了土地覆被分类系统(宫攀等,2006)。

1. FAO 的二分法分类系统

各国学者对土地利用/土地覆盖的分类体系提出了不同的想法,但是没有一个国际社会广泛认可和具有普适性的分类系统。在这种情况下,1996 年联合国粮农组织(FAO)建立了一个标准的、全面的土地覆被分类系统——LCCS(land cover classification system)。这个系统应该适用于不同的使用者,每个使用者只利用分类系统中的一部分,并根据他们自己的特殊需要在此分类的基础上进行扩展(宫攀等,2006)。

FAO 提出建立一个土地分类系统应遵循以下准则:①具有综合性;②是一个先验的分类系统;③对所有可能的类别来说,都是一个普遍的参考系统;④满足不同使用者的需要,使用者可根据特殊需要只采用系统的一部分;⑤应是一个分层的结构,应用于不同尺度不同水平;⑥能够描述所有土地覆盖类型的特征;⑦适用于土地覆盖类型的多样性,所有可能的分类综合都应考虑到;⑧根据精确定义的诊断标准的综合来确定每一种类型;⑨每一种类型必须是相互独立的和没有歧义的;⑩所有的类型之间必须有明显的差异;⑪在分类中的分类标准(依据)应是容易测量的并具有持久性的,不依赖于季节;⑫适合于土地覆盖制图和监测;⑬具有极强的灵活性和实践性(吴静,2007)。

该分类系统主要分两个阶段:第一步是二分法分类阶段(dichotomous),定义了 8 个主要的土地覆被类型(见表 4-1);第二步是模块化的分层分类阶段(modular-hierarchical),在第一步的基础上,使用预先定义的分类标准,得到进一步的分类(何宇华等,2005)。该系统的优势在于十分灵活,研究者可以根据自己的需要在其基础上进行拓展,可以适用于不同的研究。

表 4-1　FAO 土地覆被分类系统

植被覆盖区				无植被覆盖区			
陆地		水域/经常性洪泛区		陆地		水域/经常性洪泛区	
耕作陆地	自然/半自然陆地	耕作水域	自然/半自然水域	人工陆地表面	裸地	人工水体	自然水体

2. 中国土地资源分类系统

为研究应用空间遥感技术开展大尺度资源环境宏观调查与动态监测的方法,并通过研究最终建立起国家资源环境动态信息系统,中国科学院和农业部自 1992 年开始,组织两部门下属 23 个研究所和科研单位开展了一项题为"国家资源环境遥感宏观调查与动态研究"的重大科研项目。该项目基于 TM 影像对全国的土地资源进行了分类,建立了中国土地资源分类系统。该分类系统采用两层结构,将土地利用与土地覆被分为 6 个一级类、25 个二级类(刘纪远,1996)。其中,一级类包括耕地、林地、草地、水域、城乡工矿居民用地、未利用地。二级类则根据土地的覆被特征、覆盖度及人为利用方式上的差异作进一步的划分(见表 4-2)。

表 4-2　中国土地资源分类系统

一 级 分 类		二 级 分 类
编码	类型名称	编码＋类型名称
1	耕地	11 水田、12 旱地
2	林地	21 有林地、22 灌木林、23 疏林地、24 其他林地
3	草地	31 高覆盖度草地、32 中覆盖度草地、33 低覆盖度草地
4	水域	41 河渠、42 湖泊、43 水库、44 永久性冰川雪地、45 滩涂、46 滩地
5	城乡工矿居民用地	51 城镇用地、52 农村居民点、53 其他建设用地
6	未利用地	61 沙地、62 戈壁、63 盐碱地、64 沼泽地、65 裸土地、66 裸岩、67 其他未利用地

该分类系统从土地覆被遥感监测实用操作性出发,紧密结合全国县级土地利用现状分类系统,便于土地覆被遥感监测成果与地面常规土地利用调查成果的联系及数据追加处理,在适用性方面具有其重要的现实意义(张景华等,2011)。

四、土地利用/土地覆盖变化的分析与预测模型

从土地利用/土地覆盖变化的含义及研究内容出发,构建土地利用变化模型是深入了解土地利用变化成因、过程,预测未来发展变化趋势及环境影响的重要途径,也是土地利用

变化研究的主要方法。土地利用变化研究中的模型可概括为以下三种类型：系统诊断模型——深入了解土地利用变化机制的主要手段；土地利用动态变化模型——研究土地利用变化过程、土地利用变化程度及未来发展变化趋势的主要手段；土地利用变化综合评价模型——综合评价土地利用变化环境效应的主要手段(王秀兰等，1999)。下面重点介绍土地利用/土地覆盖的动态变化分析模型。

(一) 土地利用/土地覆盖时空动态变化分析模型

对土地利用变化的时空特征进行分析，是深入研究其驱动机制的基础。目前，研究主要通过描述性模型的构建，揭示土地变化的动态、程度和变化方向的空间特征。

1. 土地利用动态度模型

土地利用数量变化模型用于定量描述研究区内土地利用类型面积变化速率，对预测未来土地利用变化趋势有积极的作用。土地利用动态度是指每一种类型的土地利用和速率特性随时间而发生变化，主要表现为土地利用变化幅度和速度。具体又包括单一土地利用类型动态度模型和综合土地利用动态度模型。

(1) 单一土地利用类型动态度分析

单一土地利用类型动态度表达的是研究区域一段时间范围内某种土地利用类型增长或减少的速率，其表达式为

$$K = \frac{U_b - U_a}{U_a} \times \frac{1}{T} \times 100\%$$

式中，K——研究时段内某一土地利用类型的动态度；U_a、U_b——研究初期、研究期末某一种土地利用类型数量；T——研究时段长度，当 T 设定为年时，单一土地利用类型动态度的意义在于反映一定时段内区域土地利用变化的剧烈程度。

(2) 综合土地利用类型动态度分析

综合土地利用动态度反映的是研究区域内所有土地利用类型的综合变化率，它是研究区域内土地利用类型整体稳定性的体现。综合动态度越高，表明研究区域内土地利用变化越剧烈，整体稳定性越差；反之，则说明土地利用变化趋于稳定，从中也可反映出土地利用变化的空间差异性。某一研究样区的综合土地利用动态度可表示为

$$LC = \frac{\sum_{i=1}^{n} \Delta LU_{i-j}}{2 \sum_{i=1}^{n} LU_i} \times \frac{1}{T} \times 100\%$$

式中，LU_i——监测起始时间第 i 类土地利用类型面积；ΔLU_{i-j}——监测时段内第 i 类土地利用类型转为非 i 类土地利用类型面积的绝对值；T——监测时段长度，当 T 的时段设定为年时，LC 的值就是该研究区域土地利用年变化率。

2. 土地利用程度变化

土地利用程度主要反映土地资源利用的深度和广度，它包含了人类对土地的改造程度和土地的变化程度，它不仅反映了土地利用中土地本身的自然属性，同时也反映了人类因素与自然环境因素的综合效应。土地利用程度指数高，表明人类对该区域的土地资源开

发利用的强度大,土地利用现状中建设用地和耕地等与人类关系密切的土地利用类型居主导地位,未利用地的比例相对较少;反之,则说明人类对土地资源的利用程度偏低。土地利用程度及其变化量可定量地描述该地区土地利用的综合水平和变化趋势(朱会义等,2003)。

根据刘纪远等提出的土地利用程度的综合分析方法,将土地利用程度按照土地自然综合体在社会因素影响下的自然平衡状态分为若干级,并赋予分级指数,从而给出了土地利用程度综合指数及土地利用程度变化模型的定量化表达式。

(1) 土地利用程度综合指数分析

土地利用程度综合指数可表达为

$$L_\mathrm{a} = 100 \times \sum_{i=1}^{n}(A_i C_i)$$

式中,L_a——土地利用程度综合指数;A_i——第 i 级土地利用程度分级指数;C_i——第 i 级土地利用程度分级面积百分比;n——土地利用程度分级数。

(2) 土地利用程度变化模型

区域土地利用程度的变化是多种土地利用类型变化的结果,土地利用程度及其变化量和变化率可定量地反应该区域土地利用的综合水平和变化趋势。土地利用程度变化量和土地利用程度变化率可表达为

$$\Delta L_\mathrm{ba} = L_\mathrm{b} - L_\mathrm{a} = 100 \times \left(\sum_{i=1}^{n} A_i \times C_{ib} - \sum_{i=1}^{n} A_i \times C_{ia}\right)$$

$$R = \frac{\sum_{i=1}^{n}(A_i C_{ib}) - \sum_{i=1}^{n}(A_i C_{ia})}{\sum_{i=1}^{n}(A_i C_{ia})}$$

式中,ΔL_ba——土地利用程度变化量;R——土地利用程度变化率;L_a、L_b——研究时段末期、初期的土地利用程度综合指数;A_i——研究区域内第 i 级土地利用程度分级指数;C_{ia}、C_{ib}——研究时段末期、初期第 i 级土地利用程度分级面积百分比;n——土地利用程度分级数;T——研究时段长,当 T 的时段设定为年时,R 的值就是该研究区年土地利用程度变化速率。如果 $\Delta L_\mathrm{ba} > 0$ 或者 $R > 0$,则说明该区域土地利用处于发展时期;否则处于调整期或者衰退期(王秀兰等,1999)。

3. 土地利用变化方向分析(转移矩阵)

转移矩阵是国内外常用的揭示土地利用/土地覆盖变化的方法,能够全面具体地表明区域土地利用变化特征和土地利用类型之间相互转化状况,揭示土地利用时空演变过程。其数学形式为

$$[S_{ij}] = \begin{bmatrix} S_{11} & S_{12} & \cdots & S_{1n} \\ S_{21} & S_{22} & \cdots & S_{2n} \\ \vdots & \vdots & & \vdots \\ S_{n1} & S_{n2} & \cdots & S_{nn} \end{bmatrix}$$

式中,i 与 j 分别代表研究时段开始与研究时段结束时土地利用类型;n 表示土地利用类型总数;S_{ij} 为研究期内第 i 类向第 j 类转化的总面积。矩阵中,行表示初期的第 i 类土地利用类型,列表示末期的第 j 类土地利用类型。

转移矩阵的意义在于它不仅可以反映研究时段开始与研究时段结束时的土地利用类型结构,同时还可以反映研究时段内各土地利用类型的来源与构成。此外,转移矩阵还可以生成区域土地利用变化的转移概率矩阵,其意义在于:通过计算特定土地利用类型的流向百分比将其按比率大小进行排序,便于分出驱使该土地利用类型变化的主导类型与次要类型,进而以主导类型为突破口,分析解释类型变化的原因。

(二) 土地利用/土地覆盖变化预测模型

土地利用/土地覆盖变化预测模型作为模拟土地利用变化、描述土地利用变化的原因和对未来发展方向进行预测的工具在土地利用/土地覆盖变化研究中具有十分重要的地位。根据现有的研究文献,土地利用变化的模拟和预测模型可以分为三种类型。

第一种类型是数量预测模型,可以预测未来土地利用/土地覆盖变化,但是空间上的表现性不佳。该模型主要由四个子类型构成:①回归模型。通过相关分析、主成分分析等方法诊断 LUCC 的主要驱动因素,建立土地利用/土地覆盖类型与各种驱动因子的回归方程,预测未来土地利用变化。②马尔柯夫(Markov)模型。根据初期的土地利用变化情况模拟预测未来土地利用变化。③系统动力学(system dynamics,SD)模型,利用各种要素之间的因果关系,利用有限的数据和结构,分析预测宏观尺度的土地利用系统的结构、功能和行为之间的相互作用,实现土地利用变化时间序列上的预测。④神经网络模型(neural networks)。该模型是一种模仿生物神经网络结构和功能的数学模型。由于土地利用变化受驱动因素制约,是一个动态的、非线性的、多反馈环路的复杂系统。如果使用线性分析方法来预测,会受模型的线性假设、预测的准确度及检验等问题的限制。

第二种类型是空间格局预测模型,用于模拟和预测土地利用空间变化,具有强大的空间表达性,可预测未来不同条件下的土地利用空间格局,深入了解和把握土地利用空间变化过程和机制,较全面模拟土地利用/土地覆盖空间演变过程。这类模型主要有基于主体的代理(agent-based)模型、CLUE(CLUE-S)模型、元胞自动机 CA 模型。虽然空间格局预测模型可以很好地反映土地利用变化的复杂行为,解决土地利用的空间分配问题,但是其自身也存在局限性,缺乏宏观和非空间因素考虑。

第三种类型是综合模型,即将数量预测模型和空间格局预测模型相结合,可克服单一模型的局限性。前两类模型从不同的角度反映了区域土地利用的数量和空间格局变化,但在实际应用中仍有不完善的地方,并不能全面地反映区域土地利用变化的实际情况。例如,反映土地资源数量变化的模型,对时间变量的处理过于简单;而反映土地资源空间格局变化的模型,对于非空间的因素考虑较少,应用到土地利用变化中的分析意义不明显。土地利用变化现象是复杂的,数学模型在反映土地利用变化规律方面发挥了不同的积极作用,今后在深化土地利用变化研究的基础上,我们应从不同的尺度多维反映土地利用变化的规律,构建土地利用变化的综合模型,准确预测未来土地利用演变的趋势。

五、土地可持续利用与土地利用/土地覆盖变化

(一) 土地可持续利用

土地可持续利用的思想源于可持续发展的思想。"可持续发展"一词最早出现于1980年由国际自然保护同盟(International Union for Conservation of Nature,IUCN)在世界野生生物基金会(World Wildlife Fund International,WWF)的支持下拟定的《世界保护纲要》(*The World Conservation Strategy*)。随后许多学术机构和专家对"可持续发展"进行定义,然而能够被普遍接受的是由世界环境与发展委员会(World Commission on Environment and Development,WCED)于1987年发表的《我们共同的未来》的报告中的定义,该定义为:"满足当代需求又不损害后代满足其未来需求之能力的发展"。可持续发展的实质是在经济发展过程中要兼顾各方面利益,协调发展环境和经济,其最终目标是要达到社会、经济、生态的最佳综合效益。

土地持续利用包括时间和空间尺度上的。在时间上,一种土地的使用方式在一段时间内能不妨碍社会经济的发展,并能维持良好的生态环境,通常认为这种土地利用方式是可持续的。在空间上,土地的可持续利用需要从生态、经济和社会三方面综合考虑。周诚(1996)从城市用地的角度提出,土地资源可持续利用的基本含义是:使有限的土地持续地满足人们日益增长的需求,达到土地供求的持续平衡。根据可持续发展的含义和土地持续利用的时空特点,可以对土地可持续利用作如下定义:通过协调区域土地利用类型的结构、比例、空间分布与当地自然特征和经济发展之间的关系,使土地资源充分发挥其生产与生态功能,以达到社会、经济和生态的最佳综合效益(龙花楼等,2000)。

(二) 土地利用/土地覆盖变化的可持续性研究

可持续发展是目前人类的必然选择,可以说很少有其他主题能比人类的可持续发展更为重要。土地利用/土地覆盖变化与人类社会经济的可持续发展密切相关,土地利用与土地覆盖变化的可持续性问题也十分重要。这其中主要包括:对一定的区域来说,土地利用/土地覆盖类型、结构的可持续性,土地利用方式与方法的可持续性,土地利用与土地覆盖变化过程的可持续性,以及实现可持续土地利用的对策与途径等(陈佑启等,2001)。

土地需求主要受区域人口增长、经济发展及消费方式变化的影响,而土地供给则受土地资源状况、经济利益、技术进步、政治体制及土地政策等多种因素的制约。我国是发展中国家、是人口大国,不仅土地资源(特别是耕地人均占有量)少,而且由于复杂的地理环境背景和历史原因,导致区域性土地利用问题非常突出(刘彦随等,2001)。我们可以通过对土地利用/土地覆盖的时空特征分析,探寻其驱动力机制,再对可持续土地利用过程进行模拟预测,这有助于加深对自然、社会、经济、土地利用之间的相互作用的理解,从而能够更好地进行可持续土地利用规划。

第二节 GIS 在城市土地利用规划中的应用

一、地理信息系统的产生和应用

(一) 地理信息系统的产生

20 世纪四五十年代，随着计算机科学、地图学和航空摄影测量技术的发展，人们开始利用计算机汇总、处理和分析各种数据，并输出一系列结果作为决策过程的有用信息。20 世纪 50 年代末至 60 年代初，计算机主要用于手工难以做到的空间数据的存储和处理，而计算机分析地图内容并提供信息则是从自然资源的管理和土地规划任务开始的，并在此基础上诞生了世界上第一个地理信息系统(geographic information system,GIS)——加拿大地理信息系统(Canada geographic information system,CGIS)。

该系统起源于 20 世纪 60 年代，加拿大政府要对全国的土地资源进行调查，发现这一工作需要的人力和时间十分巨大。有年轻的工作者提出采用计算机来处理地图，该建议被采纳并赋予实践，加拿大土地调查局建立了加拿大地理信息系统，以实现专题地图的叠加和面积计算等。到了 1972 年，CGIS 已经全面投入运行与使用，成为世界上第一个运行型的地理信息系统。与此同时，美国学者 Duane Marble 及其同事，利用计算机研制软件系统，分析城市交通和土地开发，并提出建立地理信息系统软件的思想；英国学者 Terry Coppock 利用计算机分析农业地理数据，再将结果用手工绘制在地图上。

20 世纪 70 年代是 GIS 理论发展和技术探索的重要阶段。进入 80 年代，GIS 商业化软件开始大批出现，GIS 开始被大规模应用推广。80 年代微型计算机和远程通信设备的出现，为计算机普及应用创造了条件。在系统软件方面，完全面向数据管理的数据库管理系统(DBMS)通过操作系统(OS)管理数据，系统软件和应用软件工具得到研制，数据处理开始和数学模型、模拟等决策工具结合。从 90 年代开始，随着地理信息产业的建立和数字化信息产品的普及，GIS 逐渐成为了一个产业，渗透到各行各业乃至家庭中，成为人们日常生活和工作必不可少的一部分。进入 21 世纪，在互联网的推动下，GIS 逐步走向大众化，其中车辆导航和面向公众的地图查询是比较普遍的两个功能。

(二) 地理信息系统的概念

GIS 是一个不断发展的概念，对于地理信息系统的定义，目前没有统一的说法。GIS 之父 Roger Tomlinson 于 1963 年首次提出地理信息系统(GIS)这个概念。之后，许多学者从不同的角度对其进行了定义，从技术系统、应用系统两个不同的视角来解析。

从技术系统来看，GIS 基于计算机技术，可分为四个组成部分：信息获取和数据输入、数据存储和管理、数据查询和分析、成果表达和输出。数据的存储、管理、查询、分析是 GIS 的独特之处，可定义为："用于采集、存储、管理、处理、检索、分析和表达地理空间数据的计算机系统，是分析和处理海量地理数据的通用技术"(宋小冬,2014)。王万茂(2013)从数据库的角度将 GIS 定义为：GIS 是这样一类数据库系统，它的数据有空间次序，并且提供一个对数据进行操作的集合，用来回答对数据库中空间实体的查询。从工具箱角度的定义为：GIS 是一组用来采集、存储、查询、变换和显示空间数据的工具的集合。这种定义强调 GIS 作为用于处理地理数据的工具。

从应用系统来看，GIS 可由六个部分组成：网络、硬件、软件、数据、人员、应用过程。可进一步定义为："GIS 由计算机系统、地理数据和用户组成，通过对地理数据的集成、存储、检索、操作和分析，生成并输出各种地理信息，从而为土地利用、资源评价与管理、环境监测、交通运输、经济建设、城市规划以及政府部门行政管理提供新的支持，为工程设计和规划、管理决策服务。"

目前，国内学者更倾向于美国联邦数字地图协调委员会关于 GIS 的定义："由计算机硬件、软件和不同方法组成的系统，该系统设计用来支持空间数据的采集、管理、处理、分析、建模和现实，以便解决复杂的规划和管理问题。"在英美国家，还有许多学者提出 GIS 中的"S"不仅是 System（系统），还包括 Science（科学），直译过来即地理信息科学。意思是，在地理信息的认识、应用领域不仅要有信息系统技术，还需要一门相对独立的学科，要有自己特定的研究范围和理论体系。

(三) 地理信息系统的应用

GIS 的应用范围十分广泛，在最近二十多年的时间里得到了突飞猛进的发展，已成为国家宏观决策和区域多目标开发的重要技术工具，被应用到资源管理、基础设施、规划设计、土地管理等与空间信息有密切关系的各个方面。下面对 GIS 的几个主要应用领域作简单介绍。

1. GIS 在资源环境管理中的应用

通过 GIS 数据库存储的各类资源与环境数据，利用 GIS 统计、分析等基本功能提供资源环境管理所需的各种形式的基本信息，并通过应用模型的建立为资源环境管理提供决策依据。同时，GIS 技术也被用在建立植物种类与环境因素等信息系统中。

2. GIS 在城市基础设施管理中的应用

城市基础设施主要指城市的各种管道（给排水、煤气等）、道路交通、通信网络等。由于这些设施在空间中的位置可以编辑成坐标点录入 GIS 系统中，这样可以提高相关部门对设施的管理效率。比如，在交通方面，相关应用主要有路廊设计（通过分析土地利用图、地形图以及现有道路网等多种空间数据，定出公路最终线向）、道路管理（主要是指动态分段管理，在数据库中记录道路的每种属性的起点到道路原点的距离，并不是真将道路切断存储，适合于动态的分析）、流量和路径分析（包括道路网络分析和最短路径寻找等）（江彬等，2010）。另一方面，GIS 还可以在一些紧急情况下（比如设备维修），能够较快速地找到故障所处的位置并予以排除，既方便群众，也可以节省人力财力。

3. GIS 在城市规划中的应用

城市规划与管理涉及大量的组成要素，包括资源、环境、人口、交通、经济、教育、文化、金融等，利用 GIS 数据库管理将这些城市的信息纳入统一的系统中，然后进行城市和区域多目标的开发和规划。这些功能的实现是用地理信息系统的空间搜索方法、多种信息的叠加处理和一系列分析软件(回归分析、模糊加权评价、各种规划模型、系统动力学模型等)加以保证。国外城市 GIS 已十分普遍,我国目前有近 500 个大小不等的城市已经建立或筹建城市 GIS,为提高城市管理水平和促进城市发展打下了坚实的基础。

4. GIS 在土地信息系统中的应用

GIS 早期就是从土地信息系统的建立过程中发展起来的,目前 GIS 软件的快速发展对土地信息系统的建立也起到了极大的促进作用。GIS 在土地信息系统中,主要是利用遥感信息,通过 GIS 与遥感结合,在 GIS 支持下辅助土地利用信息提取,得到相关的数据。土地利用信息系统中的图形处理、属性数据查询、空间数据分析、数据统计表格生成等目前都有了很大的改进。

5. GIS 在其他领域中的应用

除了以上方面,GIS 还广泛应用在灾害监测、医疗卫生、军事和国防、地质普查、房地产开发等方面。

二、土地利用规划信息系统及功能

(一) 土地利用规划信息系统的概念

随着电子信息事业的飞速发展,各行各业都在采用高新技术来实现本行业的信息化管理,提升经济效益,而土地利用规划作为土地管理工作中重要的组成部分,也在逐步利用现代化信息技术来实现土地利用信息管理的科学化、规范化、实时化和自动化。

土地利用规划信息系统是采用地理信息系统技术构建起来的一种以土地资源与资产管理为工作对象的计算机信息系统。它是在计算机和地理信息系统技术支持下,在土地资源调查和研究的基础上,将与土地利用要素有关的数据以及相关的社会经济要素数据,按照空间分布或地理坐标,以一定格式输入计算机,利用计算机快速、便捷和存储量大的优势实现对信息的分类、检索、排序、综合分析等功能,并根据专家的经验和国家的法规、政策,进行地籍档案管理、土地分等定级、不动产评估,并对国家土地政策的影响进行模拟等,为土地资源的开发利用提供查询、分析、评价、预测和决策服务等功能。

土地利用规划信息系统的运行包括资料的获取和整理、储存和维护,以及资料的检索分析和传输等,可以用来完成一项主要分析功能,也可以实现多功能共同分析。该系统可以以成果(如地图)的形式,也可以以服务的形式提供上述资料。它还能提供以文字或数字形式反映的属性数据、以地图显示的空间数据以及反映现状的时间数据。这些属性或文本数据可以描述不同时间、不同区域、不同地貌的各种现象。

目前,信息技术的迅猛发展对于人类社会的进步产生了巨大的推动作用,对土地利用规划信息系统的发展产生了深远的影响。新技术已经极大地改善了与土地有关的信息的采集、处理、储存和发布过程;新的测量和填图技术,如 GPS 和遥感技术,可以快速采集大量的土地信息;计算机和互联网技术的发展,解决了处理、储存和发布大量土地信息的技术问题。采用上述新技术,各种来源的土地信息都可以被整合在一个土地利用信息系统内,便于对系统的土地利用信息的采集、处理、储存和发布进行有效的管理,以满足管理者对土地利用信息的适时需求(杨志毅,2007)。但是,在土地利用规划信息系统方面,至今尚未形成一套相对规范的研究体系,对其进行进一步的深入研究仍然具有重要的意义。

(二) 土地利用规划信息系统的目标

将土地利用规划的业务需求同 GIS 技术相结合,建立基于地理信息系统的土地利用信息系统,满足土地利用规划的辅助编制、规划管理和规划成果的需要,将日常的流程化办公技术化、信息化,从而促进土地利用规划编制的科学化、土地利用规划管理的信息化、土地利用规划成果的数字化,实现土地利用规划工作的规范化。

1. 资源清查

作为土地利用信息系统最基本的功能,系统的主要任务是将各种数据源整合在一起,并通过系统的统计和空间分析功能,按照多种属性条件和边界,进行多种条件相互组合形式的统计,并进行原始土地面貌的重现。

2. 城乡土地规划

城乡规划中要处理的问题涉及大量的组成要素,比如经济、社会、人口、能源、交通、教育、文化、商业等,针对城乡的不同性质和不同特点的问题,该系统要将这些数据信息整合到城市的同一系统中,经过分析处理,进行城市和区域多角度的开发和规划,包括城镇土地利用总体规划、城市建设用地适宜性评价、城市道路交通用地规划、城市基础设施配置和城市环境质量评估等。

3. 地籍管理

地籍管理是指国家为取得有关地籍资料和为全面研究土地的权属、自然和经济状况而采取的以地籍调查(测量)、土地登记、土地统计和土地分等定级等为主要内容的国家措施。它的对象是作为自然资源和生产资料的土地,地籍管理的核心是土地的权属问题。多用途的地籍管理也是土地利用规划信息系统的重要功能之一,地籍管理的数据包括土地位置、土地类型、土地面积、土地权属、地价、税收等,这些土地的特征都可能会随着时间而发生变化。我们借助土地利用规划信息系统对数据进行统计和存储,能够为土地的科学管理和合理利用提供相关的依据,也可作为土地法律咨询的可靠手段。

4. 灾害预测

利用土地利用规划信息系统,借助遥感遥测数据,可以有效地进行森林火灾的预测预报、洪水灾情监测和洪水淹没损失的估算,为抢险和防洪决策提供及时准确的信息,为救灾作出一定的贡献。

5. 宏观决策

土地利用信息系统利用拥有的数据库,通过一系列的模型构建和比较分析,为国家宏观决策提供科学的依据。

(三) 土地利用规划信息系统的功能

由于土地利用规划的编制、审批和实施包含了大量的文件和空间数据,对规划成果的管理又有时效性的要求,所以运用 GIS 技术进行管理十分必要。土地利用规划信息系统是地理信息系统在土地利用规划中应用的一个专题子系统,一个适用的土地利用规划信息系统通常具有空间数据库的构建、空间数据的处理和分析、数据库管理、显示和绘图输出以下功能:

1. 建立空间数据库

土地利用规划是指在土地利用的过程中,为达到一定的目标,对各类用地的结构和布局进行调整或配置的长期计划,而土地利用规划及管理要依据社会经济信息、土地现状信息等相关数据。由此可见,地理信息系统在土地利用规划管理中具有十分重要的作用。土地利用规划信息系统在 GIS 技术的支持下,按照地理坐标或特定的地理范围,收集图形、图像和文字资料,通过有关的量化工具(数字化仪、扫描机和交互终端)和介质(磁带、磁盘和磁鼓),将地理要素的点、线、面图形转化为计算机能够接收的数字形式,同时进行编辑、检查并输入系统,建立多种地理空间数据库和属性数据库。

2. 图形显示、编辑

在空间数据库的基础上,GIS 可将各种空间数据直观而有效地显示出来,并可根据空间要素的动态变化对空间数据进行人机交互式的编辑、修改,以实时地反映当前区域的真实情况。GIS 的显示与编辑功能,使得土地利用规划专家能及时了解区域的真实情况并在此基础上进行更加科学、合理的土地利用规划。各种空间数据的叠加、实时显示有效提高了土地利用规划成果的直观性;土地利用规划审批工作者可以在图上直观查看项目用地的实际情况,不必像以前那样需要耗费时间翻找需要的纸质项目资料,因而可以大大提高工作效率。

3. 空间数据的分析

GIS 的空间分析功能是 GIS 区别于其他计算机系统的主要标志。土地利用信息系统涉及 GIS 的多种空间分析功能,它们与各种专业模型结合起来发挥的作用更广泛更深入。在土地利用信息空间数据库的支撑下,将 GIS 众多的空间分析工具与土地利用规划专业模型相结合,为土地利用规划编制提供辅助规划功能,促使土地利用规划逐步向定量与定性相结合的方向发展,可为实现科学、快速的土地利用规划编制创造有利条件。

4. 土地利用规划专题制图

专题地图可以围绕土地利用的主题,适合某种特定的需要而制作。可按照一定的行政单位生成多种比例尺的各级土地利用规划现状图、规划图等。可以使从前的大量规划工作,尤其是机械性重复劳动的图件出图能够应用计算机辅助完成,大大提高了工作效率。土地利用规划专题制图正在日渐趋于统一,形成一定惯例或规范,也有一定的通用性。

三、土地利用规划信息数据库管理系统

土地利用规划信息系统是以土地为核心,利用地理信息系统的技术将土地的数据整合起来,并以数据流的方式在信息系统中构成一个复杂而有序的整体,这个整体称为数据库系统。而土地利用信息是集空间、经济、资源属性于一体的数据,它们以信息载体——数据

的形式存储在计算机系统中形成数据库系统,再通过数据库管理系统来实现各种数据的空间分析。

(一) 数据库和数据库管理系统

1. 数据库

数据库是计算机信息系统的基础和核心。数据库实质是一个所有存储在计算机中的相关数据所构成的集合,其基本思想是对所有的数据实行统一、集中、独立的管理,数据独立于应用程序而存在,并以最小的存储代价和灵活性供各类不同的用户共享使用。数据库与传统的文件管理方法相比,具有很强的优越性,不仅能海量存储相关的数据,还能随时进行检索与分析,并支持相关的应用。在规划编制的过程中,通过数据库的建立,实现土地利用规划中海量数据的存储和管理,能够方便快速地对属性数据进行查询检索,并且实现对空间数据的操作、分析和显示,这正是基于GIS构建土地利用规划数据库的优势所在。

2. 数据库管理系统

20世纪60年代后期,数据量大、查询要求高的应用系统越来越多,出现了管理大数据量的通用软件——数据库管理系统(database management system,DBMS),它的出现使得应用程序和数据库相对独立。数据库可以看成是文件的集合,集中存储了大量的应用数据。但是数据库管理系统则对这些数据进行统一的管理,是建立在操作系统的基础上的。

数据库管理系统通常由三部分组成,即语言、数据库管理控制程序和数据库服务程序(王万茂,2013)。语言就是指令的意思,用来定义和使用数据库,也支持用户对这些指令进行二次开发和定义;数据库管理控制程序用来负责数据库系统运行时程序的控制和管理;数据库服务程序是指在数据库的建立过程和维护中使用的程序。

数据库管理系统对数据库进行统一管理,不但具备查询、输入、删除、标注等方面的一般功能,还具有以下特点:①数据结构化。数据库内部,数据结构统一,不同的数据之间可以建立联系,进行分析。②数据冗余小。数据的共享意味着数据可以被多个用户、多个应用程序共享使用,可以大大减小数据冗余,节约存储空间,避免数据之间的不相容性与不一致性。③数据独立性高。数据独立性包括数据的物理独立性和逻辑独立性。当存储数据的物理位置和数据的逻辑结构发生局部变化时,应用程序是可以保持不变的,从而简化了应用程序的编制,大大减少了应用程序的维护和修改。对应用程序的改变,一般也不会影响数据库的内部结构。④数据由DBMS统一管理和控制。数据库是由多个用户共享的,数据库管理系统还要提供其他管理、控制功能,如权限控制,可以防止不正常的数据读取、删除和更改;数据的完整性检查,由于数据的来源途径多元化,原始数据的逻辑经常会出现差错,这时候数据库管理系统就会进行一定的检查,减小犯错的概率;当计算机或者操作人员出现错误时,系统具有一定的恢复数据、抗破坏能力。数据库系统是由数据库管理系统、数据库、相应的计算机硬件及软件平台、数据库管理员等共同组成的一个运行系统。

(二) 土地利用规划数据库系统

由于编制土地利用规划所需的资料涉及各个领域,在各个不同的应用部门存在一定的差异性,很难对它们进行统一的管理,建立一个基础的数据库来统一规划这些资料是十分必要的。土地利用规划数据库就是一种空间数据库,存储了土地利用现状中现状数据和土地利用规划成果数据,形成第一手电子信息资料,并通过数据库系统对这些数据进行统一的管理、分析和查询等操作,为土地管理部门的工作人员提供决策支持服务。

土地利用信息系统的核心是土地,利用现代计算机技术将土地要素信息有机地结合在一起,并以数据流的方式在信息系统中构成了一个复杂而有序的整体。土地利用信息系统使用和管理的数据包括空间数据和相关的属性数据。对土地管理来说,土地利用数据的一些其他特征也具有重要意义。土地利用数据的准确程度在严格保护耕地、推进节约集约用地和促进经济社会发展方面具有重要作用。土地利用数据的法律效应对土地利用数据时间上的连续性也提出了特殊的要求。土地利用数据的这些特点决定了土地利用数据库内容的建设是土地利用信息系统建设过程中最为复杂和最耗费人力物力的过程,在土地利用信息系统建设中具有重要地位。

依据土地利用规划业务的分析,可以将规划业务设计的数据大体上分为两类。第一类为土地利用的图形、属性和土地利用规划的成果数据,包括历年人口数据、土地利用现状数据、土地利用总体规划数据、基本农田数据、各种用地指标数据,以及规划的专题报告和相关图表等数据。第二类为规划实施数据,包括土地利用总体规划实施日常办公的基本信息,如建设项目用地预审及审批的相关信息数据(项目信息、项目图件、审批信息)、土地利用年度计划管理信息数据等。

(三) 数据库模型

随着科学技术的不断进步,目前数据库技术也越来越成熟。数据库技术产生于20世纪60年代中期,是数据管理的最新技术,是计算机科学的重要分支,它的出现极大地促进了计算机在各行各业的应用。数据库模型是用概括、抽象的方式表示现实世界,这种抽象化的过程就是建立实体模型的过程,帮助人们去控制与之相关的事物。所谓数据模型,就是表达实体和实体之间的联系形式,它是衡量数据库能力强弱的标志之一。数据库模型一般具有两种描述功能:数据内容的表述功能和数据之间联系的描述功能(王万茂,2013)。数据库模型经过不断更新和演变,目前的数据库领域中应用较多的有三种模型:层次模型(hierarchical model)、网状模型(network model)和关系模型(relational model)。

1. 层次模型

1969年IBM公司研制了基于层次模型的数据库管理系统(information management system,IMS),标志着数据库及相关技术的诞生。层次模型是按照层次结构来组织数据的,也称为树形结构,用来表示实体及其之间的联系,树中每一个节点代表一个记录的实体类型,树状结构表示实体类型之间的联系。这些节点应该满足以下两点:有且仅有一个节点,无父节点,此节点为树的根,也称根节点;其他节点有且仅有一个父节点,在层次模型中,根节点在最上层,其他节点由上一层的节点作为父节点,这些节点则是父节点的子节点。

2. 网状模型

20世纪60年代到70年代初,网状数据模型替代了层次数据模型。由于IMS是将数据组织成层次的形式来管理,有很大的局限性。为了试图克服这种局限性,美国数据库系统语言协会(conference on data system language,CODASYL)下属的数据库任务组(database task group,DBTG)对数据库的方法和技术进行了系统研究,在报告中确定并建立了数据库系统的许多基本概念、方法和技术。该报告成为网状数据模型的典型技术代表,它奠定了数据库发展的基础,并有着深远的影响。

网状模型是基于图来组织数据的,对数据的访问和操纵需要遍历数据链来完成。实际上是用网络结构来表示实体类型及其实体之间联系的模型,形成一张网状图,与层次模型相比,大大压缩了数据的存储量。网状模型的数据结构主要有以下两个特征:①允许一个以上的节点无双亲;②一个节点可以有多于一个的双亲。这种模型是一种可以灵活地描述事物及其之间关系的数据库模型,但是这种有效的实现方式对系统使用者提出了很高的要求,因此阻碍了系统的推广应用。

3. 关系模型

关系型数据库是由美国 IBM 公司的 Ecodd 提出的,他奠定了关系型数据库的理论基础。关系模型是建立在关系代数基础上的,它把数据看成关系的集合,是将数据的逻辑结构归为满足一定关系的二维关系表形式。关系模型采用二维表状数据结构,用表格数据来表示实体和实体间的联系,表中的行称为元组,元组的每一分量都是不可再分的数据项,和文件的记录相似,任意两行不能完全相同;表中的列有自己的命名,称属性,不同的列有不同的名字,但不同的列出自同一个值域中;文件方式称字段;一个表就是一个关系,一系列的二维表组成数据库,即关系数据库是一系列关系的集合。

与层次模型和网状模型相比,关系模型具有多方面的优势:①概念简单、数据结构单一。以二维表为基础,简洁而灵活,非专业人员也容易理解。②使用方便。用户不需要了解软件内部细节,可以很快学会。③功能较强。用简单的表就能表示客观事物、现实世界,适应面较广。④数据独立性高。表、列、行的增加减少,属性值的更新,对原有应用带来的影响有限,不同应用之间相互干扰较弱。关系模型也有缺点:①面对复杂的查询,效率较低。②对于复杂事物的表述能力较弱。

因此,目前绝大多数数据库系统的数据模型,都是采用关系数据模型,但是关系型数据库产生的时间较早,只是一种适合于对简单数据进行存储处理的技术,存在很多局限性。随着 Internet 的发展,多种复杂数据的使用,这种简单二维模型的关系型数据库对于应付各类复杂的应用已经有点吃力。如今,也有更多的研究者继续对数据库模型进行不断探索和深化。

四、GIS 在城市土地利用规划中的应用

基于地理信息系统的土地利用规划信息系统,提供了大量的空间数据,信息的存储、查询、检索和制图都能方便快捷地实现,为土地利用规划提供了新的平台。土地利用规划是通过土地适宜性评价及对不同评价结果的比较,阐明现有土地利用方式是否合适,并在此基础上寻求土地持久利用的最佳方式与结构。

土地规划模型库的研制是土地规划信息系统建立的核心内容,包括土地利用现状的分析评价模型、土地利用位置的选择模型、土地适宜性评价模型、土地利用结构的优化模型、土地质量评价模型、土地利用动态监测模型、土地利用综合效益分析模型等。下面对几个常用的模型进行简单介绍。

(一) 土地适宜性分析

基于 GIS 的土地适宜性评价方法的发展经历了简单的叠加分析、多指标分析到人工智能、多种方法综合等过程。而评价指标的选取和标准化、权重的确定以及如何确定,一直是土地评价方法研究的关键点。在运用 GIS 进行土地适宜性评价的过程中,为了评价的科学性,准确地评价区域土地生产潜力,处理好土地利用与保护及人地关系、社会发展的矛盾,GIS 的开发与研究已经成为适宜性评价的主流发展趋势。土地适宜性分析主要分为以下几个步骤:

1. 建立评价的数据库基础

首先要将数据信息录入 GIS,包括一些数字化的地图,依据既定的精度整理各因素图,将收集的工作用图通过扫描仪扫描到计算机得到栅格数据,再将扫描的栅格数据利用 MAPGIS 软件经人工矢量化为矢量数据,录入各相关要素的属性,制作因素图,并在图上标上所需的图名、图例、注记等要素,建立数字化的因素底图。

2. 土地适宜性的评价因素

选择合适的评价因素是建立土地适宜性体系的重要组成部分,直接影响本次土地适宜性评价结果的科学性和准确性。一般根据以下几个方面来考虑评价因素:

(1) 根据研究区域的自然条件和社会经济特征来进行选择;

(2) 依据各因素因子的相关性原则,具体应根据研究区域特点来选择,确定主导因子,考虑各个因子的限制性大小;

(3) 依据供选因子的稳定程度来选择,所选的各因子既能提供体现研究区域的分布特点,又在一定时期内相对稳定,并且在相应的时期内变化较小;

(4) 依据收集获取的有关图件、文字报告、数据资料的可能性、准确性、科学性。

3. 评价因素的权重

土地评价因素对于评价中的相关用途的影响程度是不同的,这种影响的重要程度要用权重来进行定量的表示。用一个统一的数学方程式来计算各因素的权重是不可能的,因为因素权重的确定有相当大的主观成分。我们可以采用计算机中的特尔斐法、排序法、层次分析法等来确定各因素的权重值,权重值越大,因素对研究对象的影响也就越大。

4. 土地评价信息系统的建立

土地评价信息系统由计算机软硬件系统组成,其中包括数据库和方法库。数据库包括点线面实体数据和属性数据。方法库一般包括:数据处理软件,完成土地评价因素原始图形或数据的转换;空间分析软件,利用叠置分析和分类分析来计算土地评价单元的分值。

5. 划分土地单元适宜性等级

根据所选评价因素的分值乘上各自因素所占的权重,得到综合分值,最后再利用统计软件进行适宜性等级的划分。

(二) 土地利用位置的选择

土地利用位置的选择是按照规定的标准,通过空间分析的方法,确定场址、电站、管线等的最佳位置或路径,主要包括以下几个阶段:①数据准备阶段。同上文所述,将土地的一些属性和信息进行整合,构建空间数据库。②影响因子研究阶段。选择对土地利用位置产生影响的因素,位置选择的标准一般包括环境、工程和经济三个方面。首先考虑的是环境方面,如城镇、森林公园对电厂的位置有限制,将明显不符合要求的位置排除在外,判断出一般合适的位置;其次考虑工程标准,包括地形条件、气候因素、生态特点等;最后是经济因素,包括开发成本、水源供应、铁路支线、煤炭运输都对电厂的建设运营费用有影响。从筛选出的优先考虑位置,通过详细的工程和环境综合论证,选出1~3个最佳的选址方案。③综合因子评价阶段。按照工程和经济可行性的要求,建立选址条件的标准和算法,根据各个因子进行综合影响的评价。④位置选择分析阶段。进行实际位置的选择,并对结果进行分析评价。

(三) 土地利用结构的优化

土地利用结构的优化是指通过一定方法使未来土地利用取得良好经济、社会和生态效益的最佳土地利用结构,现行土地利用规划编制中常见的方法有综合平衡法、灰色线性法等。土地利用空间优化布局是在现状基础上调整趋优的过程,现状的准确与否直接关系到空间布局优化的质量,其基本步骤如下:①进行土地利用现状变更调查。利用地区遥感影像资料(航片、卫片)、土地利用现状图、地形图等相关图件,及地区自然和社会经济统计资料、调查资料,运用遥感专用软件进行室内解译和判读,并根据精度和效果进行室外补测,补测时可利用 GPS 技术进行精确定位。②进行土地资源适宜性评价,绘制土地资源质量分布图。③将土地利用现状图、土地资源质量分布图和土地利用结构优化图叠加,进行土地利用空间布局优化。

参 考 文 献

MORAN E, OJIMA D, BUCHMANN N, et al. ,2005. GlobalLand project: science plan and implementation strategy[R]. IGBP Report, NO. 53 and IHDP Report, No. 19.

NUNES C, AUGE J I, 2009. Land-use and land-cover change (LUCC): implementation strategy[M]. Stochkholm: International Geosphere-Biosphere Programme.

TURNERⅡ B L, MEYER W B, SKOLE D L, 1994. Global land use/land cover change: towards an integrated program of study[J]. Ambio, 23(1): 91-95.

TURNERⅡ B L, SKOLE D, SANDERSON S, 1995. Land use and land cover change: science/research plan[R]. IGBP Report, No. 35 and IHDP Report, No. 7. Stockholm and Genev, IGBP.

摆万奇,柏书琴,1999. 土地利用和覆盖变化在全球变化研究中的地位与作用[J]. 地域研究与开发,18(4): 13-16.

摆万奇,阎建忠,张镱锂,2004. 大渡河上游地区土地利用/土地覆被变化与驱动力分析[J]. 地理科学进展,23(1): 71-78.

摆万奇,赵士洞,1997. 土地利用和土地覆盖变化研究模型综述[J]. 自然资报,12(2): 169-175.

陈佑启,2000.试论城乡交错带土地利用的形成演变机制[J].中国农业资源与区划,21(5):22-25.
陈佑启,杨鹏,2001.国际上土地利用/土地覆盖变化研究的新进展[J].经济地理,21(1):95-100.
丁正兴,郝志敏,2008.浅谈土地利用/土地覆被变化研究现状及发展趋势[J].水土保持应用技术,(5):18-20.
高华中,赵兴云,张洪军,孙萍,2003.临沂市土地利用结构变化及人文驱动因子分析[J].烟台师范学院学报(自然科学版),(4):281-285.
宫攀,陈仲新,唐华俊,张凤荣,2006.土地覆盖分类系统研究进展[J].中国农业资源与区划,(2):35-40.
郝慧君,2010. CA-MARKOV模型与GIS、RS在土地利用/土地覆盖变化中的应用研究[D].武汉:华中农业大学.
何蔓,张军岩,2005.全球土地利用与覆盖变化(LUCC)研究及其进展[J].国土资源,(9):22-25.
何宇华,谢俊奇,孙毅,2005. FAO/UNEP土地覆被分类系统及其借鉴[J].中国土地科学,19(6):45-49.
贺秋华,2011.江苏滨海土地利用/覆盖变化及其生态环境效应研究[D].南京:南京师范大学.
江彬,周荣福,许保瑞,等,2010.地理信息系统的应用及发展趋势[J].中国高新技术企业,(15):61-62.
李秀彬,1996.全球环境变化研究的核心领域——土地利用/土地覆被变化的国际研究动向[J].地理学报,51(6):553-557.
刘纪远,1996.中国资源环境遥感宏观调查与动态[M].北京:中国科学技术出版社.
刘彦随,樊杰,2001.面向国土管理决策的土地利用/土地覆被变化研究[J].中国土地科学,15(4):31-34.
刘英,赵荣钦,2004.土地利用/覆盖变化研究的现状与趋势[J].河北师范大学学报(自然科学版),28(3):310-315.
龙花楼,蔡运龙,万军,2000.开发区土地利用的可持续性评价——以江苏昆山经济技术开发区为例[J].地理学报,(6):719-728.
史洪超,2012.土地利用/覆被变化(LUCC)研究进展综述[J].安徽农业科学,40(26):13107-13110,13125.
史培军,宫鹏,李晓兵,等,2000.土地利用覆盖变化研究的方法与实践[M].北京:科学出版社.
宋小冬,2014.地理信息系统及其在城市规划与管理中的应用[M].北京:科学出版社.
王思远,刘纪远,张增祥,2001.中国土地利用时空特征分析[J].地理学报,(6):631-639.
王万茂,2013.土地利用规划学[M].北京:中国农业出版社.
王晓栋,2000. TGIS数据模型和土地利用动态监测数据库的实现[J].清华大学学报(自然科学版)(增刊):15-18.
王秀兰,包玉海,1999.土地利用动态变化研究方法探讨[J].地理科学展,(1):83-89.
吴静,2007.甘肃省天祝县土地利用/土地覆盖变化(LUCC)研究[D].兰州:甘肃农业大学.
杨志毅,2007.基于GIS的土地利用信息系统——以宽城区为例[D].长春:东北师范大学.
张景华,封志明,姜鲁光,2011.土地利用/土地覆被分类系统研究进展[J].资源科学,(6):1195-1203.
张世文,唐南奇,2006.土地利用/覆被变化(LUCC)研究现状与展望[J].亚热带农业研究,2(3):221-225.
中国土地学会,2003.21世纪土地科学与经济社会发展[M].北京:中国大地出版社.
周诚,1996.中国大陆经济、社会的可持续发展战略与土地资源的可持续利用[J].中国土地科学,(6):4-5.
朱会义,李秀彬,2003.关于区域土地利用变化指数模型方法的讨论[J].地理学报,58(5):643-650.

思 考 题

1. 尝试利用LUCC的方法对某一城市的土地利用结构的动态变化进行分析。
2. 通过土地利用变化方向分析的方法,建立土地利用变化矩阵,对某一地区的土地利用时空变化特征进行分析。

第五章 国内外土地利用规划与开发控制体系

　　他山之石，可以攻玉。本章选取了四个具有代表意义的国家/地区作为研究对象：美国、英国、中国香港和新加坡，介绍其土地利用规划体系。美国与中国的国土面积相近，市场经济发达，土地利用规划的理论与实践均较为成熟。英国是现代城市规划的发源地，由于较高的人口密度和政府干预的传统，对我国的城市规划体系影响很大。中国香港和新加坡是土地高效利用的典型案例，其土地容量有限，但是均通过高效的土地利用规划与开发控制体系支撑城市的可持续发展，具有十分重要的借鉴意义。本章从背景概述、土地利用规划的层次和土地开发控制体系三个方面进行介绍。

第一节 美国土地利用规划与开发控制体系

一、背景概述

(一) 历史概况

　　19世纪之前，美国的城市发展缺少规划控制，城市在发展过程中出现了拥挤、环境条件差、灾害频繁和风貌无序等问题。这些城市问题一定程度上促进了一系列的规划改革运动的发展，如卫生改革、住房改革运动等。其中，由1893年哥伦比亚博览会（Columbian Exposition）所引发的城市美化运动，既是过去各项改革运动的集大成者，也是美国现代城市规划的开拓者（孙施文，1999）。1909年的芝加哥总体规划标志着美国的城市规划工作正式开始。其作用有二：一是为了用城市建设来炫耀其成就，同时促进城市经济的发展；二是试图以政府有限的介入来协调对土地资源的使用，控制土地投机等资本主义市场的自发倾向（张庭伟，1996）。

　　1916年纽约区划法律的颁布，标志着规划法律体系的建立。到1926年，区划法在美国基本普及，大多数城市都制定了自己的区划法规。从有利于经济发展的角度出发，美国的商业部（Department of Commerce）推动了两部法案的出台，即1922年的《州分区规划授权法案标准》（Standard State Zoning Enabling Act）和1928年的《城市规划授权法案标准》（Standard City Planning Enabling Act）。这两个法案赋予各州授予地方政府规划的权力，并且提供了可参考的立法模式。法案肯定了总体规划与分区规划的合法地位。

　　从20世纪30年代大萧条时期开始，联邦政府才开始真正介入州和地方的规划活动。联邦政府设立专项基金，资助州和地方政府建立相应的规划部门和开展一系列规划活动。例如，联邦政府资助地方和州的规划工作开展、州际高速公路系统规划，创立国家资源规划委员会(National Resources Planning Board),以及开展了田纳西流域规划等大量的区域规划工作,进一步推动了城市规划的发展(孙施文,1999)。

"二战"过后,美国的城市改造运动蓬勃开展。从清理贫民窟到住房改造计划,均旨在为战后的城市居住生活环境提供良好的条件。在此过程中,联邦政府扮演了重要的角色,地方政府需要编制相应的综合规划来向联邦政府申请资助,这进一步强化了联邦政府在地方规划编制中的作用。在美国人口增长、环境保护意识日益强化、郊区化等因素的影响下,20 世纪 60 年代后期,出现了新的规划领域——增长控制和增长管理。此外,随着环境问题日益受到关注,从事传统土地利用规划的机构越来越重视环境保护与污染治理问题,从而促进了环境规划的发展。

(二) 法律体系

美国采用的是联邦政府与州政府分级而治的政体。与之对应,联邦与各州均自成法律体系。美国宪法,分为联邦宪法与州宪法,联邦宪法主要规定联邦政府与州政府的权力范围,未涉及州以及州以下各级地方政府的权力分配。与西方其他民主国家相比,美国各州政府对地方的影响比联邦政府相对要强。各州有自己的宪法、宪章和法规,地方政府是各州通过立法产生的,其权利也由立法赋予。以上内容对我们理解美国的规划法规体系十分重要。

1. 联邦法律

根据美国宪法,土地使用的管理权属于地方政府。联邦政府的法律,主要影响州与州之间的关系。在规划管理上,联邦政府主要通过颁布规划法案,对州与地方的规划实施和发展政策提供必要的引导。这些政策引导,会促进州与地方建立规划过程的基本结构(孙施文,1999)。

例如,联邦政府颁布的《城市规划授权法案标准》,是各个州授权地方政府编制总体规划的范式,该授权法案有六大内容:①明确规划委员会的权力与结构;②标明总体规划的具体内容,包括道路、公共设施、分区规划等;③道路交通规划需得到正式通过;④公共投资项目需得到正式批准;⑤需要对私有土地的再分配进行控制;⑥划分区域范围,各地方政府自愿编制或采纳区域规划。

2. 州法律

美国的州政府具有立法权、行政权和司法权,是实施监督控制权的最高机构。各个州的立法机构均颁布了州政府关于规划相关的目标,而州的规划授权法通常会确定地方政府在规划管理与控制方面的功能要求。区划法是政府用法律手段来管理城市土地利用和建设的一种规划。州政府再通过授权给各市政当局(municipalities)制定土地利用条例,实现对土地利用的管理,这种授权过程称为"区划制定法"(zoning enabling acts)(田莉,2004a)。州的区划法通常会详细地定义区划的范围、制定和批准区划的程序、区划委员会的组成、功能和权力以及区划条例的修正方法及例外等。区划法规是美国城市中进行开发控制的重要依据。需要注意的是,不是所有的州都颁布了区划法,如休斯敦没有区划法,而是用"私人契约"(private treaty)来进行开发管理。

3. 地方法律

根据州政府的"区划制定法"的授权,各地方政府具有以下权利:制定区划法,规定辖区内不同区域的土地利用层次、类型与功能。在土地利用上,地方政府可以制定"区划条例"。区划条例与地方法规对等,必须予以执行。"区划条例"会用与州授权法类似的语句,确定城市规划委员会的构成、职能和权利。在那些没有自行制定"区划条例"的地区,州的法律可以直接起作用。各个地方的发展目标与控制要求不尽相同,因而各地方的"区划条例"也会具有差异性(见表5-1)。

表5-1 五个城市区划法规基本用途划分的比较

城　　市	基本用途区种类
纽约	居住区、商业区、工业区
芝加哥	居住区、商业商务区、工业区、市中心区
波特兰	开放空间分区、居住区、商业区、就业和工业区
哥伦比亚特区	居住区、特别意图区、商业-居住混合用途区、商业区、工业区、滨水区
旧金山	开放空间分区、居住区、商业区、工业区、邻里商业区、混合用途区、Mission Bay用途区

资料来源:杨军,2005. 美国五个城市现行区划法规内容的比较研究[J]. 规划师,(9):14-18.

(三) 行政体系

作为一个联邦制国家,美国的行政体系主要由联邦政府—州政府—地方政府组成。联邦政府通过州与州之间协议成立,主要负责国家的军事、外交、邮政等职责,而在城市领域并没有取得州政府赋予的权限。因此,在这些方面联邦政府很难直接参与。这样一来,联邦政府主要通过联邦补助金等间接性的财政方式干预各个州的土地利用管理相关的活动。而地方政府的权力来源只能是州宪法和法律的授权以及州宪法和法律所规定的自治权(孙施文,1999)。因此各个州的地方政府在区域大小、人口、职能和组织结构上存在诸多差异,即使在同一州,各级地方政府在规划管理上也会存在诸多分歧。虽然各个州的城市管理机构可能会具有不同的组织形式,但是就具体的城市而言,与规划工作相关的行政机构具有明确的等级和职能。

1. 立法机构

立法机构主要起决策作用,具体职能包括:决定是否成立规划委员会以及规划委员会的构成,向规划委员会划拨资金等。立法机构反映市民的意见和想法,对规划内容和决定进行协调,并对规划机构进行监督。

2. 规划委员会

规划委员会是大部分城市执行规划的法定机构。一般情况下,规划委员会由社区内的银行业、商业、律师、建筑业、劳工、社会工作者等各界代表组成,各成员由城市的行政长官提名并且得到立法机构批准方可入选。成立规划委员会的目的有:及时得到市民的意见,编制总体规划与区域规划条例,协调规划事务,监督规划机构等。有些地方的规划委员会成员还会包括政府职能部门的负责人,他们主要对一些专业事务提供帮助,很少具有投票权。此外,规划委员会一般情况下还会有一个由专业城市规划师组成的规划部门予以协助,如果城市由于规模原因没有设立这种部门,可以聘请私人规划公司协助有关事务。

3. 规划部门

规划部门的负责人通常由行政长官任命,其主要职责有:协助规划委员会的工作,参与编制总体规划与区域规划条例,负责街道、道路、卫生、教育、市政公用设施等的实施,以及建设工程的行为管理等。

4. 区划管理机构

大城市的建设繁多,为此专门设立了区划管理机构。该机构的职责在于,基于区划条例对具体的申请案提供合理的解释,并且在授权情况下可以适当修正区划条例。

5. 上诉委员会

上诉委员会负责对区划条例的解释和区划变动,受理针对区划管理机构和规划委员会作出的决议而提出的上诉。

二、美国的土地利用规划层次

美国是联邦国家,各个州的规划编制体系不完全相同。基于部分州的实践,土地利用规划编制体系可以分为战略性规划与实践性规划两个阶段,这两个阶段构成了土地利用规划体系的框架,如图 5-1 所示。

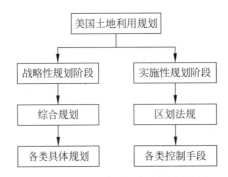

图 5-1 美国土地利用规划编制体系

资料来源:邹艳丽,田莉,2013.城市总体规划原理[M].北京:中国人民大学出版社.

(一) 战略层面的规划

战略层面的规划主要是综合规划,其属于政策引导的范畴,不具备法律效力。综合规划(comprehensive planning)具有长期性、综合性和政策性的特点,通常涉及以下内容。

(1) 确定城市土地现状与规划的使用情况;

(2) 统计整个地区现状和预期的人口构成;

(3) 交通规划,概述改进道路系统、高速公路系统和公共交通系统的规划方案,以及其他交通方面如步行系统、港口、机场等的规划;

(4) 公共设施规划,包括学校、公园、图书馆、住房、历史风貌保护、城市设计等方面的规划设计。

综合规划通常具有三方面的作用：

（1）政策陈述。综合规划需要表达城市（地区）的整体需求，因此其文件中应当包括对当地政府未来发展的一系列具体目标的描述。

（2）决策指导。综合规划会从决策层面来指导和影响许多公众与私人事业，从而指导城市建设。此外，它也有其他的作用，例如消防部门需要据此确定他们的服务范围，城市建设者和开发者也需要根据规划来了解当地政府所关注的事情（邵艳丽等，2013）。

（3）对各类建设活动进行法定约束。在某些情况之下，综合规划会对不合理建设需求起到约束作用。

美国地方政府所编制的城市综合规划，实质上是提供整个地区的土地利用框架，并且能够通过分区规划来详细地指导土地利用决策。图5-2显示了纽约市哈得逊区（Hudson）总体规划的基本情况。

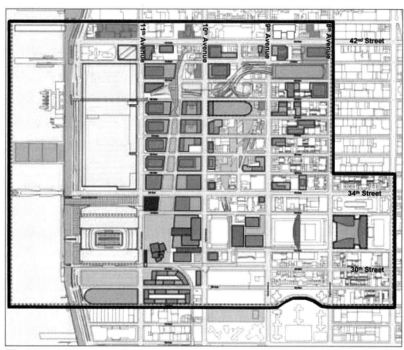

图 5-2　纽约市哈得逊区（Hudson）的总体规划

资料来源：Master Planning of Hudson Yards.

综合规划的编制主体主要为地方政府。首先，地方政府拥有其所辖范围内土地的管理权，而州的立法通常都要求地方政府编制综合规划，并明确该规划的目标和作用范围。此外，地方政府为了获得联邦政府的项目投资，也需要编制综合规划，并且表明该投资项目有助于规划目标的实施。综合规划的编制程序如图 5-3 所示。

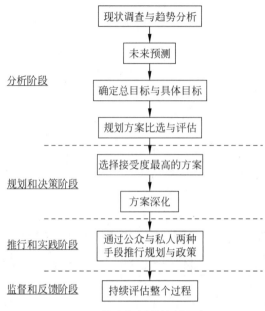

图 5-3 综合规划的编制程序

资料来源(改编自):邰艳丽,田莉,2013.城市总体规划原理[M].北京:中国人民大学出版社.

(二) 实施层面的规划

实施性开发控制阶段的目的,是在土地利用中落实战略性规划的各项原则,并控制开发与建设活动。实施性开发控制层面的规划主要是区划条例,其本身便具有法律性质。区划条例包括两种类型:功能性区划(functional zoning)、条件性区划(conditional zoning)。功能性区划会将城市划分为不同的功能区,各区内均规定允许的土地使用类型。例如有些地区允许工业用途,有些地区允许农业用途,有些地区允许商业性质的用途等。此外,区划会规定各个功能区的兼容性要求。通常来说,工业的兼容性最大,居住的最小。如果有人愿意,在工业区内建住宅是许可的,但是在住宅区中建工厂会被视为不合法行为。条件性区划的作用在于规定地块的大小、建筑高度、退后道路距离等相关要求,这些要求因地而异,没有统一标准。

以纽约为例,纽约包括三类基本的区划区:居住区、商业区和工业区,这些区域又会进一步细分为低、中和高密度的居住区、商业区和工业区。区划条例的文本中,关于居住区、商业区和工业区的章节会阐述每一个区划区的有关规定,并说明它们可以建设的典型建筑形式。每一个区划条例的内容均包括:

(1) 为 18 个使用类型的一个或多个组合制定许可的用途;

(2) 为每个地块制定容积率;

(3) 在居住用地中,确定允许建设的住宅单元的数量、区划单元需要的开敞空间和植被数量以及可以用于建设的最大区划单元数;

(4) 确定建筑间距和地块边界线；

(5) 确定停车场的数量；

(6) 确定适用于具体的居住区、商业区和工业区的其他功能。

纽约区划的地图实例见图 5-4。

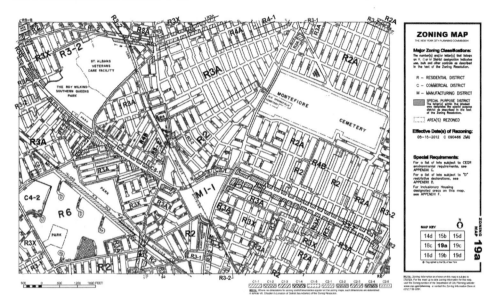

图 5-4　纽约市区划地图——19a 地块

资料来源：纽约市区划地图.

三、美国的土地开发控制的主要内容与手段

美国的行政体制，决定了地方政府在土地利用开发中扮演着主要角色。自 20 世纪 70 年代以来，美国的开发控制的范围越来越广，复杂程度也越来越高，审批权限逐步集中化。

(一) 开发控制的手段

1. 区划(zoning)与区划变通(zoning variance)

区划是地方政府进行土地利用开发的最重要的依据。区划的首要目的是保护产权和物业的价值，同时也保证了地方税收的来源。此外，区划通过对地方政府管辖范围内的土地功能、兼容性要求、建设要求等方面作出详细的规定，从而确保开发建设活动的有序实施。在区划法规批准之后，所有的建设活动必须按照其所规定的内容严格执行。对于符合区划法规有关规定的开发，无需举办公众听证会(除非区划条例中有特殊规定)。当开发规模较大时，应该进行基地总图的审查，以确保各项内容符合区划条例的标准。总图审查的目的在于鼓励、诱导或者迫使开发商遵循区划条例的规定，避免违规开发建设活动。

传统区划缺乏足够的灵活性，在执行时往往难以适应某些特殊情况。在实施过程中，为了满足某些具有特殊性质的地块的开发建设条件,区划委员会会因地制宜地更改某些地块的区划条件,赋予其特殊的控制要求。例如,在涉及某些地区的历史建筑保护时,区划委员会会更改它的区划条例,使其更能满足历史文化价值的保存。而当区划条例会引起某个地块经济价值的降低甚至丧失经济价值时,该地块的开发者或使用者可以向规划委员会申请区划更改。区划更改的典型案例如计划单元开发(planned unit development)和开发权转移(transferred development rights,TDR)。

2. 土地细分(subdivision)

土地细分,是通过将大尺度地块细分成数量较多的小尺度地块,从而满足地块产权转让与开发建设需要的一种法律过程。在美国,对土地细分的控制十分谨慎。在土地进行产权转移或者土地拥有者进行建设改造之前,需要有市政当局对土地产权范围的批准文件。根据相应的法规,在土地产权的地图上至少要表示出街道、地块的边界和公共设施的通行权(孙施文,1999)。此外,还会规定土地在出售前或者获得建设许可之前需要执行的改造要求。例如,大规模的新建住区项目中的土地细分会要求各个开发商建设足够的道路来服务这些地块,并且会统一道路建设的标准。同时,细分控制也会考虑基础设施的延伸,如雨水管线、污水排水管等,并且提供公园、学校等公共活动设施。这样一来,社区内部各个土地之间的基础设施如道路、市政公用设施、教育设施、医疗卫生设施等就能够得到合理的衔接。

(二) 政府的自由裁量权

美国是一个注重私有财产保护的国家。其宪法第五修正案规定,任何人都不能未经补偿剥夺土地所有者的私人产权。如果开发计划符合区划或者次区划的规定,申请人会自动获得开发权限,如果政府加以干涉,则会被视为侵犯私有财产。此外,美国人向政府提交的规划申请裁量案例数量远少于其他西方国家。粗略估计,20世纪七八十年代美国人均向政府提交的规划申请裁量数是英国同期的1/9(Wakeford,1990)。可见,美国政府在土地开发利用中的自由裁量权较小,主要扮演法规制定和规划审查的角色。

(三) 土地利用规划与开发中的公众参与

公众参与城市规划在美国已经作为一种社会民主制度,对土地开发与控制起到了重要作用。公众参与几乎渗透到了所有的开发计划当中。例如,在美国加利福尼亚州,规划制定阶段会成立公众听证会、咨询委员会来参与规划的制定;在选择阶段,会组织公众讨论并且模拟投票;在实施阶段,社区的官方机构会为公众提供工作岗位,使其能够参与规划实施。公众意见对区划法规条例的制定与实施具有很大的影响。有较强组织性与专业技术素养的市民团体甚至可以获得项目的决策权。例如,在纽黑文市,希尔邻里的居民建立了一个代表邻里权力的公司来准备整个社区的规划(Arnstein,1969)。

当然,美国广泛的公众参与也会引发一系列的争议。有人认为公众参与降低了决策效率,提高了政府管理的成本,引起对地方利益而非整体利益的过分关注等,但是公众参与能提高资料收集的广度和深度、提高规划的公正性、确保规划更有效地实施等。总的来说,公众参与作为美国土地开发利用中不可缺少的一环,具有十分重要的作用。

第二节 英国土地利用规划与开发控制体系

一、背景概述

(一) 历史概况

18世纪60年代的工业革命给全世界带来了翻天覆地的变化,作为工业革命起源地的英国,随着生产方式的急剧变化,能源、交通等也发生了根本性的变革。煤炭成为了工业的主要能源,铁路则代替水运承担主要的交通运输任务。种种变革导致了一系列的城市问题,比如城市地区过度拥挤、卫生条件急剧恶化等。为此,人们意识到为了社会的安宁有必要干预市场力量和私人产权(巴里·卡林沃斯等,2009)。现代城市规划便是起源于政府对城市环境卫生和住房问题的公共干预。

19世纪中后期,英国政府颁布了一系列的公共卫生法规,旨在应对逐渐恶化的环境和住房问题。为了达到控制环境卫生的目的,公共卫生法规授权地方政府制定与执行地方的建设法规,来控制建筑物的高度、宽度、日照间距、采光通风、卫生设施等。此外,这个时期也进行了许多城市建设管理的开创性实验,其中埃比尼泽·霍华德(Ebenezer Howard)在1898年提出的兼有都市生活机遇和乡村生活环境的田园城市理念,对英国和其他国家的城市发展理念产生了深远的影响。

1909年,英国通过了第一部规划法律——《1909年住房与城市规划诸法》(Housing,Town Planning,Etc. Act 1909)标志着城市规划第一次从法律上得到了认可。这部法律赋予了地方政府编制规划方案的权力,用规划手段来控制新住区的发展。然而,这部法案本身没有对城市规划的内容进行清晰的界定,仅仅列出了19个地方政府委员会规定的一般性条款。

在第一次世界大战之后,英国政府对之前颁布的《1909年住房与城市规划诸法》进行了修订,即《1919年住房与城市规划法》(Housing and Town Planning Act 1919)。这部新法律在原有的法律基础上新增了强制编制地方规划方案的市、镇类型,但是对城市规划的内容仍然没有明确界定。为了应对后续实施中的一系列问题,政府颁布了《1932年城乡规划法》,将规划的权限扩展到了几乎全部的土地类型,从而赋予了地方政府更多的权限进行城市的管理控制。总的来说,"二战"前英国的城市规划体系并不完善,规划的管理性与约束性决定了它是地方政府的事务,没有中央政府对城市与区域进行统筹协调,地方政府实施规划的财政费用得不到中央政府的补贴,规划的可操作性不强。

19世纪四五十年代,英国大城市的无序蔓延引起了人们对于建立新的规划体系的热情和渴望。人们普遍认为应该控制大城市的蔓延,发展卫星城,重建衰退地区、控制土地的过度使用,此外建设国家公园等问题也被提上了日程。这一系列的新变化需要中央政府发挥新的、更积极的作用。为此,在1947年提出了新的《城乡规划法》(Town and Country Planning Act 1947)。该法案通过规划许可制度来控制开发建设活动(巴里·卡林沃斯等,2009),使得规划实施的可操作性大大提升。它与同一时期颁布的专项法,包括《工业布局法》(The Distribution of Industry Act 1945)、《新镇法》(New Towns Act)等共同组成了支持战后英国新的规划控制的法律体系。

1968年,根据社会经济发展状况的改变和城市规划实施及城市规划思想与理论的变化,英国建立了在更加明确中央政府与地方政府事权划分基础上的城市规划体系(孙施文,2005)。在这一体系中,建立了两个规划层次,即结构规划(structural plan)和地方规划(local plan)。1971年的《城乡规划法》(Town and Country Planning Act)使得这一体系得到巩固,而1990年颁布的《城乡规划法》(Town and Country Planning Act)将结构规划和地方规划合并成为了发展规划(development plan),两级规划层次不再延续。1991年英国颁布了《规划与赔偿法》(Planning and Compensation Act),这个法律对传统规划体系有了比较大的调整,主要体现为:①法律规定、法定规划无需送交中央政府审批;②强调"规划引导型"发展。

进入21世纪后,面临全球化和竞争压力,英国政府于2004年颁布实施《规划与强制征购法》(Planning and Compulsory Purchase Act),规划体系又得到进一步的修改,其主要内容体现为:①首次将区域空间战略规划确定为法定规划;②使法定的地方规划具备更加灵活的机制面临不确定的发展与变化(于立,2011)。而在2010年5月,以卡梅隆为首相的联合政府上台后,因认为"国家(政府)对于处理深层次的社会问题往往太过独断且不够人性化,最好的主义往往是自下而上而非自上而下"(张杰,2015),因此中央政府于2011年颁布了《地方主义法》(Localism Act 2011),该法案取消了除大伦敦地区以外的地区的区域空间战略规划,使得地方政府的权力得到了很大程度的强化。

(二) 法律体系

法律是英国进行城乡规划与土地利用开发控制的主要手段。英国有关土地利用控制的法律主要由两大部分构成,即主干法和从属法规。此外,城乡规划政策也会影响到土地的开发建设和管理。

1. 城乡规划法

城乡规划法是指导城乡规划与土地开发利用的根本性法律。自1909年以来,英国共颁布了40余部规划法。其中,对英国影响最大的有两部,分别是1947年和1971年颁布的城乡规划法。

1947年城乡规划法的主导思想包括两个方面的内容:①建立地方城市规划的职能体系,并且规定了地方规划部门的责任范围和工作权限;②对土地开发利用中补偿和赔偿的条件进行法律上的界定。例如,该法律规定在非建成区,土地属于国家,政府有权以当时的平均市价征购这片土地。征购土地主要用于建设公共服务设施。此外政府还可以将征购的土地租赁给开发商进行具体的项目开发,开发商可以借此从政府部门获得一定的补贴金额。倘若开发商未按约完成开发任务,地方政府有权向开发商索要罚金。

1971年的城乡规划法涉及城乡规划的诸多方面,包括城市规划管理机构的建立、政府对城市开发控制的权力、土地开发控制政策和措施、具体的土地征购补偿和赔偿标准等(郝娟,1994)。1990年颁布的城乡规划法进一步完善了之前颁布的规划法,此外并没有做较大的修改,但是增加了三个从属法规,它们分别是《历史建筑与街区保护规划法》《危害物质防治规划法》和《规划重大措施条例》。

2004年颁布的《规划与强制征购法》是对之前颁布的城乡规划法的修正与补充,它新建立的规划体系与地方政府架构的变化,目的是建立更加富有弹性和相应能力的规划系统。它允许地方规划机构通过制定发展条例、改善控制过程、提出申请标准、改变规划许可期限等形式,因地制宜地促进地方政府的发展。对于基础设施的建设与城市更新项目的实施,如机场、能源、道路等,强制购买体制更加简单、高效与公平。

2. 从属法规

在英国,影响城乡规划与土地利用的从属法规主要是城乡规划规则。较城乡规划法而言,城乡规划规则的内容更加详细,可操作性更强。该规则由中央政府的规划主管部门负责制定,主要分为三类:①用途分类规则;②一般开发规则;③专项开发规则。

用途分类规则界定土地和建构筑物的基本类别和用途,以及各个用地类别的具体内容(见表5-2)。该规则规定,如果在同一类别内改变用途,不需要申请规划许可。一般开发规则的用途最广,它主要用于界定不需申请规划许可的小规模开发活动类别,并且提出相应的基本要求。这类小规模开发活动由于对环境影响较弱,一般采用通则管理方式(唐子来,1999)。专项开发规则,实质上是对一般开发规则的补充。它主要用于界定特殊地区和特殊类型的开发活动,内容较一般开发规则更为具体。

表5-2 英国土地和建构筑物用途分类

类别	代码	用途
A类	A1	商店(shops)
	A2	金融与专业服务设施(financial and professional services)
	A3	餐饮(food and drink)
B类	B1	商务设施(business)
	B2	一般工业(general industry)
	B3~B7	特殊工业(special industrial groups A-E)
	B8	物流设施(storage of distribution)
C类	C1	旅馆(hotels and hostels)
	C2	有住区的机构(residential institutions)
	C3	住宅(dwelling houses)
D类	D1	非居住类机构(non-residential institutions)
	D2	聚会与休闲设施(assembly and leisure)

资料来源:Town and Country Planning (Use Classes) Order 1987.

除了主干法与从属法规,中央政府关于城市发展的政策性文件也是地方政府进行土地开发利用的依据。政策性文件以政策指导书的形式存在,它主要针对具体的土地利用规划内容提出指导性的策略。英国规划法律的修订期是3~5年,在这期间,如果中央政府更新规划政策,会发布规划通告。规划通告是对已颁布的法律的解释,不具有法律约束力。

(三) 行政体系

英国包括含伦敦在内的7个大都会区域和47个非大都会区域,其行政管理体系由中央政府、郡政府和区政府组成。

中央政府在城乡规划与土地利用领域关注的焦点包括：制定城乡规划法以及相关法规，审批郡政府的结构规划以及受理规划上诉案件等。中央政府具有凌驾于地方政府之上的正式权力，因此中央政府可以干涉地方政府的规划行为。如果地方当局没有制定出"令人满意"的规划，中央政府的规划事务大臣有权要求地方当局对其进行修订。此外，如若开发者不满地方规划部门的开发控制，可以向中央政府的规划主管部门提出上诉，由中央政府进行裁决。需要说明的是，中央政府仅能介入英格兰的规划和发展事务（于立，2011）。这是因为权力下放以后，威尔士的规划事务不再由英国中央政府管理，而是由威尔士议会政府负责。苏格兰的规划体系与英格兰和威尔士的规划体系在传统上不一样，其规划一直是单独的体系。

2004年颁布的《规划与强制征购法》规定，地方政府负责组织编制"地方发展框架"（Local Development Framework），并且负责管辖地区的规划管理（即对开发与建设规划许可的审批）工作。由于中央政府的权力下放，地方政府组织编制的法定规划无需递交中央政府审批。

二、英国的土地利用规划层次

英国土地利用规划体系经历了长期的发展，已经逐步完善。全国土地利用规划体系包括三个层次：国家层面的规划、区域层面的空间战略规划和地方层面的地方规划框架，如图5-5所示。

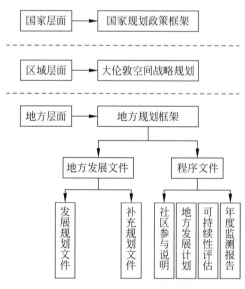

图5-5 英国土地利用规划体系

资料来源（改编自）：①MORPHET J, 2008. Town and country planning in the UK [J]. Town Planning Review, (4)：474-475. ②国家规划政策框架（national planning policy framework）。

(一) 国家规划政策框架

在英国,国家层面的规划主要为国家规划政策框架(national planning policy framework,NPPF)。正如 Cullingworth(1997)所说:"英国的规划体系十分注重通过各种形式的政策说明来为规划相关问题提供通用政策"。在 2004 年以前,英国的国家层面的通用政策是国家规划政策指导要点(national policy guidance notes,PPGs),但是,PPGs 在实际操作过程中逐渐被认为"通常内容十分冗长,论述过于分散而不够集中,并且还混淆了必须遵守的规划政策原则(planning policy principle)与好的实施建议(practice advice)"(张杰,2015)。因此,随着 2004 年的《规划与强制征购法》的颁布,国家规划政策指导要点(PPGs)逐渐被新的国家规划政策说明(PPS)所替代。而在 2012 年,英国政府综合了国家规划政策指导要点(PPGs)的内容与国家规划政策说明(PPS)的内容,编制成了国家规划政策框架(NPPF),作为英国国家层面的规划指导框架。

现行的国家规划政策框架(NPPF)主要为英国的空间规划制定国家层面的政策。其主要作用体现在以下两个方面:①为地方当局提供法定规划的编制内容,并解释说明规划体系的运作方式;②它解释了规划政策与其他对体系开发与利用产生重要影响的政策之间的关系。总体而言,国家规划政策框架(NPPF)是编制大伦敦地区空间战略规划、地方战略规划框架的重要参考依据,同时也是对个人规划申请进行审批的重要参考。

现行国家规划政策框架(NPPF)各章节中英文对照见表 5-3。

表 5-3 现行国家规划政策框架(NPPF)各章节中英文对照

NPPF 英文名称	NPPF 中文名称	NPPF 英文名称	NPPF 中文名称
Chapter 1: Building a strong, competitive economy	建立强大、富有竞争力的经济	Chapter 8: Promoting healthy communities	促进健康社区的建设
Chapter 2: Ensuring the vitality of town centers	确保中心城区的活力	Chapter 9: Protecting green belt land	保护绿带
Chapter 3: Supporting a prosperous rural economy	维持乡村经济的繁荣	Chapter 10: Meeting the challenge of climate change, flooding and costal change	迎接气候变化、洪水和海岸线变化带来的挑战
Chapter 4: Promoting sustainable transport	促进可持续的交通环境	Chapter 11: Conserving and enhancing the natural environment	保护和强化自然环境
Chapter 5: Supporting high quality communications infrastructure	维持高质量的通信设施建设	Chapter 12: Conserving and enhancing the historic environment	保护和强化历史环境
Chapter 6: Delivering a wide choice of high quality homes	提供多样化的高质量住区	Chapter 13: Facilitating the sustainable use of minerals	优化对矿产资源的可持续利用
Chapter 7: Requiring good design	优秀的设计	——	——

资料来源:英国国家规划政策框架(NPPF).

(二) 大伦敦空间战略规划

2004年颁布的《规划与强制征购法》将区域空间战略规划与地方发展规划框架中的发展规划文件列为法定规划,而在2011年颁布的《地方主义法》取消了除大伦敦地区外其他地区的区域空间战略规划,因此,在英国区域层面的空间规划仅有大伦敦空间战略规划(London Plan)。

大伦敦空间战略规划由大伦敦政府(Greater London Authority)颁布,旨在对伦敦未来20~25年的经济、环境、交通和社会发展等方面作出综合部署和安排。大伦敦空间战略规划的具体作用包括:①确定土地利用与发展的规划框架,并将其与交通基础设施等的发展结合起来;②制定规划执行、协调的建议;③确保大伦敦政府颁发的联合政策予以实施;④指导伦敦地区境内各个自治市制定相应的地方规划政策;⑤帮助伦敦地区建设更加包容的社会,实现可持续发展。大伦敦空间战略规划始于2004年,经历2008与2011年两次修订后,最新的大伦敦空间战略规划于2014年颁布,即 London Plan 2014。

伦敦的每个地区都有不同的土地利用政策与规划措施,是2014年颁布的大伦敦空间战略规划的重要内容之一,与伦敦市今后的发展息息相关,下面将对各个地区的土地利用相关的政策与规划措施进行简要的阐述。

(1) 空间策略(spatial strategy):关注伦敦东部地区大规模的闲置土地,并且通过制定一系列政策框架来利用小规模的土地,从而最高效地使用伦敦地区有限的土地存量,寻求新的发展机遇。

(2) 次区域(sub-regions):成立相关政策机构,为实施跨区域的战略措施提供帮助,例如协调基础设施的建设、解决跨伦敦发展走廊的常见问题等。

(3) 外伦敦地区(outer London):外伦敦地区占据了全伦敦60%的人口和40%的工作岗位,其重要性不可忽视,但是它有着严重的社会分异现象,因此,土地利用要更加注重平衡性。规划通过建立多中心的土地利用模式,并完善交通网络,减少因职住不平衡引发的外伦敦地区居民的通勤压力。

(4) 内伦敦地区(inner London):内伦敦地区具有巨大的发展潜力,但是它包含了全伦敦地区最大的贫困社区和最恶劣的环境,因此,土地利用要注意发掘其增长潜力,改善环境问题。规划在内伦敦地区增加可支付的家庭住房供给量,以解决贫困社区的住房问题和环境问题,并且在中央活动区的位置通过确保交通基础设施建设、技能培训等方式促进发展。

(5) 中央活动区(the central activities zone):规划提升商业用地和办公室用地的楼面面积,在犬岛(Isle of Dogs)北部的机遇区实行包括居住用地在内的混合土地利用,为西区特别是零售业政策区制定专门的政策框架,以及强化南岸战略文化地区的环境等。

(6) 机会区域[①]与强化区域[②](opportunity areas and intensification areas):由于两类区

---

① 机会区域:指大伦敦地区的储备棕地,该类型的棕地可以通过依托现有或者潜在的交通环境被改造为居住、商业或者其他发展用地。

② 强化区域:指现状或者潜在交通可达性较好,容易被改建成高密度区域的现状建成区。

域的特殊性,规划为其提供广泛的再生和再开发建议,在此过程中寻求住宅和非住宅的最优建设密度,并提供必要的基础设施维持其持续发展,适时考虑混合功能。

(7) 镇中心(town centers):规划在镇中心通过集约化发展和适宜位置的选择性扩张来容纳经济和住房的增长;提高镇中心零售业、休闲、艺术、文化、消费服务和公共服务的竞争力、质量和多样性;规划控制镇中心的发展规模,注重邻里社区的建设,并促进公共交通的发展等。

(8) 战略性产业区位(strategic industrial locations):规划将战略性产业区位分为首选的工业区位(preferred industrial locations)和工业产业园区(industrial business park),并分别为其提供规划选址意见和建设要求。

《大伦敦空间发展战略 2014》中,中央活动区规划和战略性产业区选址意向如图 5-6(详见书后彩图)和图 5-7 所示。

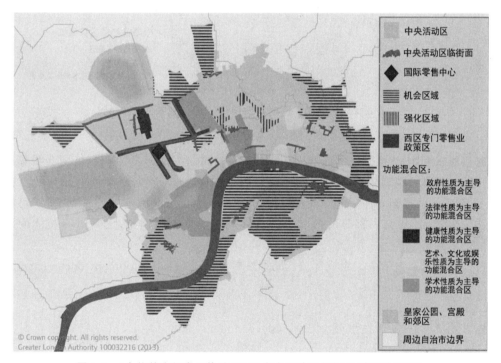

图 5-6 《大伦敦空间发展战略 2014》中央活动区规划图(书后有彩图)

资料来源:London Plan 2014.

大伦敦空间发展战略的最终成果由正文和附件两部分组成。正文用来阐述该地区的发展政策以及其他与土地利用有关的政策建议,包括说明文本和插图。附件是对正文中一些主要事项加以解释说明。正文和附件均由伦敦市政厅(London City Hall)审批,审批合格后具有法律效力。

(三) 地方规划框架

自 2004 年颁布《规划与强制征购法》之后,英国实行三十多年的二级规划体系(包括结

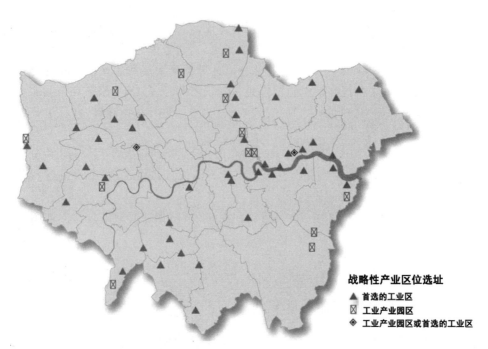

图 5-7 《大伦敦空间发展战略 2014》战略性产业区选址意向图

资料来源：London Plan 2014.

构规划和地方规划）被地方发展框架（local development framework）所代替，成为指导地方土地开发与利用的规划依据。与之前的二级规划不同，地方规划框架由一系列的文件组成，不再是单一的规划文件。此外，地方规划框架对未来的变化具有更强的适应性，可以根据具体的需要，针对某一部分的内容进行有针对性的修改与调整，无需进行整体的重新编辑。

地方规划框架包括两大组成部分：地方发展文件（local development documents）和程序文件（process documents）。

1. 地方发展文件

地方发展文件包括发展规划文件（development plan documents）和补充规划文件（supplementary planning documents）两类（顾翠红等，2006）。

（1）发展规划文件

发展规划文件属于法定规划文件，其作用类似于原二级规划体系中的结构规划和地方规划，主要对规划结构、土地利用与开发控制的要求等进行控制与管理，并且将作为审批规划申请的主要依据。

总体而言，发展规划文件的重要内容包括以下几个部分：

① 本地区的发展目标、发展战略与政策建议；

② 在重点区域编制小范围的行动规划；

③ 绘制规划示意图，说明需要编制行动规划的地段以及重点保护地段等（见图 5-8 及书后彩图）；

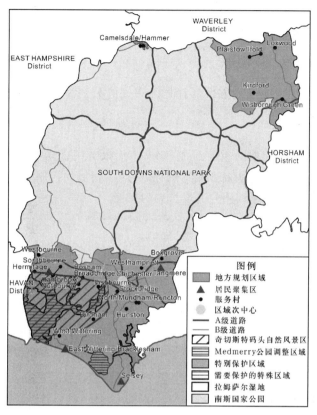

图 5-8 奇切斯特的规划示意图(书后有彩图)

资料来源：Chichester Local Plan(2014—2029).

④ 编制城市设计导则，内容包括建筑高度、地积比率和地块密度等。

(2) 补充规划文件

补充规划文件则是为发展规划提供补充说明的规划文件，也是规划审批的审批依据之一。

2. 程序文件

程序文件可以分为地方发展计划(local development scheme)、可持续性评估(sustainability appraise)、公众参与申明(statement of community involvement)和年度监测报告(annual monitoring report)四类(顾翠红等，2006)。

(1) 地方发展计划

地方发展计划以完整的计划文件的方式向公众解释规划当局制定的规划文件的内容、规划文件的制定程序以及这些文件的颁布时间等。

(2) 可持续性评估

可持续性评估针对地方发展文件在制定过程中对社会、经济和环境的影响进行评估，帮助规划当局与公众正确认识地方发展文件可能会造成的结果。

(3) 公众参与申明

公众参与申明向公众与相关机构提供参与地方发展文件的制定以及规划实施时公众参与的详细步骤,并提出地方规划当局组织公众参与的最低标准与要求。

(4) 年度监测报告

年度监测报告详细说明了地方发展计划的完成情况、实施效果,并说明是否有进一步修编的必要性。

3. 案例研究

土地利用是地方发展框架的重要组成部分,下面以英国奇切斯特(Chichester)的地方发展规划框架(见图 5-9)为例,从商业用地的控制、居住用地的控制和建构筑物的变更条件三个方面研究地方层面的土地利用与开发控制的特征。

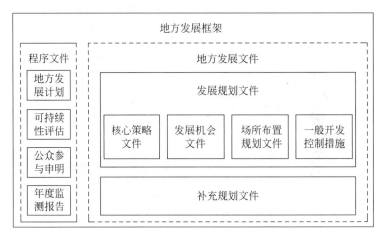

图 5-9 奇切斯特的地方发展规划框架示意图

资料来源(改编自):顾翠红,魏清泉.2006.英国"地方发展框架"的监测机制及其借鉴意义[J].国外城市规划,21(3):15-20.

(1) 商业用地的控制

奇切斯特的地方发展规划框架通过规定用地性质、地块面积等方式对商业用地进行控制,并且对土地使用的特殊情况作出了相应规定。以奇切斯特中心零售区(Chichester centre retail)为例,规划该地区的主要购物街以零售用地(A2~A5)为主,但是满足下列要求时,可以允许建设非零售用地(A1):

① 临街界面非零售用地(A1)不超过总量的 25% 时;
② 临街界面无两处非零售用地(A1)毗邻时;
③ 临街界面存在连续长度 15m 以上的零售用地(A2~A5)时。

(2) 居住用地的控制

居住用地的控制内容主要包括用地选址、建设强度等。其中用地选址主要考虑新增人口规模、就业需求和现状基础。而在建设强度的控制上,规划认为每公顷 35 个居住单元的密度适合大多数新建和扩建的居住区。

此外,地方发展框架还对居住区建设的规划申请许可作出了相关规定。以新建居住区

为例,规划许可将被授予新的住区开发,当它满足以下条件时:
① 符合建筑设计的最高标准;
② 有足够的基础设施支撑,并且能提供持续的维护工作;
③ 提供高品质的生活环境,并与周边地区在景观风貌上保持一致;
④ 为项目确定合适的发展密度,这将通过具体的环境,如现场条件的限制、开发类型等确定,并且住宅类型要适当混合;
⑤ 住宅的形式、体量、高度、密度与周边设施的关系和详细设计等内容要尊重周边环境;
⑥ 住区的设计要考虑公众安全,通过严谨的布局和规划达到震慑犯罪活动的效果。

(3) 建构筑物的变更条件

地方发展规划规定,建构筑物一般不允许更改,但是,在满足下列条件时可以变更:
① 该建筑的结构合理并且能够变更为就业使用,无显著延期、变更或重建;
② 对于村庄的建构筑物,更改用地不影响农场任何的可行性经营或者其他可行性用途;
③ 建筑物的形式、数量和一般性设计与周围环境相符,并且不改变原有的景观风貌;
④ 对于住宅建筑,包括度假使用在内,可以结合现有的历史文化建筑进行改造与再利用。

从对商业用地的控制、居住用地的控制和建构筑物的变更条件这三个方面的研究中可以发现,奇切斯特的地方发展规划框架提供了一般性的土地开发控制措施,并且规定开发建设的规划许可申请条件,从而达到控制土地开发与建设的目的。

三、英国的土地开发控制的主要内容与手段

(一) 开发控制的依据

在英国,地方规划框架中的发展规划文件是开发控制的最直接依据,它主要为土地利用与开发控制提供一般性的指导原则和规划许可申请条件。此外,补充规划文件也是开发控制的依据之一。国家层面的国家规划政策框架与区域层面的大伦敦空间战略规划也通过制定宏观的地区土地利用相关政策与规划措施,间接对各个地区的土地开发控制产生影响。

(二) 土地利用开发的管理程序

土地是城市的重要财产,而且是不可再生的资源。为了避免土地资源的浪费,保证永续发展,需要建立一套合理、高效的土地利用开发管理程序,使得土地利用开发过程中各个要素有机统一、相互协调。在英国,完整的土地利用开发的程序包括三个阶段:规划申请、规划许可和规划申诉。

需要规划许可的开发活动必须提出规划申请。对于大型开发项目,开发者可以分两步提出申请。首先是提出概要规划申请,向地方政府规划部门提供开发类型、规模等基本资料。获得概要许可规划后的三年内,开发者可以提出详细规划申请。详细规划申请需要向

地方政府部门提供基地布局、道路设计、建筑物的构造、绿化和停车设施等具体细节。当申请项目会对周边地区具有显著影响时,规划部门将通过信函、告示牌、登报等方式公布开发者的开发项目,听取公众意见(肖莹光,赵民,2005)。对于环境影响较大的开发项目,进行规划申请前需要进行环境影响评价,并且要求开发者在规划申请文件中附上环境影响评价的报告。此类项目在申请受理期间也需要进行广泛的公示,方便公众参与并提出意见。

收到规划申请后,规划部门必须在八周内予以答复。答复内容有三种可能性,包括有条件许可、无条件许可和否决。若地方政府拟批准的开发项目是有条件许可,规划部门应向开发者提供与项目相关、同时合法与必要的附加条件。如果地方政府拟批准的开发项目不满足地方规划的相关规定,则需要将规划予以公示,同时上报中央政府的规划主管部门。中央主管规划的事务大臣有权抽查任何规划申请,并且作出决策。对于重大开发项目,还应举行公众听证会。

如果开发者对规划许可的结果不满,可以在六个月内提出申诉。申诉有三种形式:书面申诉(written representation)、非正式听证会(informal inquiry)和正式听证会(formal public inquiry)(唐子来,1999)。听证会由中央政府派遣的规划监察员进行审查。听证会的决定是最终的行政裁决,如对结果不满,还可以向高等法院提出诉讼,但上诉的对象只能是监督本身的违法行为(于立,1995)。倘若申诉成功,听证会的审查决议废止,案例将被重新考虑。

(三) 开发控制的强制执行体系

对于开发控制活动中的"违法行为",政府和地方规划部门有权对其进行控制和惩处。这种带有强迫性的制裁政策即开发控制体系中的强制执行体系(郝娟,1995)。强制执行体系包括两个方面:①政府部门对违法开发活动强制发布"执法通知";②被通告的开发者因对裁决不满而针对政府部门的强制执行起诉。强制发布"执法通知"的目的是有效阻止各类违法开发建设活动,提高政府进行土地利用管理的可操作性。强制执行起诉的目的则是保护开发者的利益,使其不被不合理的政府决议所侵犯。

(四) 政府的自由裁量权

英国政府在开发控制中具有较大的自由裁量权。发展规划通常作为战略性政策框架的载体,对土地开发利用的过程没有详细的阐述。并且,国家规划政策对发展规划具有重要的指导作用。如果国家政策发生变化,地方政府也应在地方性规划中予以反映,因而地方政府在特殊情况下有权决定不遵循发展规划的相关规定。此外,地方政府拥有国会授予的行政权力,可以在未经赔偿的情况下拒绝规划申请。

(五) 土地利用规划与开发中的公众参与

公众参与是英国土地利用开发控制的重要方式。法律规定在规划编制过程中,必须有三个月的公众参与阶段(于立,杨睿,2012)。在地方规划体系中,政府会颁布法定文件,即"社区参与说明"(Statement of Community Involvement)来保障公众参与的权益。该文件详细规定了地方规划的各个阶段中公众可以参与的内容与具体方式,并提供了一套正式的质询程序。因此每个市民都有很多机会参与规划并发表意见。如果不同意地方规划的内容,反对者可以要求中央政府重新进行规划评审。

提交规划申请时,开发者被要求向公众提供项目的申请资料。此外,接到申请后,所有的地方政府都必须将申请的内容通知社区,社区接到通知后,会组织公众查阅。每个人都可以就规划申请提出意见,地方部门会认真考虑公众对于该申请的意见建议,并予以反馈。倘若是重大规划项目的申请,政府还需要组织公众听证会,公众听证会的结果会对地方政府的最终决议产生重要影响。

第三节 中国香港土地利用规划与开发控制体系

一、背景概述

(一) 历史概况

中国香港是亚洲城市的一个特例,特殊的历史发展背景决定了它既是一座城市,也是一个独特的社会整体。中国在两次鸦片战争分别将香港岛和九龙半岛割让给英国,甲午战争后,英国又逼迫清政府签署《展拓香港界址专条》,自此,香港完全由英国人管理。第二次世界大战前,香港不过是英国对亚太地区和中国贸易的具有现代化优良设备的港口(叶国洪,1997),而在"二战"之后,在"行政吸纳政治"模式的指引下,香港迅速发展成世界一流的金融中心和商贸城市。

作为高度城市化的地区,香港的土地利用规划表现为对城市的规划控制。香港最早的城市规划方案(planning scheme)于 1922 年由香港政府负责编制,并以此作为城市发展的蓝图。1939 年政府颁布了城市规划条例(town planning ordinance),拟建规划委员会,由于当时正值第二次世界大战,因此规划委员会在 1947 年才正式成立。1949—1971 年,内地人以广东省为中转站,分批进入香港,造成了香港的住房紧缺。20 世纪 50 年代,香港政府没有采取措施应对人口的增长,1953 年石硖尾平房区的失火事件,使得香港政府意识到这一问题的严重性。1954 年香港政府成立了徙置事务处,负责安置迁徙入境的居民。同年,政府下令成立城市规划处(Planning Branch),负责协调政府市政工务署内部及政府其他部门的工作,并制定香港的发展规划(侯丽,栾峰,2000)。

20 世纪 80 年代开始,随着政治、经济和社会因素的急剧变化,香港的城市规划也进行了相应的调整。在此期间,政府开展了一系列的发展研究,包括全港发展策略(territorial development strategy study)、次区域规划(sub-regional plan)、港口与机场发展策略(port and airport development study)、都市计划(metro-plan)等。

20 世纪 90 年代后,香港成立了规划署(Planning Department),负责修订城市规划条例、组织公众参与程度、管理郊区与乡村的土地等,并且设立了独立的规划上诉机构,完善规划管理制度。在 1996 年面向全体市民颁布的《城市规划条例草案》和《全港发展战略策略检讨》,对香港未来的城市发展有着重要的指引作用。1997年香港成为中国的特别行政区,这为香港的发展迎来了新的历史机遇与挑战。在此之后,香港城市规划更多考虑与大陆的关系,特别是与珠江三角洲在资源配置与设施共享上的协同发展,为共同进步提供战略决策。

(二) 法律体系

香港的法律体系来源于欧美法,主要由制定法和判例两部分组成。经过几十年的发展,香港关于土地利用管理的法律架构日益完善,可以较好地指引与控制土地利用的开发与管理。同时,这些法律条例会根据不同的情况进行修正,以增强其适应能力。在香港影响土地利用的法例主要包括《城市规划条例》与《香港规划标准与准则》,以及土地管理相关条例、其他相关条例。各条例均基于《香港基本法》制定,具有同等的法律效力。

1. 《城市规划条例》与《香港规划标准与准则》

《城市规划条例》于1939年首次颁布,先后经历了1974、1991、1996、2004年的四次修订,是香港城市规划体系的核心。该条例旨在为系统地拟备和核准香港各地区的布局设计及适宜在该地区内建立的建筑物类型的图则,以及为拟备和核准某些在内发展须有许可的地区的图则而订立条文,以促进社区的卫生、安全、便利及一般福利。《城市规划条例》的内容主要包括:①城市规划委员会的构成、职能和权力;②发展蓝图的内容;③草图的展示、申诉和申诉意见的反馈;④规划违例发展的类型和惩处措施等。

《香港规划标准与准则》由《香港发展纲领》易名而来,其主要目的是提供一些基本措施和指引,确保在规划过程中,政府可保留足够的土地进行社会和经济发展,以及提供合适的公共设施配合市民需要。《香港规划标准与准则》由规划标准小组委员会制定,其具体内容有:①以人口为标准提供各类土地用途、社区设施和基础设施建设的基本要求;②制定各项发展的规划准则,包括位置准则、不同用途之间的协调性、发展密度设计准则等。

规划标准与准则制定和检讨程序如图5-10所示。

2. 土地管理相关法例

香港的土地利用相关法例包括《土地审裁处条例》《建筑物管理条例》《收回土地条例》《土地征用(管有业权)条例》《土地拍卖条例》等。各个条例均针对土地管理的不同方面作出规定。例如,《土地拍卖条例》规定,土地所有权属于政府,批出土地使用权,实行有偿有期的条件使用(刘红梅等,2008);《收回土地条例》旨在便于收回需作公共用途的政府土地,这类土地包括卫生情况欠佳的物业、与香港驻军有关的任何用途而作出的回收、与行政官员同行政会议决定为公共用途的任何类别用途而作出的回收等。

3. 其他相关条例

影响土地利用的相关条例还有《房屋条例》《建筑物条例》《古物及古迹条例》等。这些条例不直接影响土地利用,但是会从不同方面间接影响城市的开发建设活动。《房屋条例》(1973年制定)旨在对房屋委员会的设立和职能并就相关的目的订立条文。它规定,房屋委员会可以获得和持有任何类别的财产,并拟备和执行关于建造、改动、扩大或改善建筑物的提案、计划及工程项目,从而影响开发建设活动。《建筑物条例》(2011年修订)旨在就建筑

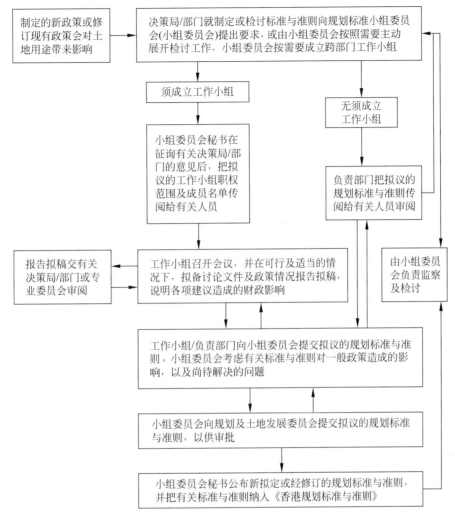

图 5-10 规划标准与准则制定和检讨程序

资料来源：香港规划署.

物和相关工程的规划、设计和建造订立条文，就危险建筑物及危害土地安全以及相关事宜订立条文，就防止安全隐患而对建筑物作定期检验及相关修葺订立条文，以及就相关事宜订立条文。《建筑物条例》规定了建筑事务监督机构的构成、职能和权力，通过承建商的建设申请程序来影响开发建设行为。《古物及古迹条例》(1976 年修订)旨在就保存具有历史、考古及古生物学价值的物体，以及为附带引起的事宜或相关事宜订立条文。本条例规定设立古迹咨询委员会，辅助当地主管部门对地域内的建筑物、地点或者建构筑物进行鉴定，鉴定为古迹的地点，建构筑物需要去土地注册处注册，注册后受法律保护，今后的改造、修缮和再开发必须符合历史文物古迹保护的相关规定。

(三) 行政体系

在香港，负责城市规划工作的主要行政机构有四个：房屋及规划地政局、城市规划委员会、城市规划上诉委员会和规划署。

1. 房屋及规划地政局

房屋及规划地政局成立于2002年,由原房屋局和规划地政局合并而成,是香港特别行政区政府的行政职能局之一(宋家明,2002)。它是香港与城市规划相关的最高机构,主要负责制定土地用途规划、土地管理规定和房屋等建构筑物的建设政策等。房屋及规划地政局下设四个组,分别为规划组、地政组、市区重建组和屋宇组。

2. 城市规划委员会

城市规划委员会是香港的法定机构之一,主要职能包括:负责整个香港地区的布局设计,制定区内建立的建筑物类型的图则草图[①],以及进行草图公示,并审核根据这些图则提出的规划申请。城市规划委员会由44名成员组成,包括主席、副主席、5名官方成员及37名非官方成员(宋家明,2003),每位成员的任期通常为两年。为了更好地履行职责,城市规划委员会分成两个部分:规划小组委员会和聆讯反对委员会。

3. 城市规划上诉委员会

城市规划上诉委员会主要负责对不满城市规划委员会决议的申诉进行复检和重新决策。该委员会是一个独立机构,全部委员均由非政府工作人员构成,并且广泛代表各个专业和社会不同阶层。

4. 规划署

规划署成立于1990年,它成立的初衷是为了适应香港新的发展变化、市区的大规模更新与重组、郊区环境改善等带来的新要求。规划署是房屋及规划地政局的下属行政部门,主要负责制定、监督和检视市区和乡郊、新市镇的规划政策条款以及与香港实际建设有关的计划。此外,规划署也是城市规划委员会的执行机构,按照城市规划委员会的相关要求,编制全港、次区域及地区三个层面的各类规划。规划署由全港及次区域规划处和地区规划处组成,全港及次此区域规划处设两个下属规划部门,地区规划处设四个下属规划部门,如图5-11所示。规划署的工作人员主要由政府招聘的规划师组成。

二、香港的土地利用规划层次

香港的城市规划可以分为三个层面:全港发展策略、次区域性规划和地区性规划,如图5-12所示。《香港规划标准与准则》为技术政策文件,为各层次的发展规划提供技术指导。土地利用规划是城市规划的核心组成部分。

(一) 全港发展战略与次区域规划

策略规划可视作对变幻莫测的未来作出的最佳准备。就香港而言,制定一个长远的规划框架,以指引日后的建设发展,是规划部门的一项重要任务。

---

① 图则草图指分区计划大纲图和发展审批地区图草图。

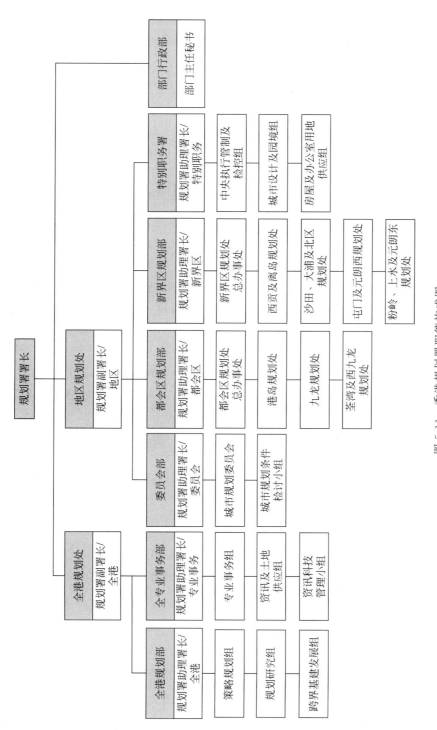

图 5-11　香港规划署职能机构成图
资料来源：根据香港规划署官方网站资料修改.

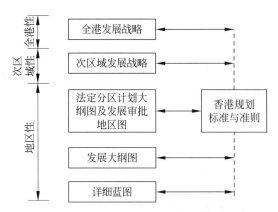

图 5-12　香港的城市规划编制体系层次

资料来源：邹艳丽,田莉,2013.城市总体规划原理[M].北京：中国人民大学出版社.

1. 全港发展战略

全港发展战略是香港规划体系中的最高层次,它为次区域发展战略的编制提供指导,为香港的远景发展提供方向,为政府土地用途和交通等基础设施发展政策的协调提供概略的大纲。为了应对不断变化的发展形势,规划署会不断检讨并更新全港发展战略的内容。最新的香港发展战略于 2007 年公布,名为《香港 2030：规划远景与策略》。该研究为香港直至 2030 年的未来发展订立一个空间规划框架,以及土地供应及城市规划方面所依循的大方向。《香港 2030：规划远景与策略》提出,未来香港的总体发展目标是：贯彻可持续发展概念,致力均衡满足这一代和后代在社会、经济和环境方面的需求,从而提供更佳的生活素质。具体目标包括：

(1) 提供优质的生活环境,确保香港的发展按环境的可承载能力进行,美化城市景观及促进旧区重建；

(2) 对于具有生态、地址、科学及其他价值的自然环境加以保育,保护文化遗产；

(3) 提升香港作为经济枢纽的功能；

(4) 确保能适时提供充足的土地及基建配套,以发展房屋及社区设施,满足房屋及社区的需求；

(5) 制定规划大纲,借以发展一个安全、高效率、合乎经济效益及符合环境原则的运输系统；

(6) 推动艺术、文化及旅游业发展,使香港继续作为一个具备独特文化体验的世界级旅游目的地；

(7) 加强与内地的联系,配合增长异常迅速的跨界活动。

香港 2030 策略性发展概念计划如图 5-13 所示(详见书后彩图)。

全港发展战略的成果包括文本和附件。以《香港 2030：规划远景与策略》为例,其文本内容包括四个部分：①规划程序介绍；②规划远景与未来挑战；③可供选择的规划方案和规划策略；④下一阶段行动。附件包括：①《香港 2030 研究》工作文件及技术汇报；②专家

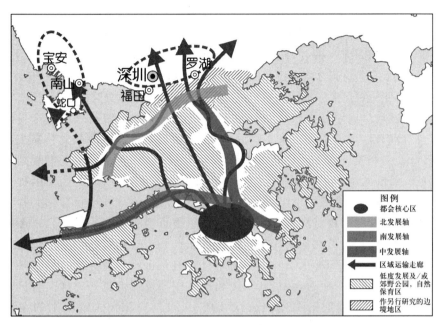

图 5-13 香港 2030 策略性发展概念计划（书后有彩图）

资料来源：《香港 2030 规划远景与策略最终报告》，香港规划署．

顾问小组成员；③止步区①名单；④最可取发展方案的可持续发展评估报告；⑤落实在建及研究报告内假设的主要交通运输项目。

2．次区域发展战略

香港共分为港九市区和新界东北、西北、东南和西南五个次区域。次区域发展规划即在全港发展战略的基础上在五个次区域制定更为具体的发展目标，以适应各个区的发展要求。每份次区域发展规划均会包括一系列的图则与发展纲领，为地区图则的制定提供依据。需要注意的是，全港与次区域的发展策略并不是法定文件（宋家明，2003），而是政府经过广泛的咨询和研究后制定的中长期发展战略。

（二）地区性规划

地区性规划是制定地区层面具体的土地用途的图则，将全港及次区域层面的规划策略在地区层面予以落实。地区图则通常分为两类：法定图则和政府内部图则。

1．法定图则

法定图则根据《城市规划条例》制定，包括分区计划大纲图和发展审批地区图。分区计划大纲图对规划区内的拟议土地用途（包括住宅、工业、政府机构、游憩用地、商业、绿地、自然保护区、乡村式发展、综合发展区、露天储物或其他指定用途）和主要的道路系统作出明确的规定。每份分区计划大纲图均附有注释，旨在说明分区内通常允许的土地用途（第一栏用途），以及其他必须取得规划委员会许可方能利用的土地用途（第二栏用途），以便对土

---

① 止步区：指在《香港 2030 研究》的策略规划上不作考虑提供以应付不同用地需求的地区。

地用途进行管理和控制。

发展审批地区图主要是为非城市地区指定的过渡性图则,由城市规划委员会负责编制。发展审批地区图附有一份注释和一份说明书。每份注释会说明通常允许的土地用途以及取得城市规划委员会许可才能实行的用途。说明书则对各种土地用途的原则、意向进行解释说明。发展审批地区图属于中期图则,有效期三年,期间可以被分区计划大纲图取代。

法定图则通常由规划署参照城市规划委员会的指示进行编制。在制定新的分区计划大纲图或对现有法定图则进行重要修订前,城市规划委员会必须预先公布规划研究报告,以便公众查阅和发表意见。在正式制定或修订图则时,规划署会考虑规划研究报告和公众意见。编制的图则草图或核准图首先送交各有关部门征询意见,然后提交规划小组委员会进行审议。如果规划小组委员会认为意见合适,该草图或核准图会提交相关区议会进行意见征询,然后再将意见反馈给规划小组委员会进行考虑。图则草图或核准图有两个月公示时间,市民可在此期间对其提出意见。城市规划委员会会对反对意见作出初步考虑,并决定是否组织聆讯反对委员会对反对意见进行专责处理。城市规划委员会在完成反对意见考虑的程序后,会将新草图和核准图同反对意见一并递交特区行政长官会同行政会议审批,批准后的图则向公众开放,供市民查阅。法定图则的编制程序如图 5-14 所示。

2. 政府内部图则

政府内部图则包括发展大纲图和详细蓝图,属于非法定规划。发展大纲图以相关的次区域发展战略与分区计划大纲图为基础进行编制,目的是更详细地表现各个地区的规划设计,并为公共机构进行发展工程、政府批出个别地区的不同用途的土地提供依据。详细蓝图主要用作发展工程施工时的参考图则,其内容主要包括道路红线及宽度、建筑物地块面积及位置等。详细蓝图分为两种:一种是小区规划蓝图,是城市区域的蓝图;另一种是乡村屋宇的蓝图。

以香港安达臣道石矿场为例,安达臣道石矿场位于东九龙,占地共约 86hm^2,是香港市区目前唯一仍在营运的石矿场。该石矿场即将停运,并于 2016 年完成修复工作,届时会平整出约 40hm^2 的土地,作发展之用。在经过初步的可行性评估和社区咨询阶段后,研究拟定出最终的建议发展大纲。建议发展大纲有四项主要的土地用途建议,即住宅社区、石矿公园、岩壁及文娱核心区,其主要的规划措施如下:

(1) 考虑到不同土地用途的要求、技术限制及城市设计因素,规划人口定位 25000。

(2) 私人与资助房屋的比例为 8∶2,使秀茂坪区的房屋组合更为均衡。

(3) 私人及资助房屋的容积率分别为 3.0~5.5 及 6.3,务求能在增加房屋供应量,满足全港需求的同时,又能维持较低的发展密度,以回应区内居民的诉求,并在两者中取得平衡。

(4) 建设面积广大的石矿公园,作为绿化的焦点;并发展低矮的文娱核心区,作为社区焦点。

(5) 北面及南面两个社区主要作住宅发展,并设有政府、机构及社区设施作配套,同时将区内的休憩用地接合成绿化网络。

(6) 建筑物高度设计须顾及山脊线和拟议的石矿公园,并须保存现有的观景廊和凸显邻里特色。

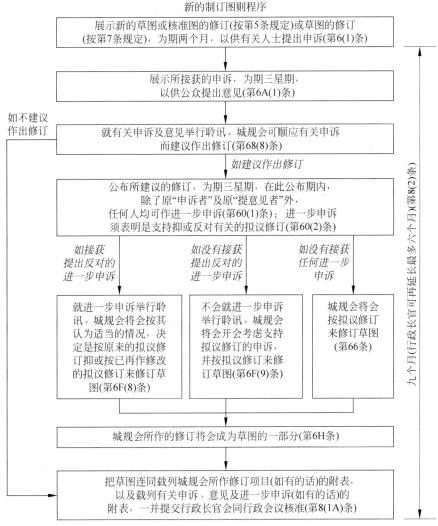

图 5-14 法定图则的编制程序

资料来源:香港规划署.

香港安达臣道石矿场建议发展大纲图的主要规划参数一览表见表 5-4,安达臣道石矿场土地利用规划图如图 5-15 所示。

表 5-4 安达臣道石矿场建议发展大纲图的主要规划参数一览表

	资助房屋	私人房屋	总 数
规划人口	5000	20000	25000
住宅用地数目	1	10	11
私人与资助房屋的比例		4:1	

续表

	资助房屋	私人房屋	总　　数
容积率(地积比率)	6.3	3.0～5.5	—
最高建筑物高度	主水平基准上290m	主水平基准上225～290m	—
单位数目	1880	7530	9410
石矿公园面积	约17hm²		

资料来源：《规划署2014年年报》，香港规划署．

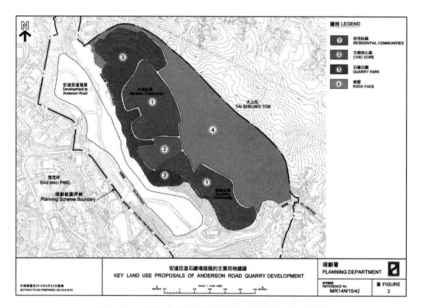

图5-15　香港安达臣道石矿场土地利用规划图

资料来源：九龙规划区第414区（部分）观塘（北部）分区计划大纲核准图，编号5S/K14N/15，城市规划委员会法定规划综合网站．

香港安达臣道石矿场建议发展大纲图如图5-16所示。

从上述案例可以发现，发展大纲图主要通过确定用地性质与面积、规定地块容积率和建筑限高等方式进行土地开发利用的控制。其中容积率的划定可以是上限值，也可以是范围值；建筑限高则以主水平高度为基准进行提升，同样也规定上限值或者范围值。

三、香港土地开发控制的主要内容与手段

作为土地资源紧缺的特大城市，香港有着成熟的土地利用开发控制体系，来确保土地开发的合理与高效。

(一) 开发控制的依据

香港土地利用开发控制的依据有两个层面：法律条例和城市规划。与土地利用开发控制相关的法定条例包括《城市规划条例》《建筑物管理条例》《土地征用(管有业权)条例》《房

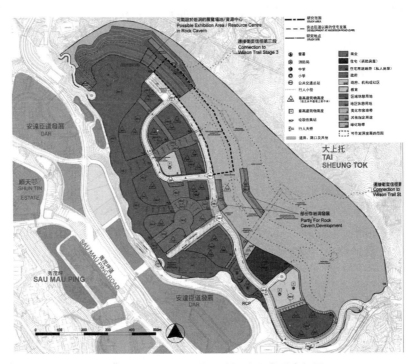

图 5-16　香港安达臣道石矿场建议发展大纲图

资料来源：《规划署 2014 年年报》，香港规划署.

屋条例》等。法定条例对土地开发利用活动作出了法律上的界定，并且为其提供法律保障。直接影响土地利用开发控制的城市规划有法定图则和政府内部图则，它们对地块的性质、开发控制的要求作出了明确的规定，从操作层面影响土地利用，其中法定图则具有法律效力。此外，全港发展规划和次区域发展规划通过制定未来的发展战略和管理措施来间接地影响开发控制活动。

（二）土地批租

香港的土地归政府所有，其中土地持有权有两类：①终身保有权，此类持有权全港地区仅有一例，即位于港岛花园道的圣约翰大教堂；②租借保用权，香港政府将土地在一定年限内租赁给企业或者个人，期满业主要将土地归还给政府。土地的批租方式包括拍卖、私人协约、招标、增批或换地，通常由政府主导。

如果一块土地需要批租，会由屋宇地政署与业主签订土地合约，合约会根据城市规划委员会批准的规划要求明确规定该地块的发展控制要求，包括区位、地块面积、用地性质、容积率、建筑密度、汽车停泊位数量、建筑高度、租赁期限等。此外，还有一项"建筑规约"，该规约规定承租人在合约规定的某一期限内需要完成一定的建筑面积。如未按要求完成，业主会被罚款或者没收地块。土地批租的合约是政府进行土地开发利用控制的主要工具，如果承租人想更改合约，需要获得屋宇地政署的许可。

香港的土地租金包括两个部分：地价和年租。地价在是确认交易后 30 日内支付的一笔总费用。年租是自土地批出日起，每年应缴付的相当于当时物业价值3%的费用。倘若租约条件发生改变，承租人需缴纳新的地价（田莉，2004b）。租约期满后，香港政府会根据不同的租约类型进行不同的处理。当租约可更新时，承租人可延长租约，在费用上只需缴纳新的年租即可，无需再支付地价。当租约不可更新时，承租人可以在租约到期前20年向政府提出延期申请。如果地区性图则中该地块不为公共用途的用地，则政府可以接受业主的申请，重新签订租赁合约并更换出让条件和土地租金。如果该地块在规划中为公共用地性质，政府会拒绝业主的延期申请，并对业主在该地块中投入的基础设施建设费用予以补偿。

(三) 规划申请和许可

法定图则的注释中，第一栏列明各土地用途地带内经常准许的用途或发展，第二栏列明必须先取得城市规划的许可方可进行的用途或发展。若拟议用途或发展属于注释中的第二栏用途或者注释内规定须取得城市规划许可者，应先向城市规划委员会申请获得规划许可证。

申请人在提出规划申请之前，可以向规划署的地区规划处征询意见，若有需要，规划署可在申请人提出申请前安排会面，并可邀请有关的政府部门参与。城市规划委员会会颁布针对各类规划许可申请的规划指引文件，列明城市规划委员会在考虑某类规划申请时通常纳入考虑的因素。申请人在拟备申请方案时，可以参考这些指引文件。如果申请涉及可能会对环境、排水、交通、基础设施、景观和地形等造成影响的个别用途或发展，申请人或须就拟议用途或发展的影响进行技术评估。

城市规划委员会（后用城规会代指）秘书在收到申请后，会向申请人发出认收通知书，通知申请人城市规划委员会考虑申请的暂定会议日期。城规会秘书处会查核申请人递交的文件，而城规会可要求申请人以法定声明或其他方式，核证申请所列明或包括的任何事项和详情。在核查申请人递交的文件时，如发现申请人未有提供所需的资料或足够的文件副本，可以拒绝处理该申请。在规划申请被城规会考虑之前，会向公众公示，公示时间截止到申请获批为止。申请人在提出申请后，可以在城规会考虑其申请前，随时以书面方式通知城规会秘书撤回申请。此外，申请人还可通过书面方式向城规会要求延期对申请进行决定。

城规会的申请决议包括无附带条件的许可、有附带条件的许可、拒绝许可三类。申请人如果不满城规会的决议，可以在获得通知21天内，以书面方式向城规会申请进行复核。城规会在收到复核申请后便会作出公布，以便公众查阅。直至城规会考虑该复核申请为止，任何人均可在复核申请公布期后的三周内就该复核申请提出意见。按照《城市规划条例》的规定，城规会需要在收到复核申请后三个月内对其作出决议。

(四) 开发控制中的强制执行体系

《城市规划条例》规定任何位于发展审批地区图或取代发展审批地区图的分区计划大纲图涵盖范围内的土地，都需受法定规划管制及条例的执行管制条文管理。但是仍然会有一些开发建设活动不遵循法定图则的相关规定。这些违例发展可能会破坏环境、造成交通问题或者安全问题等。因此,需要强制执行手段来禁止违例发展活动。香港的强制执行手段包括发放强制执行通知书、停止发展通知书、恢复原状通知书和要求提供资料通知书。倘若开发者不遵从强制执行通知书、停止发展通知书或恢复原状通知书的规定办理,即属于犯罪。政府可以对首次定罪人员处以最高 50 万元的罚款,而在通知书指明期限过后未有遵从规定的期间,每一天可以另处罚款 5 万元。倘若业主第二次或其后每次定罪,可处罚款最高 100 万元,每日另处罚款 10 万元。倘若没有遵从要求提供资料的通知书的规定提供资料,或提供虚假资料或明知而遗漏某些资料,即属犯罪,可被处罚款最高 10 万元。

(五) 土地利用规划与开发中的公众参与

《香港基本法》为公众参与提供了法律保障,使得公共参与成为政策制定的途径之一,渗透在土地利用开发控制的各个方面。在法定图则的编制过程中,对所建议的修订意见会有三星期的公布期,在此期间内,除了原申诉者及原提意见者外,任何人均可做进一步的申诉,而最终的申诉结果会直接影响城市规划委员对图则修订的结果。在规划申请阶段,城市规划委员会会将规划申请向公众展示,听取公众意见,而在发布规划许可后,倘若申请者申请复核规划决议,该复核申请方案也会向公众公布,方便公众查阅。

第四节 新加坡土地利用规划与开发控制体系

一、背景概述

(一) 历史概况

1842 年新加坡成为英国的殖民地,直至 1965 年独立之前,新加坡的土地利用与城市规划明显受到英国的影响。在 1856 年,受英国公共卫生法的影响,殖民政府要求新加坡的任何建设活动均需要报告市政当局。1887—1913 年,殖民政府先后颁布了三次市政条例(municipal ordinance),制定了有关公共卫生的建筑法规。法规对建筑高度、通风采光、街道宽度等作出了相关规定,从而对建筑环境进行控制。

19 世纪末 20 世纪初,由于移民的大量涌入,新加坡的住房条件变得十分紧张。为了避免过度拥挤,改善城市卫生条件,殖民政府在 1927 年颁布了《新加坡改善条例》(*Singapore Improvement Ordinance*),该法令规定成立新加坡改良信托委员会(Singapore Improvement Trust)来负责编制总体改善规划和局部地区改善规划,以改善日益严重的住房问题。在"二战"前,由于改良信托委员会的权力局限和资金不足,大部分地区的住房和环境问题没有得到改善。"二战"时的新加坡遭受了严重创伤,大量建筑遭到破坏,原来的改善规划难以适应新的局面,因此迫切需要新的规划来指引未来的发展。

"二战"后的新加坡规划在一定程度上受到英国的影响。1951 年,英国殖民政府修改了《新加坡改善条例》,授权改良信托委员会进行人口、交通、产业和建筑方面的调查,并且以此为基础编制总体规划(Master Plan)。1958 年,第一个法定的总体规划由议会通过(林兰源,韩笋生,1998),这一规划对用地区位、建筑密度、容积率等作出了规定,并为公共事业预留了土地。在 1959 年,当局政府颁布了新加坡的第一部《规划法令》(The Planning Ordinance),成为新加坡现代城市规划体系的开端。

在建国初期,新加坡面临诸多城市问题,例如市中心过于拥堵、住房资源紧缺、高失业率、基础设施缺乏等。因此,当时的政府方针与规划主要针对国家生存问题,着重于市区重建、基础设施建设、工业发展以及大规模的公共住房计划(黄继英,黄琪芸,2009)。1971 年,新加坡政府引入了"概念规划"的概念,希望通过这种长期的、综合性的发展规划为今后的具体发展作出战略指引。如果说 20 世纪 70 年代新加坡规划的中心是解决城市问题以及建设现代城市,那么 80 年代的中心则转向了城市形象的塑造(毛大庆,2006)。1980 年,新加坡政府将一些地区定义为"高尚花园住宅区",以便保护这些地区的特色风貌。新加坡国家发展部于 1987 年成立战略规划司,对 1971 年的概念规划进行大幅修订,以适应新的国际环境。

(二) 法律体系

1. 规划法令

新加坡土地利用与规划管理的法律体系的核心是 1959 年颁布的《规划法令》以及随后的各项修正法令。1959 年殖民政府颁布的《规划法令》规定,由规划局(Planning Department)取代改良信托委员会履行城市规划管理的职能。该法令规定由规划局每隔五年修编一次总体规划,并且可以随时进行必要的修改。此外,该法令还授权规划部门对所有的开发活动进行控制(唐子来,2000)。开发商在对土地进行开发利用前需要获得规划部门的许可,以便落实总体规划的相关要求。1964 年的《规划法令》修正文件增加了规划许可的年限和开发费用的要求,进一步保证了土地开发利用的可操作性。1989 年政府颁布了两项《规划法令》修正文件。第一份文件规定将规划局并入城市重建局(Urban Redevelopment Authority),由城市重建局履行规划职能。第二份《规划法令》修正文件则调整了开发费用的计算方法。这两项法令修正文件均被纳入 1990 年的《规划法》中。

目前新加坡的《规划法》自 1990 年制定,主要包括四个方面的内容:①相关概念与规划机构设置;②总体规划修编与报批程序的相关要求;③土地利用开发控制的相关规定;④开发费用的核算和征收。

2. 从属法规

从属法规是《规划法》中各项内容的实施细则,通常由国家发展部编制,从属法规包括以下几部。

(1)《总体规划条例》(The Master Plan Rules)

《总体规划条例》于 1962 年颁布,规定了总体规划的编制内容、成果和报批程序。该条例规定,由规划部门公布总体规划方案或修改建议,并且该规划的内容要方便公众查阅,并且能及时获取反馈意见。

(2)《开发申请的规划条例》(The Planning Development Rules)

《开发申请的规划条例》于 1981 年颁布,规定了开发申请的相关要求与规划上诉的相关规定。该条例规定开发申请的材料中需包括地块的开发强度指标,如容积率、建筑密度等,并且由规划主管部门负责存档。

(3)《土地用途分类规划条例》(The Planning Use Classes Rules)

《土地用途分类规划条例》于1981年颁布,该条例将现有土地与建构筑物按用途分为六大类:商店或食品店用途、轻型工业用途、办公用途、仓库用途、一般工业用途和宗教用途。如果建筑物的新用途与原有用途所属类别相同,则由此造成的用途变更不构成开发。

(4)《开发授权规划通告》(The Planning Development of Land Authorization)

《开发授权规划通告》于1963年颁布,规定了免予规划许可的特定开发活动的类型,这些无需申请规划许可的开发活动通常是政府部门为了执行法定职能而进行的建设活动(唐子来,2000)。例如1987年,国家发展部授权新加坡港务局在其用地范围内,进行与法定职能(如航运和装卸)有关的开发活动,而这些开发活动则不需要规划申请。

(5)《开发费规划条例》(The Planning Development Charge Rules)

《开发费规划条例》于1989年颁布,规定了开发费的核算和征收的细则,以及申诉的程序。

(三) 行政体系

内阁是负责新加坡所有政府政策和事务的国家机关。新加坡的内阁包括总理公署部和15个下属部门,各部门设局、属等行政机构。土地利用与规划管理的主管部门是国家发展部,其他部门也会与规划相关。

1. 国家发展部

国家发展部主管空间形态发展与规划,下设城市重建局、建筑业发展局、古迹保留局、建屋发展局等法定机构和公共工程局、公园暨康乐署等行政机构(艾伯亭,邹哲,2008)。经由《规划法》的授权,由国家发展部制定《规划法》的实施细则、审批总体规划、任命规划机构的主管官员以及受理规划上诉。此外,国家发展部还可直接审批开发申请。地区政府与其他部门不具有规划的职能。

2. 城市重建局

城市重建局于1989年11月成立,是主要负责发展规划、开发管理、历史遗迹保护和旧区改造的行政机构。城市重建局按照职能分工设立五个署,分别是城市规划署、发展管制署、土地行政署、企业发展署、保留与城市设计署。各个署负责日常的行政与技术工作,此外,城市重建局还有一名总规划师,负责全局的行政目标和处理重大违例情况,是重建局的最高行政主管。

3. 委员会

城市重建局下设两个委员会,分别是总体规划委员会和开发控制委员会。此外,在编制概念规划时,国家发展部会成立概念工作规划委员会。

总体规划委员会的成立,旨在协调与规划相关的各个部门与法定机构的用地需求和公共建设计划。在职能构成上,总体规划委员会的主席由市区重建局的总规划师兼任,成员则由国家发展部的部长任命,包括主要公共建设部门的代表。

为了协调非公共部门的开发项目,重建局成立了开发控制委员会。开发控制委员会的成员由专业组织(新加坡的建筑师协会和规划师协会)与公共部门(如陆路交通管理局、环境部、公共事业局等)的代表组成,每隔两周召开例会。开发控制委员会有权修改市区重建局提出的开发建议,并且可以参与制定或修改与私人部门的开发活动相关的规划标准和政策规定。概念规划委员会负责编制与审定概念规划,下设交通、居住、商业、环境、工业等共40多个政府部门与法定机构。

4. 其他相关的政府机构

新加坡内阁中有诸多与城市规划关系密切的部门,如国家发展部、贸易与工业部、律政部、环境发展部、交通部等。法定机构中,与城市规划关系密切的部门更多,如陆路交通管理局(由交通部管理的法定机构,负责公共道路的规划建设)和裕廊镇管理局(由贸易与工业部管理的法定机构,负责工业园区的规划建设与管理)。这些相关政府机构与各个委员会关系密切,通过委员会来协调落实各个部门的发展需求。

二、新加坡的土地利用规划层次

作为一个城市国家,新加坡的规划编制只在城市中进行,无国家层面的区域规划。新加坡的规划编制分为两个层次:战略性的概念规划和实施性的开发指导规划。开发指导规划的成果最终纳入总体规划。

(一) 概念规划(Concept Plan)

概念规划是指导新加坡未来40~50年发展的终极规划,侧重于对未来城市发展作出综合性、长期性、战略性的发展目标与方针。概念规划的内容主要体现在土地利用、形态结构和交通等基础设施的发展策略上,这些均为实施性的规划提供依据。概念规划图是示意性的,不能指导具体的开发活动,因此不是法定规划。

概念规划通常每10年修编一次,由国家发展部组织的概念规划委员会进行协调。最早的概念规划开始于1971年,其目的在于满足新加坡的基础设施需求。因此它对新加坡未来发展的新市政、交通设施、公园以及娱乐空间等作出了综合部署。在1991年与2001年分别对之前的概念规划进行修订,以确保其能够满足需要以及足以应对未来的挑战。

最新的概念规划编制于2011年,其规划目标为:确保人口和经济的持续增长,建设具有高品质生活环境的国家,如图5-17所示(详见书后彩图)。规划中确保高品质生活环境的政策包括:

(1) 提供高质量、可支付的住房,住房配套有完善的生活设施;
(2) 绿化居住空间;
(3) 加强交通联系,提供更大的机动性;
(4) 增加就业率,保持经济水平的活跃度;
(5) 确保在未来仍具有良好的增长空间和居住环境。

(二) 开发指导规划(Development Guide Plan)和总体规划(Master Plan)

总体规划是新加坡的法定规划,对新加坡未来10~15年的发展起到指引作用。总体规

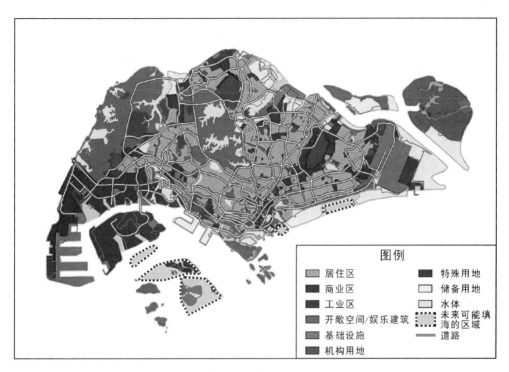

图 5-17 新加坡的概念规划（2011 年）（书后有彩图）
资料来源：Concept Plan 2011 and MND's Land Use Plan，新加坡城市重建局.

划由城市重建局组织编制，五年修编一次，目的是将概念规划中制定的长期政策转变为详细的措施，指导土地利用。总体规划在平衡用地需求中起到关键的作用，其内容主要是：确定用地区划、开发强度、基础设施和预留用地等。

20 世纪 80 年代以来，总体规划渐渐被开发指导规划所取代。与总体规划相比，开发指导规划更具有针对性，它能将概念规划中的战略目标在地方与区域层面中更为详细地体现出来。开发指导规划以土地利用与交通规划为核心，以概念规划的方针和政策为指导，根据各个分区的特色制定土地用途、交通组织、步行和开敞空间体系、环境改善、旧区改造和历史保护等方面的开发控制细则。开发指导规划具有法定规划性质，编制、审批程序与总体规划相同，城市重建局在编制中起到全面协调的作用，但有些地区的开发指导规划由规划事务所承担（唐子来，2000）。

以新加坡北区（North Region）的万礼（Mandai）城市规划区为例，政府对万礼的土地管理措施如下：

（1）根据 2014 总体规划的要求，政府对每个地块设定了一个基本地积比率（the base plot ratio），作为地块开发强度的上限（见图 5-18）。

（2）对于某些用地，总体规划中对其用地性质与基本地积比率不作要求，这些地块称作白色地段（white site），用于应对因未来城市发展的不确定性而带来的土地利用的不确定

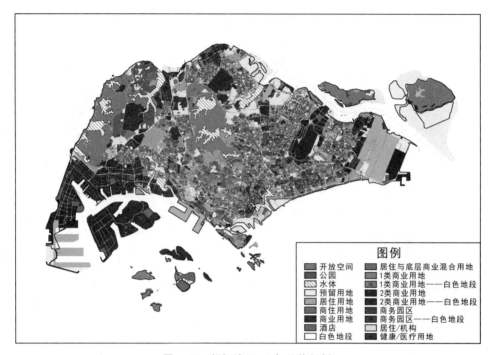

图 5-18 新加坡 2014 年总体规划

资料来源：Master Plan 2014，新加坡城市重建局.

性，提高城市建设的灵活性。

（3）除去总体规划中确定的用地性质之外，有关职能部门还可以此为基础确定辅助或者相关的地块用途。

（4）当现有的地块用途与区划不一致时，有关职能部门在以下情况下可以不用考虑区划的要求：

① 在现有用途的基础上改为可兼容的用途；

② 在现有用途的基础上对建筑物进行增加、修缮和改造。

（5）有关职能部门可以在基本地积比率的基础上适当提升地块的地积比率（plot ratio），具体内容见表 5-5。

表 5-5　基于基本地积比率的地积比率增加幅度一览表

有"+"号的市中心、博物馆和果园规划区		
种类	标准	基于基本地积比率的增加幅度/％
1	捷运站（MRT）半径	
1.1	少于 50％的用地在划定边界内	5
1.2	大于 50％的用地在划定边界内	10
2	土地面积/m^2	
2.1	在市中区规划范围内	

续表

种类	标准	基于基本地积比率的增加幅度/%
有"+"号的市中心、博物馆和果园规划区		
(i)	3000～5500	5
(ii)	5501～8000	10
(iii)	8001 以上	15
2.2	在博物馆和果园规划区范围内	
(i)	10000～15000	5
(ii)	15001～20000	10
(iii)	20001 以上	15

(6) 如果地块的设计地积比率超过基本地积比率，那么其增加的幅度要按照基本地积比率计算，不能按照设计地积比率计算。

(7) 经过上级批准后，有关职能部门可以自行制定管辖区域内的规划准则和激励机制，允许地积比率超过最大允许范围，但实际的开发强度要根据最大的允许开发强度和规划准则及激励机制中允许的增加幅度来确定。

万礼（Mandai）城市规划区总体规划平面图如图 5-19 所示（详见书后彩图）。

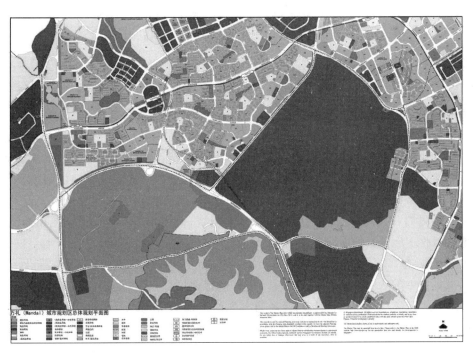

图 5-19　万礼（Mandai）城市规划区总体规划平面图（书后有彩图）

资料来源：Master Plan 2014，新加坡城市重建局.

三、新加坡的土地开发控制的主要内容与手段

在新加坡,开发活动既包括建造、工程与裁决定制的开发,也包括土地与建构筑物的用途变更,这与英国开发活动的法律界定相同。

(一) 强制征收制度

新加坡的土地十分匮乏,政府对土地的掌控有助于土地资源集中、规范和高效利用。除了填海造地外,政府还通过强制手段把大量土地收为国有。新加坡的《土地征用法》规定,凡为公共目的所需的土地,如建设道路、地铁系统、学校、医院、公园及政府租屋等,政府均可以强制征用。政府在征用土地时,秉承"合理估价,合理补贴"的原则,对土地原始的未开发的状态进行估价,并按此价格向土地所有者收购土地。若土地所有人对估价结果不满意,可以向估价上诉局申诉。估价上诉局接到上诉后,成立三人组成的委员会对该土地进行重新估价,此次估价为最终决议价。

(二) 土地出让方式

新加坡的国有土地占近90%的国土面积,其中,大约1/3的土地由法定机构因为购买而拥有;2/3的土地由国家政府所有,由新加坡土地管理局代为管理。土地管理局负责制定和执行土地政策,处理土地征用、租约、地契等管理事项。新加坡国有土地的出让方式以划拨和公开招标为主,以直接出售与闭门招标为辅。

1. 划拨

各政府部门用地与公共设施用地由土地管理局无偿提供,这种方式就是划拨。划拨从本质上来看是政府部门之间土地使用权属的转移。

2. 公开招标、拍卖

私有公司和个人向政府购买土地多采用公开招标和拍卖的方式获得。招标、拍卖过程由新加坡土地管理局全权负责,它必须保证该过程符合法律规定。国家发展部下属的城市重建局和建屋发展局负责商业土地和住宅用地的批租出售。裕廊镇管理局则主要负责工业用地的批租出售。中标人获得的是土地的使用权,所有权仍然归国家所有。此外,中标人在使用期限内,可以将土地自由转让、买卖与租赁,使用年限不变。土地使用期满后,政府将无偿回收土地及其地上附着物。

3. 直接出售

国家机构中的大型建设用地单位,如裕廊镇管理局、建屋发展局、城市重建局等,通常采用有偿方式直接获得新加坡土地管理局出售的土地。这些大型建设用地单位获得土地后,可制定合约条款将土地批租给私有公司和个人。

4. 闭门招标

闭门招标是针对剩余土地采用的一种特殊招标方式。剩余土地指细碎、狭长或形状不规则的用地。剩余土地由于受到形状和面积等的制约,难以独立开发,只能与毗邻土地共同开发。如果剩余土地只毗邻一处地产,该毗邻地产的开发者若有意愿,可以直接向土地

管理局申请购买。若剩余土地毗邻多个地块,而各毗邻地块的开发者均有意购买此剩余地块,则业主均参与闭门招标,竞价高者最终拥有购买权。

(三) 规划申请、许可和上诉

在进行土地开发之前,开发商需要向国家发展部申请规划许可。但是,两种情况下可以不用申请规划许可:一种情况是开发活动符合国家发展部制定的开发授权通告的相关规定,这些开发活动通常是政府部门为了履行法定职能而进行的建设活动(唐子来,2000);另一种情况则是豁免权的开发活动,例如 1964 年新加坡的外岛被列入开发控制的豁免范围,其中的开发建设活动均不需进行规划申请。

国家发展部会根据发展指导规划或总体规划的相关规定对规划申请进行审核。但是,符合发展指导规划或总体规划的要求并不意味着一定会获得规划许可。因为开发控制的相关部门会根据各个规划分区的具体情况附加额外的规划要求。如果对审批结果不满,可以向国家发展部部长申诉,由部长作出最终裁决。

(四) 土地利用规划与开发中的公众参与

公众参与在新加坡土地开发与控制中起到了十分重要的作用。在新加坡,编制战略规划与开发指导规划均需要通过公众评议环节之后方可生效。公众参与的方式也有很多,其中最主要的是通过基层组织来与政府部门进行沟通。新加坡的基层组织包括公民咨询委员会、人民协会、社区发展理事会和居民委员会四种。以公民咨询委员会为例,新加坡的 29 个选区均会设置公民咨询委员会,每个委员会的代表均由民众选举产生,为了保证其任职期间的选民拥护度与续职的可能性,原则上都会尽可能地实现本区的民众意愿。公民咨询委员会的另外一项职能是从民众中选取有较强组织和协调能力的杰出"精英"代表,参与政府决策活动,其中业绩获得群众认可的代表,在保留其原职的同时,还会有机会进入国家机构任职。

新加坡的政府希望公众参与到土地利用规划当中,为此,制定了一系列的保障和激励措施。新加坡通过法律明确规定了公众意见的采纳与反馈机制,对于基层组织提交的公众意见,会被第一时间投递到政府职能部门,由国家发展部部长综合考虑。无论意见采纳与否,均会给予正式书面答复。被采纳的意见会进一步向公众征求资料和证据,而未被采纳的意见也需要阐述相关的理由和依据。这样会极大地调动市民参与土地利用规划的积极性。在政府的保障与激励措施之下,越来越多的市民愿意主动参加到土地开发与利用的各个环节中,成为城市开发建设"真正的主人"。

基于上述四个国家/地区的土地利用规划与开发控制体系,可以发现其各具特色,对我国土地利用与开发控制的实践有着积极的借鉴意义,归纳如下。

1. 实现土地开发控制的确定性与灵活性的统一

基于总体规划和分区规划编制的控制性详细规划是我国开发控制的主要依据,但是控制性详细规划中的法定图则,却一直饱受"刚性"与"弹性"的争论。例如用地性质、容积率、配套设施等"刚性"指标,与经济利益紧密相关,必须给予硬性规定。但是在实际操作中,大量法定图则的修改申请都涉及这些"刚性"指标的调整,这意味着"刚性"语境的失效。而由于在市场经济下,城市发展面临不确定性明显增加,规划师对市场经济的认识不足,从而使得规划的"弹性"即应对未来变化的灵活性存在缺陷。

虽然发达国家/地区的开发控制体系也存在确定性与灵活性的矛盾,但是却极少出现为了某些集团的利益随意更改规划的现象。因为在这些国家/地区中,规划程序始终保持透明。通过法律的保障,使得在规划编制过程中,整个社会都能参与和监督规划的进程,从而保障了土地开发控制的确定性与灵活性的统一。因此,在我国的开发控制中,完善法律法规,促进规划编制和实施过程中的多方参与和公众监督十分重要。

2. 强化公众参与在土地利用与开发控制中的作用

我国的公众参与始终停留在理论提倡的阶段,缺乏公众参与的制度与途径。在发达国家/地区,公众参与经过多年发展,已经形成了完善的组织网络。例如,美国把公众参与的"适当的程序"直接写入了区划法,英国的法律与政策也明确要求地方发展规划框架编制阶段公众参与的渠道与方式。通过借鉴发达国家/地区的公众参与的组织经验,我们可以通过以下路径落实公众参与的制度与途径:

(1) 开放土地利用规划信息,推行政务公开;
(2) 通过法律法规或者地方发展政策,为公众参与的形式、步骤和内容提供制度保障;
(3) 对公众提供相关的培训与指导,提高公众参与土地利用规划的积极性。

参 考 文 献

ARNSTEIN S R, 1969. A ladder of citizen participation [J]. Journal of the American Institute of Planners, 35(4): 215-224.

CULLINGWORTH J B, NADIN V, 1997. Town and country planning in the UK [M]. New York: Routledge.

MORPHET J, 2008. Town and country planning in the UK [J]. Town Planning Review, (4): 474-475.

WAKEFORD R, 1990. American development control: parallels and paradoxes from and english perspective [M]. London: HMSO.

艾伯亭,邹哲,2008.新加坡城市规划体系及其经验借鉴[J].城市,(4):45-48.

巴里·卡林沃思,文森特·纳丁,陈闽齐,等,2011.英国城乡规划[M].4版.南京:东南大学出版社.

顾翠红,魏清泉,2006.英国"地方发展框架"的监测机制及其借鉴意义[J].国外城市规划,21(3):15-20.

郝娟,1994.英国城市规划法规体系[J].城市规划学刊,(4):59-63.

郝娟,1995.英国开发控制中的强制执行体系[J].国外城市规划,(2):12-16.

侯丽,栾峰,2000.香港的城市规划体系[J].城市规划,24(5):47-50.

黄继英,黄琪芸,2009.新加坡城市规划体系与特点[J].城市交通,(6):45-49.

邹艳丽,田莉,2013.城市总体规划原理[M].北京:中国人民大学出版社.

林兰源,韩笋生,1998.新加坡的土地利用规划[J].国外城市规划,(1):17-21.

刘红梅,夏珊珊,王克强,2008.香港土地法律体系研究[J].中国土地科学,(9):60-64.

毛大庆,2006.新加坡城市规划纵览[J].环境保护,(11):78-80.

宋家明,2002.香港的城市规划体系与制度(上)[J].北京规划建设,(6):39-42.
宋家明,2003.香港的城市规划体系与制度(下)[J].北京规划建设,(1):59-62.
孙施文,1999.美国的城市规划体系[J].城市规划(7):44-47.
孙施文,2005.英国城市规划近年来的发展动态[J].国外城市规划,(6):11-15.
唐子来,1999.英国的城市规划体系[J].城市规划,(8):38-42.
唐子来,2000.新加坡的城市规划体系[J].城市规划,(1):42-45.
田莉,2004a.美国区划的尴尬[J].城市规划汇刊,(4):58-60,96.
田莉,2004b.土地有偿使用改革与中国的城市发展——来自香港特别行政区公共土地批租制度的启示[J].中国土地科学,18(6):40-45.
肖莹光,赵民,2005.英国城市规划许可制度及其借鉴[J].国外城市规划,(4):49-51.
杨军,2005.美国五个城市现行区划法规内容的比较研究[J].规划师,21(9):14-18.
叶国洪,1997.香港城市规划历史的回顾[J].北京规划建设,(3):11-14.
于立,1995.英国发展规划体系及其特点[J].国外城市规划,(1):27-33.
于立,2011.控制型规划和指导型规划及未来规划体系的发展趋势——以荷兰与英国为例[J].国际城市规划,(5):55-65.
于立,杨睿,2012.英国开发控制系统的分析与其特征[J].城市发展研究,(5):95-99,110.
张杰,2015.英国 2004 年体系下发展规划实证研究——以英格兰地区为例[J].国际城市规划,(1):85-94.
张庭伟,1996.从美国城市规划的变革看中国城市规划的改革[J].城市规划学刊,(3):1-7.

思 考 题

1. 在上述几个国家/地区中,土地利用规划体系中的管理工具有何共性与差异?
2. 思考在我国规划转型的背景下,如何提高居民在参与国土空间规划等的积极性?

第六章 国土空间规划体系

第一节 "多规合一"的国土空间规划改革

当前我国已经初步建立起"多规合一"的国土空间规划体系,然而原有多个规划之间的深度有机融合依然是国土空间规划改革进程中的难点问题。作为国土空间规划的前身,主体功能区划、土地利用规划、城乡规划等"空间型"规划是管理我国国土空间利用的主要政策工具,了解这些规划的核心内容、主要特点、多规合一的进程有助于深入理解当前国土空间规划体系的设置逻辑与改革方向,正所谓知其然,更要知其所以然。

一、我国主要的空间型规划

(一)主要的空间型规划及其特点

新中国成立以来,我国逐步发展起多种与空间资源利用和管控相关的"空间型"规划,各类"空间型"规划在保护耕地、支撑城镇化建设、保育生态空间、促进国土空间合理利用等方面发挥了积极作用,逐步成为国家空间治理体系中不可或缺的关键政策工具。我国主要的空间型规划包括主体功能区规划、土地利用总体规划、城乡规划、生态功能区划等。这些规划诞生于不同的历史时期,由不同职能部门主导编制,规划目标和内容各有侧重,规划技术方法和标准各有特色,它们与各自部门的管理职能相匹配,成为部门空间规划和管控的重要途径(见表6-1)。

表 6-1 我国部分空间规划的核心内容

类别	规划层级		规划内容		
城乡规划	五级规划	全国、省域—城市—镇—乡—村庄	城市规划三个层次	城镇体系规划	三区划分,一战略、三结构、一网络
				中心城区规划	性质、规模、结构、布局、三区四线等
				详细规划	以控规为例,用地性质、强度控制、设施安排、四线管控等
土地利用总体规划	五级规划	全国—省级—地(市)级—县级—乡镇	计划调控	指标管理	耕地保有及占补、基本农田、建设用地(城乡建设用地、新增建设用地等)
				用途管制	基本农田、城乡建设用地等分区
				建设用地空间管制	三界四区
主体功能区规划	两级规划	全国—省级	四类分区	四类主体功能区	政策区划下的国土开发强度控制、七类配套政策引控
生态功能区划	两级规划	全国—省级	三级区划	三级功能区划	生态调节、产品提供与人居保障三类一级分区及其他两级分区

资料来源:林坚,许超诣,2014.土地发展权、空间管制与规划协同[J].城市规划,38(1):26-34.

主体功能区规划是由国家发展和改革委员会系统主导编制的两级空间型规划,主要内容是根据不同区域的资源环境承载能力、现有开发强度和发展潜力,统筹谋划人口分布、经济布局、国土利用和城镇化格局,将国土空间划分为优化开发、重点开发、限制开发和禁止开发四类主体功能区,明确不同主体功能区的定位、开发方向、管制原则、区域政策等。主体功能区规划分为国家和省级两级,均以县级行政区作为规划基本单元,省级层面主体功能区规划在功能区划分上要与国家层面保证数量、位置和范围的一致性。主体功能区规划的核心是四类主体功能区的划分,并根据不同分区设置七类配套政策进行引导和管控,具有战略性、基础性和约束性的特点,为国民经济和社会发展总体规划、区域规划、城市规划、土地利用规划等在空间开发和布局上提供基本依据,在党和国家的年度工作报告和政策文件中频繁出现,在众多空间型规划中的地位极高。

土地利用总体规划是由自然资源行政主管部门(原国土资源行政主管部门)主导编制的五级空间型规划,以土地管理法为依据,是指导土地管理和实施土地计划管控的纲领性文件。其核心内容体现为指标管控和用途管制。在对土地利用现状分析和土地供需预测的基础上,提出规划时间段内的规划目标和任务,制定未来土地利用的调控指标,并将指标分解下派到下一层级规划,确定土地利用规模与结构调整方案,通过差别化政策实现土地用途管制,确定土地利用格局。土地利用总体规划分为全国、省级、市级、县级和乡镇级五个层次,与我国五级政府行政管理体制相吻合。全国和省级层面土地利用总体规划属于战略型规划,重点是确定土地利用策略和核心规划指标,乡镇级规划是实施型规划,是真正落实到地块的规划,市、县级土地利用总体规划属于战略型和实施型规划层次之间的过渡型规划,重点是落实宏观土地利用战略、优化土地功能分区和空间管制。总体而言,土地利用总体规划的特点是整体性、战略性、控制性和长期性,侧重于刚性用地指标的管控和划分土地用途分区,对土地利用进行宏观上的战略部署。

城乡规划是住房和城乡建设行政主管部门主导编制的一系列规划的统称,以城乡规划法为依据,是我国空间型规划体系中编制时间最早、学科支撑和技术储备较为充分的规划。城乡规划体系主要包括城镇体系规划、城市规划、镇规划、乡规划和村庄规划,其中城市规划和镇规划分为总体规划和详细规划,详细规划又可分为控制性详细规划和修建性详细规划。城镇体系规划从区域的层面确定不同人口规模等级和职能分工的城镇的分布和发展,分为国家—省级—市级—县级四级,是行政区内的协调规划,为城市总体规划提供依据。城市总体规划是城乡规划中最为重要的规划层次,它确定城市性质、发展方向、规模和建设标准,统筹安排城市用地的功能分区和各项建设的总体布局,是主导城市空间布局的最重要依据。详细规划则依据总体规划编制,确定具体地块的用途、使用强度、空间环境和配套设施等的控制性标准,是开发建设审批的直接法律依据。城乡规划的特点是综合性、政策性、超前性、长期性和实践性。

除上述三种主要类型之外,我国空间型规划还有生态环境保护行政主管部门主导编制的生态功能区划、水功能区划,海洋行政主管部门主导编制的海洋功能区划,交通系统主导编制的公路网规划,能源系统主导编制的电力发展规划和管道规划等。这些空间型规划依托各部门的管理需要有着相对独立的发展轨迹,具有不同的规划层级和内容,不同程度地采用了指标控制、分区管制等实施措施,在国民经济和社会发展的不同领域起着约束和引导空间使用行为的作用。

(二) 多规并行的问题和挑战

经过多年发展,原本各司其职、界限分明的空间型规划目标和内容趋于综合,单个规划之间相互交叉、重复甚至冲突问题日益突出[①],尤其是同一空间单元上多个空间规划并行导致诸多问题,严重影响空间资源的分配和使用效率,增加了规划管理的成本,导致规划的科学性与权威性受到损害,给空间治理能力的提升带来挑战(谢英挺,王伟,2015)。当前多规并行的突出问题主要体现在以下几个方面。

(1) 缺少上位法律定位,关系模糊。城乡规划和土地利用总体规划为法定规划,分别依据《城乡规划法》和《土地管理法》,二者法律地位基本相同,缺乏统一的上位法,规划之间的内容冲突难以从法律层面协调。主体功能区规划的依据虽是国务院行政规章,但其基础性地位自党的十八大以来在党和国家多个政策文件中被多次强调,在地方空间规划体系中的影响不亚于甚至超过同层次的法定规划。当三者产生矛盾,由于缺少足够的上位法律指引,造成彼此间相互掣肘,影响空间资源的有效分配。

(2) 规划职能交叉,内容重叠冲突。在同一空间层级上,主体功能区规划、土地利用总体规划、城乡规划等空间规划缺乏有效协调,导致一个空间被赋予多个属性,存在多种约束或者激励,规划内容交叉问题较为严重(沈迟,2015)。例如土地利用总体规划中涉及的重大基础设施、产业布局、资源配置等内容,与城乡规划、基础设施规划的职能和内容有所重叠;城乡规划中的城市总体规划等又与土地利用总体规划有所交叉,在城镇用地规模等指标上两类规划甚至存在矛盾的地方;空间管制分区上由于不同规划的分区内涵和管制要求不同,往往产生重叠和冲突(沈迟,许景权,2015)。同时,这种"空间的唯一性"和"管理的多样性"导致空间利用效率的下降,不利于提升空间管制的有效性。

(3) 规划编制技术标准不统一,协调性差。不同类别空间型规划在编制时存在基础数据、用地分类、规划基期等方面的差异,导致各类规划的成果和要求不同,无法在同一空间尺度上协调统一,如依据的基础数据不统一。各部门采用的数据来源和成果不同,土地利用总体规划以遥感和实地核查的土地数据为基础,城市总体规划则依据的是负责城乡规划部门的抽样调查统计资料,两者之间存在一定差异。用地分类体系和标准不统一。土地利用总体规划采用的是原国土资源部颁布的《土地利用现状分类》(GB/T 21010—2017),共12个一级类、72个二级类;城市总体规划则采用住房和城乡建设部出台的《城市用地分类与规划建设用地标准》(GB 50137—2011)的用地分类,包括城乡用地分类和城市建设用地分类两部分,城乡用地共分为2大类、9中类、14小类,城市建设用地共分为8大类、35中类、44小类。此外,还有测绘部门的地表覆盖分类、林业部门的林地分类、镇用地分类等。

---

① 顾朝林,2015.论中国"多规"分立及其演化与融合问题[J].地理研究,34(4):601-613.

二、"多规合一"的改革进程

(一) 萌芽阶段

"多规并行"在实践中所带来的各种问题从根本上决定了"多规合一"的发展趋势。从我国"多规合一"的改革进程来看，主要可以划分为三个阶段。第一个阶段是萌芽阶段。2003年，广西钦州首先提出了"三规合一"的规划编制理念，即将国民经济和社会发展规划、土地利用总体规划和城市总体规划的编制工作协调融合起来，钦州的做法得到了国家发展与改革委员会的认可和推广。2004年发改委在广西钦州市、江苏苏州市、福建安溪县、四川宜宾市、浙江宁波市和辽宁庄河市六地开展"三规合一"的试点工作。但此次改革总体来说对地方发展实践影响较小，究其原因主要有两个方面。一方面是缺乏法律和行政保障，"三规"中的土地利用规划和城市总体规划的编制和实施都受到各自专项法保护，并且由不同的行政部门负责，"多规合一"改革在实践层面面临法律要求和部门管理之间的不协同；另一方面，地方需求并不强烈。"三规合一"不仅是三个规划的融合，也意味着三个规划所涉及的规划部门职能的合并，对于地方政府而言管理成本较高；与之相对，三个规划在这个时期并没有严重的冲突，并未制约地方政府各类建设项目的用地保障，因此这项改革的需求并不迫切、收益并不显著。在上述的成本收益对比之下，自下而上的改革意愿不高，在很大程度上导致了本次改革没有持续进行。尽管如此，萌芽阶段的规划融合探索还是在学术界引起了较为广泛的探讨，为下一阶段的改革积累了必要的研究基础和实践经验。

(二) 自下而上的探索阶段

这一阶段的改革呈现出以大城市为主、多规深度融合的特征，以上海、武汉、重庆和广州的地方实践为主。2008年，以国家大部制改革为背景，上海将国土部门和城市规划部门合并为规划和国土资源管理局，并以土地利用总体规划编制为契机，由合并后的新机构开展"两规合一"的规划编制工作，在嘉定、青浦两区进行试点，后续还开展了土地利用总体规划、城市总体规划和国民经济和社会发展规划的"三规合一"试点工作。武汉市的情况则较为特殊，20世纪80年代末就实现了城市规划和土地管理行政体制的合二为一，成立国土资源和规划局，为推进"多规合一"奠定了体制基础。2010年开始，武汉市进入跨越式发展的关键时期，为了应对城市快速发展带来的建设用地供需矛盾，武汉在规划体系融合、信息合一、内容协调和管理体制融合方面进行了更为深入的探索和改革，试图建立相对完善的国土资源和城乡规划体系，发挥"两规合一"的综合管理优势，促进城乡建设协调发展。

2008年，重庆市在获批全国统筹城乡综合配套改革实验区后，也开始了规划融合的探索。重庆将产业发展规划、城乡总体规划、土地利用总体规划和生态环境保护规划进行叠合，整合成经济和社会发展总体规划，被称为"四规叠合"。但与上海市和武汉市不同，重庆市并没有进行机构的整合来推进规划叠合，而是成立工作协调小组，由政府主要领导担任组长，负责总体协调，发改部门、国土部门、规划部门和环保部门四部门牵头分别调整修改自己部门负责的既有规划，修编过程中相互协调配合。

2012年，广州市成立"三规合一"工作领导小组，开展国民经济和社会发展规划、土地利用总体规划与城乡规划融合的"三规合一"。广州以城市总体发展战略规划来统筹"三规"的基本框架,建立统一的用地分类标准和技术流程,将市域所有规划要素在同一空间平台上进行表达和协调,实现"一张图、一个信息平台、一个协调机制、一个审批流程、一个监督体系、一个反馈机制"六个"一",构成具有广州特色的"三规合一"模式。同样在不打破部门行政架构的背景下,广州对"三规合一"的探索被全国很多地方学习效仿。

这一阶段的规划融合探索具有较为明显的地域特征,即主要集中在一些较为发达的大城市。这些地区城镇化水平较高,快速城镇化所带来的资源和环境负面效应开始显现,人地矛盾和生态压力较为突出,同时城市规模扩张的内在需求与动力还在进一步加强,迫切需要探索更高效率的规划管理模式来应对这一挑战。这一阶段地方政府对规划融合进行的探索具有典型的"自下而上"和"问题导向"特征,然而由于上位政府的系统性改革仍未开始,这些地方探索在机制改革和配套政策上存在法律和制度方面的障碍,难以形成上下衔接一致的系统性改革成效。

(三) 自上而下的全面改革阶段

2013年11月,十八届三中全会通过了《中共中央关于全面深化改革若干重大问题的决定》,首次提出"建立空间规划体系,划定生产、生活、生态空间开发控制边界,落实用途管制"。同年12月,中央城镇化工作会议再次要求"探索建立统一的空间规划体系,推进规划体制改革,加快规划立法工作;划定城市生态红线,实现一张蓝图干到底"。2014年3月《国家新型城镇化规划(2014—2020年)》提出了在有条件地区的县市层面探索经济社会发展总体规划、城乡规划、土地利用规划的"三规合一"或"多规合一"的要求。2014年8月,国家发展和改革委员会、国土资源部、环境保护部、住房和城乡建设部等四部委联合发文,在全国28个市县开展"多规合一"试点工作,希望在市县层面推动规划融合的探索,形成一个县一本规划、一张蓝图的经验。

2015年5月,国务院印发《关于加快推进生态文明建设的意见》,强调要强化主体功能定位,积极实施主体功能区战略,健全空间规划体系,科学合理布局和整治生产、生活、生态空间。次月,十八届中央全面深化改革领导小组第十三次会议上同意海南省在全国率先开展省域"多规合一"改革试点。2016年4月,宁夏回族自治区经同意也开展空间规划省级试点。同年12月,省级空间规划试点继续扩大,中共中央办公厅、国务院办公厅印发《省级空间规划试点方案》中将吉林、浙江、福建、江西、河南、广西、贵州纳入试点范围,至此,形成9个省级空间规划试点。

2017年3月,《自然生态空间用途管制办法(试行)》出台,指出市县级及以上地方人民政府应确定城镇、农业、生态空间,划定生态保护红线、永久基本农田、城镇开发边界(简称"三区三线"),科学合理编制空间规划,作为生态空间用途管制的依据。2017年10月,党的十九大报告就"三区三线"划定、国土空间用途管制、国土空间开发保护制度构建等提出了明确要求。空间规划体系构建在我国生态文明建设中意义不断凸显。

2018年3月,《深化党和国家机构改革方案》明确将国土资源部的职责、住房和城乡建设部城乡规划管理职责、国家发展和改革委员会组织编制主体功能区规划职责等整合,组建自然资源部,统一行使全民所有自然资源资产所有者职责,统一行使所有国土空间用途管制和生态保护修复职责。自然资源部的成立解决了长期以来所面临的国家层面规划职能不合一问题,为之后的"多规合一"、建立空间规划体系提供体制保障。

2019年5月,中共中央国务院印发《关于建立国土空间规划体系并监督实施的若干意见》,提出了空间规划体系的五级三类、四个体系的总体框架,明确了编制要求、实施与监督制度和法规政策与技术保障。这标志着我国新国土空间规划体系的顶层设计和"四梁八柱"已经形成,国土空间规划进入了新时代。随后,自然资源部颁布《市县国土空间总体规划编制指南》和《省级国土空间规划编制指南》对地方国土空间规划的编制进行指导,新的国土空间体系内容不断完善。

这一阶段由党中央、国务院决策,多部委共同部署,自上而下不断推动地方试点,试点层面从市县级扩展到省级,试点范围从28个市县拓展到9个省域,这样的"授权式改革"在规划体制、行政体制及管理体制等方面进行了丰富的有益探索,开拓了广阔的试错空间,为我国国土空间规划体系的顶层设计和制度性改革积累了不少经验,最终建立适应我国国情的多层次的空间规划体系。

至此,关于"多规合一"和空间规划体系的改革探索初见成效,新的国土空间规划体系基本成型,确立了国家—省级—市级—县级—乡镇级"五级",总体规划—详细规划—专项规划"三类"的国土空间规划内容体系,形成审批体系、实施监督体系、法律法规体系和技术标准体系等四个支撑来保障国土空间规划体系的实施和运转。

第二节　国土空间规划的内容体系

国土空间规划是对一定区域国土空间开发保护在空间和时间上做出的安排,包括总体规划、详细规划和相关专项规划,形成"五级三类"的国土空间规划内容体系(见表6-2)。国土空间总体规划是详细规划的依据、相关专项规划的基础;相关专项规划要相互协同,并与详细规划做好衔接。

表6-2　五级三类的国土空间规划内容体系

总体规划	详细规划		相关专项规划
全国国土空间规划	—		专项规划
省级国土空间规划			专项规划
市国土空间规划	(城镇开发边界内)详细规划	(城镇开发边界外)村庄规划	专项规划
县国土空间规划			专项规划
乡(镇)国土空间规划			—

一、国土空间总体规划

国土空间总体规划分为五级:国家级、省级、市级、县级和乡镇级,与我国五级政府行政管理体制相契合,沿袭了土地利用总体规划的五级体系。各层级国土空间总体规划在规划目标和编制重点上各有侧重。

(一) 全国国土空间规划

全国国土空间规划是对全国国土空间做出的长期性、战略性、全局性安排，是全国国土空间保护、开发、利用、修复的政策和总纲。目前新一轮全国国土空间规划还在编制中，结合社会经济发展的国际、国内新形势以及当前国土空间利用的重点问题开展了大量的前期专题研究，规划纲要和方案等内容尚未明确。对全国国土空间规划具有一定借鉴价值和对比意义的是 2017 年 1 月国务院印发的《全国国土规划纲要(2016—2030 年)》(以下简称《纲要》)，这是我国正式发布的首个全国性国土空间开发与保护的战略性、综合性、基础性规划，在功能定位、规划目标、规划特点等方面与编制中的全国国土空间规划有相当的相似性，可以以此为参考来理解未来的全国国土空间规划。

《纲要》由国土资源部(现自然资源部)和国家发展和改革委员会牵头，会同 28 个部委共同编制，以党中央治国理政新理念新思想新战略、"五位一体"总体布局、"四个全面"战略布局、五大发展理念、三大战略等为指导思想，提出"全面推进国土开发、保护和整治，加快构建安全、和谐、协调、富有竞争力和可持续发展的美丽国土"的主要目标。《纲要》全篇共有 10 章，分为基本形势、总体要求、战略格局、集聚开发等内容，详见图 6-1。

```
导言
第一章  基本形势
    第一节  重大机遇
    第二节  严峻挑战
第二章  总体要求
    第一节  指导思想
    第二节  基本原则
    第三节  主要目标
第三章  战略格局
    第一节  高效规范的国土开发开放格局
    第二节  安全和谐的生态环境保护格局
    第三节  协调联动的区域发展格局
第四章  集聚开发
    第一节  构建多中心网络型开发格局
    第二节  推进新型城镇化发展
    第三节  优化现代产业发展布局
第五章  分类保护
    第一节  构建"五类三级"国土全域保护格局
    第二节  推进人居生态环境保护
    第三节  强化自然生态保护
    第四节  严格水资源和耕地资源保护
    第五节  加强海洋生态环境保护

第六章  综合整治
    第一节  推进形成"四区一带"国土综合整治格局
    第二节  实施城市化地区综合整治
    第三节  推进农村土地综合整治
    第四节  加强重点生态功能区综合整治
    第五节  加快矿产资源开发集中区综合整治
    第六节  开展海岸带和海岛综合整治
第七章  联动发展
    第一节  推进区域一体化发展
    第二节  支持特殊地区加快发展
    第三节  提高开放合作水平
第八章  支撑保障
    第一节  加强基础设施建设
    第二节  保障合理建设用地需求
    第三节  强化水资源综合配置
    第四节  构建能源安全保障体系
    第五节  提升非能源重要矿产资源保障能力
    第六节  增强防灾减灾能力
    第七节  推进体制机制创新
第九章  配套政策
    第一节  资源环境政策
    第二节  产业投资政策
    第三节  财政税收政策
第十章  《纲要》实施
    第一节  夯实实施基础
    第二节  加强实施管理
```

图 6-1 《纲要》目录

国土空间规划纲要的内容重点包括四个方面：第一，明确了国土开发、保护和整治的指导思想、基本原则和主要目标。突出强调要加快转变国土开发利用方式，全面提高国土开发质量和效率，加强国土空间用途管制和建立国土空间开发保护制度，提出六项基本原则，以及把握空间开发格局、城乡区域协调发展、生态环境、基础设施、海洋开发保护和国土空间开发保护制度等六个主要目标。第二，确立了国土集聚开发、分类保护与综合整治"三位一体"的总体布局。一是以"四大板块"（东部率先、中部崛起、西部开发、东北振兴）为基础，"三大战略"（京津冀协同、长江经济带、"一带一路"）为引领，国家重点开发区域和优化开发区域为重点，构建"多中心网络型"的集聚开发格局。二是基于资源环境承载力评价结果，针对五大类资源环境保护主题，区分保护、维护和修复三个不同保护级别，形成覆盖全域"五类三级"的国土保护格局，实行差异化保护策略。三是以主要城市化地区、农村地区、重点生态功能区、矿产资源开发集中区与海岸带和海岛地区为重点开展国土综合整治，形成"四区一带"的国土综合整治格局。第三，完善了以用途管制为主要手段的国土空间开发保护制度，设置 11 个约束性或预期性指标（见表 6-3），推动体制机制创新和配套政策的完善。

表 6-3 主要目标

指标名称	2015 年	2020 年	2030 年	属性
1. 耕地保有量/亿亩	18.65	18.65	18.25	约束性
2. 用水总量/亿 m^3	6180	6700	7000	约束性
3. 森林覆盖率/%	21.66	>23	>24	预期性
4. 草原综合植被盖度/%	54	56	60	预期性
5. 湿地面积/亿亩	8	8	8.3	预期性
6. 国土开发强度/%	4.02	4.24	4.62	约束性
7. 城镇空间/万 km^2	8.90	10.21	11.67	预期性
8. 公路与铁路网密度/(km/km^2)	0.49	0.5	0.6	预期性
9. 全国七大重点流域水质优良比例/%	67.5	>70	>75	约束性
10. 重点江河湖泊水功能区水质达标率/%	70.8	>80	>95	约束性
11. 新增治理水土流失面积/万 km^2	—	32	94	预期性

与土地利用总体规划侧重用途管制（保护）、主体功能区规划侧重建立国土空间开发格局（开发）相比，《纲要》是对前两者的融合与提升，谋划国土空间开发、保护和整治"三位一体"的总体部署，是对国土空间开发保护的总格局和新安排，这与未来的全国国土空间规划的定位与内涵基本一致，由此可以窥见全国国土空间规划的大致样貌。

（二）省级国土空间规划

省级国土空间规划是对全国国土空间规划的落实和深化，是一定时期内省域国土空间保护、开发、利用、修复的政策和总纲，是编制省级相关专项规划、市县等下位国土空间规划的基本依据，在国土空间规划体系中发挥承上启下、统筹协调作用，具有战略性、协调性、综合性和约束性。2020 年 1 月自然资源部出台《省级国土空间规划编制指南》，对省级国土空间规划编制工作做出了指导和规范。省级国土空间规划编制需遵循六项原则：生态优先、绿色发展；以人民为中心、高质量发展；区域协调、融合发展；因地制宜、特色发展；数据驱动、创新发展；共建共治、共享发展。

省级国土空间规划在具体编制中以第三次国土调查成果数据为基础，重大战略为重要依据，通过资源环境承载能力和国土空间开发适宜性评价以及国土空间风险评估来提出农业生产、城镇发展的承载规模和适宜空间，研判开发利用需求，情景模拟风险分析。各地还可结合实际，开展国土空间开发保护重大问题专题研究（技术路线见图6-2）。规划中重点管控性内容有以下六个方面。

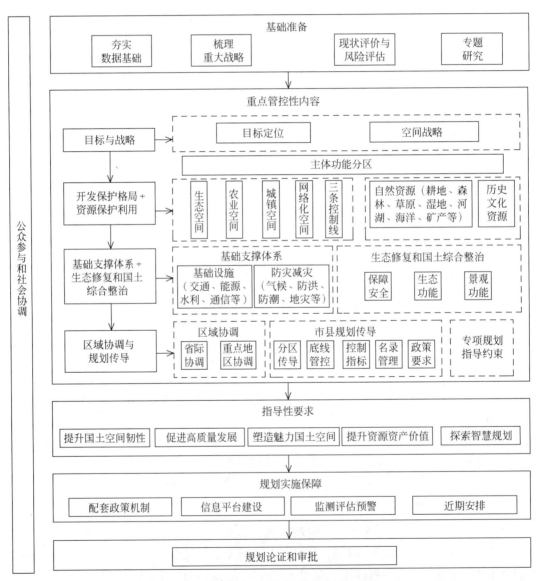

图6-2 省级国土空间规划编制技术路线图

资料来源：自然资源部，2020.省级国土空间规划编制指南（试行）[Z].

(1) 目标与战略。明确省级国土空间发展的总体定位，确定国土空间开发保护目标，制定省级国土空间开发保护战略，推动形成主体功能约束有效、科学适度有序的国土空间布局体系。

(2) 开发保护格局。完善和细化省级主体功能区；优先保护以自然保护地体系为主的生态空间；实施差别化国土空间利用政策保护与发展农业空间；确定各城镇空间发展策略、基本公共服务与产业发展的空间布局，促进城镇空间发展；加强生态空间、农业空间和城镇空间的有机互动，促进空间的网络化组织；统筹生态保护红线、永久基本农田、城镇开发边界等三条控制线的划定、落定与协调。

(3) 资源要素保护与利用。统筹自然资源、历史文化和自然景观资源的保护利用。沿海省份还要明确海洋开发保护空间，提出海域、海岛与岸线资源保护利用目标。

(4) 基础支撑体系。省级国土空间规划中需要对落实国家重大交通、能源、水利、信息通信等基础设施项目明确空间布局和规划要求，提出防洪排涝、抗震、防潮、人防、地质灾害防治等防治标准和规划要求，明确应对措施。

(5) 生态修复和国土综合整治。落实国家确定的生态修复和国土综合整治的重点区域、重大工程，将生态单元作为修复和整治范围，提出修复和整治目标与重点。

(6) 区域协调与规划传导。注重省际协调、省域重点地区协调、市县规划传导、专项规划空间安排协调。

上述规划内容还需通过健全配套政策机制、完善国土空间基础信息平台建设、建立规划监测评估预警制度来进行实施保障，通过公众参与和社会协调保证规划民主性和科学性，公众参与情况在规划说明中要形成专章。

(三) 市县国土空间规划

市县国土空间规划是本级政府对上级国土空间规划要求的细化落实，是对本行政区域开发保护做出的具体安排，侧重实施性。为了规范市县国土空间规划编制工作，提高规划的科学性和可操作性，2019年11月自然资源部发布《市县国土空间总体规划编制指南》(以下简称《指南》)。《指南》中要求编制市县国土空间规划需遵循：底线约束、绿色发展；以人为本、提升品质；同步推进、统筹协同；多规合一、全域管控；因地制宜、分类指导；多方参与、科学决策六项原则，完成明确国土空间开发保护格局、划定用地分区、明确基础设施等建设项目安排等11个规划任务。市县国土空间规划以第三次全国国土调查为基础数据，采用2000国家大地坐标系和1985国家高程基准作为空间定位基础，形成基期用地底数底图。通过规划分析评估、重大问题研究、资源环境承载能力和国土空间适宜性评价，按照全域、城镇功能控制区两个层次，分别编制规划方案。

规划方案编制包含10项主要内容。

(1) 战略目标：依据上级国土空间规划和区域总体区位，合理确定全域总体定位、国土空间开发保护目标；落实国家和区域空间战略，提出本市县国土空间开发保护的战略；确定城市性质、本级规划管控要求和指标，并将主要要求和指标分解到下级行政区。

(2) 区域协同发展：落实国家及省域战略对区域协同发展的要求，提出跨区域衔接策略,加强城镇圈、都市圈等跨行政区域的规划研究。

(3) 国土空间格局优化:构建全域一体、陆海一体、城乡一体,多中心、网络化、组团式、集约型的国土空间开发保护总体格局。划定规划基本分区和控制线,明确管控目标和要求;构建完整连续的生态网络体系,形成绿色空间网络与城乡山水格局;明确城乡居民点格局和陆海统筹的开发保护策略。

(4) 城镇功能结构优化:确定规划期内城镇主要发展方向、中心城区范围和城市建设用地规模,优化城市功能布局,促进产城融合和职住平衡,重塑城市空间结构;明确高质量产业体系布局、高品质居住空间与公共服务布局、高水准公共空间游憩体系。

(5) 乡村振兴发展:促进一二三产业融合发展,实现耕地保护与现代农业发展,优化乡村空间布局,引导乡村地区有序发展,推动美丽乡村建设。

(6) 土地利用控制(国土空间用途管制):制定土地利用结构调整方案,提出本级土地利用的规模与结构,并对下层次规划提出控制要求;提出山水林田湖草矿要素的结构优化、布局调整及时序安排,促进各类自然资源的保护利用;推进城镇、农村、园区和工矿等区域建设用地节约集约利用;科学合理推进城市地下空间复合利用;实现中心城区的土地利用控制。

(7) 绿色高效的综合交通体系:建立区域一体、城乡协同的综合交通体系,明确城乡综合交通网络和枢纽体系布局,加强中心城区交通设施建设,鼓励以公共交通为导向的集约化布局模式。

(8) 城市文化与风貌保护:构建历史文化保护体系和文化展示与传承体系,进行城市风貌特色塑造,来推动城市历史文化遗产保护工作。

(9) 安全韧性与基础设施:提出重大防灾减灾救灾设施和应急服务设施的体系和布局,确定各项绿色市政基础设施的具体安排与要求。

(10) 国土空间生态修复:遵循山水林田湖草生命共同体的理念,统筹确定陆海国土空间综合整治和生态修复的目标和任务,提出重点工程的规模、布局和时序。

从市县国土空间总体规划编制的主要内容来看,其在大量吸收了城市总体规划架构的基础上,融合了土地利用总体规划和主体功能区规划的核心内容,很好地实现了"多规合一"。

新一轮的市县级规划目前尚处于编制阶段,这里以浙江省衢州市开化县的探索成果为例展示县级国土空间如何在空间上实现"多规合一"(见图6-3)。开化县是2014年全国28个"多规合一"试点市县之一,改革成果获得了高度认可。2017年8月24日,《开化县空间规划(2016—2030年)》由浙江省人民政府正式批复,标志着该县"多规合一"试点工作由探索阶段全面转入实施阶段。从图6-3不难看出,开化县空间规划中采用城镇空间、农业空间、生态空间串联协调原土地利用总体规划的四类建设分区、城市总体规划的三类建设分区,以及环境功能区划的五类管控地区。其主要要素包含了城镇、生态、农业等核心控制线,以及重要基础设施和省级重大项目。

第六章 国土空间规划体系

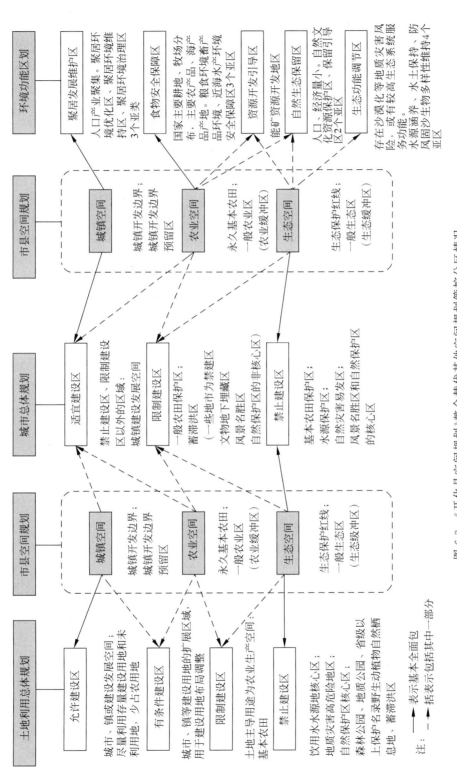

图 6-3 《开化县空间规划》整合替代其他空间规划管控分区情况

资料来源：王旭阳，黄征学．2018．他山之石：浙江开化空间规划的实践[J]．城市发展研究，25(3)：26-31．

(四) 乡镇国土空间规划

乡镇国土空间规划是法定规划的最后一个层级,侧重落地和实施性。各地可因地制宜,将市县与乡镇国土空间规划合并编制,也可以以几个乡镇为单元编制乡镇级国土空间规划。目前自然资源部暂未对乡镇国土空间规划出台编制指南,重庆、湖南、河北等地率先进行探索和实践,这里以湖南省自然资源厅 2020 年 8 月发布的《湖南省乡镇国土空间规划编制指南(试行)》为例,探索本轮乡镇国土空间规划的内容和编制技术特点。

总体定位方面,乡镇国土空间规划是市县国土空间总体规划的细化落实,是当地人民政府对本行政区域国土空间保护开发利用的总体安排,是编制相关专项规划、村庄规划和实施国土空间用途管制的基本依据。乡镇规划不同于其他规划层次的一个特点是特色引导,即根据乡镇区位、资源禀赋、产业基础、文化特色等因地制宜地确定发展方向,体现区域差异。该《指南》将乡镇分为城郊服务型、产业发展型、商贸物流型、现代农业型、文旅融合型、生态保护型和其他特色型,并针对不同类型乡镇设定差异化的编制指引。内容编制方面,包括基础评估、发展定位与目标、国土空间格局、国土空间保护、国土空间开发、国土综合整治、开发边界内规划、乡镇风貌设计、国土空间管制、近期项目计划等,既包括一般性的目标指标空间格局等内容,也包含局部地区规划和部分专项类型规划。指标管控方面,乡镇规划作为管控型的落地规划,在生态保护红线面积、永久基本农田保护面积、耕地保有量、城镇建设用地规模、村庄建设用地规模方面设置了约束性指标(见表 6-4),保证上位规划的"三区三线"能够落地实施。

表 6-4 乡镇国土空间规划指标表

指标类型	指 标 名 称	单位	2019 年(基期年)	2025 年(近期年)	2035 年(目标年)	指标属性
社会发展	户籍人口规模	万人				预期性
	常住人口规模	万人				预期性
底线管控	生态保护红线面积	hm^2				约束性
	永久基本农田保护面积	hm^2				约束性
	耕地保有量	hm^2				约束性
	城镇建设用地规模	hm^2				约束性
	村庄建设用地规模	hm^2				约束性
	森林覆盖率	%				预期性
	湿地面积	hm^2				预期性
结构效率	乡镇国土开发强度	%				预期性
	人均城镇建设用地	m^2				预期性
	人均村庄建设用地	m^2				预期性
生活品质	千人医疗卫生机构床位数	张				预期性
	千人养老机构床位数	张				预期性
	城镇集中建设区人均公园绿地面积	m^2				预期性

续表

指标类型	指标名称	单位	2019年（基期年）	2025年（近期年）	2035年（目标年）	指标属性
生活品质	生活垃圾无害化处理率	%				预期性
	村组等级公路通达率	%				预期性
	农村卫生厕所普及率	%				预期性
	村卫生室数量	个				预期性
整治修复	农用地整理面积	hm²				预期性
	建设用地整理面积	hm²				预期性
	新增生态修复面积	hm²				预期性

资料来源：湖南省自然资源厅，2020. 湖南省乡镇国土空间规划编制指南（试行）[Z].

二、国土空间详细规划

详细规划是对具体地块用途和开发建设强度等做出的实施性安排，是开展国土空间开发保护活动、实施国土空间用途管制、核发城乡建设项目规划许可、进行各项建设等的法定依据。在市县及以下层级的城镇开发边界内编制详细规划，在城镇开发边界外的乡村地区，以一个或几个行政村为单元，由乡镇政府组织编制"多规合一"的实用性村庄规划，作为详细规划。目前自然资源部尚未出台详细规划编制指南和规范，但从规划延续性和已颁布的政策文件中不难看出，城镇开发边界内的国土空间详细规划与原城乡规划中的详细规划具有高度的关联性，下文将对城乡规划中的控制性详细规划（简称"控规"）和修建性详细规划（简称"修规"），以及城镇开发边界外乡村地区的村庄规划进行介绍和分析。

(一) 控制性详细规划

控制性详细规划，就是以城市总体规划或分区规划为依据，确定建设地区的土地使用性质和使用强度的控制指标、道路和工程管线控制性位置以及空间环境控制的规划要求。控制性详细规划是城市规划、镇规划实施管理的最直接法律依据，是城乡规划主管部门作出规划行政许可、实施规划管理的依据，并指导修建性详细规划的编制。控制性详细规划应包含以下基本内容：土地使用性质及其兼容性等用地功能控制要求；容积率、建筑高度、建筑密度、绿地率等用地指标；基础设施、公共服务设施、公共安全设施的用地规模、范围及具体控制要求，地下管线控制要求；基础设施用地的控制界线（黄线）、各类绿地范围的控制线（绿线）、历史文化街区和历史建筑的保护范围界线（紫线）、地表水体保护和控制的地域界线（蓝线）等"四线"及控制要求。

控制性详细规划指标分为规定性和指导性两类。规定性指标有用地性质、建筑密度、建筑控制高度、容积率、绿地率、交通出入口方位、停车泊位及其他需要配置的公共设施等；指导性指标有人口容量、建筑形式、体量、分割、建筑色彩和其他环境要求等。

我国控制性详细规划的由来需要追溯到 20 世纪 80 年代，随着当时市场经济的产生及土地使用制度的改变，控制性详细规划首先出现在沿海国际化大都市上海。1982 年，为适应外资建设的国际惯例要求，上海市编制了虹桥开发区规划，其中包括土地出让规划，是我国控规的开河之作。1986 年上海市城市规划设计研究院编制了《城市土地使用区划管理法规编制办法》《上海土地使用区划管理法规》文本及编写说明，采取分区规划、控规图则、区划法规结合的土地使用管理模式，较系统地制定了适合上海市的土地分类及建设控制标准。随后全国各地掀起了控规编制的热潮。1991 年建设部在《城市规划编制办法》中加入了控规的内容，1995 年《城市规划编制办法实施细则》中规范了控规的具体编制内容和要求，使其逐渐规范化。2006 年 4 月 1 日，新的《城市规划编制办法》开始实施，对控制性详细规划的内容、要求及其中的强制性内容进行了明确规定，控制性详细规划变得更加规范和完善。2008 年 1 月 1 日，新《城乡规划法》开始实施，进一步加强了控制性详细规划的地位和作用，具体详见本书第八章。

(二) 修建性详细规划

修建性详细规划是以城市总体规划、分区规划或控制性详细规划为依据，制定用以指导各项建设和工程设施的设计和施工的规划设计。它直接对建设作出具体的安排和规划设计，可以指导建设项目的总平面布置和各项建筑与工程设施的初步设计。修规的主要内容包括：建设条件分析及综合技术经济论证；建筑、道路和绿地等的空间布局和景观规划设计；布置总平面图；对住宅、医院、学校和托幼等建筑进行日照分析；根据交通影响分析，提出交通组织方案和设计；市政工程管线规划设计和管线综合；竖向规划设计；估算工程量、拆迁量和总造价，分析投资效益。

修建性详细规划与控制性详细规划的区别在于：控规是指标体系性的，用指标和色块指引和控制某地块的建设情况，属指引性的详细规划；而修规是在控规的基础上落实某个具体建设项目的规划，是一个非常直观、具象的表现空间形象的规划，涉及建筑物平面的造型、道路基础设施的布局、环境小品的布置等，属确定性的规划。修规的具体内容可以是一条街的规划，也可以一个学校、广场、公园或住宅小区的规划，可以绘制出具体的鸟瞰规划图、透视图或者做出规划模型。

(三) 村庄规划

乡村地区的规划一直以来是我国空间规划体系中较为薄弱的一环。由于村一级不存在政府主体，长期以来村庄一直不是各类法定规划的重点对象。主体功能区规划主要有国家和省级两个层次，土地利用总体规划也未对村庄进行详细的规划，近年虽开展了村土地利用规划编制工作，但覆盖范围较小、技术水平不高。城乡规划在村庄层面开展规划编制的覆盖面相对较大，但规划的系统性不够，空间上也未全覆盖。

新的国土空间规划体系中提出编制"多规合一"的实用性村庄规划，作为详细规划的组成部分，实现了空间规划体系的村级覆盖，也是为了通过编制科学实用的村庄规划，来破解当前城乡发展差距大的农村现实问题。通过统筹土地资源利用，强化村民自治，实现乡村振兴。可以说村庄规划不仅是国土空间规划体系的一环,也是乡村振兴规划体系下的乡村振兴实操手册。

2019 年 5 月自然资源部发文《关于加强村庄规划促进乡村振兴的通知》,对村庄规划的总体要求、主要任务、编制要求和组织实施等做了明确规定。村庄规划是法定规划,是国土空间规划体系中乡村地区的详细规划,是开展国土空间开发保护活动、实施国土空间用途管制、核发乡村建设项目规划许可、进行各项建设等的法定依据。村庄规划范围为村域全部国土空间,可以一个或几个行政村为单元编制。村庄规划工作必须坚持如下五个原则:坚持先规划后建设,通盘考虑土地利用、产业发展、居民点布局、人居环境整治、生态保护和历史文化传承;坚持农民主体地位,尊重村民意愿,反映村民诉求;坚持节约优先、保护优先,实现绿色发展和高质量发展;坚持因地制宜、突出地域特色,防止乡村建设"千村一面";坚持有序推进、务实规划,防止一哄而上、片面追求村庄规划快速全覆盖。

村庄规划的主要任务有九项:统筹村庄发展目标,统筹生态保护修复,统筹耕地和永久基本农田保护,统筹历史文化传承与保护,统筹基础设施和基本公共服务设施布局,统筹产业发展空间,统筹农村住房布局,统筹村庄安全和防灾减灾,明确规划近期实施项目。

村庄规划中需要特别强化村民主体和村党组织、村民委员会主导。村民应以主人翁的态度,在调研访谈、方案比选、公告公示等各个环节积极参与村庄规划编制,协商确定规划内容。村庄规划在报送审批前应在村内公示 30 日,报送审批时应附村民委员会审议意见和村民会议或村民代表会议讨论通过的决议。村庄规划主要内容也会被纳入村规民约。

不同类型的村庄在规划编制时需要注意因地制宜、分类编制,根据村庄定位和国土空间开发保护的实际需要,编制能用、管用、好用的实用性村庄规划。村庄规划编制时要抓住主要问题,聚焦重点。对于重点发展或需要进行较多开发建设、修复整治的村庄,编制实用的综合性规划。对于不进行开发建设或只进行简单的人居环境整治的村庄,可只规定国土空间用途管制规则、建设管控和人居环境整治要求作为村庄规划。对于综合性的村庄规划,可以分步编制、分步报批,先编制近期急需的人居环境整治等内容,后期逐步补充完善。对于紧邻城镇开发边界的村庄,可与城镇开发边界内的城镇建设用地统一编制详细规划。

三、国土空间专项规划

国土空间专项规划是指在特定区域(流域)、特定领域,为体现特定功能,对空间开发保护利用做出的专门安排,是涉及空间利用的专项规划。专项规划中有跨行政区域或流域的专项规划,如海岸带、自然保护地规划;有涉及空间利用的某一领域专项规划,如交通、能源、水利、农业、信息、市政等基础设施规划,公共服务设施,军事设施,以及生态环境保护、文物保护、林业草原等专项规划。相关专项规划可在国家、省和市县层级编制,不同层级、不同地区的专项规划可结合实际选择编制的类型和精度。下文以三种典型的专项规划为例,对国土空间专项规划进行介绍和讨论。

(一) 基本农田保护区规划

基本农田保护区,是指对基本农田实行特殊保护而依据土地利用总体规划和依照法定程序确定的特定保护区域。划定基本农田保护区是保护基本农田的重要手段,是实现对基本农田数量、质量和生态三位一体保护的关键。基本农田保护区规划的重点内容应包括:第一,根据区域社会和经济发展需要确定区域必需的基本农田数量,制定相关措施保持区域基本农田面积的稳定;第二,维持基本农田的物质生产力水平,并采用生物、工程等措施将划为基本农田的中低产田改造为高中产田;第三,对现有基本农田的环境、基础设施与利用方式等进行监督和管理。

基本农田保护区以乡(镇)为单位划区定界,以行政村为单位划片,落实到具体地块。基本农田保护区规划的主要内容包括:耕地资源现状和潜力分析、耕地需求量预测、基本农田保护控制指标的确定与分解、基本农田布局和基本农田保护措施的制定。其中最重要的就是基本农田保护控制指标的确定与分解和基本农田的布局。根据耕地需求量预测结果,联系上级下达的基本农田保护控制指标以及当地耕地资源的具体实际,通过综合分析,确定当地基本农田保护的实际控制指标,包括保护耕地面积和保护率。然后,在当地基本农田保护实际控制指标的控制下,结合下一级行政区的自然、经济条件和耕地资源状况,将基本农田保护控制指标逐级分解至乡镇和村。基本农田布局是在落实非农建设用地、允许预留耕地的位置和范围的基础上,根据当地基本农田保护的控制指标以及耕地资源的实际状况,遵循一定的原则,确定应划入基本农田保护区的范围标准,通过内业预划定、实地勘察、核对和丈量,具体划定基本农田保护片块,对保护片块编号、登记造册,并在每个保护片上设立保护标志牌。基本农田保护区规划图的成果形式参见图6-4,其中当前基本农田的重点保护区域(基本农田保护区)、未来可以补充基本农田的重点区域(基本农田整备区)为成果图的核心要素。

(二) 土地整治规划

土地整治是指通过采取生物措施和工程技术措施,改变土地利用中不利的生态环境条件,以建立新的有利于人类生产生活活动的生态系统平衡,提高土地利用利用率和产出率,使土地资源能够获得可持续利用的综合措施。随着生态文明战略的持续深入推进,土地整治成为了国土空间生态修复的重要途径,其重要性越来越强。土地整治规划则是对土地整治工作做出的综合的、全局的和长远的安排。作为重要的国土空间专项规划类型,其在全国、省、市、县、乡等各个空间层次均有涉及,规划期一般为5年,对相对应的国土空间总体规划的编制和实施形成重要支撑。

以2016年国务院批复的《全国土地整治规划(2016—2020年)》为例,其主要内容涉及高标准基本农田建设、耕地保护、城乡建设用地整理、土地复垦和土地生态整治、土地整治制度和能力建设等几个方面。

(1) 高标准农田建设。落实藏粮于地战略,积极推进高标准农田建设,确保"高标准建设、高标准管护、高标准利用"。从全国层面来看,在"十二五"期间建成4亿亩高标准农田的基础上,"十三五"时期全国共同确保建成4亿亩、力争建成6亿亩高标准农田,其中通过土

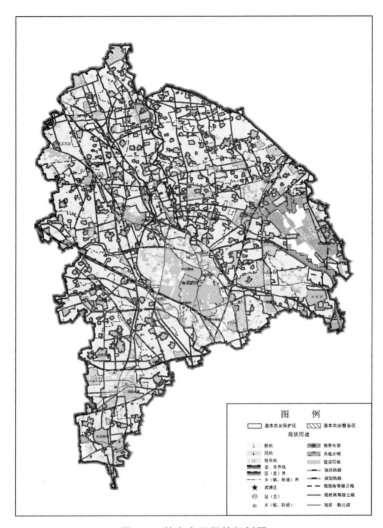

图 6-4 基本农田保护规划图

资料来源：天津市武清区土地利用总体规划(2006—2020 年).

地整治建成 2.3 亿～3.1 亿亩，经整治的基本农田质量平均提高 1 个等级，国家粮食安全基础更加巩固。

(2) 耕地数量质量保护。落实最严格的耕地保护制度，努力补充优质耕地，加强耕地质量建设。通过土地整治补充耕地 2000 万亩，其中农用地整理补充耕地 900 万亩，损毁土地复垦补充耕地 360 万亩，宜耕未利用地开发补充耕地 510 万亩，农村建设用地整理补充耕地 230 万亩；通过农用地整理改造中低等耕地 2 亿亩左右，开展农田基础设施建设，建成排灌渠道 900 万 km，建成田间道路 600 万 km，耕地保护基础更加牢固。

(3) 城乡建设用地整理。落实最严格的节约用地制度，稳妥规范推进城乡建设用地整理。有序开展城乡建设用地增减挂钩，整理农村建设用地 600 万亩，城乡土地利用格局不断优化，土地利用效率明显提高；稳步推进城镇建设用地整理，改造开发 600 万亩城镇低效用地,促进单位国内生产总值的建设用地使用面积降低20%,节约集约用地水平进一步提高。

(4) 土地复垦和土地生态整治。落实生态文明建设要求,切实加强土地修复和土地生态建设。按照宜耕则耕、宜林则林、宜草则草的原则,生产建设活动新损毁土地全面复垦,自然灾害损毁土地及时复垦,大力推进历史遗留损毁土地复垦,复垦率达到45%以上,努力做到"快还旧账、不欠新账";积极开展土地生态整治,加强农田生态建设,土地资源得到合理利用,生态环境得到明显改善。

(5) 土地整治制度和能力建设。落实全面依法治国战略,大力加强土地整治法律制度和基础能力建设;推动制定土地整治条例,完善土地整治规章制度,土地整治制度机制更加健全;加强技术规范标准和人才队伍建设,技术标准体系和人才队伍结构更加完善合理,基础能力明显增强,支撑作用更加有力。

其他层次的土地整治规划既是对全国规划的落实,也是对本级国土空间总体规划的深化,往往通过区划和重点项目配置的方式实现上述目标。

(三) 地下空间规划

随着城市地下空间开发利用的深度和广度在不断增大,地下交通、地下商场、地下仓储与物流、地下综合管廊逐渐成为居民日常生活中的一部分,地下空间的规划与管理却远远落后于开发建设,地下空间规划的重要性逐渐凸显。

地下空间规划是对如何开发利用城市中的可用地下空间资源作出的科学规划。基本内容是根据城市总体规划等空间规划要求,在充分研究城市的自然、经济、社会和技术发展规模的基础上,选择城市地下空间布局和发展方向,按照工程技术和环境要求,综合安排城市各项地下工程设施,并提出近期控制引导措施。地下空间规划的主要工作包括:

①收集和调查基础资料,掌握城市地下空间开发利用的现状情况,勘查地质状况和分析发展条件,进行地下空间资源的开发利用需求预测与可行性分析;②研究城市地下空间开发利用发展战略,提出城市地下空间的发展规模和主要经济指标;③确定城市地下空间开发的功能、内容、期限,进行空间总体布局,综合确定平面和竖向规模;④提出各专业的地下空间规划原则和控制要求;⑤近期详细规划与远期规划项目的统筹安排;⑥根据建设的需要和可能,提出实施规划的策略、措施和步骤。

城市地下空间规划大多是在已有地面城市的基础上进行的,必须考虑城市建设现状、资源可利用及环境影响等情况,具有系统性、战略性、法治性、继承性和专业性的特点。虽然地下空间规划并非法定规划,但党中央、国务院高度重视地下空间开发利用保护工作。《国家新型城镇化规划(2014—2020年)》《国民经济和社会发展第十三个五年规划纲要》、《中共中央国务院关于进一步加强城市规划建设管理工作的若干意见》《中共中央国务院关于建立国土空间规划体系并监督实施的若干意见》等均提出统筹地上地下空间开发利用的总体要求。各大城市也分别出台地下空间规划编制办法以及地下空间专项规划,指导地下空间的开发与利用,如上海于2013年颁布《上海市地下空间规划建设条例》,然而在国家层面上尚未出台指导性的地下空间规划指南。

第三节　国土空间规划的支撑体系

国土空间规划作为各类开发保护建设活动的基本依据,是一个综合性的系统工程。国土空间规划内容的编制和高效实施需要多方面的支撑保障。为避免出现"规划规划,墙上挂挂"的困境,强化规划实施监管的权威性,保证"一张蓝图绘到底",需要不断完善包括法律法规体系、编制审批体系、实施监督体系和技术标准体系在内的国土空间规划支撑体系建设,不断提升国土空间治理体系和治理能力的现代化水平。

一、法律法规体系

由于我国国土空间规划内容体系刚刚建立,目前尚无一部全面的国土空间规划法律,仍然处于多个单行法并行的状态,如涉及土地利用总体规划的《土地管理法》、涉及城乡规划的《城乡规划法》等。目前正在研究制定国土空间开发保护法和国土空间规划法,以对新的国土空间规划体系形成法律支撑。在新法尚未出台前的过渡时期,通过梳理与国土空间规划相关的现行法律法规和部门规章,发现部分新修订的单项法对国土空间规划法的实施预留了空间,允许对"多规合一"改革涉及突破现行法律法规规定的内容和条款,按程序报批,取得授权后施行,以保证国土空间规划体系建立工作的开展。同时对于一些没有法律支撑但是"多规合一"重要部分的规划(如主体功能区规划),完善配套政策,保障国土空间规划有效实施。

二、编制审批体系

(一) 规划编制审批部门

我国国土空间规划的编制审批体系按照分级分类的原则确定。总体规划中全国国土空间规划由自然资源部会同相关部门组织编制,由党中央、国务院审定后印发;省级国土空间规划由省级政府组织编制,经同级人大常委会审议后报国务院审批;需报国务院审批的城市国土空间总体规划,由市政府组织编制,经同级人大常委会审议后,由省级政府报国务院审批;其他市县及乡镇国土空间规划由省级政府根据当地实际情况,明确规划编制审批内容和程序要求。

在城镇开发边界内的详细规划,由市县自然资源主管部门组织编制,报同级政府审批;在城镇开发边界外的乡村地区,由乡镇政府组织编制"多规合一"的实用性村庄规划,作为详细规划报上一级政府审批。

海岸带、自然保护地等专项规划及跨行政区域或流域的国土空间规划,由所在区域或上一级自然资源主管部门牵头组织编制,报同级政府审批;涉及空间利用的某一领域专项规划,如交通、能源、水利、农业、信息、市政等基础设施,公共服务设施,军事设施,以及生态环境保护、文物保护、林业草原等的专项规划,由相关主管部门组织编制。

按照"谁审批、谁监管"的原则,分级建立国土空间规划审查备案制度。精简规划审批内容,管什么就批什么。直辖市、计划单列市、省会城市及国务院指定城市的国土空间总体规划由国务院审批。相关专项规划在编制和审查过程中应加强与有关国土空间规划的衔接及"一张图"的核对,批复后纳入同级国土空间基础信息平台,叠加到国土空间规划"一张图"上。我国国土空间规划编制审批体系见表6-5。

表6-5 国土空间规划编制审批体系

规划类型		编制	审批
总体规划	全国国土空间规划	自然资源部会同相关部门	国务院
	省级国土空间规划	省级人民政府	同级人大常委会审议后报国务院
	市县乡镇 国务院审批的城市国土空间总体规划	城市人民政府	同级人大常委会审议后,由省级人民政府报国务院
	其他市县和乡镇国土空间规划	本级人民政府	省级人民政府明确内容和程序要求
详细规划	城镇开发边界内	市县国土空间规划主管部门	市县人民政府
	城镇开发边界外的乡村地区:村庄规划	乡镇人民政府	市县人民政府
专项规划	海岸带、自然保护地等专项规划及跨行政区域或流域的国土空间规划	所在区域共同的上一级政府自然资源主管部门	所在区域共同的上一级人民政府
	以空间利用为主的某一领域专项规划	相关主管部门	国土空间规划"一张图"核对

来源:作者整理.

(二) 规划审查要点

2019年5月自然资源部出台的《关于全面开展国土空间规划工作的通知》中对各级国土空间规划的报批审查要求做了明确规定,对省级和市县国土空间规划,侧重控制性审查,重点审查目标定位、底线约束、控制性指标、相邻关系等,并对规划程序和报批成果形式做合规性审查。

省级国土空间规划审查要点包括:①国土空间开发保护目标;②国土空间开发强度、建设用地规模、生态保护红线控制面积、自然岸线保有率、耕地保有量及永久基本农田保护面积、用水总量和强度控制等指标的分解下达;③主体功能区划分、城镇开发边界、生态保护红线、永久基本农田的协调落实情况;④城镇体系布局,城市群、都市圈等区域协调重点地区的空间结构;⑤生态屏障、生态廊道和生态系统保护格局,重大基础设施网络布局,城乡公共服务设施配置要求;⑥体现地方特色的自然保护地体系和历史文化保护体系;⑦乡村空间布局,促进乡村振兴的原则和要求;⑧保障规划实施的政策措施;⑨对市县级规划的指导和约束要求等。

国务院审批的市级国土空间总体规划审查要点,除对省级国土空间规划审查要点的深化细化外,还包括:①市域国土空间规划分区和用途管制规则;②重大交通枢纽、重要线性工程网络、城市安全与综合防灾体系、地下空间、邻避设施等设施布局,城镇政策性住房和教育、卫生、养老、文化体育等城乡公共服务设施布局原则和标准;③城镇开发边界内,城市结构性绿地、水体等开敞空间的控制范围和均衡分布要求,各类历史文化遗存的保护范围和要求,通风廊道的格局和控制要求;城镇开发强度分区及容积率、密度等控制指标,高度、风貌等空间形态控制要求;④中心城区城市功能布局和用地结构等。

其他市、县、乡镇级国土空间规划的审查要点,由各省(自治区、直辖市)根据本地实际,参照上述审查要点制定。

(三) 规划报批审查方式与修改

与以往规划相比,该体系简化了报批流程,取消了规划大纲报批环节。审查时间也相应压缩,省级国土空间规划和国务院审批的市级国土空间总体规划,自审批机关交办之日起,一般应在90天内完成审查工作并上报国务院审批。

规划一经批复,任何部门和个人不得随意修改、违规变更,防止出现换一届党委和政府改一次规划。因国家重大战略调整、重大项目建设或行政区划调整等确需修改规划的,须先经规划审批机关同意后,方可按法定程序进行修改。

三、实施监督体系

(一) 国土空间规划的四类规划管控工具

国土空间规划集成了原有多种规划的管制工具,兼顾规划的刚性和弹性,从指标、控制线、分区、用途等方面提升规划的空间管制效用,完善国土空间实施监督体系。

1. 指标控制

在国土空间规划编制、审批、实施和监督的全业务环节中,指标反映了规划的核心目标、管控要求和发展思路,是建立国土空间规划实施监测、评估和预警体系的核心内容,也是落实国土空间规划指导约束作用的重要抓手。指标控制是土地利用总体规划的核心内容和实现用途管制的关键手段,继承了原土地利用总体规划的指标管理工具。目前全国国土空间总体规划尚未出台,指标体系尚不明确,但省级和市县国土空间总体规划都对核心指标作了探索,具体见表6-6和表6-7。

表6-6 省级国土空间规划指标体系表

序号	类型	名称	单位	属性
1	生态保护类	生态保护红线面积	km²	约束性
2		用水总量	亿 m³	约束性
3		林地保有量	km²(万亩)	约束性
4		基本草原面积	km²(万亩)	约束性
5		湿地面积	km²(万亩)	约束性
6		新增生态修复面积	km²	预期性
7		自然岸线保有率(大陆自然海岸线保有率、重要河湖自然岸线保有率)	%	约束性

续表

序号	类型	名称	单位	属性
8	农业发展类	耕地保有量(永久基本农田保护面积)	km²(万亩)	约束性
9		规模化畜禽养殖用地	km²(万亩)	预期性
10		海水养殖用海区面积	万亩	预期性
11	区域建设类	国土开发强度	%	预期性
12		城乡建设用地规模	km²	约束性
13		"1/2/3小时"交通圈人口覆盖率	%	预期性
14		公路与铁路网密度	km/km²	预期性
15		单位GDP使用建设用地(用水)下降率	%	约束性

资料来源：省级国土空间规划编制指南(试行).

表6-7 市县国土空间规划指标体系表

序号	指标类型	指标名称	单位	指标性质
1	开发利用	国土开发强度	%	约束性
2		城乡建设用地规模	hm²	约束性
3		中心城区人均城镇建设用地面积	m²/人	预期性
4		用水总量	亿m³/年	约束性
5		单位地区生产总值(GDP)用水量	m³/万元	约束性
6		新增建设用地占用耕地面积	亩	预期性
7		单位地区生产总值(GDP)建设用地面积	hm²/亿元	预期性
8	保护修复	耕地保有量	亩	约束性
9		永久基本农田保护面积	亩	约束性
10		生态保护红线控制面积	hm² 公顷	约束性
11		自然岸线保有率	%	约束性
12		生态公益林和天然林面积	亩	预期性
13		基本草原面积	亩	预期性
14		自然保护地面积	km²	预期性
15		森林覆盖率	%	预期性
16		湿地保有量	km²	预期性
17		重要江河湖泊水质达标率	%	预期性
18	人文安全	常住人口规模	万人	预期性
19		常住人口城镇化率	%	预期性
20		中心城区人均公共服务设施用地面积	m²/人	预期性
21		中心城区人均公园绿地面积	m²/人	预期性
22	人文安全	中心城区400m²以上绿地、广场等公共开放空间5min步行可达覆盖率	%	预期性
23		中心城区公共交通占全方式出行比例	%	预期性
24		中心城区应急避难场所人均避难面积	m²/人	预期性

资料来源：市县国土空间总体规划编制指南.

2. 控制线管控

控制线指国土空间规划中的"三条控制线"——生态保护红线、永久基本农田边界线和城镇开发边界线,被视为中国调整经济结构、规划产业发展、推进城镇化不可逾越的三条红线。三条红线构成国土空间开发的"底线",科学控制城镇规模,促进节约集约用地,保护粮食安全,促进生态环境的建设。生态保护红线是指在生态空间范围内具有特殊重要生态功能、必须强制性严格保护的区域。生态保护红线内,自然保护地核心保护区原则上禁止人为活动,其他区域严格禁止开发性、生产性建设活动,在符合现行法律法规的前提下,除国家重大战略项目外,仅允许对生态功能不造成破坏的有限人为活动。永久基本农田是为保障国家粮食安全和重要农产品供给,实施永久特殊保护的耕地。无论什么情况下都不能改变其用途,不得以任何方式挪作他用。2020年,永久基本农田不少于15.46亿亩。城镇开发边界是在一定时期内因城镇发展需要,可以集中进行城镇开发建设、以城镇功能为主的区域边界,涉及城市、建制镇以及各类开发区等。城镇开发边界内以城市建设行为为主导,限制开发边界外的建设用地增长;城镇开发边界外则以生态、农业、农村建设行为为主导。

3. 分区管制

分区管制是通过国土空间规划分区,实行分区差异化用途管制策略,来实现国土空间资源更有针对性和高效的利用。国土空间规划分区遵循全域覆盖、不交叉、不重叠的原则,上下级规划分区保持一致性。分区管制在不同的空间尺度上有不同的类型,例如全国和省级国土空间总体规划中的主体功能区,市县级国土空间规划中的土地用途区等。这里需要注意的一点是,用途区强调的是主导功能,以及依据主导功能实施差异化的空间管控策略,并未否认主体功能区或者用途区本身存在的多样化的功能和空间使用状态。以省级主体功能区类型为例,依据《省级国土空间规划编制指南》,包括省级城市化发展区、农产品主产区和重点生态功能区,以及省级自然保护地、战略性矿产保障区、特别振兴区等重点区域名录,具体见表6-8。

表 6-8 省级主体功能区类型

省级主体功能区类型	含 义
城市化发展区	指经济社会发展基础较好、集聚人口和产业能力较强的区域
农产品主产区	指农用地面积较多、农业发展条件较好,保障国家粮食和重要农产品供给的区域
重点生态功能区	指生态系统服务功能重要、生态脆弱区为主的区域
自然保护地名录	指对重要的自然生态系统、自然遗迹、自然景观及其所承载的自然资源、生态功能和文化价值实施长期保护的陆域和海域,包括纳入自然保护地体系的国家公园、自然保护区和自然公园三类区域
战略性矿产保障区名录	指为经济社会可持续发展提供战略性矿产资源保障的重要区域,主要包括全国和省级战略性矿产资源分布的国家规划矿区、能源资源基地、重要价值矿区和重点勘查开采区

续表

省级主体功能区类型	含 义
特别振兴区名录	指因资源枯竭、人口收缩等原因致使发展活力不足、关系国家边疆安全,以及需要国家特别扶持的区域,主要包括边疆重要城市、资源枯竭型城市、传统工矿城市等

市县国土空间规划分区在《市县国土空间规划分区与用途分类指南》(试行)进行了规定。市域规划分区主要可包括:生态保护与保留区、海洋特殊保护与渔业资源养护区、永久基本农田集中保护区、古迹遗址保护区,以及城镇发展区、农业农村发展区、海洋利用与保留区、矿产与能源发展区等8类分区。县级/市区规划分区主要可包括核心生态保护区、生态保护修复区、自然保留区、海洋特别保护区、海洋渔业资源养护区、永久基本农田集中保护区、古迹遗址保护区,以及城镇集中建设区、城镇有条件建设、特别用途区、农业农村发展区、海域利用区、无居民海岛利用区、海洋保留区、矿产与能源发展区等15类分区,具体如表6-9所示。其中城镇集中建设区还可采用城市功能规划分区方式对城市空间规划布局进行结构性控制,进一步分为居住生活区、综合服务区、商业商务区、工业物流区、绿地休闲区、交通枢纽区、公用设施集中区、战略预留区和特色功能区。农业农村发展区也可细分为村庄建设区、一般农业区、林业发展区和牧业发展区。海域利用区则可细分为渔业利用区、交通运输用海区、工业与城镇用海区、矿产与能源用海区、旅游休闲娱乐用海区和特殊利用区。

表6-9 市县国土空间规划分区

目标	市域(8类)	县域/市区(15类)	含 义
保护与修复	生态保护与保留区		具有特殊重要生态功能、必须严格保护或修复的自然区域
		核心生态保护区	具有特殊重要生态功能或生态环境敏感脆弱、必须强制性严格保护的陆地和海洋自然区域,是陆域生态保护红线和海洋生态保护红线集中区域
		生态保护修复区	核心生态保护区外,需进行生态保护与生态修复的陆地和海洋自然区域
		自然保留区	不具备开发利用与建设条件,也不需要特别保护与修复的陆地自然区域
	海洋特殊保护与渔业资源养护区	海洋特殊保护区	生态保护外,为了维护国家海洋权益、保护水下文物等,对海洋资源、环境和生态进行严格管控、强制性保护的海域和无居民海岛
		海洋渔业资源养护区	为实现海洋渔业可持续发展,实施资源保护、合理捕捞等措施的海域
	永久基本农田集中保护区	永久基本农田保护区	永久基本农田相对集中的区域
	古迹遗址保护区	古遗迹保护区	以历史文化资源保护为主要功能的大遗址和地下文物埋藏区域

续表

目标	市域(8类)	县域/市区(15类)	含 义
开发与利用	城镇发展区		城镇开发边界围合的范围,是城镇开发建设集中发展并可满足城镇生产、生活需要的区域
		城镇集中建设区	为满足城镇生产、生活需要,允许集中连片建设的区域
		城镇有条件建设区	城镇开发边界内,城、镇集中建设区外,为应对城镇发展不确定性划定的,当满足特定条件时方可进行城镇开发和集中建设的地域空间
		特别用途区	城镇开发边界内,与城镇关联密切的生态涵养、休闲游憩、防护隔离、历史文化保护等地域空间
	农业农村发展区	农业农村发展区	永久基本农田集中保护区外,为满足农林牧渔等农业发展,以及为满足农民集中生活及生产配套为主的区域
	海洋利用与保留区	海域利用区	允许集中开展海洋开发利用活动的海域
		无居民海岛利用区	允许适度开展开发利用活动的无居民海岛
		海洋保留区	规划期内限制开发的海洋后备发展空间
	矿产与能源发展区	矿产与能源发展区	陆域油气区、采矿区、盐田区及风能、太阳能采集区等保障国家资源安全供应的区域

资料来源:市县国土空间规划分区与用途分类指南(试行).

4. 用途管制

国土空间用途管制源于土地用途管制,逐步扩大到对所有国土空间,即全域、全要素分区分类实施用途管制。《关于建立国土空间规划体系并监督实施的若干意见》中对国土空间用途管制方式做出明确规定,要求在城镇开发边界内的建设,实行"详细规划+规划许可"的管制方式;在城镇开发边界外的建设,按照主导用途分区,实行"详细规划+规划许可"和"约束指标+分区准入"的管制方式。对以国家公园为主体的自然保护地、重要海域和海岛、重要水源地、文物等实行特殊保护制度。因地制宜制定用途管制制度,为地方管理和创新活动留有空间。用途管制是国土空间规划"落地"的关键环节,是规划审批和实施的依据,对于规划的实施效果起到至关重要的作用。

(二) 国土空间规划动态监测评估预警和实施监管机制

依托国土空间基础信息平台,统一规划审批和实施监督"一张图",实行国土空间规划动态监测评估预警和实施监管机制。对国土空间开发保护情况进行实时监测,对国土空间规划的实施情况开展评估和预警。上级自然资源主管部门会同有关部门组织对下级国土空间规划中各类管控边界、约束性指标等管控要求的落实情况进行监督检查,将国土空间规划执行情况纳入自然资源执法督察内容。

《市县国土空间总体规划编制指南》中明确要求建立"一年一体检、五年一评估"的定期评估机制,对规划实施总体情况进行全面体检监测,对违反规划管控要求的行为进行及时预警。这一做法在多地的城乡规划、国土空间规划中均已开展实践。

四、技术标准体系

"多规并行"时期由于数据基础、用地分类、技术标准不统一带来了规划协调上的诸多问题,新的国土空间规划体系通过构建统一的国土空间规划技术标准体系来保障规划从编制到实施的有效有序。

(一) 建立国土空间基础信息平台,统一数据基础

国土空间基础信息平台是国土空间规划体系的基础,为国土空间空间规划编制、行政审批、国土空间开发利用监测监管、空间决策分析等提供数据支撑和技术保障,有效提升国土空间治理能力现代化水平。依托第三次国土调查对所有国土空间的自然资源进行调查监测数据的整合和更新,建立全国统一的国土空间基础信息平台。该平台中数据以自然资源调查监测数据为基础,统一采用2000国家大地坐标系和1985国家高程基准作为空间定位基础,以陆域优于1:10000、海域1:50000精度纳入第三次全国国土调查现状数据和其他基础数据。国土空间规划成果数据也将被及时纳入国土空间规划"一张图",确保"发展目标、用地指标、空间坐标"一致。以全国国土空间基础信息平台为底版,有关部门结合各级各类国土空间规划编制,同步完成县级以上国土空间基础信息平台建设。国土空间基础信息平台的建设实现了数据基础的统一,为规划编制夯实了基础。

(二) 制定国土空间规划用地分类标准,统一分类标准

2020年11月,《国土空间调查、规划、用途管制用地用海分类指南(试行)》由自然资源部办公厅正式发布试行。该分类在整合原《土地利用现状分类》《城市用地分类与规划建设用地标准》《海域使用分类》等分类基础上,构建全国统一的国土空间用地用海分类,用地用海分类采用三级分类体系,共设置24种一级类、106种二级类及39种三级类。该分类适用于国土调查、监测、统计、评价,国土空间规划、用途管制、耕地保护、生态修复、土地审批、供应、整治、执法、登记及信息化管理等工作。

湖南省率先在规划用地分类方面进行了尝试和探索。2019年3月湖南省自然资源厅下发了《湖南省国土空间规划用地分类》(试行),这是首个省级下发的国土空间规划用地分类体系。湖南省国土空间规划用地在结构上采用了层级式分类体系,纵向由宏观至微观划分五级,横向上与自然资源、住建、林业等部门现行的相关国家标准及行业标准进行了对接,以土地实际使用的主要性质或规划引导的主要性质为基础,统筹考虑土地经营特点、利用方式和覆盖特征等因素进行划分。共划分一级类3个,二级类15个,三级类58个,四级类55个,五级类60个。一级类衔接现行土地利用规划用地分类方式,分为建设用地、农用地和生态用地。二级类和三级类均对上一级进行了细分,主要与《土地利用现状分类》《土地规划用途分类》《第三次全国国土调查工作分类》等原国土类用地分类进行了衔接,并消除与《林地分类》《湿地分类》等分类标准的差异。四级类和五级类主要针对建设用地进行了细分,主要衔接了《城市用地分类与规划建设用地标准》,如将城镇居住用地细分为一类居住用地、二类居住用地、三类居住用地、四类居住用地,将城镇一类居住用地细分为住宅

用地、服务设施用地等。然而由于湖南为内陆省份,此分类标准缺乏海域相关分类,有所缺陷。

(三) 制定各级各类国土空间规划编制办法和规程规范

自然资源部现已陆续出台《省级国土空间规划编制指南》(试行稿)、《市县国土空间总体规划编制指南》(试行稿)和《市级国土空间总体规划编制指南》(试行),旨在统一省级和市县国土空间总体规划的编制办法和技术流程。对于详细规划和专项规划的编制技术尚未有明确统一的系统规定,仍处于改革的前期探索之中。

参 考 文 献

顾朝林,2015.论中国"多规"分立及其演化与融合问题[J].地理研究,34(04):601-613.
国土资源部,2017.全国土地整治规划(2016—2020年)[Z].
湖南省自然资源厅,2020.湖南省乡镇国土空间规划编制指南(试行)[Z].
林坚,许超诣,2014.土地发展权、空间管制与规划协同[J].城市规划,38(1):26-34.
沈迟,2015.我国"多规合一"的难点及出路分析[J].环境保护,43(Z1):17-19.
沈迟,许景权,2015."多规合一"的目标体系与接口设计研究——从"三标脱节"到"三标衔接"的创新探索[J].规划师,31(2):12-16,26.
王旭阳,黄征学,2018.他山之石:浙江开化空间规划的实践[J].城市发展研究,25(3):26-31.
谢英挺,王伟,2015.从"多规合一"到空间规划体系重构[J].城市规划学刊,(3):15-21.
中共中央、国务院,2019.关于建立国土空间规划体系并监督实施的若干意见[Z].
自然资源部,2019.市县国土空间规划分区与用途分类指南(试行)[Z].
自然资源部,2019.市县国土空间总体规划编制指南(试行)[Z].
自然资源部,2020.省级国土空间规划编制指南(试行)[Z].

思 考 题

1. 比较我国主要空间型规划的重点内容,它们之间存在什么样的交叉重复问题?
2. 我国五级国土空间规划体系中,各层级规划的重点是什么?
3. 请思考国土空间规划内容体系、编制审批体系、实施监督体系、法律法规体系和技术标准体系之间的关系。

第七章 市县国土空间规划阶段的土地利用规划

"多规合一"背景下的国土空间规划融合了主体功能区规划、土地利用规划、城乡规划等多项空间规划,是宏观与微观结合、人文与自然并重、管控与发展并行、技术与政策共存的地区综合规划。土地利用是国土空间规划的核心内容,也是实际操作和调控的对象。相比国家级和省级国土空间规划,市县级国土空间规划更加侧重规划的实施性,如何更科学合理地组织和利用土地是编制市县国土空间规划的关键所在。本章探讨市县国土空间规划中的土地利用规划,从规划编制的要求出发,对市县国土空间规划中涉及的土地利用规划内容进行了梳理,并结合国内外相关研究和实践案例,深入介绍"三区三线"划定方法及技术、土地利用功能以及结构的布局等内容。

第一节 市县国土空间规划中土地利用规划内容

土地利用不仅是城镇空间中分析研究和实际调控的关键内容,同时也是国土空间规划中进行全域土地宏观布局的重要对象,深入认识土地利用规划在综合性的市县国土空间规划中的内容是进行国土空间规划的前提。

市县国土空间规划作为"多规合一"背景下的综合性规划,无论是融合土地利用规划还是兼并城乡规划,都离不开对土地利用的现状评估与调整配置。市县国土空间规划中的土地利用规划从目标来讲既要从完善城市功能与结构的角度组织和安排城镇空间内的土地利用方式,也要从全域的土地开发、利用和保护的角度出发制定土地用途的规划和部署;从功能来讲既要关注城乡居民具体的物质空间格局与利益,也要关注土地资源本身的数量平衡与效率高低,尤其注重保护耕地与重要功能的生态用地;从调控内容来讲,既要调整各类功能的城镇建设用地间的比例关系,也要调整建设用地与非建设用地、国有土地与集体土地之间的比例关系(吴志强,李德华,2010;邹艳丽,田莉,2013)。

在综合统筹多项规划的前提下,市县国土空间规划中的土地利用规划主要涉及以下内容:

1. 国土空间规划用途分类

在市县国土空间规划的精细化需求及陆海统筹、城乡统筹、地上地下空间统筹的指导思想下,国土空间规划需按照规划战略的意图及资源利用主导方式统一编码进行用途划分,现行的用途分类标准为2020年11月提出的《国土空间调查、规划、用途管制用地用海分类指南(试行)》。分类指南是以《土地利用现状分类》《城市用地分类与规划建设用地标准》

和《海域使用分类》等文件标准和分类思路为基础,以统筹发展为指导的综合性分类框架,直接与《土地管理法》对接。指南中采用了三级分类标准,将用地用海分为24个一级类,106个二级类及39个三级类。其中一级类中,耕地、园地、林地、草地、湿地、农业设施用地、陆地水域、其他土地等类别沿用了传统土地利用规划中的分类标准。

2. 国土空间用途管制

国土空间用途管制的实质也是土地利用控制。在开展市县国土空间规划过程中,市级应当提出市域范围的土地利用规模与结构,并对县级规划提出控制要求;而县级在市级控制基础上,不仅应提出市区/县域的土地利用规模结构,同时也要对乡镇地区的土地利用进行调控与规范。在土地利用控制时,应优先满足和保障生态用地和农业用地需求,确定生态用地、农用地和建设用地及其细分用地的约束性和预期性指标。市县国土空间规划同时承载着山水林田湖草矿保护利用的使命,需在土地利用调查基底上,对山体、水系、林地、农田、草地和海洋资源等用地进行合理配置和严格管控。对于开发利用区域的建设用地坚持节约集约利用原则,推进建设用地结构调整与再利用。

3. 市县国土空间"三区三线"划定

市县国土空间规划是市辖县(区、市)规划及约束性目标落实的重要指引和参考,而"三区三线"的划定是市县国土空间规划中的空间管制分区与空间管制界线的核心内容。永久基本农田保护红线、耕地红线、生态保护红线及城镇开发边界都是土地利用规划中严格管控和约束的指标;农业空间、生态空间和城镇空间的划定也是土地利用规划中的重要探索内容。市县空间的"三区三线"划定一方面要遵循自上而下的空间规划及管控指标,另一方面要在市县层面因地制宜对分区和界线细化分解落实到具体空间,实现全域、全要素空间管制,这些都是土地利用规划及用途管制的内容与思想传承。

4. 土地利用功能分区

在"三区三线"划定的基础上,分析城市土地利用的现状情况,提出主要的特点和存在的问题。根据城市社会经济的发展需求,结合土地适宜性评价及各类城市用地的选址条件和布局特点,合理组织安排并调整土地利用结构和空间布局。用地组织和空间布局既要考虑合理的功能分区,又要考虑功能相近或互补的用地彼此间的包容性,保障城市各项功能的整体协调和有机联系,并保障城市安全、高效地运转。

第二节 市县国土空间"三区三线"的划定

"三区三线"是指生态空间、农业空间和城镇空间三种类型的空间,以及分别对应的生态保护红线、永久基本农田保护红线和城镇开发边界三条控制线。"三区三线"是国土空间规划中的空间管制分区与空间管制界线的核心内容。目前国土空间规划中三区及三线划定的重要参考为"双评价"。"双评价"的内容主要包括两个方面:一是本底评价及结果校验,二是综合分析。本底评价包含生态保护重要性评价、农业生产适宜性评价、城镇建设适宜性评价及承载规模评价四部分内容。在本底评价的基础上,进一步对地区的资源环境禀赋进行分析,资源环境及土地利用现状问题和风险进行识别,通过潜力分析和情景分析以支持地区国土空间规划的多方案决策。

无论是生态空间、永久基本农田等保护型空间还是城镇空间和部分农业空间等开发利用型空间,都需在资源环境承载能力评价和国土空间开发适宜性评价等基于地方实际资源、环境、人文及社会经济的本底性评价指导下完成。通常在进行县级以上国土空间总体规划时,应提前开展"双评价"内容,而在县级空间规划中一般直接采用省级或市级的评价结果。

一、生态空间与生态保护红线的划定

生态空间是指具有自然属性的、以提供生态服务或生态产品为主体功能的国土空间,包括森林、草原、湿地、河流、湖泊、滩涂、荒地、荒漠等用地类型构成的空间。生态保护红线是指具有特殊重要生态功能、必须强制性严格保护的区域。生态保护红线是保障和维护国家和区域生态安全的底线和生命线。

目前重要生态空间与生态保护红线划定研究及技术大多依托于生态保护重要性评价和生态敏感性评价,根据评价得到的生态保护极重要区和生态敏感区基础上叠加自然保护地,划定为生态功能保护区。各地区再根据保护和修复生态保护极重要区和生态极敏感区圈定生态保护红线。在省级层面和部分市级层面已有生态保护红线成果,市县空间的生态空间及保护红线的划定需遵循省市级成果,同时因地制宜对具体生态空间和红线区内部按重要性等级和敏感性等级进行细分,并针对不同等级予以相应的保护和修复措施及要求。

(一) 生态功能重要性评价

生态空间及生态保护红线的划定过程中,重要生态功能区的确定应首先对区域进行生态功能重要性评价。重要生态功能包括水源涵养功能、水土保持功能、生物多样性保护功能和洪水调蓄功能等。下面介绍各重要生态功能的常见评价方法。

1. 水源涵养功能重要性评价方法

水源涵养是生态服务功能中常见且重要的功能。水源涵养生态功能重要区可通过水源涵养量计算,现行的水源涵养量的获取通常采用基于降水和蒸散的水量分解模型法:

$$WY = P - ET \tag{7.1}$$

$$ET = \frac{P\left(1 + \omega \frac{PET}{P}\right)}{1 + \omega \frac{PET}{P} + \left(\frac{PET}{P}\right)^{-1}} \tag{7.2}$$

式中,WY——水源涵养量;P——多年平均年降水量;ET——蒸散量;PET——多年平均潜在蒸发量;ω——下垫面影响系数,依据土地利用类型取值,如表7-1,对于不同下垫面的地类,其影响系数取值不同,植被覆盖度越高,水源涵养的作用越明显。

表 7-1　水源涵养功能重要性评价参数 ω 参考取值

土地利用类型	耕地	高覆盖林地	低覆盖林地	灌丛	草地	人工用地	其他
ω	0.5	2	1	1	0.5	0.1	0.1

2. 水土保持功能重要性评价

水土保持功能重要性的精确评价方法有定量指标法和基于通用水土流失方程（USLE）模型法等。根据《全国生态功能区划》中对水土保持生态功能的定义，水土流失国际通用方程是目前生态服务功能研究中较为成熟的算法。通过分别计算潜在土壤侵蚀量和实际土壤侵蚀量的值，再计算得到土壤保持量作为生态系统水土保持功能重要性的评价指标。公式(7.3)为水土流失国际通用方程：

$$A_c = A_p - A_r = R \times K \times L \times S \times (1 - \text{vege}) \tag{7.3}$$

式中，A_c——土壤保持量；A_p——潜在土壤侵蚀量；A_r——实际土壤侵蚀量；R——降水因子；K——土壤侵蚀因子，一般使用 EPIC 模型中的 K 值估算方法得到；L——坡长因子；S——坡度因子；vege——植被覆盖因子。

3. 生物多样性保护功能重要性评价

生物多样性评价的评价指标主要为国家一、二级保护物种和其他具有重要保护价值的物种，需全面收集物种分布点的环境信息后，采用物种分布模型来预测区域任一物种的分布概率，但此方法对于数据要求十分严格。在市县空间中，可参照《生态环境质量评价技术规范》中的生物丰度的计算方法来替代生物多样性指标，此方法可以间接反映被评价区域内生物丰度的丰贫程度，以土地利用类型为评价指标来划分区域的生物多样性功能重要程度分区，算法如下：

$$\text{Er} = A_{\text{bio}} \times (w_i \times T_i)/S \tag{7.4}$$

式中，Er——生物丰度指数；A_{bio}——生境质量指数的归一化系数，取参考值 511.2642；w_i——地类 i 的权重，T_i——i 的用地类型；S——区域面积。不同土地利用类型权重取值如表 7-2 所示。

表 7-2　生物丰度指数分权重

一级地类	权重	二级地类	分权重
林地	0.35	有林地	0.6
		灌木林地	0.25
		疏林地和其他林地	0.15
草地	0.21	高覆盖度草地	0.6
		中覆盖度草地	0.3
		低覆盖度草地	0.1
水域湿地	0.28	河流	0.1
		湖泊（库）	0.3
		滩涂湿地	0.6

续表

一级地类	权重	二级地类	分权重
耕地	0.11	水田	0.6
		旱地	0.4
建筑用地	0.04	城镇建设用地	0.3
		农村居民点	0.4
		其他建设用地	0.3
未利用地	0.01	沙地	0.2
		盐碱地	0.3
		裸土地	0.3
		裸岩石砾	0.2

资料来源：《生态环境状况评价技术规范》（HJ 192—2015）.

4. 洪水调蓄功能重要性评价

在洪水调蓄功能中，湖泊、水库、河流的调蓄作用是最显著的，大中型湖泊是自然界中最为重要的抵抗洪涝灾害的用地类型。水库则是自然形成或人工组建的用于对抗洪水和干旱的重要枢纽，河流可以有效疏散洪水，这些生态空间都承担着防洪减灾的重任。在洪水调蓄功能重要性评价中，通常可将国土空间内大型湖泊和主要河流列入洪水调蓄的极重要区域，基于水库的具体库存来确定各水库调蓄能力并进行重要性分级。

(二) 生态敏感性评价

重要生态空间的分级与红线划定更多的是为了地区的生态保护，生态敏感或脆弱的生态空间分级与红线划定除保护地区生态空间外，还是地区进行生态修复和整治工作的基础。市县国土空间的生态敏感性评价需依托地区的生态敏感性专项调查监测成果，如水土流失、土壤沙化和石漠化等敏感性监测。水土流失敏感性评价主要考虑以水动力为主的水土流失，区域降水、地形、土壤和植被覆盖度都是对水土流失影响很大的因素。根据"双评价"指南中的划定标准，水力侵蚀强度剧烈和极强烈的生态空间即为水土流失极敏感空间，需被划定为生态红线区。土地沙化敏感性是以风力侵蚀为主带来的水土流失，通过对地区干燥度指数、起沙风天数、土壤可蚀性因子、地表覆盖度等指标的考察，风力侵蚀强度剧烈和极强烈等级的生态空间须被划入生态红线区。石漠化监测成果中评级为重度及以上的生态空间也需划入生态敏感红线区。

二、农业空间与永久基本农田保护红线的划定

农业空间是指以农业生产和农村居民生活为主体功能，承担农产品生产和农村生活功能的国土空间，主要包括永久基本农田、一般农田等农业生产用地以及村庄等农村生活用地。永久基本农田是指按照一定的耕地质量等级，综合考虑地力条件、水利条件和区位条件等因素划定的最值得保护的耕地，也是为保障国家粮食安全和重要农产品供给，划定的需要实施永久特殊保护的耕地。永久基本农田红线是按照一定时期人口和社会经济发展

对农产品的需求,依法确定的不得占用、不得开发、需要永久性保护的耕地空间边界。

(一) 农业空间的划定方法

农业空间和城镇空间都是在生态保护红线区以外的地区进行划定,生态保护极重要区不得进行开发和建设。市县空间中农业空间的划定方法在"双评价"中也有指导。农业空间的划定是在农业生产适宜性评价和农业生产承载规模评价的基础上划定的。

农业生产适宜性评价是根据对空间内的水、土、光、热、气等自然条件以及地形、土壤环境容量和气象灾害等因素将空间划分为农业生产适宜区和农业不适宜区。按农业生产类型来分,包含种植业、畜牧业、渔业生产适宜性评价。种植业生产适宜性评价一般从水资源丰度、坡度、坡向、土壤肥力、光热及盐渍化程度来综合考察适宜性,在空间上,地块规模较大和连片度较高的耕地相对种植适宜性越高,而干旱、地形坡度>25°、土壤粉砂含量大或土壤污染物含量高的地块为不适宜区;畜牧业生产适宜性主要考察地区年降水量和积温情况,在空间上地势平坦且连片集中的牧区适宜性较高;渔业生产适宜性分别从渔业捕捞和渔业养殖两类进行评价。

农业生产承载规模的评价也相应地分为耕地承载规模、牲畜承载规模和渔业承载规模评价。其中,耕地承载规模需考虑土地资源和水资源约束下的农业生产最大规模,牲畜承载规模按照牧区畜牧业和农区畜牧业分别以草地资源的可持续饲草生产能力及农区养殖粪肥养分需求量和单位供给量来确定合理承载规模,渔业通过可供捕捞种群数量和水质污染程度确定合理规模。

(二) 永久基本农田保护红线的划定

我国对于基本农田的界定和划定已有相应的原则和标准,通常下列耕地应当划入基本农田保护区,严格管理:①经国务院有关主管部门或者县级以上地方人民政府批准确定的粮、棉、油生产基地内的耕地;②有良好的水利与水土保持设施的耕地,正在实施改造计划以及可以改造的中、低产田;③蔬菜生产基地;④农业科研、教学试验田。永久基本农田作为基本农田中更为优质、连片、永久、稳定的耕地,在各地划定实践中,尤其是市县空间划定过程中,仍存在如量化标准模糊、管治难度大等问题。

虽然永久基本农田红线的划定尚未形成统一的定量划定方法,但是诸多研究已从划定方法及模型(如综合评价法、局部空间自相关法、四象限法、LESA 体系等)和综合指标(如自然禀赋、耕地开发水平、经济效益、灾害防护能力)等方面开展了深入研究。其中美国的"土地评价和立地分析"系统(land evaluation and site assessment,LESA)是当前重要农地划定中较为成熟的理论和方法体系,为许多研究借鉴与参考。

LESA 体系由两个模块组成:土地评价子系统(land evaluation,LE)和立地分析子系统(site assessment,SA)。土地评价子系统注重考察耕地的质量,具体包括土地潜力、重要农田鉴定和土壤潜力指数(soil capability ratio)。立地分析子系统则注重评价耕地的社会经济条件,考察除土壤质量外的影响农地适宜性的因素。立地分析不仅包括区位条件以及耕地的空间特征等,还包含是否与土地利用总体规划及当地政策法规相矛盾等政策条件的考察(见表 7-3)。在综合指标体系确定的基础上,需根据地区实际情况采用专家打分法等主观赋权法和熵值法等客观赋权法结合对各指标值赋予相应权重,最终进行市县国土空间永久基本农田的划定。

表 7-3　基于 LESA 体系的永久基本农田划定指标体系

目标层	准则层	方案层	指标层
基本农田划定指标体系	LE(土地评价子系统)	自然质量条件	土壤有机质含量
			表层土壤质地
			剖面构型
			土壤污染状况
		基础设施条件	灌溉保证率
			排水条件
			道路网密度
			林网密度
	SA(立地分析子系统)	区位条件	耕地到交通主干道距离
			耕地到河流水系距离
			耕地到中心城镇距离
			耕作半径
		耕作条件	连片性
			破碎度
			耕地斑块形状指数
		政策条件	是否曾被划定为基本农田
			是否与土地利用总体规划及当地政策法规相矛盾

资料来源:边振兴,刘琳琳,王秋兵,等,2015.基于 LESA 的城市边缘区永久基本农田划定研究[J].资源科学,37(11):2172-2178.

三、城镇空间与城镇开发边界的划定

城镇空间是指以城镇居民生产、生活为主体功能的国土空间,包括城镇建设空间、工矿建设空间以及部分乡级政府驻地的开发建设空间。与农业空间一样,城镇空间的划定也是在生态保护极重要区以外地区划定。市县城镇空间的划定分为城镇建设适宜性评价和城镇建设承载规模评价。城镇建设适宜性评价主要从水资源短缺、地形坡度、海拔及地质灾害等限制性因素进行评价,城镇建设承载规模分别在土地资源约束和水资源约束下根据相应的发展情景进行合理设定。在明确城镇建设区和城镇建设最大合理规模的基础上,进一步对城市规模进行预测,并划定城镇开发边界。

(一) 城市规模预测

城市规模是科学编制市县级国土空间规划的前提和基础,是合理配置资源、协调利益关系和制定公共政策的重要依据。城市规模包含城镇人口规模和城镇建设用地规模两部分,是反映城市大小的重要指标,对城市各类用地的规模及空间布局有深刻的影响。

城市规模的预测一般从城镇人口规模预测开始着手,再根据城市经济社会发展的战略目标、城市发展的有利条件和制约因素对其进行综合的协调校核,最后依据城镇人口规模预测的综合计算结果和我国现行的《城市用地分类与规划建设用地标准》(GB 50136—2011)中相应的规划人均城镇建设用地指标对城镇建设用地规模进行推算。

1. 城镇人口规模预测

(1) 城镇人口的统计口径

城镇人口是指城区(镇区)的常住人口。按照《城市用地分类与规划建设用地标准》(GB 50136—2011)规定,人口规模应按常住人口进行统计。常住人口是指户籍人口数量(包括农业和非农业人口)与居住半年以上的暂住人口数量之和。在城镇人口规模预测的过程中,应注意人口规模的统计范围与规划的地域范围保持一致性。

(2) 城镇人口规模的预测方法

城镇人口规模预测的方法主要分为三类,包括时间预测分析、因果预测分析和定性预测分析。时间预测分析是依据多年来人口随时间变化的规律,建立相应的数学模型来模拟人口增长变化情况,从而预测规划年末的人口规模。这类方法适用于人口变动较稳定的城市,同时要求要有较长时间序列的人口数据作为模型构建的基础。因果预测分析是依据一定时期内社会、经济、环境等要素对人口规模影响的规律来构建两者之间函数关系,根据规划期内对社会经济发展和环境容量判断的预测值来推算相应的人口规模。这类方法适用于各种要素和人口变动之间存在显著相关性的城市。定性预测分析主要是一种校核的方法,可通过区域人口分配或与相似城市的类比进行推算(全国城市规划执业制度管理委员会,2007)。

以上三类均有多种预测方法,但适用范围有所差别,应依据城市发展特征选择合适的预测方法(见表 7-4)。一般情况下,城镇人口规模会根据不同的预测方法得出多种可能的方案。这样预测、校核得来的人口规模数值可作为一个大致的范围,不必片面追求数据的精确度,同时应考虑到市场的不确定性和政府的宏观调控能力,留有一定的弹性幅度(吴志强,李德华,2010)。

表 7-4 城镇人口规模预测方法

类别	方法	原理	适用范围
时间预测分析	综合增长率法	以预测基准年上溯多年的人口历史平均增长率为基础,以现状人口为基数,逐年或分段推测未来一定时期的人口规模	适用于处于稳定期的城市或者预测短期内的人口规模,快速变化时期可考虑分为不同发展阶段
	时间序列法	通过多年连续城镇人口规模与年份之间的关系,建立线性或非线性回归模型,进而预测目标年的城镇人口规模,可用模型有线性模型、Logistic曲线模型和指数曲线模型等	假定人口变化模式固定,适用于处于稳定期的城市或者预测短期内人口规模
	灰色模型法	将人口规模动态变化系统作为灰色系统,常用于预测的灰色动态模型 GM(1,1) 为一阶微分方程,对原始序列作一次累加生成使生成序列呈一定规律,然后建立一阶线性微分方程模型求得拟合曲线以对系统进行预测	将无序变有序,可用于任何城市,但要求有连续完整的数据

续表

类别	方法	原理	适用范围
因果预测分析	劳动平衡法	按一定比例分配社会劳动,将城镇人口分为基本人口、服务人口和抚养人口。根据国民经济计划确定基本人口,按各类人口比例关系推算城镇总人口	适用于产业单一、经济运行相对封闭的城市,如独立工矿城市、旅游城市
	就业岗位法	可以从以下四方面推算就业岗位需求,包括经济规模和产业结构、主要产业单位产品产值、商业服务业单位营业额或单位营业面积等,再根据就业率等因素推算城镇总人口	需对城市经济以及各产业门类的比例掌握较好,一般适用于产业比较发达的城市
	职工带眷系数法	根据新增就业岗位数及不同类别职工的带眷情况来预测城镇人口规模	适用于新建工矿城镇或其他小城镇
	环境容量法	城市所在地区受自然条件的限制,城镇人口规模的增长存在极限值	校核方法,适用于受到资源约束的城市
定性预测分析	区域人口分配法	通过区域人口的现有规模和发展趋势,依据某一城镇的人口占区域人口总规模的比例,确定该城市的人口规模	校核方法
	类比法	与相似城市的相同阶段的人口变化特征进行对比来推算	校核方法,适合用于新建的城市

资料来源(在以下资料的基础上整理):①全国城市规划执业制度管理委员会,2007.科学发展观与城市规划[M].北京:中国计划出版社:118-119。②吴志强,李德华,2010.城市规划原理[M].4版.北京:中国建筑工业出版社:124-128.

下面介绍几种常用的城镇人口规模预测方法的具体计算过程。

① 综合增长率法

根据人口综合年均增长率预测未来的人口规模,按照下式计算:

$$P_t = P_0(1+r)^n$$

式中,P_t——目标年末人口规模;P_0——基准年人口规模;r——人口综合年均增长率;n——预测年限($n=t_n-t_0$,t_n 表示目标年,t_0 表示基准年)。

人口综合年均增长率 r 应根据多年城市人口规模数据计算确定。同时由于人口的增长会受到城市经济发展、资源环境和政策制度等多方面的影响,因而综合增长率法预测城市人口规模应在上述工作的基础上,参考具有可比性的城市在相同发展阶段的人口增长情况,确定高、中、低等多个人口综合年均增长率 r,形成多个可能的人口预测方案。

② 时间序列法

通过多年来城镇人口规模数据和年份之间的关系建立回归模型,描述人口规模随时间变化的规律。这种相关关系存在线性和非线性的可能,因此可用的模型包括线性模型、Logistic 曲线模型、二次曲线模型、指数曲线模型等。

常用的线性模型的计算公式如下:

$$P_t = a + bY_t$$

式中,P_t——目标年末人口规模;Y_t——目标年份;a、b——参数。

常用的非线性模型为 Logistic 曲线模型。该曲线模型存在一个极值,随着自变量数值的增加,因变量的值将不断趋近该极值。在城镇人口规模的预测中使用该模型,可以反映城市发展的极限人口规模。此外,该曲线模型的变化趋势与城镇人口变化的过程相符,曲线的斜率(对应人口的增长率)起初随自变量(对应预测年限)增大而逐渐变大,当因变量(对应人口规模)增长到一定程度时曲线出现一个拐点,拐点之后的曲线斜率随自变量增大而逐渐减小。鉴于此,在城镇人口规模预测时常用 Logistic 曲线模型,具体计算如下:

$$P_t = \frac{P_m}{1 + aP_m b^n}$$

式中,P_t——目标年末人口规模;P_m——城镇最大人口容量;n——预测年限($n = t_n - t_0$,t_n 表示目标年,t_0 表示基准年);a、b——参数。

参数 a 和 b 可借助软件从历年人口规模与对应年份的曲线拟合中求得。P_m 一般需要结合城市的生态环境容量、资源承载力、经济发展潜力等条件来确定。

2. 城镇建设用地规模预测

城镇建设用地规模依据城镇人口规模(P)和规划人均城镇建设用地指标(A)来确定。其中,规划人均城镇建设用地指标的选取参见我国现行的《城市用地分类与规划建设用地标准》(GB 50137—2011)。编制和修订市县级国土空间规划应以该标准作为规划城镇建设用地的远期规划控制标准。

规划人均城镇建设用地指标应根据现状人均城镇建设用地面积指标、城市(镇)所在的气候区以及规划人口规模,依据表 7-5 的规定综合确定,同时应符合表中所允许采用的规划人均城镇建设用地面积指标和允许调整幅度双因子的限制要求。

表 7-5 规划人均城镇建设用地面积指标 $m^2/人$

气候区	现状人均城镇建设用地面积指标	允许采用的规划人均城镇建设用地面积指标	允许调整幅度		
			规划人口规模 ≤20.0 万人	规划人口规模 20.1 万~50.0 万人	规划人口规模 >50.0 万人
Ⅰ、Ⅱ、Ⅵ、Ⅶ	≤65.0	65.0~85.0	>0.0	>0.0	>0.0
	65.1~75.0	65.0~95.0	+0.1~+20.0	+0.1~+20.0	+0.1~+20.0
	75.1~85.0	75.0~105.0	+0.1~+20.0	+0.1~+20.0	+0.1~+15.0
	85.1~95.0	80.0~110.0	+0.1~+20.0	−5.0~+20.0	−5.0~+15.0
	95.1~105.0	90.0~110.0	−5.0~+15.0	−10.0~+15.0	−10.0~+10.0
	105.1~115.0	95.0~115.0	−10.0~−0.1	−15.0~−0.1	−20.0~−0.1
	>115.0	≤115.0	<0.0	<0.0	<0.0
Ⅲ、Ⅳ、Ⅴ	≤65.0	65.0~85.0	>0.0	>0.0	>0.0
	65.1~75.0	65.0~95.0	+0.1~+20.0	+0.1~20.0	+0.1~+20.0
	75.1~85.0	75.0~100.0	−5.0~+20.0	−5.0~+20.0	−5.0~+15.0
	85.1~95.0	80.0~105.0	−10.0~+15.0	−10.0~+15.0	−10.0~+10.0
	95.1~105.0	85.0~105.0	−15.0~+10.0	−15.0~+10.0	−15.0~+5.0
	105.1~115.0	90.0~110.0	−20.0~−0.1	−20.0~−0.1	−25.0~−5.0
	>115.0	≤110.0	<0.0	<0.0	<0.0

备注:1. 气候区应符合《建筑气候区划标准》(GB 50178—93)的规定;
  2. 新建城市(镇)、首都的规划人均城市建设用地面积不适用本表。

其中,新建城市(镇)的规划人均城镇建设用地面积指标宜在 85.1~105.0m²/人内确定。首都的规划人均城镇建设用地指标应在 105.1~115.0m²/人内确定。边远地区、少数民族地区城市(镇)以及部分山地城市(镇)、人口较少的工矿业城市(镇)、风景旅游城市(镇)等不符合表 7-5 规定时,应专门论证确定规划人均城镇建设用地面积指标,且上限不得大于 150.0m²/人。

(二) 城镇开发边界的划定

随着我国城镇化进程的快速推进,城市蔓延所带来的矛盾问题日益凸显。一方面,我国人口基数大,人均耕地面积有限,城市的过度扩张不利于耕地的保护与粮食供应的保障;另一方面,伴随着大规模城市扩张,土地利用效率低下,大量"鬼城"出现,导致土地资源的巨大浪费。城市空间增长的控制和管理亟需有效的技术手段和政策工具。2006 年新版的《城市规划编制办法》分别在第四章第二十九条和第三十一条中两次提到了与城镇开发边界相近的概念,分别要求在总体规划纲要和中心城区规划的编制阶段应研究中心城区空间增长边界,提出建设用地规模和建设用地范围。2020 年自然资源部颁布的《市级国土空间总体规划编制指南(试行)》进一步明确提出城镇开发边界的划定要求。然而,目前国内关于城市增长的管理仍处于模糊阶段,缺乏完整的理论基础和逻辑框架。在国外,城镇开发边界又称"城市增长边界"(urban growth boundary)。以欧美为代表的西方国家已将城市增长边界作为空间增长管理的常用政策工具。近年来我国借鉴欧美国家的成功经验,不断丰富关于城镇开发边界的研究,相关试点也在全国范围内积极开展。下面将从城镇开发边界的起源、概念和内涵、划定方法和相关实践的角度展开介绍。

1. 城镇开发边界的起源

有关城镇开发边界的理论思想可以追溯到 19 世纪末霍华德提出的"田园城市"理论。该理论指出,通过在中心城区外围设立永久性绿带来限制城市的发展。该思想在后来的大伦敦规划里得到很好的体现,并在 20 世纪 60 年代巴黎"多中心城市"规划的绿带规划部分得到进一步发展(黄明华,田晓晴,2008)。城市增长边界的正式提出与"二战"后美国大规模的郊区化有关。

自 20 世纪 50 年代起,美国大规模的郊区化使得城市空间不断扩张,中心城区逐渐衰落,由此产生传统社区文化丧失、环境污染、侵占农田和职住分离等问题;与此同时,外延配置市政、公服设施的需求日益增大,极大加重了政府的财政负担。随着城市的不断蔓延,美国俄勒冈州(Oregon)的塞勒姆市(Salem)与相邻的波尔克(Polk)和马里恩(Marion)两县在城市规划管理中出现冲突。为解决该问题,1976 年塞勒姆市政府提出"城市增长边界"(urban growth boundary)的概念并划定了美国第一条城市增长边界(见图 7-1),并将其定义为"城市土地和农村土地之间的分界线",规定边界以内的土地为可开发的城市建设用地,边界以外的土地则不可用于城市建设开发(Knaap and Nelson,2003)。

在此之后,国外的相关学者对于城镇开发边界的概念和内涵进行了广泛且深入的讨论,我国对于城镇开发边界的概念研究也在国外理论研究的基础上展开。

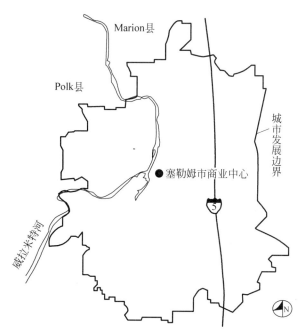

图 7-1　1976 年塞勒姆市的城市增长边界

资料来源：KNAAP G，NELSON A C，2003. 土地规划管理：美国俄勒冈州土地利用规划的经验教训[M]. 丁晓红，何金祥，译. 北京：中国大地出版社.

2. 城市增长边界的概念与内涵

国外学者从不同的角度阐释城镇开发边界的概念和内涵。20 世纪 80 年代，"新城市主义"和"精明增长"针对城市蔓延问题应运而生，并于 20 世纪 90 年代中后期得到较快的发展。"新城市主义"和"精明增长"的内涵丰富，其中均提出在城市发展中要限定城镇开发边界，保护自然景观和农业区域。新城市主义认为，"大都市区是具有地理界限的有限空间，这些界限源于河流、海岸线、农田、山体和郊野公园等，城市的扩张不应模糊甚至侵占该界限"（Duany and Zyber，1998）。而精明增长研究在 2000 年发起的全美民意调查中，83% 的民众同意"在现有城市和郊区之外建立由绿地系统、农田、森林等构成的空间区域，为开发商设立控制开发的边界"（Benfield et al.，2003）。关于城镇开发边界的概念，两者均强调了对自然特征的保护。新城市主义还从构成角度出发，指出城镇开发边界由城市边界和郊区边界构成。城市边界是从城市角度定义的，指在城市周围形成一道独立、连续的界限来限制城市的增长；郊区边界则是从自然角度定义的，通过划定一定界限来保护郊区的用地不被侵犯（Duany and Zyber，1998；黄明华，田晓晴，2008；王颖等，2014）。两者可能重合也可能分开。从公共管理的角度来看，新城市主义强调了城镇开发边界作为区域规划的工具之一，包含着控制和引导城市增长的两重含义；而 Bengston 等（2004）则将城镇开发边界定义为"被政府采用并在地图上予以标示，用以区分城市化地区和周边生态保留空间的界线"。从城镇开发边界的时空演化角度来看，大多数城镇开发边界是动态性的，一定时期需要进行评估和调整,而少数城镇开发边界是永久性的,其大小和形状完全由环境因素所决定。

国内关于城镇开发边界的概念研究建立在对国外理论和实践研究的基础上。2007年开始,国内学术界对于中国化的城镇开发边界的概念和内涵进行了广泛讨论。刘海龙(2005)和黄慧明(2007)认为,国内的城镇开发边界应从保护生态敏感区和重要自然资源的角度出发进行界定,同时刘海龙(2005)还强调了深化区域景观生态格局的研究,从而指导非建设用地的划定。另外较多学者认为,我国的城镇开发边界应包含"刚性边界"和"弹性边界"两部分:"刚性边界"针对城镇非建设用地边界提出,是生态安全的底线;"弹性边界"是针对城镇建设用地的发展提出的,原则上不可修改,如遇特殊情况可严格论证后调整。其中黄明华(2008)认为总体规划纲要的城镇开发边界应从技术层面出发定义为"刚性边界",中心城区规划的城市增长边界则从公共政策层面出发定义为"弹性边界"。王颖等(2014)结合我国目前的四区划分要求,认为可通过"刚性边界"整合严格限建区和禁建区,通过"弹性边界"深化限建区和一般限建区。龙瀛等(2009)则从广义上将禁建区、限建区和城镇建设用地边界统称为我国的城镇开发边界,而狭义上则将有法律保障的规划城镇建设用地边界定义为城镇开发边界。

总结起来,虽然目前国内外学者对于城镇开发边界的概念和内涵有不同的理解,但总体上存在如下的共识:①城镇开发边界是保障生态、经济、社会综合效益的一种技术手段和政策工具,以保护生态环境、节约集约用地和优化空间结构为目标,合理引导城市土地开发与再开发,规避生态敏感区,提高基础设施和公服设施的使用效率;②城市增长边界不是内涵单一且固定不变的边界,可根据城市发展的需要划定永久性增长边界和动态性增长边界,落实到我国的实践上可分别对应为保护生态安全、城市开发不可逾越的"刚性边界"和预留城市发展空间、可随城市扩展调整的"弹性边界"(王颖等,2014)。

随着我国空间规划体系的调整,2020年自然资源部颁布的《市级国土空间总体规划编制指南(试行)》明确指出,"城镇开发边界是在国土空间规划中划定的,一定时期内因城镇发展需要,可以集中进行城镇开发建设、完善城镇功能、提升空间品质的区域边界,涉及城市、建制镇以及各类开发区等。城镇开发边界内可分为城镇集中建设区、城镇弹性发展区和特别用途区(见图7-2)。城市、建制镇应划定城镇开发边界"。其中,城镇集中建设区、城镇弹性发展区和特别用途区的内涵如下:

(1) 城镇集中建设区:根据规划城镇建设用地规模,为满足城镇居民生产生活需要,划定的一定时期内允许开展城镇开发和集中建设的地域空间。

(2) 城镇弹性发展区:为应对城镇发展的不确定性,在城镇集中建设区外划定的,在满足特定条件下方可进行城镇开发和集中建设的地域空间。在不突破规划城镇建设用地规模的前提下,城镇建设用地布局可在城镇弹性发展范围内进行调整,同时相应核减城镇集中建设区用地规模。

(3) 特别用途区:为完善城镇功能,提升人居环境品质,保持城镇开发边界的完整性,根据规划管理需划入开发边界内的重点地区,主要包括与城镇关联密切的生态涵养、休闲游憩、防护隔离、自然和历史文化保护等地域空间。特别用途区原则上禁止任何城镇集中建设行为,实施建设用地总量控制,原则上不得新增除市政基础设施、交通基础设施、生态

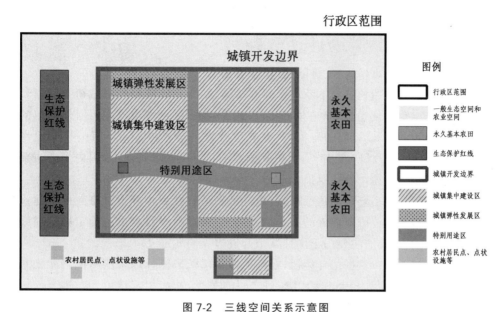

图 7-2 三线空间关系示意图

资料来源：《市级国土空间总体规划编制指南（试行）》.

修复工程、必要的配套及游憩设施外的其他城镇建设用地。

3. 城镇开发边界的划定方法

国内外划定城镇开发边界的方法较多，其中美国各地的划定方法就存在很大的差异，而我国目前也尚未形成统一的划定方法。总体来说，城镇开发边界的划定应兼顾近期与长远的利益，统筹人口、资源、环境和空间要素，通过资源禀赋和环境条件分析，兼顾城镇发展动力分析，结合城镇建设用地规模预测结果，运用 GIS、CA 模型等技术方法，综合判定城镇开发的边界范围。根据 2020 年 9 月自然资源部印发的《市级国土空间总体规划编制指南（试行）》，城镇开发边界的划定应遵循以下原则：①坚持节约优先、保护优先、安全优先，以资源环境承载能力和国土空间开发适宜性为基础，优先划定森林、河流、湖泊、山川等不能进行开发建设的范围，统筹划定"三条控制线"；②城镇开发边界形态尽可能完整，充分利用现状各类边界；③为未来发展留有空间，强化城镇开发边界对开发建设行为的刚性约束作用，同时也要考虑城镇未来发展的不确定性，适当增加布局弹性；④因地制宜，结合当地城镇化发展水平和阶段特征，兼顾近期和长远发展。从划定原理上看，国内外城镇开发边界的具体划定方法可分为定性方法和定量方法两类。

（1）定性划定方法

目前的城镇开发边界定性划定方法主要有弗雷（Mary Frey）的定性划定方法和逐层细化法。弗雷的定性划定方法通过识别区域发展的生态资源、基础设施和建设需求等问题，收集和分析城镇用地增长的数据与应受保护或造成限制的因素，预测未来的人口和城镇用地增长需求，由此依据上述多方面的分析划定城镇开发边界。逐层细化法在波特兰 2040 年的远景规划编制过程中得到运用：首先，根据不同的城镇发展情景提出多种未来城镇开发边界可能的模式,通过综合比较初步形成城镇开发边界,并结合土地利用现状、公共设施的位置、生态敏感区以及不适宜开发用地的范围等要素对城镇开发边界进行细化。

(2) 定量划定方法

定量划定方法主要有增长法、排除法、综合法三类(王颖等,2014)。

增长法将城镇建设用地看作不断增长的有机体,结合具体模型模拟城镇空间增长并参照模拟结果划定城镇开发边界,该方法主要用于弹性边界的划定。目前,国外常用的技术手段之一是元胞自动机(CA)的动态模拟,此外也有外国学者将 SLEUTH 模型、土地利用转化及影响模型(CLUE)和人工神经网络模型(ANN)应用到增长法中,国内学者主要通过 GIS 等技术手段实现城镇增长的模拟。

排除法即从保护生态环境的角度出发,通过生态适宜性评价辨识并排除由于建设条件受限或生态环境敏感等原因所形成的不宜建设甚至不可建设用地,由此确定城镇建设用地可能范围的最大值,该方法主要用于刚性城镇开发边界的划定。

综合法是上述两种方法的结合运用,在考虑城镇增长限制性因素的基础上融入对增长趋势的预测,充分协调阻力机制和动力机制之间的关系,从而划定城镇开发边界。该方法主要用于弹性城镇开发边界的划定。

(三) 城镇开发边界的相关实践

目前,我国在划定城镇开发边界的实践上仍处于尝试和探索的阶段,尚未形成统一和成熟的划定方法及管控措施。美国在这方面的起步较早,许多城市或区域都有关于城市增长边界的实践,其中俄勒冈州的波特兰都市区便是一个典型的案例。澳大利亚的墨尔本都市区也借鉴了美国的经验,并在此基础上提出更具强制性的城市增长边界。

1. 波特兰都市区的经验

美国俄勒冈州的波特兰都市区早在1979年就划定了首条区域性城市增长边界,当时划定边界单纯为了满足未来20年人口增长的需求。然而,1979版的城市增长边界仅控制了发展方向,并不能解决城市蔓延的问题。意识到该问题后,波特兰都市区政府于1994年编制的《区域未来50年的增长管理规划》(*The Region's 50-Year Plan for Managing Growth*)中重新划定了城市增长边界。

波特兰都市区政府首先依据城市未来发展可能的情景提出了4种城市增长边界的划定方法及对应的城市发展模式(见图7-3)。①基本情景:城市增长边界最大程度地外扩,城市会继续依照1985—1990年间的城市发展模式继续增长;②情景A:城市增长边界显著外扩,城市边缘地区会新增城市用地,且大多用于居住;③情景B:不扩张现有的城市增长边界,城市用地将更紧凑地重新开发;④情景C:城市增长边界适度外扩,城市空间的增长会集中于中心、交通廊道,并且把周边的城市作为增长的潜在区域。

基于此,政府开展了大规模的公众意见调查,并从土地消耗量、通勤距离与时长、开敞空间的布局和空气质量、城市景观的多样性这四个角度对各个城市发展模式进行比较衡量(见图7-4)。综合多方面的评价,政府提出了最优增长方案:城市发展集中在中心区域,同时沿着交通走廊适度扩张,并强调对现有的城市用地进行再开发(见图7-5)。确定了城市空间增长的模式后,结合土地利用现状、重要服务设施和用地适宜性等多方面的考虑,具体细化并划定城市增长边界(见图 7-6 及书后彩图)。

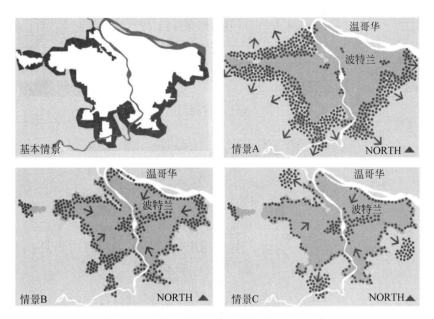

图 7-3 波特兰都市区 4 种可能的发展模式

资料来源:Metro. The Nature of 2040. The Region's 50-Year Plan for Managing Growth.

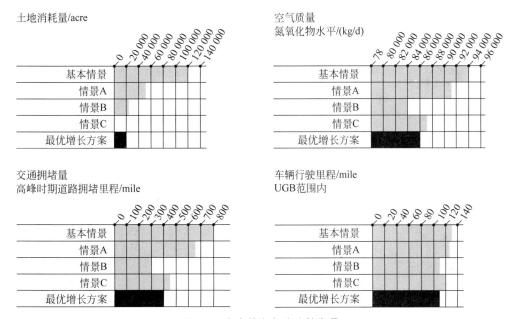

图 7-4 方案的多角度比较衡量

资料来源:Metro. The Nature of 2040. The Region's 50-Year Plan for Managing Growth.

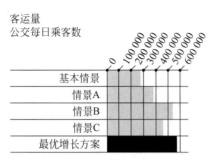
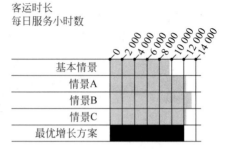

图 7-4 （续）

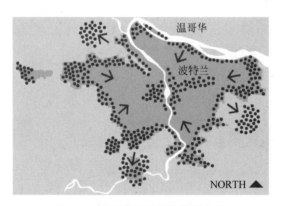

图 7-5 城市发展模型的最优方案

资料来源：Metro. The Nature of 2040. The Region's 50-Year Plan for Managing Growth.

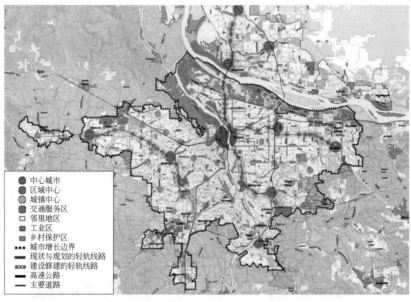

图 7-6 波特兰都市区的城市增长边界（书后有彩图）

资料来源：Metro. 2040 Growth Concept.

自1975年以来,波特兰都市区以2%的新增用地容纳了50%的新增人口,城市增长边界的有效实施与管理使得以住宅开发为主的城市建设被限制在了增长边界以内,实现了内涵式的发展(王颖等,2014)。

2. 墨尔本都市区的经验

第二次世界大战后,墨尔本都市区的城市用地一直以低密度的形式向外扩展。2001年,城市用地已蔓延至大都市区的边缘地带,开始侵占高产农田、自然保护区、矿产地以及景观和休闲价值高的地方。2002年,维多利亚州政府在《墨尔本2030:可持续发展规划》(*Melbourne 2030: Planning for Sustainable Growth*)中提出,通过城市增长边界的划定,更好地控制城市蔓延的问题,并构建一个紧凑型的城市。维多利亚州政府借鉴了美国的经验,从区域层面划定了墨尔本都市区的城市增长边界,区分了城市建设用地和非建设用地。

与美国的城市增长边界不同的是,墨尔本都市区的城市增长边界的划定是对城市边缘区的土地利用施加的一种法律约束。在美国,许多都市区都采用了城市增长边界的形式来限制城市蔓延,然而非强制性的边界限定在开发商的压力下有所放松,甚至在服从相关条件的情况下还可重新划定城市增长边界,不利于对城市蔓延的控制和对环境的保护。基于此,维多利亚州政府给城市增长边界增加了强制性的机制(O'Connor,2008)。此外,维多利亚州政府结合主要的交通走廊以及区域活动中心的分布来划定城市增长边界,边界内涵盖了大面积的城市建设用地增长区,同时鼓励城市沿着交通走廊向区域中心增长(见图7-7及书后彩图)。

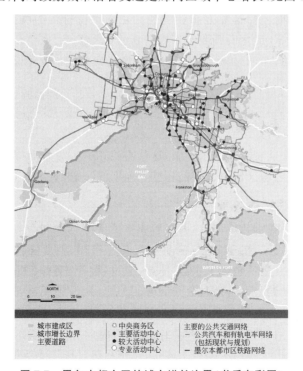

图7-7 墨尔本都市区的城市增长边界(书后有彩图)

资料来源:Victorian Government. Melbourne 2030: Planning for Sustainable Growth.

第三节 土地利用功能分区

一、土地利用功能分区的概念与内涵

城市活动可以归纳为居住、工作、游憩和交通四大方面，而各项城市活动的开展都需要有相应功能的城市用地。同一类型的城市用地对于布局空间和位置的需求往往相同，不同功能的城市用地之间或相互联系依赖，或相互干扰排斥。土地利用的功能分区就是要将城市中各种物质要素，如住宅、工厂、公共设施、道路、绿地等按功能类型及其相互之间的联系进行分区布置，组成一个相互联系的有机整体。城市用地的合理组织安排是城市总体布局的核心，也是激发城市活力的关键所在。

从1933年的《雅典宪章》到1977年的《马丘比丘宪章》，有关城市用地布局的规划理念发生了重要的演变。《雅典宪章》注重城市功能的合理布局，强调功能分区，认为城市应按居住、工作、游憩进行分区和平衡后，再建立三者联系的交通网络。《马丘比丘宪章》则批判了这种"为了追求分区清楚却牺牲了城市有机构成"的规划手法，主张"不应当把城市当作一系列孤立的组成部分拼凑在一起，必须努力去创造一个综合的多功能环境"。总体来说，土地利用功能分区应处理好功能性分区和综合性分区的关系，即不同的城市片区应承载某种主要的城市功能，同时要保证相互依赖的片区之间保持有机的联系。例如，某些对环境影响较小的工业区和居住区之间既要有相对清晰的空间关系，也要保证两者的相互联系以实现就业与居住的平衡；对于某些会对城市环境造成污染或对交通运输有特殊要求的城市用地，则应明确地划分开来。

二、城市主要功能要素的布局

各类城市用地的功能特点和需求不同，这就需要在城市总体布局中按照各类用地的功能要求和相互联系，综合考虑历史、经济、环境等因素的影响，对用地布局进行合理的安排。

（一）城市生活居住区的布局

居住是居民生活的关键构成部分，因而居住生活区的选址和布置至关重要。居住用地的选址应在用地适宜性分析的基础上，满足城市功能布局、就业岗位和公共设施配置的总体要求。与此同时，居住生活包含了家居、休憩、教育、健身、交往、工作等一系列活动，相应地需要除居住用地以外的公共管理与公共服务用地、公用设施用地、道路与交通设施用地、绿地与广场用地以及和商业服务业设施用地的协调配合，并设置相应的公共服务和市政设施。一般来说，城市生活居住区由多个居住区组成，因此相应设置的公共服务设施应形成不同等级的服务中心，构成多层次的组织体系，以满足居民居住生活的需求。

（二）城市工业区的布局

在市县级国土空间规划中，一般根据生产特点和生产中的协作关系，形成各个工业区，

有以某种工业为主形成的专业工业区,也有根据协作关系形成的综合工业区,现在还出现了高科技工业园区、软件园和数码港等新概念用地区。

一般来说,工业活动需要大量的劳动力和客货运,由此产生的劳动力通勤需求和工业原料、产品的运输需求都深刻地影响着城市的交通流向和流量,甚至可能直接影响到城市功能结构和形态(吴志强,李德华,2010)。与此同时,工业生产可能会对环境造成污染,因而工业区的选址布局需要全面综合的分析评判。

影响工业用地布局的传统因子主要是原材料和市场所在地、劳动就业、级差地租、交通运输以及集聚效应等(曾刚,2001)。随着当前城市土地日益紧张,租地成本不断上升,工业用地趋于向城市外缘地区转移。同时为了满足工业生产中大量的运输需求,工业用地布局应协调好与水陆交通布局的关系,考虑沿着主要的交通干线分布。工业企业之间一般都存在着经济技术上的联系,其中联系较为密切的企业可按性质类型、生产协作和组织管理间的关系相对集中地布置成为工业区,充分发挥集聚效应,促进企业协调发展(权纪戈,2005)。此外,要协调好工业区和居住区之间的关系,保证两者之间的方便联系,对于一些现代化的大型工业企业,可以建立生产生活综合区。

(三) 城市公共活动中心布局

城市公共活动中心是指公共设施集中布局、人群活动十分频繁的地区。公共活动中心的配置与人口规模和分布密度密切相关,其中公共活动中心体系的组织和布局需要考虑分类和分级两个层面的内容。

从分类的角度看,公共活动中心可以分为公益性的服务中心和经营性的服务中心两类。以公益性用地和设施为主构成的公共活动中心属于公益性的公共活动中心,一般包括行政服务中心、科技教育活动中心、体育活动中心等;以经营性用地和设施为主构成的公共活动中心属于经营性的公共活动中心,一般包括商业服务中心和文化娱乐活动中心等。然而值得注意的是,随着市场经济的日益发展,复合型的土地利用组织形式越发常见并成为应对市场的有效方式。这种复合性表现为经营性用地之间的复合、经营性用地和公益性用地之间的复合以及公益性用地之间的复合,公共活动中心往往以综合型公共服务中心的形式出现(郭素君,姜球林,2010)。

从分级的角度看,公共活动中心按照与居民生活的密切程度确定合理的服务半径并分级布局,依次为城市级、居住区级和社区级。其中行政服务、商业服务、文化娱乐活动中心等一般以中心地方式布局,形成中央商务区、分区中心、居住区中心和小区中心等;而部分大型公益性的公共活动中心有特殊的布局特点和要求,例如,大型的体育中心一般均匀布置在城市中心区外围具有良好交通疏解条件的地区等。

(四) 城市道路交通系统布局

城市的道路与交通体系对于城市的发展起着关键作用,影响到城市的规模大小和布局形态。城市道路与交通系统可以分为城市道路和城市对外交通设施两大部分。

城市道路系统主要组织的是城市内部的交通,其规划布局必须与各个功能区的分布相关联,并按各种道路的交通性质和交通速度的不同将城市道路分为若干类别。根据交通性道路和生活性道路的划分有不同的设计要求。此外还要考虑到停车系统的规划布局。

城市对外交通设施主要包括铁路、公路、港口和航空港等,各类交通设施对于空间布置的要求不同。铁路设施、公路设施的布置应考虑其与城市的关系,合理安排线路走向及其站场的位置。航空港的位置选择要考虑净空、噪声干扰和与城市的联系等。港口的布置主要从工程技术要求以及与工业的联系出发考虑。各类对外交通运输设施之间应按其联运要求创造方便条件,以便于组织综合水、陆、空的运输,同时应与城市功能布局密切配合,尽量减少对城市的干扰。在城市道路系统和城市对外交通系统的布局过程中,应充分考虑两者之间以及两者和城市功能区之间的有机协调联系,构建高效、安全的城市道路交通网络。

(五) 城市绿地系统布局

城市绿地系统是城市和生态系统的重要组成部分,用于改善城市生态环境,调节区域小气候,满足居民的休闲、游憩需求,同时起到美化城市的作用。城市绿地系统的规划布局应综合考虑城市的用地条件和居民需求,做到因地制宜且均衡分布。一方面,城市绿地应结合河湖山川的自然禀赋,并尽可能与郊区的大片绿地或农田相连接,与江河湖海水系相联系;另一方面,绿地的布局应满足不同人群的使用需求,兼顾公平性均衡和就近分布的原则,在市区以综合性公园的形式出现,在郊区可利用独立地段建设森林公园和风景名胜区等(吴志强,李德华,2010)。

城市绿地系统的布局结构总体上可以归纳为"点-线-面"的模式。点状绿地(公园绿地、生产绿地等)是系统中的功能节点,线状绿地(道路走廊绿地、带状公园)串联起点状和面状绿地,扮演生态廊道角色,面状绿地的规模大、破碎化程度低,包括大面积的森林公园、湿地公园等。随着生态城市建设和城市规划理论的不断发展,城市绿地系统的结构元素也更为多样,例如心、核、楔、弧、轴、带等。无论城市绿地系统表现为何种结构形式,都应具有完整且连续的体系,由此在不同空间上、不同层次上形成有序的循环(李素英等,2010)。

第四节 土地利用结构

一、土地利用结构的概念与内涵

城市土地利用结构是指城市内部各种功能用地的比例和空间结构及相互影响、作用的关系(崔功豪等,1992)。该结构的形成是城市土地资源在空间上功能分异的结果,在某种意义上也是产业结构在空间上的反映(姚士媒,1997)。影响城市土地利用结构的因素有很多,涵盖自然地理、社会经济和政策制度等方面,自我国改革开放以来,市场机制逐渐成为了城市土地利用结构的主导因素。城市中各类生产和消费活动都需要城市用地的支撑,随着人类经济活动需求的不断变化,城市土地利用结构也会随之调整演变。

二、土地利用数量结构

城市土地利用的数量结构是指城市内部各种功能用地面积的比例和组成。城市处于不断发展变化的过程,城市的土地利用结构也随之存在动态调整。随着我国城市土地置换和产业结构调整的推进,工业用地、仓储用地和对外交通用地的比例逐渐呈现下降的趋势,道路广场用地、市政公用设施用地和绿地比例则趋于上升(鲁春阳,2010)。每个城市在不同的发展阶段存在不同的用地需求,在规划过程中需要辩证地分析并判定其规划期内的土地利用结构。

我国《城市用地分类与规划建设用地标准》(GB 50136—2011)中提出,居住用地、公共管理与公共服务设施用地、工业用地、道路与交通设施用地和绿地与广场用地五大类主要用地规划占城市建设用地的比例宜符合表7-6的规定。其中,工矿城市(镇)、风景旅游城市(镇)以及其他具有特殊情况的城市(镇),其规划城镇建设用地结构可根据实际情况具体确定。

表7-6 规划城镇建设用地结构

用 地 名 称	占城市建设用地的比例/%
居住用地	25.0~40.0
公共管理与公共服务设施用地	5.0~8.0
工业用地	15.0~30.0
道路与交通设施用地	10.0~30.0
绿地与广场	10.0~15.0

资料来源:《城市用地分类与规划建设用地标准》(GB 50136—2011)。

各类单项城镇建设用地的远期规划面积应符合一定的控制标准:规划人均居住用地面积指标根据所处的气候区来确定,Ⅰ、Ⅱ、Ⅵ、Ⅶ气候区的人均居住用地面积为28.0~38.0m²/人,Ⅲ、Ⅳ、Ⅴ气候区的人均居住用地面积为23.0~36.0m²/人;规划人均公共管理与公共服务设施用地面积不应小于5.5m²/人;规划人均道路与交通设施用地面积不应小于12.0m²/人;规划人均绿地与广场用地面积不应小于10.0m²/人,其中人均公园绿地面积不应小于8.0m²/人。

此外,在市县级国土空间规划阶段,公共管理与公共服务设施用地的分项用地指标应符合表7-7的要求。

表7-7 城市公共管理与公共服务设施规划用地指标汇总表

		小城市	中等城市	大 城 市		
				Ⅰ	Ⅱ	Ⅲ
行政办公	占中心城区规划用地比例/%	0.8~1.2	0.8~1.3	0.9~1.3	1.0~1.4	1.0~1.5
	人均规划用地/(m²/人)	0.8~1.3	0.8~1.3	0.8~1.2	0.8~1.1	0.8~1.1
文化娱乐	占中心城区规划用地比例/%	0.8~1.0	0.8~1.1	0.9~1.2	1.1~1.3	1.1~1.5
	人均规划用地/(m²/人)	0.8~1.1	0.8~1.1	0.8~1.0	0.8~1.0	0.8~1.0
体育	占中心城区规划用地比例/%	0.6~0.7	0.6~0.7	0.6~0.8	0.7~0.8	0.7~0.9
	人均规划用地/(m²/人)	0.6~0.7	0.6~0.7	0.6~0.7	0.6~0.8	0.6~0.8
医疗卫生	占中心城区规划用地比例/%	0.7~0.8	0.7~0.8	0.7~1.0	0.9~1.1	1.0~1.2
	人均规划用地/(m²/人)	0.6~0.7	0.6~0.8	0.7~0.9	0.8~1.0	0.9~1.1

续表

		小城市	中等城市	大 城 市		
				I	II	III
教育科研	占中心城区规划用地比例/%	2.4~3.0	2.9~3.6	3.4~4.2	4.0~5.0	4.8~6.0
	人均规划用地/(m²/人)	2.5~3.2	2.9~3.8	3.0~4.0	3.2~4.5	3.6~4.8
社会福利	占中心城区规划用地比例/%	0.2~0.3	0.3~0.4	0.3~0.5	0.3~0.5	0.3~0.5
	人均规划用地/(m²/人)	0.2~0.3	0.2~0.4	0.1~0.4	0.2~0.4	0.2~0.4

备注：该规范的用地分类沿用《城市用地分类与规划建设用地标准》(GBJ 136—1990)。

资料来源：《城市公共设施规划规范》(GB 50442—2008)。

三、土地利用的空间结构

城市土地利用的空间结构反映了城市空间的基本结构形态和城市区域内各功能的地域差异。如何有效地使用城市土地，形成有机联系且具有合力的城市土地利用空间结构，是城市经济学、城市地理学和城市社会学所关注和研究的重要内容之一。

(一) 各功能类型城市用地的布局要求

不同功能类型城市用地的布局有各自的选择条件和要求，掌握相关布局要求是合理组织城市土地利用空间结构的前提①。

1. 居住用地的布局

(1) 选址条件

① 有良好的自然条件。选择适于各项建筑工程所需要的地形和地质条件的用地，少占或不占高产农田。

② 注意与就业区的相对联系。在保证安全、卫生与效率原则的前提下，居住用地应尽可能地接近就业区，便于工作、生活间的联系，减少交通压力和能耗、时耗。

③ 用地数量与形态的适用性。用地面积大小须符合规划用地所需，用地形态宜集中紧凑地布置，节约市政工程管线和公共交通的费用。当用地分散时，应选择适宜的用地规模和位置作为居住区，各个居住区同城市各就业区在空间和就业岗位的分布上保持相对平衡的关系。

④ 依托现有城区。尽量利用城市原有设施，以节约新区开发的投资和缩短建设周期；在历史文化名城，用地规模及其规划布置要符合名城保护规划的原则与要求。

⑤ 留有发展余地。用地选择在规模和空间上要为规划发展留有必要的余地，并兼顾相邻的工业或其他城市用地发展的需要，不致因彼方的扩展而影响到自身的发展和布局的合理性。

(2) 用地布局

影响居住用地布局的主要因素有自然条件、交通运输条件以及工业性质、规模及其布置上的特殊要求，同时还与城市在规划期后可能再发展的空间趋向、城市建设的技术经济和投资方案以及城市布局的某些构思有关。

---

① 参见《城市规划资料集(第二分册)》,80-85 页。

居住用地的分布主要有集中布置、分散布置和按居住密度分布三种形式。

① 集中布置。当城市规模不大，用地足够且无自然或人为障碍时，可以通过成片紧凑的方式集中组织用地。集中布置一方面可以节约城市市政建设投资，另一方面可以密切城市各部分在空间上的联系，减少交通压力和能耗、时耗。

② 分散布置。当用地受到自然条件的限制，或出于保护农业良田的需要，或因城市的工业与交通设施等的分布需求，用地分布应采取分散布置的方式。

③ 按居住密度分布。城市居住用地分类对居住密度的规定、城市用地的自然环境条件、交通组织模式和对集聚效益的考虑等都会影响到居住密度的高低及其在空间上的分布。一般来说，城市中心地区的居住密度较高而边缘地区较低。

2. 公共管理、公共服务设施用地与商业服务业设施用地的布局

公共管理、公共服务设施用地和商业服务业设施用地均属于公共设施用地，前者属于公益性的公共设施用地，后者属于经营性的公共设施用地，两者之间联系密切，在规划布局时需统一考虑。公共管理与公共服务设施用地与商业服务业设施用地的布局应在确定两者的用地指标的基础上，根据公共设施不同的性质，采用集中与分散相结合的方式，对全市性和地区性一级公共设施进行用地安排，布局城市和地区的公共中心。

公共管理、公共服务设施用地与商业服务业设施用地的布局主要遵循的原则和要求见表 7-8。

表 7-8 城市公共设施布局的原则和要求

原则	要求
公共设施项目要成套配置	一是对整个城市各类的公共设施，应该配套齐全；二是在局部地段，如在公共活动中心，要根据它们的性质和服务对象，配置相互有联系的设施
按照与居民生活的密切程度确定合理的服务半径	服务半径的确定首先是从居民对公共建筑的方便使用的要求出发，同时也要考虑到公共设施经营的经济性与合理性。根据服务半径确定其服务范围大小及服务人数的多少，以此推算出公共设施的规模
结合城市交通组织来考虑	公共设施是人、车流集散的地点，尤其是一些吸引大量人、车流的大型公共设施，其分布要从其使用性质及交通的状况，结合城市道路系统一并安排
根据公共设施本身的特点及其对环境的要求进行布置	公共设施本身既作为一个环境形成因素，同时它们的分布对周围环境也有所要求
考虑城市景观组织要求	公共设施种类多，而且建筑的形体和立面也比较多样而丰富，因此，可通过不同的公共设施和其他建筑的协调处理与布置，利用地形等其他条件，组织街景与景点，以创造具有地方风貌的城市景观
考虑合理的建设顺序	在按照规划进行分期建设的城市，公共设施的分布及其内容和规模的配置，应该与不同建设阶段城市的规模、建设的发展和居民生活条件的改善过程相适应，安排好公共设施项目的建设顺序，预留后期发展的用地
充分利用城市原有基础	注意保留优秀的地方传统的布置方式和建筑特点，适应城市的发展和现代城市生活的需要，因势利导进行城市的改建、扩建，通过留、并、迁、补等措施对城市原有公共设施进行调整与充实

资料来源：中国城市规划设计研究院，建设部城乡规划司，2004.城市规划资料集（第二分册）[M].北京：中国建筑工业出版社.

3. 工业用地的布局

(1) 选址条件

① 地形要求。工业用地的自然坡度要和该工业选用的运输方式、工艺特点和排水坡度相适应。

② 工程地质与水文地质要求。工业用地不应选在7级和7级以上的地震区;土壤的耐压强度一般不小于 $1.5 kg/cm^2$;避开滑坡、断层、熔岩或泥石流等不良地质地段;不应布置在水库坝址下游;应避开洪水淹没地段,最高洪水频率,大、中型企业为百年一遇,小型企业为五十年一遇。

③ 水源要求。工厂应靠近水质、水量均能满足生产需要的水源,并在安排工业项目时注意工业与农业用水的协调平衡。

④ 能源要求。大量用地的工业要尽可能靠近电源布置,争取采用发电厂直接输电;需大量蒸汽及热水的工业,应尽可能靠近热电厂布置。

⑤ 交通运输的要求。工业中常采用铁路、水路、公路或连续运输,应根据货运量的大小、货物单件尺寸与特点、运输距离等确定运输方式,将其布置在有相应运输条件的地段。一般来说,大型企业的货运量大,对铁路、水路运输的需求大,这类企业应相对集中并靠近铁路枢纽和港口布置,便于综合利用。

⑥ 工业的特殊要求。如某些工厂对气压、湿度、地基、土壤、空气含尘量、防爆、防火、防磁、防电磁波、废物处理等有特殊要求,应在选址时予以满足。

⑦ 特殊地块的回避要求。工业用地应避开以下地区:军事用地、水利枢纽、大桥等战略目标;有用矿物蕴藏地区和采空区;文物古迹埋藏地区以及生态保护与风景旅游区;埋有地下设备的地区。

⑧ 与居住区的相对联系要求。工业区的布置应考虑职住平衡的问题,减小上下班高峰期的交通压力。工业区的布置不宜距离城市太远,必须远离城市的,应就近设置居住生活区。

⑨ 环境保护的要求。产生空气污染、水污染的企业不得布置在城市主导风向的上风向和水源上游地区,并应按规定设置绿化隔离带;产生噪声污染的企业与居住区之间应保持相应的卫生防护距离。

(2) 用地布局

一类工业用地可以集中组成工业区,或与居住用地混合布置,总体应成组成团、相对独立;宜布置在城市仓库、装卸场所和停车场附近。其中,高新技术园区用地应布置在大学或科研机构较密集的地区,应有良好的基础设施、环境条件、高技术的技能培训设施和高质量的工作娱乐环境。

二类工业用地应在城市边缘、交通及输运方便的地方单独设置,不得与居住用地混杂,两者之间应保持一定的距离,并符合防护距离的有关标准;会造成空气污染的企业不得布置在城市上风向处,有水污染物排放的企业不得布置在城市上游地区。

三类工业用地应与城市保持一定的距离,放射性工业、剧毒性工业以及有爆炸危险的工业应远离城市单独布置;工业用地应按当地最小频率的风向布置在居住区的上风侧,两者之间的距离应符合防护距离的有关标准;严禁在水源地和旅游区附近选址。

4. 仓储用地的布局

仓储用地选址应满足下列地质要求。

① 地形地势要求。地势较高、地形平坦,有一定坡度,利于排水,且地基承载力较高。

② 地下水位要求。地下水位不宜太高,蔬菜仓库的地下水位同地面的距离不小于 2.5m;以地下室为食品和材料储藏库的仓库用地,其地下水位应离地面 4m 以上。

③ 交通运输要求。仓储用地应布置在能够方便、快捷地进入区域和城市交通运输系统(包括铁路、公路、机场、港口和城市主干道)的地方。

④ 类型分布要求。不同类型、不同性质的仓库宜分开布置,同类仓库宜集中布置。

⑤ 与其他设施的空间关系要求。各类仓库应同疗养院、医院、高级住宅区、高新技术园区等对环境质量要求较高的用地或设施保持一定的距离,并符合相关标准要求;不得布置在居民密集的住宅区内,且不得布置在有生产(或储存)易燃、易爆危险品的工矿企业,或有易对商品腐蚀和污染影响的工矿企业的附近。

⑥ 危险品仓库的选址要求。应远离城市,并应符合环境保护和防火、防爆、防灾的要求;不同类型的危险品仓库应相互分隔,且相隔距离应符合相关规范和消防规定。

⑦ 特种仓库的选址要求。应满足其对交通、用地的特殊需求,同时避免对其他用地造成干扰。

⑧ 堆场用地的选址要求。应设置在城市边缘或郊区,远离城市水源地;可与港口、铁路站场结合设置;其中建筑材料露天堆场应与居住用地及其他设施之间设置防护带。

(二) 中国现代城市土地利用空间结构及演变

土地利用的空间结构是城市空间结构在物质层面的内容。中国现代城市空间结构最早由华裔和西方学者从与西方对比的角度提出。而后,国内学者结合城市规划的相关实践不断深入探究。我国现代城市发展至今总体上可以分为两大阶段,分别为改革开放前的计划经济时期和改革开放后的转型时期。这两个时期我国城市的土地利用空间结构分别呈现出不同的特征。

1. 计划经济时期的城市土地利用空间结构

计划经济时期(1949—1978 年),我国城市处于大规模工业化建设的发展阶段,同时各项用地的布局配置由政府有计划地统一主导,由此形成该时期独特的城市土地利用空间结构模式。

(1) 圈层模式

1979 年,香港学者罗楚鹏将中国城市空间结构归纳为由四个同心圆构成的圈层模式(见图 7-8),从内向外依次为老的城市核心区,工业-居住单元,绿带等开敞空间以及食品、农作物和加工工业区。然而,该模型并未体现不同性质、不同规模的城市之间的空间结构差异。

1981 年,梁志强把我国不同性质、不同规模的城市概括为三个不同的空间结构模型(见图 7-9)。大中城市均具有一定等级的居住结构和商业结构,配套以相应等级的公共服务设施,在边缘区布置带有工人住宅区的工业组团。小城市则主要由相对集中的城区构成,市中心不明显,土地利用混杂,郊区仍以农业为主,未形成相应的工业-居住综合体。

图 7-8 罗楚鹏的中国现代城市内部空间结构

资料来源：周春山，2007. 城市空间结构与形态[M]. 北京：科学出版社.

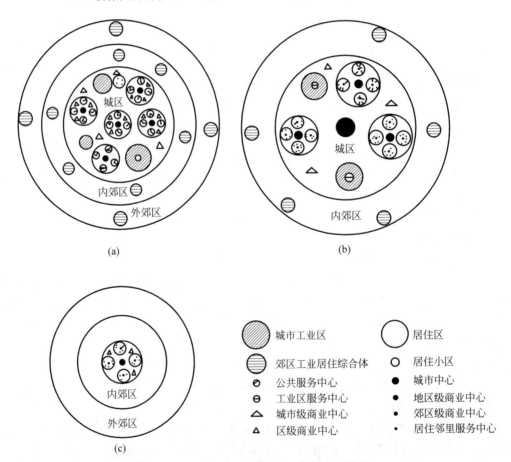

图 7-9 梁志强的中国现代城市内部空间结构

（a）大城市；（b）中等城市；（c）小城市

资料来源：顾朝林，1995. 中国大城市边缘区研究[M]. 北京：科学出版社.

(2) 圈层-分区模式

1987年,朱锡金依据计划经济时期我国城市有计划建设不同功能区的特征,提出了一个同心圆模式的变体模式,城市空间结构呈现由旧城向外逐步扩展的过程(见图7-10)。

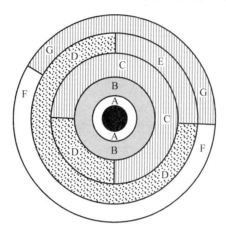

● 市中心区　　D 新居住区
A 商店　　　　E 工业区
B 旧居住区　　F 郊区
C 工居区　　　G 工业区(包括乡镇工业)

图7-10　朱锡金的中国现代城市基本结构模式
资料来源:周春山,2007.城市空间结构与形态[M].北京:科学出版社.

(3) 功能分区模式

胡俊(1994)认为,虽然中国现代城市空间结构形成一定的圈层分异,但其主要由政府有计划地布局功能区所引起,本质上有别于西方城市因地价差异形成的同心圆模式。与此同时,胡俊(1994)提出以工业用地布局为主导,各项用地有计划配置的中国现代城市空间结构模式(见图7-11),体现了该时期对工业建设地位的强调以及计划经济的特征。

(4) 综合模式

周春山(2007)在总结圈层模式和功能分区模式的基础上,提出了一种综合的中国现代城市空间结构(见图7-12)。新的城市中心依托旧中心建设发展,并集中行政、商业等功能。对城市空间扩展起主导作用的工业区围绕新中心布局,并配以相应的住宅区。城市外围集中了工业区、文教区、城镇,以及医院、监狱、部队营房等特殊用地。

2. 转型期的城市土地利用空间结构

自1978年我国实行改革开放以来,经济体制进入转型时期,由计划经济逐步向社会主义市场经济转轨。该时期,城市发展更迅猛,城市化动力机制多元化,城市职能也发生了显著变化。我国城市逐步由生产性城市向生产-生活性城市转变,第三产业的地位不断提高,由此伴随着多种新型城市空间要素的出现。尤其自20世纪90年代以来,我国的城市空间结构急剧变化,城市用地呈现多种形态,内部结构发生复杂演变。

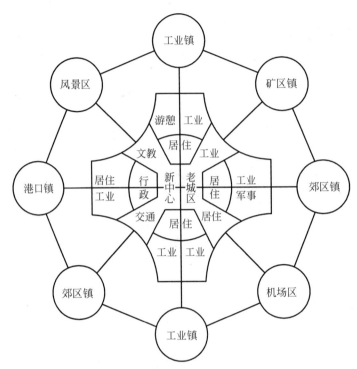

图 7-11 胡俊的中国现代城市基本结构模式

资料来源：周春山，2007. 城市空间结构与形态[M]. 北京：科学出版社.

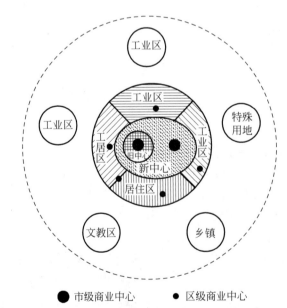

图 7-12 周春山的中国现代城市空间结构模式

资料来源：周春山，2007. 城市空间结构与形态[M]. 北京：科学出版社.

(1) 城市用地形态多样化

转型期我国城市主要有下面三种模式进行扩展并形成多样化的城市用地形态。

一是以中心区为核心，以环形和放射性道路为骨架全方位向外延展的同心圆扩展模式，形成城市用地的圈层结构(见图7-13(a))，如北京、沈阳、郑州等城市。

二是受到地理因素制约或在不同方向力的作用下，城市沿着生长轴呈现轴向扩展，出现带状结构的城市形态(见图7-13(b))，如兰州、青岛，以及放射结构的城市形态(见图7-13(c))，如南昌、合肥等。

三是打破原有的连续圈层模式，把城市活动以跳跃、分散的方式在更大的地域范围内构建，培育并发展分中心，形成多核网络结构或主城-卫星城结构。多核网络结构(见图7-13(d))表现为中心城市相对稳定，在外围交通干线的交叉点上布局各类功能区，虽然功能区在地域上与中心城市不连片，但联系紧密，容纳城区向外疏散的功能或形成相对独立的新区，如淮南、大庆等；主城-卫星城结构(见图7-13(e))表现为城市中心区与部分外围功能区高度集中并发育成为一个城市的经济、政治、文化中心，而周边配置的功能设施逐渐发展为具有某种专业职能的卫星城镇，如上海、南京等(周春山，2007)。

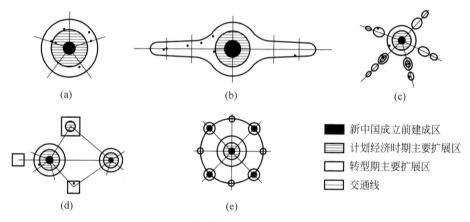

图 7-13 转型期中国城市结构与形态

(a)圈层结构；(b)带状结构；(c)放射结构；(d)多核网络结构；(e)主城-卫星城结构

资料来源：周春山，2007.城市空间结构与形态[M].北京：科学出版社.

(2) 多中心结构形成且职能分化

进入转型期，尤其自20世纪90年代以来，我国大城市的功能日益复杂，人口和设施高度集中在城市中心。为适应城市发展需要并疏解中心压力，城市副中心开始出现，并在市场调节和规划干预的引导下逐步形成中心等级体系。不同等级的城市中心也开始了功能分化，形成文化中心、商业中心、体育中心、会展中心等。特大城市除了具有专业化的城市中心外，还形成了综合的城市副中心。

北京市旧城区是传统的城市中心，集中了行政文化中心和老商业中心等。随着《北京市城市总体规划(2004—2020)》的实施推进，"两轴—两带—多中心"的城市空间结构逐步形成(见图7-14及书后彩图)。多中心包括中关村高科技园区核心区、奥林匹克中心区、中央商务区(CBD)、海淀山后地区科技创新中心、顺义现代制造业基地、通州综合服务中心、亦庄高新技术产业发展中心和石景山综合服务中心等,各个中心具有专业化的职能,并形成面向世界、服务全国或服务地区的等级体系。

上海传统的中心位于浦西南京路、外滩附近,随着1990年开发开放浦东后,陆家嘴金融区逐步形成,与传统中心共同构成上海的市级中心。中心城区土地置换升级不断深入推进,传统制造业及核心区办公职能向外转移,城市逐渐出现多中心的结构。在《上海市城市总体规划(1999—2020)》的实施推动下,形成"一主四副"的公共活动中心格局(见图7-15)。"一主"为市级中心,"四副"分别为徐家汇、江湾-五角场、花木和真如副中心。徐家汇为城市文化、体育、商业中心,江湾—五角场是以知识创新为特色的城市公共活动中心,花木定位为浦东新区行政文化中心和市民公共活动中心,真如则是服务长三角的开放性生产力服务中心和服务上海西北地区的城市公共活动中心。多中心共同发挥都市的服务、辐射和集散功能,带动上海各区全面协同发展。

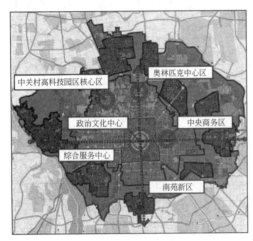

图7-14 北京市中心城区多中心结构(书后有彩图)

资料来源:笔者基于《北京市城市总体规划(2004—2020)》中心城功能结构规划图绘制。

图7-15 上海市中心城区"一主四副"多中心结构

资料来源:笔者基于《上海市城市总体规划(1999—2020)》中心城区土地利用规划图绘制。

(3) 商务区和开发区形成

随着城市功能从"生产型"向"生产消费服务型"转变,商业用地从传统的零散布局、沿街设置的形态向块状集聚,并向更优的区位和规模经营的方向发展。除了形成商业中心外,由商务办公、金融和服务三大职能构成的商务区也逐渐形成。我国的多个中心城市,如北京、上海、广州、深圳等的中央商务区吸引了众多国内大型企业总部的入驻,跨国公司也在此设立地区总部或代理机构,成为城市对外开放的窗口。

与此同时,工业用地也随着经济发展而快速增长,向工业园区集聚。开发区通过完善基础设施建设、配套优惠政策并不断引进外资,发育成为一种新兴的工业园区,加快了产业规模化的进程。从成长到成熟,开发区从单一的工业园区向科、工、贸、商、住多功能复合方向转化,甚至逐步进化为辐射周边的新城区,通过产业联系等方式带动周边产业发展升级。进入成熟阶段后,开发区与中心城区的联系更紧密,起到承接、分担中心城区多种功能的作用(王慧,2003)。

(4) 居住空间分异日趋明显

转型期以来,住房制度改革,住宅产业化推进,住区管理体制变迁且住宅开发渠道拓宽,城市住区类型随之呈现多元化的发展。然而,居民经济收入直接影响其居住区位和住区类型的选择,由此形成的居住空间分异成为城市社会经济关系分化的响应。城市居住空间出现了多种形式,且分别集聚不同的居民。高收入、有车族选择居住在城市郊区环境优美的低密度别墅区;城市中产阶级往往考虑设施齐全、交通便利等因素,选择城市中心区周边的中高档公寓;中低收入家庭在低廉房价的驱使下集居在城市边缘的普通住宅区;一些大城市还出现了居住环境极差的城郊棚户区,成为贫困人群集聚的空间(熊国平,2006)。

四、土地利用结构的定量分析方法

城市土地利用结构的定量分析提供了深入研究城市土地利用特征的有效途径,有助于优化城市土地利用的规划方案,提高城市规划决策的科学性。

城市土地利用结构的定量分析包含了对土地利用数量结构的分析和对土地利用空间结构的分析。目前,国内学者主要使用信息熵和均质度来定量分析城市土地利用数量结构的特征,也有一些学者将洛伦兹曲线和基尼系数应用到土地利用数量结构的合理性分析当中。而城市土地利用形态和空间结构的测度主要以分形几何学理论为基础,利用分形维数的方法来实现。

(一) 信息熵

信息熵是度量随机事件在某项试验中不肯定程度的概念,反映了系统的复杂性,可用于描述和刻画城市土地利用的混合程度,对于城市土地利用结构调整具有一定的指导意义。信息熵的具体计算过程如下。

假定一个区域的土地总面积为 A,该区域的职能种类数为 N,每种职能类的用地面积为 $A_i(i=1,2,\cdots,N)$,则有

$$\sum_{i=1}^{N} A_i = A \tag{7.5}$$

定义 P_i 为第 i 种职能类的用地占该区域土地总面积的比例,也就是该类用地在研究区域出现的概率,则 P_i 可通过下式计算获得:

$$P_i = \frac{A_i}{A} = A_i \bigg/ \sum_{i=1}^{N} A_i \tag{7.6}$$

依照 Shannon 熵公式定义城市土地利用结构的信息熵 H 的函数为

$$H = -\sum_{i=1}^{N} P_i \cdot \lg P_i \tag{7.7}$$

然而,信息熵按照实际的城市土地利用类型进行计算,会受到土地利用类型种类数量

的影响。并非所有的城市都具有同等数量的土地利用类型,那么通过信息熵公式计算而得的熵值之间不可比,因此通常可以把信息熵进行归一化处理:

$$H' = H/\lg N = -\sum_{i}^{N} P_i \cdot \lg P_i / \lg N \tag{7.8}$$

这样,信息熵的取值范围就在 0~1 之间,无论职能种类数 N 之间是否一致,信息熵均可比较大小,且熵值越大,表示土地利用的混合程度越高,均质性越差。

以 1995 年中国十大城市为例,从各个城市土地利用结构信息熵的比较中可以发现,1995 年北京的土地利用信息熵最高,而上海的土地利用信息熵最低(见表 7-9),表明当年北京的土地利用混合度在十个城市中最高,而上海的土地利用混合度最低。

表 7-9 1995 年中国 10 大城市土地利用结构及其信息熵

	北京	天津	上海	哈尔滨	长春	沈阳	大连	武汉	重庆	广州
城市建设用地	476.80	370.35	861.10	191.07	135.88	193.50	183.20	233.11	184.01	261.75
居住用地	0.2659	0.2623	0.4357	0.2767	0.2220	0.2904	0.3472	0.2502	0.3444	0.3237
公共设施	0.1508	0.0949	0.0732	0.1118	0.1627	0.1023	0.0688	0.1758	0.1175	0.0740
工业用地	0.1760	0.2636	0.2609	0.2592	0.2161	0.2362	0.2516	0.2350	0.2781	0.2471
仓储用地	0.0526	0.0802	0.0416	0.0464	0.0334	0.0532	0.0731	0.0512	0.0270	0.0851
对外交通	0.0480	0.0495	0.0966	0.0569	0.0196	0.0377	0.0639	0.0569	0.0199	0.0551
道路广场	0.0749	0.0795	0.0415	0.0835	0.2248	0.0801	0.0677	0.0867	0.0935	0.0670
市政设施	0.0422	0.0205	0.0099	0.0165	0.0107	0.0202	0.0169	0.0492	0.0175	0.0354
绿地	0.0931	0.0472	0.0124	0.0793	0.0677	0.0667	0.0721	0.0562	0.0421	0.0933
特殊用地	0.0965	0.1023	0.0282	0.0697	0.0248	0.1132	0.0388	0.0387	0.0599	0.0189
信息熵	0.918	0.881	0.726	0.873	0.843	0.874	0.834	0.890	0.794	0.851

备注:各类用地面积单位为 km^2,信息熵已进行归一化处理。
数据来源:陈彦光,刘继生,2001.城市土地利用结构和形态的定量描述:从信息熵到分数维[J].地理研究(2):146-152.

总体来说,信息熵所具有的几个特点使之便于应用:①具有明确的物理意义,易于理解;②可以反映复杂系统的非线性,对于少数异常值具有良好的抗干扰作用;③计算简单,对于整个数据集仅需要一次扫描(刘盛和等,2008)。

(二) 均质度

均质性是指城市地域在职能分化中表现出来的一种保持等质、排斥异质的特性,均质度则反映了均质性的相对程度(许学强,2009)。

根据信息熵的定义,均质度可定义为

$$D = \lambda(1 - H) \tag{7.9}$$

式中,H——土地利用结构的信息熵。

在实际利用中,可将上述均质度公式转化为

$$D = \lambda \left(1 + \sum_{i}^{N} \frac{W_i}{\sum_{i=1}^{N} W_i} \cdot \lg \frac{W_i}{\sum_{i=1}^{N} W_i} \right) \tag{7.10}$$

式中，W_i——一定地域内第 i 种职能类用地的面积；$\sum_{i=1}^{N} W_i$——该地域的总面积；λ——系数。D 值越大，表示地域的均质性越高，城市土地利用的混合程度越低；D 值越小，表示地域的均质性越低，城市土地利用的混合程度越高。为了便于比较，也可以参照式(7.4)对信息熵进行归一化处理。

(三) 分形维数

分形几何学为定量描述城市土地利用空间形态提供了有效的数学工具。城市土地利用空间形态的有序程度可以通过分形维数来测度。冯健(2003)对城市土地利用形态分形研究的理论和模型的整理如下。

首先分形研究基于一定的理论假设：用某种尺度 r 对城市土地利用进行空间度量，相对于每个尺度都有一个测度 $M(r)$；改变尺度 r，测度 $M(r)$ 也会随之改变。如果尺度、测度之间服从以下标度不变规律，则可认为城市土地利用形态具有分形性质，即其空间结构特征不随尺度改变而改变。

$$M(\lambda r) \propto \lambda^{\pm a} M(r) \tag{7.11}$$

可以看出，幂指数函数满足上述泛函方程：

$$M(r) \propto r^{\pm a} \tag{7.12}$$

式中，λ——尺度比；a——标度指数。a 通常为分维 D 的函数，或者就是分维本身，即 $a=D$。

研究城市土地利用形态和结构的特征一般采用网格计数法测算分维。网格计数法的研究思路如下：在地图上用一个矩形区域覆盖城市用地，设矩形的边长 $r=L$，此时只有一个网格，即非空网格数 $N(L)=1$。将矩形区域各边进行 2 等分，划分出 4 个全等的网格，此时各个矩形网格的边长 $r=L/2$，计算包含该城市用地的网格数目，记作 $N(L/2)$。进一步将 4 个网格 16 等分时，各个小网格边长 $r=L/2^2=L/4$，网格数目记作 $N(L/2^2)$。依次细分，到第 n 次等分矩形时，网格边长 $r=L/2^n$，网格数目为 4^n，非空网格数目记作 $N(L/2^n)$。

若城市土地利用是分形的，则必有

$$N\left(\frac{L}{2^n}\right) = 2^{-D} N\left(\frac{L}{2^{n+1}}\right) \tag{7.13}$$

显然，负幂函数

$$M(r) \propto r^{-D} \tag{7.14}$$

满足式(7.13)定义的标度不变性，式中 D 便是分形维数，且 $1 \leqslant D \leqslant 2$。由此可知，城市土地利用形态和结构基于网格计数法进行分形研究的前提条件在于网格尺度(即网格边长) r 与非空网格数目 $N(r)$ 之间服从负幂指数关系。

城市各职能类型的土地形态维数 D 反映了城市土地利用所处的空间有序程度。若 D 太高，则表明城市的功能分区不够明显，城市处于无序状态；若 D 太低，则城市高度分区，又牺牲了城市内部各组分之间的有机联系，降低城市运行效率。总体来看，城市各职能类型用地维数 D 的绝对值不宜高于城市整体形态的分维(冯健，2003)。

参 考 文 献

BENFIELD F K,TERRIS J,VORSANGER N,2003. Solving sprawl: models of smart growth in communities across America [M]. Natural Resources Defense Council, Washington D. C. : 136-138.

BENGSTON D,FLETCHER J,NELSON K,2004. Public policies for managing urban growth and protecting open space: policy instruments and lessons learned in the United States [J]. Landscape and Urban Planning,(69): 271-286.

DUANY A P,ZYBER K E,1998. Lexicon of the new urbanism [J]. Time-Saver Standard for Urban Design,(5): 166-182.

KNAAP G,NELSON A C,2003.土地规划管理:美国俄勒冈州土地利用规划的经验教训[M].丁晓红,何金祥,译.北京:中国大地出版社.

METRO. The Nature of 2040. The Region's 50-Year Plan for Managing Growth [EB/OL]. http://www. oregonmetro. gov/2040-growth-concept.

O'CONNOR K,2008.墨尔本大都市区战略规划的历史经验和现行实践[J].陈明,译.国际城市规划,(5): 3-10.

Victorian Government. Melbourne 2030: Planning for Sustainable Growth [EB/OL]. http://www. dpcd. vic. gov. au/melbourne2030.

边振兴,刘琳琳,王秋兵,等,2015.基于LESA的城市边缘区永久基本农田划定研究[J].资源科学,37(11): 2172-2178.

陈彦光,刘继生,2001.城市土地利用结构和形态的定量描述:从信息熵到分数维[J].地理研究,(2): 146-152.

崔功豪,王本琳,查彦玉,1992.城市地理学[M].南京:江苏教育出版社.

冯健,2003.杭州城市形态和土地利用结构的时空演化[J].地理学报,(3): 343-353.

顾朝林,1995.中国大城市边缘区研究[M].北京:科学出版社.

郭素君,姜球林,2010.城市公共设施空间布局规划的理念与方法——新加坡经验及深圳市光明新区的实践[J].规划师,(4): 5-11.

胡俊,1994.中国城市:模式与演进[M].北京:中国建筑工业出版社.

黄慧明,CASELLA S,2007.美国"精明增长"的策略、案例及在中国应用的思考[J].现代城市研究,(5): 19-28.

黄明华,田晓晴,2008.关于新版《城市规划编制办法》中城市增长边界的思考[J].规划师,(6): 13-15.

邹艳丽,田莉,2013.城市总体规划原理[M].北京:中国人民大学出版社.

赖寿华,黄慧明,陈嘉平,等,2013.从技术创新到制度创新:河源、云浮、广州"三规合一"实践与思考[J].城市规划学刊,(5): 63-68.

李素英,王计平,任慧君,2010.城市绿地系统结构与功能研究综述[J].地理科学进展,(3): 376-384.

刘海龙,2005.从无序蔓延到精明增长——美国"城市增长边界"概念述评[J].城市问题,(3): 66-72.

刘盛和,陈田,张文忠,2008.沿海地区城市土地利用扩展的时空模式[M].北京:商务印书馆.

龙瀛,韩昊英,毛其智,2009.利用约束性CA制定城市增长边界[J].地理学报,(8): 999-1008.

鲁春阳,杨庆媛,靳东晓,等,2010.中国城市土地利用结构研究进展及展望[J].地理科学进展,(7): 861-868.

钱凤魁,王秋兵,边振兴,等,2013.永久基本农田划定和保护理论探讨[J].中国农业资源与区划,34(3):

22-27.

全国城市规划执业制度管理委员会,2007.科学发展观与城市规划[M].北京:中国计划出版社.
任艳敏,孙九林,刘玉,潘瑜春,2017.县域永久基本农田划定方法研究[J].农业机械学报,48(4):135-141.
王慧,2003.开发区与城市相互关系的内在肌理及空间效应[J].城市规划,(3):20-25.
王颖,顾朝林,李晓江,2014.中外城市增长边界研究进展[J].国际城市规划,(4):1-11.
吴志强,李德华,2010.城市规划原理[M].4版.北京:中国建筑工业出版社.
熊国平,2006.当代中国城市形态演变[M].北京:中国建筑工业出版社.
许学强,周一星,宁越敏,2009.城市地理学[M].2版.北京:高等教育出版社.
姚士谋,1997.中国大都市的空间扩展[M].合肥:中国科学技术大学出版社.
曾刚,2001.上海市工业布局调整初探[J].地理研究,(3):330-337.
中国城市规划设计研究院,建设部城乡规划司,2004.城市规划资料集(第二分册)[M].北京:中国建筑工业出版社.
周春山,2007.城市空间结构与形态[M].北京:科学出版社.

思 考 题

1. 了解我国主要城市在划定城镇开发边界上的探索,对比国外经验,结合一座案例城市,提出划定城镇开发边界的因素。

2. 结合你所在的城市,归纳其土地利用结构及功能分区的主要特征,对其合理性进行评价。

第八章　控制性详细规划阶段的土地利用规划

改革开放之初至 20 世纪 90 年代中期，为引进外资需要，我国借鉴了美国区划法(zoning by-law)等国外开发控制制度中的技术，在上海虹桥开发区详细规划等实践基础上，形成了以土地使用性质和容积率等技术指标为核心内容的控制性详细规划(以下简称"控规")。20 世纪 90 年代中期至 2008 年，我国控规制度逐渐完善。土地利用是控规的核心内容和强制性内容，本章首先分析控规阶段土地利用控制的本质和控制体系，并介绍控规阶段土地利用规划的基本控制要素和方式，其次借鉴国内外区划、法定图则制定的经验，论述控规阶段土地利用规划指标的确定方法。

第一节　控规阶段的土地利用控制

一、控规阶段土地利用控制的本质

(一) 控规与土地发展权

土地利用是国土空间规划的核心工作，土地发展权是国土空间规划的法理基础，国土空间规划体系中的法定规划，就是从不同层面逐步明确土地发展权。土地发展权(land development right)是一种可以和土地所有权分离，反映土地动态使用中权益增量的受国家公权限制的财产权，可以通过改变土地用途、提高土地利用集约度，以及增加对土地的投入而产生的发展利益的权利归属和利益分配。

控规与土地发展权有着非常直接的关系，土地用途和开发强度是城市规划关注的核心内容；控规直接界定了土地的发展权，也就决定了土地的市场价值(田莉，2007)。国家或政府通过规划法律法规界定了土地使用中的经济权利，包括土地使用的类型、区位、数量、服务、条件、设计、时序、限制、成本或价值、权属等要素，其中土地类型、区位、数量是最核心的要素(彭雪辉，2015)。政府通过规划权的运用，以控规为工具，实现城市土地发展权的初始设定或重构。控规通过以行政审批为核心的制度框架去控制土地开发中的资源配置结构，通过土地产权的界定在城市开发建设过程中有效地控制"外部性"(实现外部性内在化)和降低"交易费用"(衣霄翔，2013)。

(二) 控规阶段土地利用控制的本质

控规阶段土地利用控制的本质是对土地发展权利的分割与分配，是对土地产权的进一步限定。控规土地利用作为土地开发权的配给机制，规定了土地使用性质和开发强度等土地开发的关键要素。控规对城市内部土地利用开发权的分配，一方面通过社区公共服务设施的建设来实现对公众的返还,另一方面通过对建设用地转变土地使用功能和使用强度时收取地价来实现赎买。以中、小类用地性质和土地使用强度调控为核心工作内容的控规土地利用是土地开发权许可和裁量最直接、最有效的工具(黄莉,宋劲松,2008)。

政府通过控规实施实现土地产权配置,其实施方式可分为两类:一类是以美国的区划为代表的将规划通过立法变成法令规则赋权;另一类是规划实施通过行政许可或审批赋权,法律将土地发展权赋予政府,以我国的规划实施制度为典型。对于新开发土地,控规决定了土地使用权的初次分配,同时也是对土地发展权的确认;对于二次开发土地,控规土地利用根据现状初始产权结构,将土地开发权重新赋予与分离,重新整合不同利益主体之间的利益分配模式,实现对现有土地产权权利束的重构。控规阶段土地利用的地块产权边界、新开发或再开发土地的使用性质及开发强度确定是控规重构土地发展权的核心内容。

二、控规阶段土地利用控制的作用

(一) 作为土地使用权出让的羁束依据

随着控规编制和城乡规划管理改革的深入,地方政府自下而上地对既有的"控规"制度作了调整和完善。在市场经济改革前沿的深圳于1996年底开始参考国外区划和中国香港法定图则的经验,逐步建立了法定图则制度。控规法定化的制度设计逐渐在我国建立起来,以深圳法定图则制度为代表,通过地方立法的形式赋予"控规"法律效力。2006年起施行的《城市规划编制办法》规定,控规是建设主管部门作出建设项目规划许可的依据,也是规划管理部门进行土地审批的主要依据。2008年《城乡规划法》实施后,控规已经从政府内部的"技术参考文件"转变成规划行政管理的"法定羁束依据"(赵民,乐芸,2009)。《城乡规划法》规定,控规为国有土地使用权划拨、出让的法定必要前置条件,是城乡规划主管部门作出规划行政许可、实施规划管理的依据。

(二) 作为城市空间政策落实的物质平台

空间政策作为城市政府掌控的重要调控手段之一,因其能发挥城市发展综合调控作用而受到重视。虽然城市总体层面的规划都确定了相应的空间发展策略和布局结构,但是限于实施层面的原因,各相关职能部门的政策颁布和行动组织也都是依据部门利益,空间资源的配置规则和秩序还远未建立(刘永红,2005)。控规作为管理城市空间资源、土地资源和房地产市场的一项公共政策,在编制和实施过程中,包含诸如城市产业结构、用地布局、人口空间分布、环境保护等各方面的政策性内容。控规阶段通过土地这一物质平台,可将各职能部门的城市空间政策在土地上加以落实和整合。

(三) 作为土地发展权价值设定的技术依据

控规具有界定土地发展权的作用,属于发展权配置规则的一部分。控规各项指标的确定,事实上是政府动用了公共部门的规划权而赋予土地使用者的发展权(田莉,2007)。土地发展权价值由土地位置、用途和开发密度三个要素决定,一般以容积率作为货币计算的基础。土地发展权的计量和分配量以预期可获得的经济效益及因限制而受到的经济损失量为依据加以实现,控规土地利用控制的高度、密度、容积率等具体指标为土地发展权的设定提供了具体的、法定的技术参数。土地发展权的物质构成以规划为依据,规划创设了土地发展权,规划以其技术性和技术特质成为土地发展权的技术保障。

(四) 作为落实总体规划对接修建性详细规划的技术载体

控规是实施性的法定规划,对上落实国土空间总体规划的战略部署,对下指导修建性详细规划(以下简称"修规")的编制。总体规划落实在控规层面主要体现在土地利用规划,即控规中对用地性质、土地使用兼容性和开发强度密度的规定。控规以量化指标将总体规划的原则、意图转化为对城市土地使用、空间形态的控制。在控规中可以根据实际情况对用地性质和用地边界进行适当调整,并及时将信息反馈给上位规划。控规阶段对土地利用的控制也为修建性详细规划提出了明确要求,是修规进行建筑形态布局和开发容量控制的依据。

三、控规的规划控制体系

控规阶段对土地利用的开发控制通过建立控规要素管控体系确定。控规要素管控体系包括土地使用、环境容量、建筑建造、配套设施、行为活动和城市设计引导六个方面。其中,地块的主要用途、建筑密度、建筑高度、容积率、绿地率、基础设施和公共服务设施配套规定是控规土地利用控制的强制性内容。

(一) 土地使用控制

土地使用控制是对建设用地的建设内容、位置、面积和边界范围等方面作出的规定,其具体控制内容包括土地使用性质、土地使用兼容性、用地边界和用地面积等。用地边界、用地面积规定了建设用地规模的大小;用地使用性质按照《城市用地分类与规划建设用地标准》(GB 50137—2011)规定建设用地上的建设内容,包括 8 大类、35 中类、44 小类,也可通过地方颁布的控制性详细规划编制技术导则、成果规范等规范性文件确定的控规地类确定。用地使用相容性(土地使用兼容)通过土地使用性质兼容范围的规定或适建要求,给规划管理提供一定程度的灵活性。

(二) 环境容量控制

城市环境容量分为城市自然环境容量和城市人工环境容量两方面。城市自然环境容量主要表现在日照、通风、绿化等方面。人工环境容量主要表现在市政基础设施和公共服务设施的负荷状态上。

环境容量控制是为了保证城市良好的环境质量,对建设用地能够容纳的建设量和人口聚集量作出合理规定。其控制内容为容积率、建筑密度、人口容量、绿地率等。容积率为空间密度的控制指标,反映一定用地范围内建筑物的总量;建筑密度为平面控制指标,反映一定用地范围内的建筑物的覆盖程度;人口容量规定建设用地上的人口聚集量;绿地率表示在建设用地中绿地所占的比例,反映地块的环境质量和效果。这几项控制指标分别从建筑、人口、环境三个方面综合、全面地控制了环境容量。

(三) 建筑建造控制

控规阶段土地利用控制的一个重点就是要处理好个体空间利益与社会公共利益的关系。建筑建造控制是对建设用地上的建筑物布置和建筑物之间的群体关系作出必要的技术规定。其控制内容为建筑高度、建筑间距、建筑后退、沿街建筑高度、相邻地段的建筑规定等，还包括消防、抗震、卫生、安全防护、防洪及其他方面的专业要求。通过以上指标的控制，实现了土地开发的正负外部效应内在化，避免建筑建造对土地过度使用影响相邻地块的使用。

(四) 配套设施控制

配套设施是生产、生活正常进行的保证，配套设施控制即对居住、商业、公园、仓储等用地上的公共设施和市政设施建设提出定量配置要求，包括公共设施配套和市政公用设施配套。公共设施配套包括文化、教育、体育、医疗卫生设施和商业服务业等配置要求。市政设施配套包括给水、排水、电力、通信及供热和燃气等基础设施的控制要求，还包括机动车、非机动车停车场(库)的配置规定等内容。

(五) 行为活动控制

行为活动控制是从外部环境要求出发，对建设项目就交通活动和环境保护两方面提出控制规定。其控制内容为交通出入口方位、数量，规定允许出入口方向、数量，以及地块内停车泊位数量和交通组织。环境保护的控制通过制定污染物排放标准，防止在生产建设或者其他活动中产生的废气、废水、废渣、粉尘、有毒有害气体、放射性物质以及噪声、振动、电磁波辐射等对环境的污染和危害，达到保护环境的目的。

(六) 城市设计引导

控规阶段城市设计引导包括建筑单体环境控制和建筑群体环境控制。控规阶段对土地利用的城市设计引导主要是对城市局部地区的空间环境作进一步控制与整合，同时还可以针对控规用地地块划分较为机械、小地块之间互联不够的状况，运用整体城市设计的手法，解决控规系统内部无法克服与协调的弊端。控规阶段城市设计内容成果一部分转化为各项控制指标(主要是指导性指标)纳入控规成果中；另一部分表现为设计导引，以图则形式补充到控规成果中。

以上六方面控制要素，用相应的控制指标加以落实，派生出规定性指标和指导性指标两类。对规划地块不一定都采用每个控制指标控制，而是根据地块的区位、现状条件、发展意图选择部分控制要素加以控制。

规定性指标必须遵照执行，不能更改，包括：用地性质、用地面积、建筑密度、建筑限高(上限)、建筑后退红线、容积率(单一或区间)、绿地率(下限)、交通出入口方位(机动车、人流、禁止开口路段)、停车泊位及其他公共设施(中小学、幼托、环卫、电力、电信、燃气设施等)。

指导性指标参照执行，并不具有强制约束力，包括：人口容量(居住人口密度)、建筑形式、风格、体量、色彩要求，以及其他环境要求(关于环境保护、污染控制、景观要求等的指导性指标，可根据现状条件、规划要求、各地情况因地制宜设置)。

第二节 控规中的土地利用规划

一、土地利用的控制要素

土地利用控制是控规中的核心内容。用地边界反映了用地的区位和用地面积，用地性质和兼容性决定了土地及其附属建筑使用的用途，这些都关系到土地权益的分配和调整，与业主切身利益休戚相关。合理确定土地利用控制指标至关重要。

(一) 用地面积

用地面积，即建设用地面积，指由城市规划行政部门确定的建设用地边界线所围合的用地水平投影面积，包括原有建设用地面积及新征(占)建设用地面积，不含代征用地的面积。用地面积是控规阶段土地利用各种规定性指标要素计算的基础。

用地面积大小通常由道路、河流、行政边界及各类规划控制线围合而成的地块决定。用地面积与城市开发模式、土地利用性质、地块所处的区位有关。存量更新规划中，控规用地由于受现有土地产权的分割，地块面积通常较小，形态细碎不规则。

(二) 用地边界

用地边界是规划用地与道路或其他规划用地之间的分界线，用来划分用地的范围边界，通常分为自然边界(如河流、山体等)、人工边界(如道路、轨道等)和概念边界(如行政边界线、规划控制线等)。用地边界是用来界定地块使用权属的法律界限。地块是用地控制和规划信息管理的基本单元，是土地买卖、批租、开发的基本单元。地块标示出了所有的产(用)权关系，精确地记录了城市土地的划拨位置，界定了不同土地的所有者或使用者，以及相应的用地性质和开发强度控制，因而界定了每块土地的责、权、利(梁江，孙晖，2000)。

受到长期的计划经济观念影响，我国控制性详细规划编制中往往缺少基于产权概念的地块划分。地块边界划分与现实产权的结合并不紧密，控规编制划分的地块属于"概念地块"而非真正意义上的"产权地块"。往往一个完整的"概念地块"内包含了多个用地权属，各"产权地块"的土地发展权难以通过统一的地块指标来平衡(郭湘闽，2007)。对于城市新区，规划师往往为追求整体的美学布局，凭借经验的路网组织方式对场地进行划分。对于城市旧区，规划师也往往难以按照既有产权地块的情况量体裁衣式地制定更新规划(黄慧明，赖寿华，2013)。

(三) 用地性质和兼容性

1. 用地性质(land use type)

用地性质是对城市规划区内的各类用地所规定的使用用途，包括土地的实际使用用途，如绿地、广场等和附属于土地上的建构筑物等。大部分用地的使用性质需要通过土地上的附属建构筑物的用途来体现。我国用地性质分类划分的参照标准是《城市用地分类与规划建设用地标准》。我国土地用途分类一直延续着单向逻辑，将城市视作一个静态的有机体,采用蓝图式控制的管理方法。土地用途体现了从大类、中类到小类,构成一个自上而下的单向的规划过程,控规将土地使用细分至中类或小类,市场开发则在控规限定的情况下进行,市场的能动作用被置于末端(宣莹,2008)。在控规阶段,土地混合使用的情况较多(如沿街商铺,办公与居住在同一楼宇中的混合等),土地使用性质决定建筑用途这一单向逻辑一定程度上限制了土地使用的混合,无法适应房地产市场和经济波动等外界变化对土地使用的要求,也增加了控规调整的频率。

2. 土地使用兼容性(land use compatibility)

土地使用兼容性包括两方面的含义:其一是指不同土地使用性质在同一用地中共处的可能性,即表现为同一块城市土地上多种土地使用性质综合使用的允许与否,反映不同土地使用性质之间亲和与矛盾的程度;其二是指同一土地,使用性质的多种选择与置换的可能性,表现为土地使用性质的"弹性""灵活性"与"适建性",主要反映该用地周边环境对于该地块使用性质的约束关系。从本质上讲,土地使用兼容性是既定的规划环境对个性用地的使用状况容纳与否的选择。土地使用兼容性衡量的标准是来自于土地利用对环境带来潜在压力的大小以及环境所能承受的物质活动的容量(郑正,扈媛,2001)。

土地使用兼容性规定为城市土地开发预留了调整空间和弹性。土地使用兼容性规定给予城市规划行政主管部门较大的自由裁量权,适应了我国城镇化快速发展期土地开发的灵活性需求。《城市用地分类与规划建设用地标准》(GB 50137—2011)明确了用地性质的分类,但尚无统一的土地使用兼容性标准。各地根据实际情况对土地利用提出兼容性管理规定。国内土地使用兼容性控制一般分为用地性质与建筑用途兼容和用地性质之间兼容两类,主要体现在控规文本中对土地使用兼容性的规定,有的地方则在城市技术管理规定中有明确的要求,纳入地方法规。

土地使用兼容除了用地上的兼容外,还包括建筑的兼容。相比土地使用兼容,建筑性质兼容更加详细,更能达到控制的目的。香港法定图则在欧美区划的影响下,突出公共政策属性并淡化了技术理性,在市场经济中彰显"有限理性",强调程序合理与有限管理(林强,兰帆,2014)。在香港"分区计划大纲图"的核准图中,仅对用地大类及其主要功能进行展示,对于允许的建筑类型、配建设施要求等则通过注释加以说明,在核准图上不予以表达。香港核准图的目的在于展示土地的主要功能,具体的开发内容则通过注释中的建筑准入类型进行控制。

"分区计划大纲图"土地用途管理以建筑功能为导向,土地用途与建筑功能存在双向选择,即允许同一类型建筑在多个不同的土地用途中兼容,土地用途分类控制和市场自主开发相结合,体现政府与开发主体双向选择的逻辑,重在对规划意向的界定,将城市视作一个动态的有机体,采用过程性控制的管理方法(宣莹,2008)。自上而下的土地用途只分至大类,根据地块具体情况,每一大类用途再设置两栏详细的用途。土地用途表划分为两栏:第一栏标示了经常准许的建筑功能(uses always permitted);第二栏则列举了需要向规划委员会申请,可能在有附带条件或无附带条件下获准用途的建筑功能。符合第一栏的申请可以不需要经过规划委员会,直接由地政署签订卖地合约。但是如果涉及第二栏功能或者变更用途,则需要得到规划委员会的许可。由于在第一栏中允许的建筑功能很多,很多情况需要申请第二栏的用途,建筑功能混合无需行政审批,提高了土地利用的相容性可能。以商业用途为例(见表 8-1),第一栏准许的建筑功能多达 30 项,第二栏经申请准许的建筑功能有 8 项。土地用途注释表中又确定了商业中心区、主要商业区和地方商业区的规划意向,进一步对不同商业区内的土地用途提供引导。

表 8-1　香港商业用地的建筑功能

第 一 栏	第 二 栏
经常准许的用途	须先向城市规划委员会申请,可能在有附带条件或无附带条件下获准的用途
救护站 商业浴室/按摩院 食肆 教育机构 展览或会议厅 政府用途(未另有列明者) 酒店 资讯科技及电信业	播音室、电视制作室和/或电影制作室、分层住宅、医院、屋宇,香港铁路通风塔和/或高出路面的其他构筑物(入口除外)、加油站、住宿机构
机构用途(未另有列明者) 图书馆 街市 场外投注站 办公室 娱乐场所 康乐文娱场所 私人会所 公厕设施 公共车辆总站或车站 公用事业设施装置 公众停车场(货柜车除外) 可循环再造物料回收中心 宗教机构 乡事委员会会所/乡公所 学校 商店及服务行业 社会福利设施 训练中心 私人发展计划的公用设施装置 批发行业	规划意向: 商业中心区/主要商业区:此地带的规划意向,主要是作商业开发,一般把涵盖范围发展为本港的商贸/金融中心,或区域或地区的商业/购物中心,用途可包括办公室、商店、服务行业、娱乐场所、食肆和酒店。划作此地带的地点,往往是重要的就业中心。 地方商业区:此地带的规划意向,主要是作商业发展,其涵盖范围的重点功能为地方购物中心,为所在的地方提供服务,用途可包括商店、服务行业、娱乐场所和食肆

资料来源:香港法定图则注释总表.

(四) 环境容量

控规中环境容量控制分为城市自然环境容量和城市人工环境容量两方面。自然环境容量表现为在日照、通风、绿化等方面。人工环境容量表现在市政基础设施和公共服务设施的负荷状态上。自然环境容量控制是控规阶段土地利用控制的核心指标,包括容积率、建筑密度两个关键指标。

1. 容积率(floor area ratio)

容积率又称楼板面积率，或建筑面积密度，是衡量土地使用强度的指标，英文缩写为FAR。容积率起源于1957年的美国芝加哥综合规划(Chicago comprehensive plan)，1961年纳入到纽约的区划条例，之后作为一项区划控制技术推广使用。容积率具有两方面的属性：一是技术属性，规定开发的最大强度；二是利益属性，任何开发行为都要协调政府、开发商、公众三方利益。在美国的规划管理中，容积率还可以衡量空间的财产价值，具有产权属性，是"开发权"的数值表达，直接影响到空间的开发利用(戴润，2010)。容积率的大小还影响土地价格，在建造成本保持不变的情况下，提高容积率指标，在同等面积土地上开发者能获得更多的发展空间，提高了土地开发的总收益，进而获得更多经济剩余促使地价上升。

咸宝林、陈晓键(2008)对目前国内容积率的常见的几种概念进行了辨析(见图8-1)。

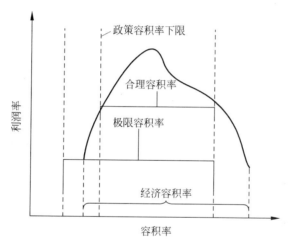

图 8-1 容积率概念示意图

资料来源：咸宝林，2008. 合理容积率确定方法探讨[J]. 规划师，24(11)：60-65.

(1) 经济容积率(economic floor area ratio)：是指城市建设过程中，在某一合度空间范围内，房地产总投资利润率大于房地产基准总投资利润率的利润率区间对应的容积率区间。

(2) 极限容积率(margin floor area ratio)：是指同时满足地块内部与外部环境容量的容积率区间。

(3) 政策容积率(policy floor area ratio)：为了满足可持续发展的要求，促进城市紧凑发展，政府结合特定的时空条件在制定土地开发政策中规定的最低容积率。

(4) 合理容积率(rational floor area ratio)：经济容积率、极限容积率、政策容积率交集的容积率区间。

(5) 标准容积率(standard floor area ratio)：指在合理容积率区间内从城市设计的角度赋予开发地块的容积率，标准容积率是一固定值而非区间。

控规确定的容积率是在考虑了土地开发的经济性、空间环境影响和上位规划及政策的前提下，对接利益主体的客观需求，在符合当地规划技术管理条件下的容积率指标。其指标经过规划管理部门审批后具有法定效力。

2. 建筑密度(site coverage)

建筑密度,也称建筑覆盖率,是指规划地块内各类建筑基底面积占该地块用地面积的比例。它反映出一定用地范围内的空地率和建筑密集程度。在控规中规划控制地块的建筑密度其目的是为了防止过度建造与保留绿化和景观面积,以及为城市提供开放空间或公共空间的控制(董春方,2012)。在居住区规划中,建筑密度决定因素主要是住宅层数和决定日照间距的地理纬度与建筑气候区。通常多层住宅区的建筑密度大于高层住宅为主的居住区。由于日照间距的差别,北方居住区的建筑密度小于南方居住区的建筑密度。

《城市居住区规划设计标准》(GB 50180—2018)根据不同气候区和建筑层数,设定了住宅用地的容积率、建筑密度和绿地率的指标管控要求(见表8-2)。在居住区设计中,控制小区整体建筑覆盖率的目的是为了控制开发商过度建造,保留适度的绿化和景观空间,提供舒适的小区环境和公共空间。

表 8-2　各气候区建筑控制指标

建筑气候区划	住宅建筑平均层数类别	住宅用地容积率	建筑密度最高值/%	绿地率最小值/%
Ⅰ、Ⅶ	低层(1层至3层)	1.0	35	30
	多层Ⅰ类(4~6层)	1.1~1.4	28	30
	多层Ⅱ类(7~9层)	1.5~1.7	25	30
	高层Ⅰ类(10~18层)	1.8~2.4	20	35
	高层Ⅱ类(19~26层)	2.5~2.8	20	35
Ⅱ、Ⅵ	低层(1~3层)	1.0~1.1	40	28
	多层Ⅰ类(4~9层)	1.2~1.5	30	30
	多层Ⅱ类(7~9层)	1.6~1.9	28	30
	高层Ⅰ类(10~18层)	2.0~2.6	20	35
	高层Ⅱ类(19~26层)	2.7~2.9	20	35
Ⅲ、Ⅳ、Ⅴ	低层(1~3层)	1.0~1.2	43	25
	多层Ⅰ类(4~6层)	1.3~1.6	32	30
	多层Ⅱ类(7~9层)	1.7~2.1	30	30
	高层Ⅰ类(10~18层)	2.2~2.8	22	35
	高层Ⅱ类(19~26层)	2.9~3.1	22	35

资料来源:《城市居住区规划设计标准》(GB 50180—2018).

与建筑密度相关的概念是开放空间率。开放空间率(open space ratio)是建筑覆盖率的反向指标,表示在一个开发基地上的开放空间总量(总面积)。有时规划管理当局为了确保人口的户外空间合理的预备量,开放空间率的定义也常常表示为人均开放空间面积。开放空间率表示单位总建筑面积所含有的地面上未建有建筑的空地的量度,这个指标提供了基地上的空地压力参照数据(董春方,2012)。

二、土地利用规划控制的方式

土地利用的控制方法是指为实现规划意图而选取的适当的控制手段,它对控规功能作用发挥的深度有决定性的影响。控规阶段土地利用控制的方式主要有图则和通则两种,这两种方式互为补充。图则是在通则的规定之下制定的。

(一) 图则控制

控规对土地利用的各项控制指标通常以图则为载体来实现整合,图则规定是控规在成果表达方式上区别于其他规划编制层次的重要特征。图则将控规的法律效力图解化,用一系列控制线和控制点对用地和设施进行定位控制,如地块边界、道路红线、建筑后退线、绿化绿线、控制点等。有时对于地块的特殊控制规定,控规在图则内还可以通过条文说明的形式,对地块开发作出要求说明。控规图则再经法定的审批程序后上升为具有法律效力的地方法规,具有行政法规的效能。深圳最早于1996年底开始借鉴国外区划制度和中国香港法定图则的经验推行法定图则制度,法定图则涉及内容广泛,包括:土地界址、坐标、面积,土地的使用性质及兼容性,各块用地的建筑覆盖率、居住人口、容积率和高度控制,市政工程、市政公用设施及公共服务设施位置、用地面积(张苏梅,顾朝林,2000)。

(二) 通则控制

除了通过图则对土地利用要素加以控制以外,控规一般还有地方性的通则文件作为指导每个片区的规划编制。通则对法定规划进行实体性规制,规范法定规划的成果。各地根据自身情况出台了地方性的城市规划技术管理规定,对主要的控规土地利用指标进行通则式的规定。《上海市控制性详细规划技术准则(2016年修订版)》作为《上海市城乡规划条例》的重要配套文件之一,是指导全市控制性详细规划编制和应用的规范性文件,对土地使用、开发强度、空间管制、住宅、公共服务设施、生态环境、道路交通、市政设施、防灾避难和地名等十四个方面提出了控规编制技术依据。技术准则将图则分为普适图则和附加图则。一般地区通过普适图则提出普适性的规划控制要求,包括编制地区类型范围,划定用地界限,明确用地面积、用地性质、容积率、混合用地建筑量比例、建筑高度、住宅套数、配套设施、建筑控制线和贴线率、各类控制线等。重点地区在形成普适图则外,需要通过城市设计或专项研究提出附加的规划控制要求,形成附加图则。《香港规划标准与准则》(2011版)列明了政府厘定各类土地用途和设施规模、位置及地盘规定的准则,适用于规划研究、拟备、修订规划图则和发展管制规定,为分配香港匮乏的土地资源,为各个地区制定土地用途预算提供了公平的技术性准则,为厘定各类用地发展的规模、密度、地盘规定和所需的配套设施提供指引。

第三节 控规土地利用规划的指标确定

一、土地利用性质确定和兼容性管理

(一) 土地利用性质确定的依据

土地利用性质一般根据地块所在城市规模、城市特征、所处区位环境、土地开发性质等确定土地利用的性质,确定原则如下:

(1) 根据城市总体规划、分区规划等上位规划的用地功能定位,确定具体地块的用地性质。

(2) 当上位规划中确定的地块较大,需要进一步细分用地性质时,应首先依据主要用地性质的需要,合理配置和调整局部地块的用地性质。

(3) 相邻地块的用地性质不应当冲突,消除用地的外部不经济性,提高土地的经济效益。

在控规阶段,面临土地混合使用的情况,如沿街店铺与居住用地的混合,办公和商业、购物中心的功能混合等,需要在《城市用地分类与规划建设用地标准》(GB 50137—2011)的基础上进一步区分土地使用性质。当前,国内部分大城市根据自身规划管理和土地开发控制的实际情况,制定了本土化的控规土地使用性质分类。如《上海市控制性详细规划技术准则(2016年修订版)》将城乡建设用地分为11个大类、50个中类、54个小类。对于居住用地,将不同层数的住宅、社区公共服务设施和基础教育类别进行了细分(见表8-3)。

表8-3 上海市控规技术准则对居住用地土地使用的分类

大类代码	中类代码	小类代码	用地名称	范围
R			居住用地	居住社区、居住街坊、居住组团等各种类型的成片或零星的用地
	Rr		住宅组团用地	用于住宅建筑及其必要的配建道路、绿化及附属于住宅建筑的服务设施的用地
		Rr1	一类住宅组团用地	以低层住宅为主的住宅组团用地
		Rr2	二类住宅组团用地	以多层住宅为主的住宅组团用地
		Rr3	三类住宅组团用地	以高层住宅为主的住宅组团用地
		Rr4	四类住宅组团用地	以独立地段的供职工或学生居住的宿舍或单身公寓为主的住宅组团用地
		Rr5	五类住宅组团用地	简陋住宅用地
		Rr6	六类住宅组团用地	农村宅基地
	Rc		社区级公共服务设施用地	包括社区行政管理、商业、文化、体育、医疗卫生、养老等设施用地,不包括市级、区级公共设施用地
		Rc1	社区行政管理用地	包括街道办事处、派出所、城市管理监督、税务、工商、房管办、社区事务受理中心、社区服务中心、居民委员会等
		Rc2	社区商业用地	以日常生活消费为主的小型商业,包括室内菜场、社区食堂、家电维修、家政服务等
		Rc3	社区文化用地	包括文化活动中心、青少年活动中心等
		Rc4	社区体育用地	包括综合健身馆、游泳池(馆)、球场等
		Rc5	社区医疗卫生用地	包括社区卫生服务中心、卫生服务站等
		Rc6	社区养老福利用地	包括社区养老院、工疗康体服务中心等
		Rc9	其他社区设施用地	除以上设施外其他社区设施用地
	Rs		基础教育设施用地	包括完全中学、高级中学、初级中学、小学、九年一贯制学校、幼托等
		Rs1	完全中学用地	完全中学用地
		Rs2	高级中学用地	高级中学用地
		Rs3	初级中学用地	初级中学用地
		Rs4	小学用地	小学用地
		Rs5	九年一贯制学校用地	九年一贯制学校用地
		Rs6	幼托用地	幼托用地

资料来源:摘选自《上海市控制性详细规划技术准则(2016年修订版)》城乡建设用地分类及代码表.

对于近期尚不能确定使用功能以及需控制发展的远期发展备用地,若纳入了控规编制范围,需在图则中划定,并在文本中加以控制说明。《上海市控制性详细规划技术准则(2016年修订版)》在城乡建设用地中新增城市发展备建用地(X)和控制用地(K)大类(见表8-4)。城市发展备建用地(X)是需进一步研究明确其开发控制要求的可建设用地。控制用地(K)是根据土地利用规划的要求,予以规划控制或为城市远期发展预留的土地,不计入建设用地指标。

表8-4 上海市控制性详细规划对不确定用地的分类

大类代码	中类代码	用地名称	范围
X		城市发展备建用地	需进一步研究其功能定位和开发控制要求的近期建设用地
	Xc	公共设施备建用地	公共设施近期建设预留地
	Xu	市政设施备建用地	市政设施近期建设预留地
	Xx	其他备建用地	除以上备建用地之外的城市近期发展备建用地
K		控制用地	包括为了保护城市生态功能设定的生态控制用地以及城市远期建设发展预留用地
	Kg	生态控制用地	以生态、绿化为主的控制用地
	Kb	城市发展预留用地	为城市远期发展预留的控制用地

资料来源:摘选自《上海市控制性详细规划技术准则(2016年修订版)》城乡建设用地分类及代码表.

(二) 土地利用性质的兼容性控制

1. 土地使用兼容性的确定原则

土地使用兼容性强调了城市规划的动态控制与实施,使城市可以自动修正和调配资源以适应市场经济发展对土地使用的需求变化。这种相对的灵活性建立在政府对城市基本功能或对公共利益的满足基础上,体现了规划的严肃性(王潇文,2009)。控规中土地使用兼容性控制应遵从以下原则。

(1) 主导功能的完整性和稳定性要求土地使用在大类兼容上从严控制,附属功能的配套性和协调性要求土地使用在中类或者小类上灵活兼容。

(2) 公共服务设施和市政基础设施在服务对象、容量规模上有着明确的规定,在一定程度上决定着土地使用的兼容性控制。

(3) 土地使用兼容性控制与城市空间环境密切相关,包括城市景观环境、城市形体空间环境、城市历史文化环境等。这一点在城市的重要地区和重要地段必须从严控制土地兼容,不得破坏城市景观形象。

(4) 提高土地使用兼容性控制的可操作性。对于政府投资和不属于有偿使用的土地(主要是公益事业项目)宜从严控制土地兼容;对于有偿出让的土地,尤其是居住、商业和工业等用地,在不影响环境和功能布局的情况下,宜从经营土地的观念出发适当灵活地加以控制(张艳明,2008)。

(5) 因地制宜地新增用地类别。如上海市为促进高新产业和生产性服务业的发展,优化产业规划布局,上海控规技术准则在工业用地中增加了工业研发用地(M4),适用于与生产活动密切相关的研发、中试等用地,应位于上海市确定的产业区块内。同时,在公共设施用地中增加了科研设计用地(C65),适用于产业区块以外的一般研发用地。

2. 混合用地的控制引导

基于土地兼容性规定之上,规划实践中逐渐提出混合用地(mixed use)的概念。混合用地不光是土地使用功能、建筑用途之间的兼容混合,更是土地开发过程中,空间布局的混合。2002年底,香港规划署在修订法定图则注释总表的工作中,建议在"其他指定用途"中推行"混合用途"地带的概念,取代原来的"商业/住宅"地带,该地带的规划意向是发展多种相互协调的土地用途,包括商业、住宅、教育、康乐及文化设施等,以应对不断转变的市场需求。

控规层面对土地混合利用的控制引导主要体现在街区层面和地块层面。街区层面根据主要功能定位和结构布局,划分不同功能主导的街区(以居住功能主导的街区,以工业和研发、办公为主要功能的街区等)。在地块层面,土地混合利用可通过水平方向的混合和垂直方向的混合实现,既有用地性质的混合,也有建筑用途、功能业态的混合。

在制定土地使用性质兼容性规定的同时,需要定量定性地分析兼容土地上不同功能建筑的性质和规模,引导土地混合使用。如《上海市控制性详细规划技术准则(2016年修订版)》在土地使用方面对混合用地作了详细的规定(见专栏8-1),鼓励形成商业、商务与居住合理混合的复合型公共活动中心,在城市各级中心和轨道交通站点周边地区,注重综合交通与其他城市功能的衔接,减少通勤交通,推进居住与就业的平衡,提高城市活力。

专栏8-1　上海市控规技术准则对混合用地的规定

1. 当一个地块中某类使用性质的地上建筑面积占地上总建筑面积的比例超过90%时,该地块被视为单一性质的用地。混合用地是指一个地块中有两类或两类以上使用性质的建筑,且每类性质的地上建筑面积占地上总建筑面积的比例均超过10%的用地。

2. 混合用地中的用地比例一般按照建筑面积的比例进行拆分计算。
(1) 当涉及无建筑的用地之间混合时,按用地面积的比例进行拆分计算。
(2) 当涉及交通、市政等设施与绿地、广场等用地混合时,其中设施用地面积按设施的地上建筑物、构筑物的占地面积计算,但设施的地下用地指标可计入相应专项系统规划的指标。

3. 功能用途互利、环境要求相似且相互间没有不利影响的用地,宜混合设置。鼓励公共活动中心区、历史风貌地区、客运交通枢纽地区、重要滨水区内的用地混合。

4. 环境要求相斥的用地之间禁止混合,包括以下几种情况。
(1) 严禁三类工业用地、危险品仓储用地、卫生防疫用地与其他任何用地混合。
(2) 严禁特殊用地与其他任何用地混合。
(3) 严禁二类工业用地与居住用地、公共设施用地混合。

除独立设置的地下空间系统(如民防)外,地下空间的使用性质与地上土地使用性质之间宜保持关联。

资料来源:上海市规划与国土资源管理局,《上海市控制性详细规划技术准则(2016年修订版)》.

(三) 混合用地控制的实例

1. 新加坡"白色地段"(white site)

新加坡城市重建局(URA)于1995年提出了"白色地段"的概念,以应对未来城市发展的不确定性而带来的土地适用性不确定,为发展商提供灵活的建设空间。当地块周围环境复杂,影响因素较多,不容易确定其用途时,新加坡是将其划为白地,对暂时不能确定用途的土地,先铺上草坪闲置,然后每五年对规划作一次修正,评估土地价值,在适当的时候投入市场。一旦投入市场,政府一般规定发展商应在8~10年内建设完工,但面对地段面积较大、区域条件复杂的情况,政府通常允许其建设完工期限延长至15年,以更好地让发展商配合市场需求,逐步发展(黄经南等,2014)。

在"白色地段"租赁使用期间,发展商可根据土地开发需要,可以按照招标合同要求,在经政府许可的土地利用性质范围内,根据市场需求,灵活决定采取哪种用途及各类用途用地所占比例,而无需交纳土地溢价(differential premium)。这种基于市场的用途转换可以保护开发商应对开发风险,使其享有较高的建设透明度和较强的投资确定性。"白色地段"的核心是"白色成分",它是指"白色地段"内可用于其他用途开发的用地性质和用地比例。开发商可在一定许可条件下,通过对"白色成分"的合理调配与布局,充分发挥"白色地段"的综合效益。

"白色地段"建立在完善而动态更新的规划政策指引基础之上,体现了土地混合开发的传统理念。"白色地段"往往是政府希望控制的地区,并期望结合动态的市场需求达到最好的开发效果。政府选择"白色地段"一般选择在地块区位条件良好、周边环境发展成熟、基础设施配套完善、发展潜力较大的区域,以及历史文物保护地带。

值得注意的是,新加坡政府对"白色地段"的开发亦有着详尽的开发引导。在"白色地段"推出的招标技术文件中,规定了"白色地段"的强制性规划指标,主要包括用地面积、用地性质、(最大)总容积率、(最大)总建筑面积、建筑高度、建筑红线、公共边界、步行路或连接路、车行道入口、停车设施等;同时也提出了指导性指标、城市设计指引(urban design guidelines)和发展控制指引(development control guidelines)。"白色地段"内的用地功能必须在政府指引的规定用途中选择,并且完全接受招标技术文件中所有的规划要求,"白色地段"是一种有附加条件的开发。各规划指标中,地段位置、用地面积、建设发展用地性质、许可的最大总建筑面积和总容积率、最大建筑高度、租赁期限这六项指标最为重要(孙翔,2003)。"白色地段"控制的实例见图8-2。

新加坡对"白色地段"投入市场的数量有意识地加以控制。1995—2007年,新加坡政府出售了10幅"白色地段",所有这些"白色地段"都位于或紧邻城市地区(Seow et al.,2007),其中2002—2003年共有六幅"白色地段"投入市场招标拍卖。对"白色地段"数量的控制是为了把握供应的合理性,避免供需失衡的情况,确保每块"白色地段"应有的收益,保障开发商的利益。

2. 中国香港法定图则中的综合发展区(CDA)

为提高土地使用的弹性,香港法定图则中,对法定图则中不确定性较大的若干地块,通

图 8-2 新加坡重建局 2011 年 10 月招标出售的位于 Marina 商业区的"白色地段"

资料来源：新加坡重建局.

过划定控制单元的方式"留白"（其第一栏经常准许的建筑类型为空白），设立"综合发展区"（CDA）。综合发展区作为一种特殊的规划管理单元，通常将周边几类不同用途的土地（以住宅或商业为主，包括政府或社区设施、运输及公共交通设施和休憩用地等）进行合并，鼓励建设主体整合土地进行综合发展。香港城市规划委员会认为，综合发展区地带的设立对于城市更新意义重大，CDA 有助于促使旧区进行市区重建及重整土地用途，鼓励残旧地区（包括工业区）进行市区重整，并且淘汰不符合规划意向的用途，综合发展区设立的目标见专栏 8-2。综合发展区的土地面积越大，在发展计划内纳入公共设施、重整土地用途（包括更改道路模式）及地区发展潜力也越大。在厘定综合发展区用地界限及发展密度时，规划委员会会顾及现有的土地用途模式、最新的发展需求及基础设施容量的限制。在适当情况下，发展计划内应尽可能辟设政府、机构或社区设施、休憩用地、公共交通及停车设施，扩阔路面工程，提供互相贯连的行人通道网。

专栏 8-2　香港综合发展区地带设立的目标

1. 促使市区旧区进行市区重建及重整土地用途；

2. 鼓励残旧地区（包括旧工业区）进行市区重整，并且淘汰不符合规划意向的用途，例如乡郊地区的露天储物及货柜后勤用途；

3. 提供合并土地及重整道路模式的机会，并确保各种土地用途及基础设施互相配合，从而善用土地的发展潜力；

4. 促使在交通、环境及基础设施容量备受限制的地区，以及受到互不协调的土地用途邻接的问题困扰的地区，以整体协调的规划进行发展；

5. 确保发展计划所涵盖的地区适时提供足够的政府、机构或社区设施，运输及公共交通设施和休憩用地，且在可能情况下，舒缓邻近地区设施不足的情况；

6. 确保极具景观及美化环境价值的地区，以及别具设计特色或历史意义的地点在整体发展规模及发展设计上均受到适当管制。

资料来源：香港城市规划委员会. 规划指引 17, 指定"综合发展区"地带及监察"综合发展区"发展计划的进度.

综合发展区的用地性质类似于大陆控规中的商办混合用地、住宅混合用地等。通常在没有其他规划机制可达到所拟规划目的的情况下，香港城市规划委员会会将一幅土地指定为综合发展区。它的作用在于使市区得以重建及重整，为乡郊地区提供新的发展机会，以及确保特殊地点有适当的布局设计等（宣莹，2008）。根据香港城市规划条例，在划定为综合发展区的地区进行发展，建设主体必须拟定一份总纲发展蓝图，并将其呈交规划委员会核准，实例见图 8-3（详见书后彩图）。在综合发展区开发完成后，规划委员会根据建成用途变更综合发展区功能。由于综合发展区属于一种"过程中"的用地功能，体现了规划对未来不确定性的预控和引导，因此在促使市区重建、重整土地用途及进行重点地区开发时发挥了重要作用（林强，兰帆，2014）。

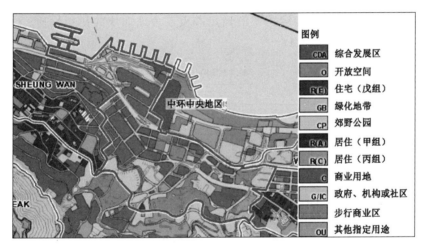

图 8-3　香港中环商业区分区大纲计划图（书后有彩图）
资料来源：香港法定图则综合网站．

对于土地发展公司发展计划或香港房屋协会的市区改善计划所涵盖的土地，一般都会指定为综合发展区地带，其中一个原因是防止这些地点进行零碎的发展，以致无法有效地推行综合重建及市区重整工作。对于一些受较新的批地条款约束而尚未分配的政府土地，包括预算拨供香港房屋委员会兴建公营房屋的土地，在受到特殊的环境限制或基于地区特色而需要规划委员会对其布局设计、施加管制的特殊情况下，才会划为综合发展区地带。

对于涉及私人土地的综合发展区用地，由于业权分散会影响综合发展区的发展和实施，因此在划为综合发展区地带时，会选择产权较为集中的土地。由于综合发展区地带的划设或会影响第三者的发展/重建权利，发展商必须阐明其拥有的土地以及是否有计划收购综合发展计划的余下土地。在划设综合发展区地带时，土地拥有权只是其中一个考虑因素，委员会还会考虑其他因素，例如是否需要促使市区旧区进行市区重建工作及重整土地用途，以及淘汰不相协调及不符合规划意向的用途（香港城市规划委员会，1995）。

二、容积率控制的确定方法

(一) 影响容积率确定的因素

控规阶段土地利用开发强度的控制通常以容积率为核心指标。控规土地容积率的确定涉及业主的空间利益、城市的公共利益以及环境品质的优劣,在土地开发中往往也是各利益相关方关注的焦点。

容积率的制定受到环境因素和经济因素的影响,其中又可分为内外部两类因素(见图8-4)。内部及外部经济因素通过对建筑面积的限制界定了容积率的经济上限和下限,外部环境因素通过对建筑形体及布局的限制,对容积率的取值予以了景观上的制约;而内部环境因素则通过对地块内建筑面积与空地面积的比例的要求,为容积率的确定引入了相关指标(何强为,1996)。城市土地的商业性开发和公共性开发由于开发性质的差异,容积率控制方法也不同。在控规阶段,容积率的确定需重点考虑地块的使用性质、区位、产权归属、土地市场价格、交通条件等因素。

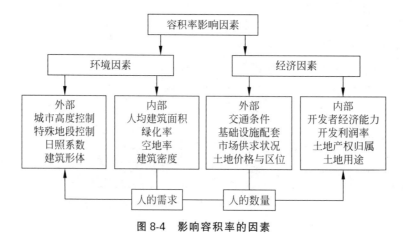

图8-4 影响容积率的因素

资料来源(改编自):何强为,1996.容积率的内涵及其指标体系[J].城市规划,1996,(1):25-27.

(二) 容积率的弹性区间

快速城市化和市场经济的影响,城市土地开发的内外部因素存在大量的不确定性,实践中容积率单向极限上限值往往出现"弹性"不足、"刚性"难保的问题,造成控规调整修编频发,进而造成城市开发的"不确定性"和土地开发的负外部性。在西方国家,刚性的开发强度指标往往配套弹性的政策调整措施。美国区划条例最终的容积率指标可"根据市场供求状况谈判"和"借鉴已有经验"两种方式修正确定。英国对开发强度实行"个案审批",由于控制"弹性"大,政府效能易于体现,公共利益易于保障,一直被沿用至今(黄明华,王阳,2013)。

容积率并不是一个固定值,而是一个区间值,上限与下限都要保障公共利益。日本为了便于区划的控制指标在具体规划中结合城市发展进行灵活控制,近来的研究也在强调容积率应从传统的"单向极限值"向"值域化(即弹性范围或区间)"转变。Kono等(2010)分析了环境拥堵和噪声等外部负效益下容积率管制的最优情况,提出在一个闭合的区域内,容积率的上下限控制都是必要的。在控制人口密度作用方面,最大容积率相比控制地块大小是次优的选择,应通过设定最小容积率来控制人口密度及其负外部效应。容积率可根据需要制定上限和下限。下限保证土地开发者的经济利益,上限防止过度开发带来的城市基础设施负荷运行及环境质量下降。我国为加强工业项目建设用地管理,促进工业用地和建设用地的集约利用,《工业项目建设用地控制指标》(2021版征求意见稿)对工业用地的容积率,建筑系数控制采用了下限控制,避免由于工业用地地价较低而产生土地开发强度过低及违规圈地。

(三) 容积率的确定方法

土地容积率控制一般分为宏观和微观两个层面。宏观层面通常立足于城市环境容量、生态容量、公共设施容量、交通容量等因素的考量,通过技术手段研究城市各组成要素,包括物质、社会、人口、经济等各领域的城市活动或城市市政基础、公共配套等公共设施在城市空间上的分布强度,进而确定城市开发总量和城市整体强度,建立城市强度分区的基准模型和修正模型,为确定地块容积率、制定地块密度细分提供原则性指导。

微观容积率控制通常着眼于局部城市设计、空间景观、微观条件、视觉和心理等因素的考量,通过一系列的要素指标来控制建筑物空间布局、形体结构等。宏观层面的容积率控制主要通过城市密度分区来实现,而微观层面控制的核心载体和直接途径是控规(孙峰,2009)。

控规阶段土地利用容积率控制主要反映在地块层面,确定方法多样,归结各类容积率测算方法,大致可分为以下几类:人口指标推算法、典型实验法、城市设计推算法、经济推算法、规范及标准法、类比法等。容积率核算不可能使用一种方法就能够全面、综合地完成合理容积率测算。容积率的最终确定是集成、综合各种方法的结果(庞磊,宋小冬,2013)。

(1) 人口指标推算法:通过人口密度作为土地使用密度控制的主指标来推算开发容积率。在控规编制过程中,按照社区单元规划的理念来划分社区单元,结合城市的密度分区来合理分配各社区单元的人口密度。该方法计算比较简便,但实际操作中由于人户分离、人口数据难以统计等原因,导致该方法估算的容积率精度只能控制在街坊层面。

(2) 典型实验法:指通过计算机软件,基于实验的演算模型定量研究地块容积率。该方法针对不同大小的基地,通过实验,运用空间极限容积率校核等方法推算日照标准约束下的容积率等指标,作为规划决策的重要依据,并通过计算机实验进行核算。实验法使控规指标的确定更加科学、理性(宋小冬等,2010)。

(3) 城市设计推算法:根据规划意图,进行有目的的形态规划,依据形态规划平面计算出相应的控制指标,再根据经验指标数据,选择相关控制指标,两者权衡考虑,用作地块的控制指标。这种方法的优点是形象性、直观性强,便于掌握,对研究空间结构布局较为有利;缺陷在于工作量大并存在较大的主观性。在实践中,一般针对一个地块可先进行城市设计,确定出主要的城市控制要素和指标,然后根据城市设计导则编制控规。

(4) 经济测算法：根据土地交易、房屋搬迁、项目建设等方面价格与费用等市场信息，在对开发项目进行成本-效益分析的基础上，确定一个合适的容积率，使开发建设主体能获得合理的经济回报，保证项目的顺利实施。这种方法的优点是科学性和可实施性强；缺点在于采用静态匡算的方法，一些重要测算指标（如房地产市场供求与价格等）处于不断变化中，难免导致测算结果不够准确。容积率的经济测算只能作为一种校核手段，而不能作为决定手段。对利润率的调整可通过其他相关因素，如地价的调整来实现（何强为，1996）。

(5) 规范及标准法：在规划实践中，设计部门一般会以所在地规划管理部门已制定的"城市规划管理技术规定"作为编制规划的依据，运用其中的"建筑容量控制指标"作为城市各分区、各种用地性质的容积率指标的确定依据。该方法可用于确定地块的基本容积率。地块最终的容积率指标需根据地块与周边的区位、面积大小、设施条件等再次进行调整。

(6) 类比法：通过分析比较与规划项目在土地使用性质、类型、规模等方面具有类似特征的控规项目案例（或已建成的项目），选择确定相关控制指标，如容积率、建筑密度、绿化率等。这种方法简单、直观，但只能找相类似的规划项目来选取控制指标数值，通常适用于新区开发条件较为单一的地块。由于该方法没有考虑土地经济、房地产市场、业主需求对土地开发的决定性因素，因此只能作为技术性的参考依据。

(四) 城市整体强度分区

城市强度分区的方法是基于对城市空间格局及用地本身内外条件的综合考虑，使每一个独立的城市区域的开发强度受到合理幅度的控制，从而对整个城市空间的疏密进行预先控制。强度分区是城市规划控制城市二维形态的重要手段。

综观国内外的大多数城市整体强度控制的技术方法，可分为总量分配法和可接受强度限制法两类。规划体制计划色彩较浓的城市一般采用总量分配法，如新加坡、北京、上海、广州等；在规划体制强调市场作用的城市多采用可接受强度限制法，如纽约和香港等（王丽娜，2011）。

1. 总量分配法——上海容积率分区

总量分配法是在宏观层面对一定时期内人口发展规模进行预测，根据因城市具体的情况而确定的密度水平，推导用地规模、住房发展计划和各类设施用地的安排。微观层面根据一定的规则将密度分配下来，并根据具体片区和地块情况的不同，落实特殊的密度管理要求（王丽娜，2011）。

上海市综合考虑城市发展目标，以上位规划确定的建设总量为依据，对主城区、新城和新市镇采取不同的开发强度分区体系。按照功能布局特点，综合考虑交通条件、环境影响等因素，确定住宅组团用地、商业服务业用地和商务办公用地的开发强度分级控制体系。开发强度通过强度区和地块容积率两个层次进行控制。

(1) 强度区的确定

依据上位规划，结合交通支撑条件、公共设施服务水平、地区发展条件等综合确定不同强度区的范围。明确各街坊适用的基本强度和特定强度,用于控制地区建筑总量。

依据上位规划,按轨道交通服务水平、公共设施服务水平以及其他发展条件等确定强度区,强度区分为五个等级。主城区的开发强度指标控制如表 8-5 所示。

表 8-5 上海市主城区开发强度指标表

用地性质	控制分类	强度区				
		Ⅰ级强度区	Ⅱ级强度区	Ⅲ级强度区	Ⅳ级强度区	Ⅴ级强度区
住宅组团用地	基本强度	≤1.2	1.2~1.6（含 1.6）	1.6~2.0（含 2.0）	2.0~2.5（不含 2.5）	2.5
	特定强度	—	—	≤2.5	≤3.0	>3.0
商业服务业用地和商业办公用地	基本强度	1.0~2.0（含 2.0）	2.0~2.5（含 2.5）	2.5~3.0（含 3.0）	3.0~3.5（含 3.5）	3.5~4.0（含 4.0）
	特定强度	—	—	≤4.0	≤5.0	>5.0

注：在各级强度区内,某一街坊 50% 以上(含 50%)的用地位于轨道交通站点 300 米服务范围内,该街坊采用此级强度区的特定强度。此强度区的其他街坊采用相应的基本强度。

资料来源：《上海市控制性详细规划技术准则(2016 年修订版)》(沪府办〔2016〕90 号).

（2）地块容积率的确定

在地区建筑总量不变、满足基础设施负荷要求的前提下,根据地块的建设条件差异,通过城市设计、环境影响分析,交通分析等方法,确定地块容积率指标。对于开展城市更新的地块,容积率指标根据城市更新相关政策确定。

2. 可接受强度限制法——香港住宅密度分区

可接受强度限制法综合区位、现状用地发展、未来功能布局、交通、环境、公共设施、居民承受力等影响因素确定不同片区的开发强度上限。可接受强度限制是保持城市可持续发展的最低标准,强调在规则许可范围内市场的自我调节机能(王丽娜,2011)。

由于人口的分布情况对提供公共设施(如运输设施、公用设施及社区基础设施)有重大的影响,香港政府将管制住宅发展密度作为有效控制土地用途的基本工作。香港住宅密度的综合规划原则如下(香港规划标准与准则,2021)。

（1）设立一个住宅发展密度的分级架构,以满足市场对各种房屋类别的需要。

（2）住宅发展密度应配合现有及已规划基础设施的容量和环境吸纳量所能负荷的水平。

（3）鼓励居民使用公共交通工具,以减低交通需求。较高密度的住宅发展应尽可能建于铁路车站及主要公共运输交汇处附近。

（4）住宅发展密度应随着与铁路车站及公共运输交汇处的距离增加而渐次下降。

（5）在主要交通走廊或铁路车站服务范围以外的地方,倘设有足够的接驳交通工具以连接铁路车站及公共运输交汇处,也可考虑进行较高密度的住宅发展。

（6）在高容量交通枢纽附近进行较高密度的住宅发展,必须周详考虑环境事宜,以确保符合环境目标,在适当时候更须纳入环境舒缓措施。

(7) 为避免城市形式单调乏味,并缔造更有趣的城市面貌,应考虑规划不同密度的住宅发展。

(8) 位于环境易受破坏地区(如湿地、自然保育区、郊野公园和具特殊科学价值地点)附近的地点,应以低密度住宅发展较为协调,这样可确保这些环境易受破坏地区受到保育,并可尽量避免受人类滋扰。

《香港规划标准与准则》是香港指引土地开发密度管制的技术标准。该标准与有关法规相配合,并通过具有法律地位的法定图则、地契条款等,共同形成一套强制性和适应性兼具的开发控制体系。按发展密度分,香港总体分为3个区:主要市区、新市镇区和乡郊地区。每个大的分区内又分为多个住宅密度分区。

主要市区包括香港岛、九龙、新九龙、荃湾和葵青区。按住宅发展密度分成3个分区:住宅发展密度第1区、第2区及第3区。都会区住宅发展密度第1区,包括最高密度的住宅发展,适用于有容量大的公共运输系统服务的地区。在这些地区内,建筑物的低层(一至三楼)通常都属于商业楼层。住宅发展密度第2区,包括中密度的住宅发展,这些地区虽然有容量大的公共运输系统服务,但却算不上方便,区内的建筑物通常都不设商业楼层。住宅发展密度第3区,其住宅发展密度最低,这些地区的公共运输系统容量极为有限,又或在城市设计、交通或环境方面受到特别的限制。

新市镇为市民提供大为改善的生活环境,来鼓励有意迁居的人们迁出人烟稠密的主要市区。分为3个住宅发展密度分区。乡郊地区的发展密度应远低于市区,需要保护优美的自然景观以免乡郊受到市区发展所侵占,分为第1区至第5区,以及乡村六个密度分区,涵盖了可获指定为适合发展的地方。

《香港规划标准与准则》根据各地区的住宅发展类型设定了不同的发展密度等控制标准。不同地区的发展密度是用不同的地积比率(plot ratio)来管制的。地积比率是指建筑物的总楼面面积(gross floor area)与建筑物所在地盘的面积(the net site area)所形成的比率。该准则对主要市区、新市镇区和乡郊地区这3个分区划分了多个住宅发展密度区间(见表8-6)。

表8-6 主要市区、新市镇区和乡郊地区内部各密度分区

最高住用地积比率——主要市区			
发展密度区	地区类别	地点	最高住用地积比率
住宅发展密度第1区	现有发展	香港岛	8/9/10倍
		九龙及新九龙	7.5倍
		荃湾新市镇(涵盖荃湾、葵涌及青衣岛)	8倍
	新发展区及综合发展区		6.5倍
住宅发展密度第2区			6倍
住宅发展密度第3区			3.6倍

续表

最高住用地积比率——新市镇（不包括荃湾）	
住宅发展密度分区	最高住用地积比率
住宅发展密度第 1 区	8.0 倍
住宅发展密度第 2 区	5.0 倍
住宅发展密度第 3 区	3.6 倍
住宅发展密度第 4 区	0.8 倍

最高住用地积比率——乡郊地区		
发展密度分区	一般层数	最高住用地积比率
乡郊住宅发展密度第 1 区	12 层	3.6 倍
乡郊住宅发展密度第 2 区	6 层	2.1 倍
乡郊住宅发展密度第 3 区	开敞式停车间上加 3 层	—
乡郊住宅发展密度第 4 区	3 层，包括开敞式停车间在内	—
乡郊住宅发展密度第 5 区	开敞式停车间上加两层	—
乡村	3 层	3.0 倍

资料来源：《香港规划标准与准则》（2021 年 8 月）.

总体来说，控规阶段土地利用规划的主要任务是基于现有土地产权关系，以土地利用性质控制和开发强度确定为核心，对土地开发权和财产权的空间重构，其本质特征在于支持规划管理土地出让的行政许可。受传统物质空间规划的影响，当前控规土地利用的控制体系和指标确定带有蓝图式的预测色彩，刚性的土地利用规定难以适应弹性的市场需求和不断变化的房地产市场波动。香港地区、新加坡等地土地利用控制中的技术性手段，体现了政府与开发主体双向选择、动态应对市场变化的理念，具有一定的借鉴意义。控规土地利用指标的确定需走向刚性的底线控制与弹性区间的通则控制相结合。

除了土地利用性质和容积率这两大核心指标外，控规土地利用控制还涉及地块公共服务和基础设施的配置、建筑建造的体量控制、城市设计的三维引导等。《物权法》的实施增进了业主对私有财产权的关注与保护，加之存量土地再开发日渐增多，控规土地利用需更加关注地块发展的邻避性问题、存量开发的空间权益分配问题等，运用技术性手段协调城市发展的公共利益和地块业主的个体权益。

参 考 文 献

KONO T，KANEKO T，MORISUGI H，2010. Necessity of minimum floor area ratio regulation：a second-best policy［J］. Annals of Regional Science，44(3)：523-539.

SEOW E O，et al.，2004. Strategic considerations in land use planning：the case of white sites in Singapore［J］. Journal of Property Research，21(3)：235-253.

戴洢，2010. 美国容积率调控技术的体系化演变及应用研究［D］. 哈尔滨：哈尔滨工业大学.

董春方，2012. 密度与城市形态［J］. 建筑学报，(7)：22-27.

郭湘闽,2007.论土地发展权视角下旧城保护与复兴规划的利益平衡——以北京为例[C]//2007中国城市规划年会论文集.

何强为,1996.容积率的内涵及其指标体系[J].城市规划,(1):25-27.

黄慧明,赖寿华,2013.产权重组与空间重塑——土地产权地块视角下广州旧城形态更新研究[J].规划师,29(7):90-96.

黄经南,杜碧川,王国恩,2014.控制性详细规划灵活性策略研究——新加坡"白地"经验及启示[J].城市规划学刊,218(5):104-111.

黄莉,宋劲松,2008.实现和分配土地开发权的公共政策——城乡规划体系的核心要义和创新方向[J].城市规划,32(12):16-21,32.

黄明华,王阳,2013.值域化:绩效视角下的城市新建区开发强度控制思考[J].城市规划学刊,209(4):54-59.

乐芸,2011.香港法定图则的经验辨析与启示——转型发展下的控制性详细规划国际经验研究[C]//2011中国城市规划年会论文集.

梁江,孙晖,2000.城市土地使用控制的重要层面:产权地块——美国分区规划的启示[J].城市规划,24(6):40-42.

林强,兰帆,2014."有限理性"与"完全理性":香港与深圳的法定图则比较研究[J].规划师,30(3):77-82.

刘永红,2005.试论空间政策的重要性——以深圳为例[J].城市规划,29(12):45-53.

庞磊,宋小冬,2013.实验演算型住宅区地块容积率指标校核方法探索[J].上海城市规划,111(4):97-102.

彭雪辉,2015.论城市土地使用规划制度的产权规则本质[J].城市发展研究,22(7):37-44.

上海市规划与国土资源管理局,2016.上海市控制性详细规划技术准则(2016年修订版)[EB/OL].

宋小冬,庞磊,孙澄宇,2010.住宅地块容积率估算方法再探[J].城市规划学刊,187(2):57-63.

孙峰,2009.从技术理性到政策属性——规划管理中容积率控制对策研究[J].城市规划,33(11):32-38.

孙翔,2003.新加坡"白色地段"概念解析[J].城市规划,27(7):51-56.

田莉,2007.我国控制性详细规划的困惑与出路——一个新制度经济学的产权分析视角[J].城市规划,31(1):16-20.

同济大学,天津大学,重庆大学,华南理工大学,华中科技大学联合编写,2011.控制性详细规划[M].北京:中国建筑工业出版社.

王丽娜,2011.城市密度分区规划中的技术构架比较研究[C]//2011中国城市规划年会论文集.

王潇文.2009."白地""棕地"及其他:土地使用兼容性制度研究[C]//2009中国城市规划年会论文集.

咸宝林,2008.合理容积率确定方法探讨[J].规划师,24(11):60-65.

香港城市规划委员会,1995.规划指引[EB/OL].

香港规划署,2011.香港规划标准与准则[EB/OL].

宣莹,2008.做狐狸还是做刺猬?——香港法定图则土地用途分类与中国大陆城市用地分类体系比较研究[J].规划师,24(6):53-56.

衣霄翔,2013."控规调整"何去何从?——基于博弈分析的制度建设探讨[J].城市规划,37(7):59-66.

张苏梅,顾朝林,2000.深圳法定图则的几点思考——中、美法定层次规划比较研究[J].城市规划,24(8):31-35.

张艳明,2008.城市规划中土地使用兼容性控制的探究[J].中国土地科学,22(11):9,10-14.

赵民,乐芸,2009.论《城乡规划法》"控权"下的控制性详细规划——从"技术参考文件"到"法定羁束依据"的嬗变[J].城市规划,33(9):24-30.

郑正,扈媛,2001.试论我国城市土地使用兼容性规划与管理的完善[J].城市规划汇刊,133(3):11-14,79.

中国城市规划设计研究院,建设部城乡规划司,江苏省城市规划研究院,2002.城市规划资料集——控制性详细规划[M].北京:中国建筑工业出版社.
中华人民共和国建设部,2006.城市规划编制办法[EB/OL].
中华人民共和国住房和城乡建设部,2012.GB 50137—2011 城市用地分类与规划建设用地标准[S].北京:中国计划出版社.
中华人民共和国住房和城乡建设部,2018,GB 50180—2018,城市居住区规划设计标准[S],北京:中国建筑工业出版社.

思 考 题

1. 控规阶段的土地利用控制受到哪些因素影响?
2. 土地使用作为控规的核心要素,与美国的区划在发展权归属和配置过程中有什么本质上的不同?
3. 对于存量土地的更新利用,控规土地利用规划的控制和引导方式与新增用地有何不同?

第九章 土地利用规划实施评价

土地利用规划是协调人地关系、协调土地利用空间冲突的重要手段,通过优化生产力布局来实现土地资源的可持续利用。规划实施阶段是整个规划过程的重要组成部分之一。规划实施评价是土地利用规划执行阶段的重要环节。一个完整的土地利用规划过程,除了科学合理地制定和有效地执行外,还需要对土地利用总体规划执行后的效果进行分析评价。规划实施评价一方面能够评价政府相关部门执行规划的情况,另一方面也可以为调整和修编规划提供必要的理论依据,为规划的有效实施提供必要保障。

在国内,规划实施评价也已开始纳入法制。《中华人民共和国城乡规划法》(2008)第四十六条规定:"省域城镇体系规划、城市总体规划、镇总体规划的组织编制机关,应当组织有关部门和专家定期对规划实施情况进行评估,并采取论证会、听证会或者其他方式征求公众意见……经评估确需修改规划的,组织编制机关可按照规定的权限和程序修改省域城镇体系规划、城市总体规划、镇总体规划"。规划实施评价已经被作为规划调整和修编的依据之一。2004年6月21日,国土资源部发布了《关于开展土地利用总体规划实施评价和修编前期调研工作的通知(国土资发〔2004〕133号)》,要求报国务院审批的省级和城市土地利用总体规划必须对规划实施情况进行全面评价,报国土资源部审查同意后,才能开展规划修编工作,这标志着中国土地利用总体规划实施评价制度的初步建立。2005年5月30日,国务院颁布了《国务院办公厅转发国土资源部关于做好土地利用总体规划修编前期工作意见的通知(国办发〔2005〕32号)》,进一步明确了土地利用总体规划实施评价的基本内容和预期目标,提出要研究建立规划实施的动态监测、评价和管理的保障体系,这两个文件建立了中国土地利用规划实施评价的基本框架体系。

城市规划与土地利用规划之间的关系是一定区域内土地利用的局部和整体的关系。城市总体规划中的土地利用规划的部分内容属于土地利用总体规划的一部分。但城市总体规划内容除了土地利用外,还包括城镇体系规划、城市的社会经济发展战略、城市发展的财政规划、邻里协调发展对策等。就我国现有的规划体系而言,城市规划和土地利用规划均属于区域规划下一层次的规划,两者是相互联系、相互指导的两种不同类型的规划。因此土地利用规划实施评价不完全等同于城市规划实施评价,但两者互相联系、互为借鉴。本章内容包括土地利用规划实施评价的类型、评价方法和指标体系。

第一节 土地利用规划实施评价的类型

土地利用规划是城市规划的核心内容。Talen(1996a)在对众多研究文献的基础上总结了城市规划实施评价的类型:规划实施之前的评价、规划实施过程的评价、政策实施分析、规划实施结果评价。

一、土地利用规划实施之前的评价

土地利用规划实施之前的评价(evaluation prior to plan implementation)是一种预测性评价,主要是对规划方案实施可能产生的各种影响进行预测,并将预测结果反馈给规划者或审批者,从而为规划方案提供借鉴。其内容包括对规划备选方案的评价(evaluation of alternative plan)和对规划文件的分析(analysis of planning documents)。

(一) 规划备选方案的评价

对规划备选方案的评价机制较为成熟,20世纪70年代开始,Masser等学者就开始对此做过研究,并从实施的角度对规划目标进行量化。在规划领域,对备选方案的评价是通过构建数学模型实现的,其目标是构建有关城市系统、模型选择的理论。这个评价过程包含构建多种子系统的模型(如就业、土地利用、住房等)来解释并预测城镇家庭或开发公司的未来行为。如果规划评价的重点在于评价规划对经济、交通的影响,那么评价方法就能推导出规划的效用函数,反过来又可以用来评价规划的需求和盈余。土地利用规则、交通改善方法以及其他一些政策都可以在规划实施之前评估其可能造成的影响。

(二) 规划文件的分析

对规划文件的分析,包括规划文件的"语篇"(text)和"话语"(discourse),在细致评价规划模型的基础上,评价之前先构建评价的形式。对规划的分析方法包括"话语"(discourse)分析和结构(deconstruction)分析。这些评价方法是通过规划师的深刻见解来构建一个坚实的认识论基础。规划文件分析的重点在于对文字意义的解释和规划文件语篇中的价值导向分析。规划分析和对规划文件的结构理解建立于规划师的经验之上,但这不是规划实施的意义,而是向规划师以及其他参与者进行宣传。

二、土地利用规划实施过程的评价

土地利用规划实施过程的评价(evaluation prior to planning practice)包括对规划过程中的行为研究(studies of planning behavior)和对规划过程和方案产生的影响的评价(description of the impacts of planning and plans)。

(一) 对规划行为的研究

对规划行为的研究主要是对规划师"做了什么"以及他们"是如何做的"进行调查,其主要注重论述、论证,且把规划行为作为"理论对话"(theoretical conversation)发展的基础。虽然对规划师"做了什么"的调查在多个角度都是有意义的,但是其中的隐含假设是不成立的——实施行为可能已经完成或者正在发生。对规划行为的研究一般通过对规划行为机制的研究来评价规划实践。它注重行为的过程,同时也联系实施过程中的现实情况。

与此相似的是,结构化理论学家通过观察规划师工作的社会政治环境来理解规划的运作过程。Harvey(1985)研究了不同的规划策略如何影响政治经济学的各个方面,规划师的作用只是其中一个变量,土地利用规划的任何变化都是在社会和政治语境下发生的。常见的历史分析对规划效果的评价基于对规划意识形态塑造的历史过程的理解,而不是对规划编制过程中的成功或失败的历史评价。

(二) 对规划过程和方案产生的影响的评价

对规划过程和方案影响的描述一般通过案例研究和建立模型,对规划中的物质空间内容和实施机制进行广泛的分析和预测评价。规划中的物质空间内容与其他方面不同,因此评价方法上与对实施机制、政策和政府项目的评价方法不同。目前还没有研究对规划控制程度进行评价,但这是规划实施过程中的一部分。对实施机制产生的影响进行评价与评价规划和政策是否被实施也有所不同,因此,利用案例分析能更加具体地研究实施机制产生的影响。对规划过程和方案产生的影响的评价最终是为了研究除去规划影响外,还有哪些因素影响了土地利用的变化。

三、与土地利用相关的政策实施分析

政策实施分析(policy implementation analysis)是判断一项政策实施以后产生的影响,包括政策是否真正实施,因此这与规划实施评价有相似之处。政策实施分析通常注重于政策内在的行政管理过程,同时判断这个过程是否发生了偏差并探究其原因。城市规划的相关调查的重点在于研究政策制定与实施过程的关系。同时,政策实施分析也包含了对管理者行为策略、目标团体接纳能力以及对它们产生直接或间接影响的政治、经济、社会网络的分析。目前,政策实施分析和程序评价已经由程序结果的检视发展到对整个实施步骤的解释(孙施文等,2003)。政策实施分析的内容主要包括政策设立的目的和实际效果的比较,具体的评价内容包括人口政策、土地政策、产业政策和空间政策等(田莉等,2008)。

(一) 人口政策

在土地利用变化研究中,人口因素常被作为综合参数来反映人类活动在土地利用变化中的贡献。人口的数量与分布,都会影响土地利用规划所确立的城市规模、配套设施数量与分布等,同时也是衡量城市发展的重要指标。人口政策的制定,都与其他方面(如就业、住房等)的相关政策配套。对人口政策的评价,需要与各方面共同进行评价,如基础设施容量、就业岗位、住房等是否满足了人口增长的需求。

在国外大城市的发展历史过程中,都采取过人口政策以应对城市人口的增长。第一个制定政策降低人口增长的是印度政府。印度在1951年通过的"第一个五年发展计划"中,人口因素在一定程度上已经被考虑进去了,采纳了一项旨在减缓人口增长的政策。但在十年之后才制定了全国人口规划并加以实施。之后,许多其他国家的政府(先是亚洲,其中包括中国,后是其他地区)纷纷制定并推行人口政策,并取得了一定的成绩,如纽约、伦敦等,在社会经济发展刺激下出现了过度郊区化,而采取政策鼓励特定人口向市中心回搬。伦敦从"二战"结束后,预计到战后经济发展时期会出现人口的过度集中和增长的可能性,因而采取了全面的控制措施。开始是对在城区内新建工业设施进行严格控制,通过立法等手段对任何新建和扩建工业设施都要求经过特别的审查，而且在原则上规定了在城区内不得新建，这是考虑到工业设施对就业人口的吸引作用。随后又对在城区新建办公楼也作出了控制。与此同时，在居住方面，除了对居住用地的开发有相应的控制，并在伦敦周围建设新城以安排人口外，对城区内的现有住房的出租等也作出了规定。在种种政策措施之下，相对于该时期经济的快速增长，或欧洲各大城市人口发展的趋势而言，伦敦人口得到了适度的控制，人口出现了缓慢增长，在一定程度上实现了人口疏解的目标。

今天，几乎所有国家的政府都或多或少地干预人口的发展过程。许多政府制定的经济和社会政策与规划，对人口发展趋势都有影响。这里涉及的人口政策，是那些旨在影响人口规模、增长、分布和构成的政策，目的在于解决人口的发展趋势与社会经济因素之间的失调问题。

政策考虑的问题除人口增长率之外，也考虑其他人口因素，如通过改善保健状况来提高人的预期寿命，以降低死亡率。此外，各国还采取了各种各样的政策来调整人口迁移趋向和分布不当，或者是限制，或者是改变某些类型的人口移动，但全面地采取一项政策来控制或制止迁移者的不多，而且收效甚微（海尔开·基里等，1981）。

(二) 土地政策

土地利用规划的实施在很大程度上是由土地供应、土地的可获得性和土地使用的可变性所决定的，因此，土地政策的建立和实施是保证城市规划实施的重要手段。土地政策决定着城市土地利用的动态变化，该政策是社会制度的一项重要组成内容，它对土地利用效率有着极为重要的影响。土地政策参与宏观调控，实质上就是国家制定和实施土地政策，通过对土地市场及相关市场的干预来引导和调控其运行。土地政策的功能在于解决土地市场的失灵问题，提高土地资源配置效率，促进土地利用和分配的公平，实现区域经济健康、平稳、持续增长的目标。

受不同地区发展水平和资源禀赋的差异影响，土地利用政策应有区域性差异，根据区域特色决定建设用地发展的水平和方向。改革开放之前，中国是计划经济，城市土地利用政策全国一致，建设用地由当地政府统一划拨。此制度下，城市土地利用政策严重制约了城市经济发展。国家"十二五"规划提出了要按主体功能区的要求，实行差别化的土地管理政策，健全分类管理的区域政策，优化区域经济格局。

我国的土地政策主要包括土地权属政策、土地出让金政策、土地供应政策等。土地利用规划在参与宏观调控的各种方式、方法中处于基础和综合地位。土地利用规划集中体现了土地政策参与宏观调控的国家意志，是实行最严格土地管理制度的基本手段，是指导城乡建设、土地管理的纲领性文件。随着改革和发展的不断推进，土地利用规划在土地管理中的"龙头"和基础地位不断增强，土地利用规划作为宏观调控的重要手段在经济社会发展中的作用日益凸显。

土地政策方面主要包括以下几个部分。

1. 土地权属政策

土地权属是土地政策中具有决定性的政策。我国现在实行城市土地国有、土地使用权出让的制度，为土地的权属关系奠定了基本的原则。

国有土地由政府部门使用或控制的土地比例和分布影响了土地利用规划的变化：在一定的年限中，政府有多少土地可以通过出让而走向市场，有多少土地必须控制在政府手中作为政府使用或为社会公共利益所使用。在社会快速变化时期，各类设施在内容上、区位上的变化都非常迅速，这会为公共设施的分布和调整带来很多挑战；同时公共部门所使用的土地的权属管理涉及这些国有土地的使用、转移和处置权等方面的内容，在政府所使用或控制的土地中，由于是由政府的不同部门进行管理，是否会出现由于各管理部门之间的不协调，而对规划实施带来不利；此外，政府出于公共利益的目的，收购已出让土地的权限与程序及其赔偿的标准，产权明晰后的交易过程中政府的可干预程度等，都是影响规划实施的土地政策因素。

2. 土地出让金政策

我国现行的国有土地出让制度所执行的是一次性的土地出让金的收取，而没有地租的概念。这在一定程度上加剧了当前房价过高的现象。政府在收取一次性土地出让金后，由于可供出让的土地越来越少，必然造成后继的土地收入越来越少，对城市建设资金的进一步筹集就会带来困难。采取租金的方式，就是对土地的实际使用者按年度进行收费，从而将一次性的收费转换成按年的多次收费，分解开发建设的初次成本，促进开发建设的有序进行。以地租方式代替一次性的土地出让金，还可根据城市建设和发展的实际状况和规划需要及时调整空间布局，这种调整相对于只强调初次建设更具有动态性和实际意义，可以利用级差地租的杠杆作用，建立城市空间分布重组的机制，实现土地配置的优化。

3. 土地供应政策

土地国有可以使政府通过对土地的供应来调控城市的经济运作状况和满足政府在公共财政和城市建设等方面的要求。就整体而言，政府可以在现有土地供应总量控制的基础上，从保证市场有序运作的原则出发，从规划实施的角度，分门别类制定各个单项的、分地区的土地供应计划，并予以严格控制。政府的这类控制的目的并非是要限制市场，而是从培育市场、保证市场的健康和有序发展出发的措施。这些措施在国外大城市的建设中也广为使用。政府在实施总量控制的同时，也要注重对这些量在空间上分布的引导和控制。也就是说，总量的控制必须落实到具体的空间、时间和数量上。土地政策与土地利用规划相互作用，在我国土地二元化的背景下，对土地政策的分析应当充分考虑到区域不同的土地类型以及政治经济社会等其他因素。

(三) 产业政策

从城市层面来看，任何的空间问题都是城市社会经济结构在空间层面上的反映，城市社会经济的要素所建立的各种关系都会在土地使用上得到反映和实现。在城市社会经济发展的过程中，产业结构往往会影响到城市未来发展的基本走向。城市的产业政策引导城市的建设方向，决定了城市中鼓励发展什么和限制发展什么，同时，产业布局政策影响到这些不同的产业在空间上的布置。

从规划编制的角度讲，土地利用规划应当将城市的产业政策和产业布局政策充分考虑，要将这些政策融入规划的内容中。规划的实施与政策的实施是相辅相成的。规划应当是在综合考虑了包括产业政策在内的各种政策、城市各组成要素的未来发展等情况之下,对这些内容进行充分协调和统筹安排。在规划实施的过程中,需要依据目标—手段链的方式来确立城市中各个部门及各组成要素未来行动的具体策略,使它们的行为成为规划实施的重要组成部分。因此,需要各个部门依据规划的内容和要求,调整、完善有关的产业政策和产业布局政策,使这些政策能与土地利用规划的实施结合在一起。在评价土地利用规划的产业布局政策时,应就现状与规划的产业用地进行比较,分析原规划是否充分考虑了产业的发展、主要差异在什么地方。

(四) 空间政策

空间政策是指对于城市空间利用和资源分配的相关政策。从形式来看,城市空间政策是由一系列相关的规划、法令、技术规定、措施、办法、通知等构成的。城市空间政策法律法规和技术规定是用来保证规划实施的,而措施和办法是对规划的补充。我国目前的城市空间规划主要有城市规划、国民经济与社会发展规划、土地利用规划、交通规划和其他专项规划中的空间部分。在城市发展过程中,城市的空间布局对城市的长远发展产生较大的影响。但空间政策的内容并不限于空间布局,而是包括一切与空间直接或间接相关的目标性与实施性政策的内容集成(邹兵,钱征寒,2005)。

城市空间政策主要包括以下几个方面。

(1) 城市的结构布局。从城市结构布局讲,可以分为两个层次:首先是城市区域范围内的空间布局结构,即通常所说的城镇体系,包括确定重点发展的城镇及各城镇或地区的发展方向和目标等;其次,在市区范围内,城市空间布局的实现依赖于规划的深化,通过详细规划等方式落实到具体的地块,继而通过规划许可等政府规划管理手段来实现。

(2) 建设重点和时序。控制建设时序,就是要确定土地利用总体规划实施的先后次序,把难度大的建设改造项目放在一段时期以后来进行,而不是马上实施。总体规划的实施是一个动态的、持续发展的过程。在规划实施的长时间过程中,可能会发生一系列问题,与规划所确定的原则相违背,不符合城市有序发展的要求。确定建设时序,应当与确定城市的建设重点有关,同时,确定建设时序要与城市财力的可能性相匹配,与基础设施配套相适应,从而保证总体规划有效实施,城市有序发展。

(3) 城市基础设施的建设。城市基础设施建设影响着城市化进程的速度和质量。由于城市人口不断增多,应加快城市基础设施的建设速度。政府运用财政和实体开发建设来影响城市开发和空间布局结构。规划实施政策既有引导的职责,也同样需要进行控制。例如,地铁站的建设与整条地铁线的建设有直接的关系,一般较难准确预计究竟在具体的什么时候可以建成使用,这就会带来一些两难的问题:如果在地铁站尚未建设时就已建好了周边的设施,而这些设施又是以地铁站为参照的,那么就会是高容量的开发建设,但由于地铁站尚未建,那么这些设施的使用率就会很低,实际上出现的会是一种资源的浪费。对此可采取的政策措施有两种方式:一是在近期之内作为控制用地不予开发,待地铁建设资金基本落实或已开始建设时进行集中的成片开发,使两者的建设和投入使用能获得最好的配合;二是在近期之内作为临时性建设(包括地铁车站用地),尤其是在交通条件较好的情况下,可建设一些投资回报率较高的临时性建筑,如批发市场、零售商业集中点等,在其周边地区可进行适量的开发建设(所谓适量是与现有的交通容量相配套),待地铁建设起步时再拆除临时性设施进行集中建设,这样还可以为地铁站的建设回笼一些资金。同样的政策措施也可以运用到其他基础设施的建设之中。

除了人口政策、土地政策、产业政策、空间政策外,住房政策、环境政策等也会在一定程度上影响土地利用,应根据各地实际情况进行实施评价。

四、土地利用规划实施结果的评价

土地利用规划实施结果评价按内容可分为效果评价、效益评价和效力评价(赵小敏等,2003)。

(一) 土地利用规划实施的效果评价

土地利用规划实施的效果评价是指对土地利用规划执行后的结果是否实现了规划目标以及其实现程度的评价。利用定量的研究方法评价规划与实施结果的吻合程度,例如总体吻合度评价、不同类型用地的吻合度评价、用地吻合度在不同区域的空间分布、基础设施规划与建设的吻合度等。吻合程度越高,说明土地利用总体规划实施程度越高,如田莉等(2008)对广州市总体规划(2001—2010年)的实施评价就属于对规划实施效果的评价(见图 9-1 及书后彩图)。

图 9-1 广州市城市总体规划(2001—2010年)实施情况(书后有彩图)

资料来源:田莉,吕传廷,沈体雁,2008.城市总体规划实施评价的理论与实证研究——以广州市总体规划(2001—2010年)为例[J].城市规划学刊,(5):90-96.

违反规划区域

未实施区域

图 9-1 （续）

(二) 土地利用规划实施的效益评价

土地利用规划实施的效益评价是指对土地利用规划结果和土地利用规划投入之间的关系的评价,即分析其投入与产出的关系。土地利用规划付诸实施后,产生的结果有预测之内的,也有预测之外的。土地利用规划投入的多少直接决定其效益的高低。投入越多,效益越高;投入越少,效益越低。

(三) 土地利用规划实施的效力评价

土地利用规划实施的效力评价是指对土地利用规划实施后的规划对象及其环境所产生的影响的评价。土地利用规划付诸实施后,其结果对规划对象及城市环境将会产生各种各样的作用。这种作用有正效应或负效应,有直接效应或间接效应,有长期效应或短期效应等,它们共同构成土地利用规划的综合效力。

五、影响土地利用规划实施的因素分析

在对土地利用规划实施结果进行评价后,为了进一步评价规划实施的程度,还需要对影响规划实施的因素进行分析。Alterman 和 Hill(1978)把影响规划实施的因素分为三类:一是政治和制度因素(political-institutional factors);二是规划本身的因素(attributes of the plan);三是城市系统的因素(urban system factors)。这些因素对规划的实施评价至关重要。

(一) 政治和制度因素

土地利用规划实施与否以及实施的程度在很大程度上取决于城市发展的外部环境,如国家的土地制度、住房政策、人口政策,以及国际政治、经济、社会环境的变化等。

首先,地方政府官员的实质性的"政绩"与地方经济 GDP 的增长和城市化水平的提高密切相关,这种政绩考核制度中对规划的实施产生影响。我国实行土地公有制和土地用途管制制度,政府体系兼具土地资源管理的规划审批者、执行者、使用权的占有者等多重身份,有权调控土地资源。土地作为政府配置资源手段的作用尤显重要。基于中国财政分税制改革的现实,许多地方政府在财政收入上已经形成了土地财政的路径依赖,通过土地资本化利用来筹集城市建设资金,完善基础设施建设,提高城镇居民的公共服务水平,使城市化和社会经济同步发展。

当前土地财政对于任何一个中国城市都有着非常重要的意义,而土地的价值取决于城市规模、用地性质及控制指标等由城市规划制定的相关控制要求。由此,在利益驱动下,地方政府通过扩大城市规模、调整用地性质,以较低的成本快速地获得巨大的土地收益。这对土地利用规划的实施产生影响,因此在进行规划实施评价中应当考虑到此类外部环境的变化。

(二) 规划本身的因素

规划本身的因素包括规划编制过程中运用的技术、规划编制单位的风格、规划目标等其他与规划成果质量相关的方面(Alterman and Hill,1978)。我国目前的土地利用规划体

系和技术都处于逐步完善的过程中,技术力量还需提升。同时,市场经济的环境使大量非政府主导的开发活动趋于偶发的状态,在未来一段时期内,土地利用规划中对伴随城市规模扩大而产生的开发活动的控制仍是地方政府的主要任务之一。对土地利用规划实施进行评价时需要考虑到这些规划本身的因素。

(三) 城市系统的因素

城市系统是指任何土地都是以城市为中心的一组地区(包括城镇及其腹地)的形式构成的,它们组合在一起,分布在陆地上(社会科学新辞典)。城市系统具有异质性,不同的系统、部门承载着不同的社会经济活动。城市系统的异质性来源于社会"经济"生态的异质性,产生于社会"经济"的自然过程。

城市系统的研究范围不仅包括系统整体,也涉及系统之间单个城市本身以及城市系统和其所处的单个区域和多个区域的关系。在这种研究中,城市单元被看作"门户城市",功能上承担着一定区域与外部世界联系的中转站作用。更有一些城市被作为一个国家与世界经济系统相联系的"门户"。区域的关系包括大都市和城市密集区域所构成的基础城市系统,如都市圈、城市群等城市间社会经济交流密切的城市系统。

城市政府肩负着协调城市内、城市与城市之间的各系统、各部门间相互关系的日常管理和运行。受到许多指标考核和各种政治动机的影响,政府通过制定规章制度、制定议事规则,运用行政激励、行政控制和行政惩治等手段,以保障土地利用规划正常运行并发挥作用。

第二节 土地利用规划实施评价的方法

就研究方法而言,土地利用规划实施结果的评价可以分为定性和定量分析方法。定性分析方法是对规划问题本质属性的分析,是整个分析过程中最基础的一部分。运用大量的定性分析,在掌握规划实施、运作规律的基础上,对规划实施作出科学、全面的评价。而对规划实施结果的定量分析是通过选取、引入一定数量的相关模型进行实证分析,来获得对于规划实施效果的量化评价。就导向而言,土地利用规划实施结果的评价可以分为以土地利用一致性为原则的评价方法、注重实施效果与规划主旨的评价方法、以规划实践为基础的评价方法、以目标为导向的评价方法等。

一、以土地利用一致性为原则的评价方法

规划与现状一致性的评价方法将注意力放在规划结果上,以用地空间变化为对象作为评价的内容,处理规划方案与实际空间形态、实际执行结果之间的关系。这种评价方法倾向于将城市规划界定为理性的、明确的,能够引导未来空间发展的模型,也将其看作存在因果联系的体系。以土地利用一致性为原则的评价方法把各种规划策略是否与实际的建设是相互一致的作为衡量城市规划实施结果的重要尺度,定量定性去衡量,以此得出一致程

度的结果,由此去判定土地利用规划的有效性。利用网络覆盖法,通过城市规划和物质空间结果之间的比较去进行衡量。在此过程中,需要将土地用途与规划的对应情况进行分类,充分利用 GIS 技术实现比对,继而依照评价结果,总结能够对规划实施情况造成影响的因素。

在空间控制评价方面,以一致性为原则的评价方法具有一定的局限性:其仅仅描述了规划实施效果的情况,并不涉及对包括土地利用规划在内的空间扩展影响因素的分析,也没有涉及对土地利用规划空间控制成效的时间尺度和空间尺度的对比分析。因此,这种方法实际上并不能全面地评价规划实施的效果。实证案例中,田莉等(2008)以《广州市城市总体规划(2001—2010 年)》为研究对象,应用 GIS 技术,对规划的建设实施和影响规划实施的因素进行了分析(见图 9-2)。

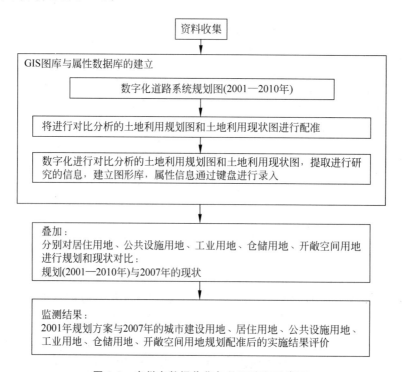

图 9-2　广州市数据收集与处理流程示意图

资料来源:田莉,吕传廷,沈体雁,2008.城市总体规划实施评价的理论与实证研究——以广州市总体规划(2001—2010 年)为例 [J]. 城市规划学刊,(5):90-96.

利用 GIS 分析工具,建立覆盖整个广州市域的 1km×1km 格网的城市空间数据库。采用空间叠置等分析技术,测定和分析城市增长边界(用地规模与范围)的实际控制情况、土地使用规划与实际建设的吻合度、各类用地指标的吻合度、市政设施规划与实际建设的吻合度、未实施规划和违反规划等情况,及其产生的可能原因与后果。根据空间叠加数据,对违反规划的各类用地的变化去向进行了分析,通过 GIS 分析,最后得出了广州市土地利用规划的实施率。

吕传廷等(2012)对广州市战略规划实施结果也是基于 GIS 分析工具,以土地利用一致性为原则进行评价的,着重从非建设用地和建设用地两个方面进行考察:在非建设用地方面,分析了包括空间管制分区、基本生态控制线、生态廊道和公园的服务水平等因子,基于 GIS 数据平台,将规划方案与建设现状进行比对,对空间管制分区和生态控制线的突破占用情况、生态廊道的连续程度、公园分布缓冲区范围与居住用地的关系等方面进行了分析;在建设用地方面,主要分析了现状与下位控规在建设用地总量、用地结构和分解到各区的指标等方面的数据是否符合战略规划,还分析了现状、控规及战略规划中建设用地空间分布的吻合度,并对历年建设用地供应的空间分布与战略规划所确定的空间发展方向的符合程度进行了分析。

广州市的规划实施评价从城市空间结构性要素的实施情况出发,从非建设用地和建设用地两方面进行规划实施评价。这种就用地分析用地的评价方式,虽然能够从一定程度上反映规划部门在规划期限内对城市建设的引导和控制作用,但没有对结果产生的原因进行具体分析。由于城市用地变化除受到规划作用以外,还受到许多其他因素的影响,因此,以一致性为原则的评价方法不能判定符合规划的城市空间是否确实是因为土地利用规划的实施而产生的。所以,这种评价方式具有一定的局限性。

二、比较实施效果与规划主旨的评价方法

Talen(1996b)认为,迄今为止,学界对于城市规划成功或失败的原因(why)已进行过广泛的探讨,但是就规划实现了何种成功或面临何种失败(what)却缺乏足够的实证依据。因此,划清"规划实施"(planning implementation)和"规划方案成果的实施"(plan implementation)之间的差别就显得非常重要。虽然日趋成熟的政策实施分析已经确定了政策决议与实施结果间的差异,但是规划师仍然有必要细致地探究规划(plan)是否被真正地实施以及实施的程度等基本问题。在研究中,Talen 十分强调规划的实施程度以及规划方案与实施结果的一致性,但这并不是单纯地以土地利用一致性为原则进行空间比对。以公共设施规划是否实施为例,他认为,规划实施后居民与公共设施间的空间关系应该近似于原来规划的意图。也就是说,评价工作不必拘泥于公共设施具体位置的判断,只要其分布及服务半径符合规划的意图即可。实证案例包括 Talen 于 2001 年对美国科罗拉多州 Pueblo 市的规划实施评价。通过比较实际公共设施的布点是否与规划目标相一致,以此研究规划的作用和实施影响。Talen 首先采用线性分析的方法对规划方案与 1990 年时的公共设施可达性进行了比较;其次,对规划进展和实施结果间的变化关系进行了双变量分析;最后,再运用回归分析的方法,通过比较规划与实际公共设施的可达性,评价了此项规划最终的价值程度。

三、以规划实践为基础的评价方法

Healey(1985)通过对规划实施结果与规划方案间关系的校核,将研究集中在规划实施的过程机制上,并展开了对规划运作中的各过程要素与机制的系统分析。此类研究重点在

于如何将规划的过程和由此产生的结果紧密结合起来,因为也许是其他的因素导致结果恰好符合研究对象规划文本中的政策。细致的案例研究能深入地探究这种规划和结果的因果关系。通过大量的文献检索、实证调查、相关人士访谈等获取每一案例的评价数据,由此评判规划实施的程度、解释结果产生的缘由、揭示实施过程中遇到的问题并探究这些问题又是如何解决的。最终,通过此类大量而不同类型的案例研究,获取各种规划背景下的经验信息,从而更好地认识当前规划体系的运作过程,以便后续规划的有效实施。Healey 关于城市规划实施评价的研究是直接以规划实践为基础而展开的。她认为,规划实施的评价主要是使规划师及政府知道规划(plan)、政策和行动是否起作用或已经起作用,同时也能帮助政府完善相关政策,这也是对规划事件本身的研究。

Healey 等(1988)认为,城市规划所涉及的政策工具框架基本包括三个方面:①管理的政策工具,主要是指不利用土地对具体建设进行控制;②开发的政策工具则是指利用土地以实现对具体建设进行控制;③财政的政策工具是指运用财政手段来控制和影响具体的建设。通过对英国城市规划体系在"二战"后的实际运作分析,可以认为英国的规划体系基本上是集中在管理政策工具的发展上,也认为这是由政策导引和信息供应来支撑的,政策导引和信息供应将影响整个土地市场。因此,在规划实施的评价过程中应该把注意力集中在政策引导方面,明确规划实施对市场调节的作用。

在 1985 年对英国曼彻斯特地区的规划政策实施研究中,Healey 选取了 23 个相关的案例进行研究。研究的第一步,就是要选取适当的区域。选定区域需要满足:①政府面临的规划难题量多面广的城市区域;②当地的规划部门采用过尽可能多样化的规划手段,并至少一些地区实施过一段时间的法定规划;③所选取的大都市区应具有互不相同的特色。选定区域后,开展一系列包含政治、经济、社会及人口统计学等方面的文献检索和广泛访谈的工作。在此基础上展开整个研究过程的第三步——规划的适时研究:首先,检视战略规划导引中的相关主题如何转化为郡以及行政区层面上的政策,并进一步分析该政策的目标和能力,以及所利用的资源和特殊机制;其次,衡量前期的总体调查结果,选择规划实施发生变动的具体地点进行详细分析。

在这些调查研究的基础上,Healey 发现,地方规划在城市建设中的作用主要集中于城市边缘地区,其次是城市中心区,这就说明在这些地方的规划实施较好地符合了规划方案的最初意图。在此基础上,Healey 展开了针对相应规划实施机制的深入研究,结论表明,这两个地区正是她所认为的科层-法理(bureaucratic-legal)和技术-理性(techno-rational)两种政策实施过程(policy processes)奏效的地区。由此可以看到,规划实施过程的评价并不仅仅局限在规划领域,而是与城市的行政体制与行政文化紧密相结合的。

在我国,以规划实践为基础的评价方法的运用体现在对公众的反馈信息进行搜集,从而进行规划实施评价。赵民等(2013)在对安徽省蚌埠市的规划评价实践中,考虑到规划在实施过程中对城市各个层面及不同群体的影响,为了避免产生信息上的偏差,获取不同社会群体对城市总体规划实施的看法,采用了"多元主体"的评价方法,对多个社会群体做访谈和问卷调查。对各个职能部门各级政府进行了访谈,并开展了多层次的问卷调查,获取了不同社会群体对城市总体规划实施情况的反馈意见。吴琳等(2012)在对浙江省兰溪市域总体规划的实施评价中,主要围绕公众对规划实施结果的认同度和满意度进行问卷调查,其内容涉及了市民对城市结构、城市定位、发展方向和道路结构等宏观层面的认同度以及对居住条件、公共设施、市政设施和绿化环境条件等内容的满意度这两个方面。

四、PPIP 政策-规划实施评价过程模型

Alexander 和 Faludi(1989)认为,规划是作为政策实施的一种参照框架,而不确定性正是造成实施结果与产生结果的这种框架不一致的原因。以一致性为原则的评价方法在衡量的过程中没有充分考虑到城市发展的不确定性和规划可变性的因素,这是其存在的缺陷和不足。因此,他们对规划实施的评价更注重在规划实施过程和城市开发过程中的不确定因素,包括规划政策制定的环境和背景、规划实施过程的机制和程序、产生规划结果的要素和条件。如果整个规划制定和实施的过程以及对其所进行的控制和引导的标准被证明是合理并最佳的,那么规划与最终结果的一致性将不是评判的最终和唯一标准,程序本身取代程序结果成为"过程型"的评价焦点。

Alexander 和 Faludi 所提出的 PPIP(policy-plan/programme-implementation-process)政策-规划实施评价过程模型(见图 9-3)将政策、规划、项目、程序、可操作性的决议、实施、实施的结果和实施的影响等多项因素综合起来考虑,从五个方面对规划的实施情况进行了综合评价,分别为:一致性(conformity)、合理的操作过程(rational process)、关于最优的事前分析(optimality exante)、关于最优的事后评价(optimality expost)以及有用性(utilization),融合"传统性""主观式"以及"以决策为中心"三种不同的评价方法,建立了评价框架。这一框架否定了实施结果决定评价结果的方式,强调对规划的过程作出合理评价。为了避免规划评价所面临的复杂性和不确定因素的影响,将对规划的理解放置在一个更大的背景中:规划的运作是连接目标与行动、理想与现实的社会协商、互动过程的一部分。实际应用时,将 PPIP 评价模型运用到规划实施评价过程中需要经过以下基本步骤:明确规划出发点,判断城市开发的决策者受到规划的影响,检验决策与规划之间的一致性,判断规划实施过程中主体的规划意图是否是行动的出发点。

PPIP 模型的第一条准则"一致性"指的是传统评价方法采用的实施结果和原有的规划设想的吻合程度。然而,PPIP 模型与传统评价方法不同的是,一致性并非评价的唯一标准。实施结果与预先的规划设想不吻合并不意味着负面评价,需要其他的评价标准来加以补充。第二条准则"合理的操作过程"指的是规划和决策过程的合理性。例如,规划的制定和决策过程应该是完整的,规划和实施结果的比对所用的数据和方法是一致的,受规划影响的相关团体均参与了规划过程,并且规划成果反映了他们的诉求等。第三条准则"关于最优的事前分析"指的是当决策者在进行决策时,设定的目标和手段之间的关系是否是最优的。第四条准则"关于最优的事后评价"指的是规划设定的策略和行动是否事实上达到了最优,与第一条和第二条评价准则不同的是,这是对于目标实施的事后评价。同时,它也超出了第一条准则的范围。根据"一致性"准则,实施结果是否和规划目标相吻合是关键。然而,即使吻合度较高,也不能断定规划的实施是最优的。这就是为什么需要另外的评价的

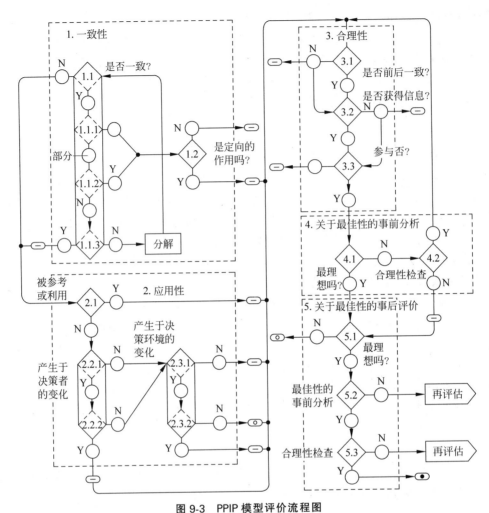

图 9-3　PPIP 模型评价流程图

资料来源：孙施文，周宇，2003. 城市规划实施评价的理论与方法 [J]. 城市规划汇刊，(2)：15-20，27-95.

原因。当然，这样的评价主观性较强，实践起来并不容易。第五条准则"有用性"指的是制定的规划和政策是否作为行动的依据和指南？和"一致性"准则一样，结果和规划不一致，并不能说明评价的结果是负面的，还需检验不一致的原因，看决策者采取不一致的行为时的具体情况如何。换言之，规划实施有一定的灵活性。针对设定的五个准则，Alexander 和 Faludi(1989) 设计了 PPIP 的评价过程。

PPIP 模型和传统的规划评价框架相比，更复杂、耗时更多，但它提供了一种更为务实的、深刻的评价方法。但目前实证的分析中还未有相关的案例。PPIP 这种"过程型"的评价思想打破了规划与实施结果间单一的对应联系。但是它也存在一定缺陷：评价一项已经实施完成的规划，需要重新分析、确定其实施过程中的政策背景、社会环境以及各项要素机制，这是较为复杂和困难的，而且时过境迁，难以建立统一的评价标准。

五、以目标为导向的评价方法

以目标为导向的评价方法是目前国外城市规划实时监测与评价工作中采用的主要方法,其中制定阶段实施目标和选择评价指标是这一方法中的核心环节(见图9-4)。指标考核通常是衡量绩效的一种最为常见的手段,通过现状指标和规划指标的量化对比,可以直观地反映出规划期内城市发展建设中各项内容的基本情况。在一些城市的总规实施评价成果中,这种对规划相关指标所进行的阶段性考量占据了非常重要的地位。在下节内容中,对土地利用规划实施评价的指标体系的讨论主要基于以目标为导向的评价方法。

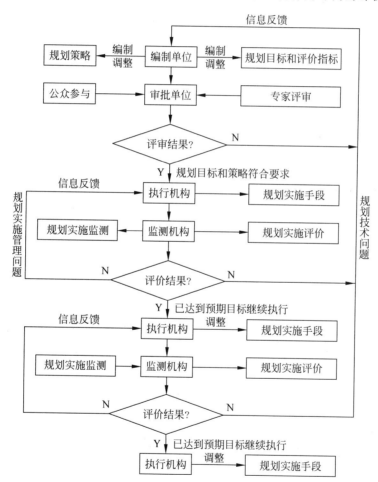

图9-4 以目标为导向的规划实施评价的基本程序
资料来源:吕晓蓓,伍炜,2006.城市规划实施评价机制初探[J].城市规划,(11):41-45,56.

国外的实证案例中,大伦敦市规划(London plan)的一项目标是"将伦敦建设成为一个适宜居住的城市"(见表9-1),又将其分解为两个具体目标"供应23000套新住房"和"提供50%的可支付住房"分阶段实施。同时,为评价这两项指标分别制定了"新的住房供给增量"和"可支付住宅供给量占住房供给总量比率"两项评价指标。另外对于"提升社会包容力,防止权力剥夺与社会不公的现象"这类偏抽象的目标,规划为评价者提出"就业市场中弱势群体的就业机会"这一指标来监测,而且提出了具体的实施目标。

表9-1　大伦敦规划实施效果的评价标准

目标	阶段性实施目标	评价标准	参考数据
将伦敦建设成为一个适宜居住的城市	在2004—2016年间至少完成23000套新住房的供给,2006年对这一目标进行检测	新的住房供给增量	2003年按自治区统计的住房完成量
	2004—2016年间每一年新建住房中提供50%的可支付住房	可支付住宅供给量(占住房供给总量比率)的增加量	
提升社会包容力,防止权利剥夺与社会不公的现象	至2011年,黑人及少数民族不同年龄的失业率与白人人群的差异应当降低50%,至2016这种差异应当消失	就业市场中弱势群体的就业机会	伦敦2002—2003年度白人与BME人群不同年龄的失业率

资料来源:吕晓蓓,伍炜,2006.城市规划实施评价机制初探[J].城市规划,(11):41-45.

国内的实证案例中,杭州总体规划的评价将目标分解为经济指标(除包含GDP的相关指标外,还包含了旅游业和环保投入的相关指标,共5项)、社会人文指标(包括医疗、教育、公交、住房、公共设施等7项)、资源指标(包括土地资源、水资源和能源等5项)和环境指标(包括水质、绿化、日照、噪声等7项)等4个方面,通过这4个方面的指标数据进行测算,测算出各个指标现状与规划目标的偏差率,其评价结果分为"很好""较好"和"一般"(汤海孺,2012)。这样综合指标的量化分析能够较为全面地衡量城市社会经济发展的总体效益,同时能较好地反映出杭州在城市生态人居建设方面所取得的效益,其本身也符合杭州的城市特色和发展定位。

除上述五类评价方法之外,土地利用规划实施的评价方法还有监控体系(planning monitor)、PPR模型(关注与规划实施过程和实施后期的模型)、判定主要项目的实施情况、分析部门协同运作情况等,目前进行实践的规划实施评价大部分会运用几种方法进行综合评价分析,以得到较为全面的评价结果。

第三节　土地利用规划实施评价的指标体系

对土地利用规划实施进行评价是一项综合性很强的工作。确定规划目标实现程度、土地利用结构与布局、耕地与基本农田保护、生态用地保护、土地节约集约利用、规划实施社会效应、制度建设情况、规划背景变化情况以及规划修改情况等评价内容,构建基于定性、定量和定位分析的土地利用总体规划实施评价体系,对规划执行力、规划控制力、规划效益和规划效力进行综合系统的客观评价。目前,对土地利用规划实施情况的评价主要是运用以目标为导向的评价方法,对指标执行等方面情况进行分析评价,这就要求对指标的构建进行严谨的、科学的研究。

一、评价指标体系的构建原则

土地利用规划实施评价的目的是全面掌握规划实施情况,判断规划质量的优劣,确定调整规划的时机,维护规划的严肃性和权威性,不断提高规划工作的水平。土地利用规划实施评价指标体系的设计具有以下三大特征:一是反映区域土地利用规划系统本质和行为轨迹的"量化特征组合";二是衡量规划系统变化和质量优劣的"比较尺度标准";三是调控规划系统结构和优化功能的"实际操作工具"。应采用科学的方法对规划的执行情况、实施效益与社会影响进行评价,提出改进规划方法的建议。因此,建立实施评价指标体系时需要符合以下原则。

(一) 综合性原则

构建评价指标体系,首先应全面考虑确定反映规划实施效果的各个方面。土地利用规划目标的多元性也决定了土地利用规划的实施是一个综合的过程,许多因素会影响到土地利用规划实施的效果。对各个方面,应用不同的具体指标进行衡量,在此基础上,综合各个指标和各方面的结果,确定实施评价结果。指标体系作为一个整体,需较全面地反映土地利用规划实施状况,综合考虑土地利用规划在扩展土地利用空间和提高土地生产能力两方面的作用。

(二) 系统性原则

指标体系的系统性建立在综合性的基础之上。土地利用规划是以一定区域的土地为对象,其本身就是一个系统,因此,土地利用规划就是对区域土地利用系统的规划。在土地利用规划中有很多问题都要解决,诸如农业、工业、科技、环境、交通、能源和人口等方面的问题。但由于这些问题相互交叉、相互影响,选择土地利用规划实施评价指标时需兼顾各个系统。

(三) 科学性和可操作性原则

评价指标的选择应具有科学性,各类指标能充分反映土地利用规划的内在机制,指标的物理意义必须有明确的定义,保证数据来源的准确性和处理方法的科学性。数据的取得应以客观存在的事实为基础,数据测定、处理标准规范。指标的科学性包括其公正性、真实性、独立性、完全性和高相关性。公正性与真实性是指指标要能够客观反映规划实施效果,尽量避免受个人主观因素影响,同时应尽量采用量化指标,定性分析与定量分析相结合,使带有主观性的指标也通过一定方式进行量化。在量化过程中,尽量采用同量纲指标。独立性是指土地利用规划实施效果的指标往往存在指标间信息的重叠,因此在选择评价指标时,应尽可能选择具有独立性的指标,从而提高土地利用规划实施评价的准确性和科学性。完全性是指所建立的因子体系应能全面反映土地利用规划的各方面特性,要克服重定量轻定性因子,重直接影响轻间接影响,重近期效果轻远期效果的倾向。高相关性是指由于实施评价涉及面广,有些一时难以判断,如价值取向等,需要选择紧紧围绕评价目的和目标的指标,因此在选择评价指标时,舍弃不确定性和相关性较低的指标,使评价工作具有高度可操作性。可操作性是指指标数据的可得性,而且指标要具有可测性和可比性,同时还要求指标选用全面描述方案特点且尽量简洁的因子。

(四) 动态性和相对稳定性原则

土地利用系统是随着时间变化而变化的动态系统。土地利用规划的核心内容是土地利用结构在时间上的安排、空间上的配置,因此其实施评价指标选择也应具有动态性。但土地利用规划实施评价又是一个相对概念,是相对于一定时期土地利用规划的要求和技术标准、一定生产技术水平下的一种评价。所以评价指标应在一定时期和社会生产技术水平下保持相对稳定性。

二、评价指标体系的构建

一般来讲,土地利用规划实施评价的指标从不同的角度有不同的分类选择方法。在目前的研究中,包括规划政策性指标(控制指标)的执行情况、土地利用规划实施过程中或实施完成后区域土地利用提升情况、土地利用规划方案实施总的情况、规划对区域社会经济所起的作用以及其他社会影响、土地利用规划实施后所产生各方面的效益情况。

(一) 土地利用政策执行效果的评价指标体系

规划实施评价的政策性执行指标主要是指国家下达或者上级政府下达的规划控制指标,往往是带有指令性的规划执行指标。夏春云等(2006)把这种执行指标分为两类:完成性指标和限制性指标(见表9-2)。完成性指标指的是土地利用规划中的耕地保有,基本农田保护,土地开发,土地整理,土地复垦,退耕还林、还湖、还草面积指标等指标完成率。这些指标要求规划执行者在规划期限内完成一定数量的工作量。限制性指标指的是土地利用规划中要求规划执行者不能超出某一限度的指标,例如新增建设用地扩展面积、新增建设用地占用耕地面积、城镇扩展规模、经济开发区发展规模、工业小区的发展规模、别墅区发展规模、农村居民点的发展规模、灾毁土地面积等。

表 9-2　土地利用规划实施政策性执行指标(完成性指标、限制性指标)

完成性指标		限制性指标
绝对指标(+,-)	相对指标(%)	绝对指标(+,-)
(规划面积-实有面积)	(实有面积/规划面积)	(规划面积-实有面积)
基本农田保护增减量	基本农田保护完成率	新增建设用地面积增减量
土地开发面积增减量	土地开发面积完成率	新增建设占用耕地面积增减量
土地整理面积增减量	土地整理面积完成率	城镇扩展面积增减量
其他指标	其他指标	开发区发展面积增减量
		工业小区发展面积增减量
		别墅区发展面积增减量
		农村村庄发展面积增减量
		土地污染面积增减量
		其他指标

资料来源:夏春云,严金明,2006.土地利用规划实施评价的指标体系构建[J].中国土地科学,(2):19-23.

郑新奇等(2006)把政策性执行指标分为城镇规模扩展比、补充耕地数量比、生态退耕面积比、建设占用耕地比、建设占用农用地比、规划指标落实率(包括建设用地指标、开发整理指标、补充耕地指标)、规划区外选址率、基本农田调整率、规划调整频次、规划调整面积比,并分别给予权重,可供参考(见表9-3)。

表9-3 土地利用规划实施政策性执行指标

项目	权重	项目	权重
城镇规模扩展比/%	0.11		
补充耕地数量比/%	0.08		
生态退耕面积比/%	0.06		
建设占用耕地比/%	0.13		
建设占用农用地比/%	0.11		
规划指标落实率/%	0.15	建设用地指标/%	0.4
		开发整理指标/%	0.29
		补充耕地指标/%	0.31
规划区外选址率/%	0.11		
基本农田调整率/%	0.08		
规划调整频次	0.08		
规划调整面积比	0.09		

资料来源:郑新奇,李宁,孙凯,2006.土地利用总体规划实施评价类型及方法[J].中国土地科学,(1):21-26.

凌鑫(2009)把土地供需综合平衡指标分为新增建设用地指标实现率、耕地保有量实现率、年均计划开发整理复垦指标完成率、退耕还林(还草)面积完成率,把土地利用结构优化指标分为土地利用动态度、耕地动态度、土地利用变化的区域差异、有效耕地面积增长率。

(二) 土地利用提升程度的评价指标体系

土地利用提升程度的评价指标是指土地利用规划实施过程中和实施完成后,区域土地利用的提升情况,如土地利用的基本情况、土地开发利用程度、土地集约经营程度等。通过建立评价指标体系,对土地开发利用程度、土地集约利用程度等进行评价,发掘和提高土地利用率和生产率的潜力,从而为今后的土地高效和合理利用指明方向(见表9-4)。

表9-4 土地利用提升程度的评价指标体系

土地利用基本情况指标	土地开发利用程度指标	土地集约利用程度指标
1. 总产量	1. 土地利用率	1. 单位土地资金集约度(投资额)
2. 人均产值	2. 土地农业利用率	2. 技术措施增产率
3. 总人口	3. 非农业土地利用率	3. 单位用地面积产量
4. 城镇人口	4. 土地垦殖率	4. 单位用地面积产值
5. 农村人口	5. 耕地复种指数	5. 单位产值占地面积
6. 城镇化水平	6. 草原载畜量	6. 人口密度
7. 土地总面积	7. 水面利用率	7. 交通密度
8. 耕地总面积	8. 林地覆盖率	8. 建筑密度

续表

土地利用基本情况指标	土地开发利用程度指标	土地集约利用程度指标
9. 人均土地面积	9. 森林覆盖率	9. 建筑容积率
10. 人均耕地面积	10. 土地整治率	10. 农田保灌率
11. 人均建设用地面积	11. 土地质量提高等级	11. 土地盈利率
12. 人均建成区面积	12. 有效耕地面积增长率	12. 治涝工程效益系数
13. 其他指标	13. 其他指标	13. 其他指标

资料来源：夏春云，严金明，2006. 土地利用规划实施评价的指标体系构建[J]. 中国土地科学，(2)：19-23.

(三) 规划方案实施效果的评价指标体系

土地利用规划方案主要内容就是土地利用结构的调整和土地利用的空间布局，因此规划方案实施效果评价需要将这两方面的内容认真加以考虑。规划方案实施效果包括土地利用结构指标（如各种用地，包括耕地、园地、林地、牧草地、居民点和工矿用地、交通用地、水域和未利用土地占规划区域土地总面积的百分比等）和土地利用布局指标（如土地利用布局变化度、耕地布局、园地布局、林地布局、牧草地布局、城市用地布局与规划要求的差异等）（见表9-5）。

表 9-5 规划方案实施效果的评价指标体系

结构评价指标	布局评价指标
1. 土地利用结构变化度	1. 土地利用布局变化度
2. 耕地比重与规划要求比重的差异	2. 耕地布局与规划要求布局的差异
3. 园地比重与规划要求比重的差异	3. 园地布局与规划要求布局的差异
4. 林地比重与规划要求比重的差异	4. 林地布局与规划要求布局的差异
5. 牧草地比重与规划要求比重的差异	5. 牧草地布局与规划要求布局的差异
6. 城市用地比重与规划要求比重的差异	6. 城市用地布局与规划要求布局的差异
7. 建制镇用地比重与规划要求比重的差异	7. 建制镇用地布局与规划要求布局的差异
8. 独立工矿用地比重与规划要求比重的差异	8. 独立工矿用地布局与规划要求布局的差异
9. 特殊用地比重与规划要求比重的差异	9. 特殊用地布局与规划要求布局的差异
10. 交通用地比重与规划要求比重的差异	10. 交通用地布局与规划要求布局的差异
11. 水域比重与规划要求比重的差异	11. 水域布局与规划要求布局的差异
12. 未利用地比重与规划要求比重的差异	12. 未利用地布局与规划要求布局的差异
13. 其他指标	13. 其他指标

资料来源：夏春云，严金明，2006. 土地利用规划实施评价的指标体系构建[J]. 中国土地科学，(2)：19-23.

此外，还可以运用土地利用的结构和空间变化度（或变化系数）来进行土地利用动态变化分析，即运用规划实施期间历年来的土地统计资料分析各类土地面积与土地利用结构和布局的变化规律及其原因。运用动态分析法，可以对规划期间土地利用的发展水平、发展过程和变动趋势进行分析。

(四) 规划实施效益的评价指标体系

根据土地利用规划的目标,其效益可以分三大类:经济效益、社会效益及生态效益(见表 9-6)。

表 9-6 规划实施效益的评价指标体系

经济效益指标	社会效益指标	生态效益指标
1. 国内(地区)生产总值(GDP)	1. 总人口(万人)	1. 能量产投比
2. 人均国内(地区)生产总值	2. 人口出生率(‰)	2. 光能利用率
3. 工业总产值(亿元)	3. 人口自然增长率(‰)	3. 复种指数
4. 农业总产值(亿元)	4. 人口密度(人/km^2)	4. 森林覆盖率
5. 第三产业总产值(亿元)	5. 人均寿命	5. 有效灌溉率
6. 一、二、三产业产值比	6. 城市化人口的比重	6. 垦殖指数
7. 国民生产总值(GNP)	7. 职工平均年工资额	7. 水质达标程度
8. 人均国民生产总值	8. 每个农民平均纯收入额	8. 大气达标程度
9. 国民收入(NI)	9. 平均每人每年粮食、植物油、蔬菜、肉类、纺织品、日用品消费量	9. 噪声达标程度
10. 人均国民收入	10. 城市人均居住面积	10. 土壤达标程度
11. 万元产值利润	11. 农村人均居住面积	11. 景观功能改善度
12. 万元产值占地	12. 社会总产值增长率	12. 低产地占耕地面积比重
13. 万元产值耗能	13. 人均国民收入增长率	13. 土壤侵蚀模数
14. 万元产值用水		14. 治涝治碱效益

资料来源:夏春云,严金明,2006.土地利用规划实施评价的指标体系构建[J].中国土地科学,(2):19-23.

郑新奇等(2006)把规划实施效益指标分为耕地总量平衡率、基本农田保护率、建设用地集约利用度、占补平衡率、劳动生产提高率、环境改善率、投入产出率七项指标,同时分配了权重(见表 9-7)。凌鑫(2009)则把土地利用效益指标分为单位土地净产值、单位面积工业产值、环境改善率、水土流失治理率、人均绿地面积、单位灌溉面积年均增长率、农用地利用投入产出年均变化率、工业用地利用投入产出年均变化率。

表 9-7 规划实施效益的评价指标体系

二级	权重	三级	权重	计算说明	单位
E_1 耕地总量平衡率	0.17			基期耕地保有量与 2004 年耕地保有量之比	%
E_2 基本农田保护率	0.18			基期耕地保有量与 2004 年耕地保有量之比	%
E_3 建设用地集约利用度	0.13			2004 年单位面积新增建设用地投资总额与 1996 年之比	%
E_4 占补平衡率	0.15			建设用地占用耕地面积与补充耕地面积之比(包括异地补充)	%
E_5 劳动生产提高率	0.09			2004 年单位用地面积 GDP 与 1996 年之比	%

续表

二级	权重	三级	权重	计算说明	单位
E_6 环境改善率	0.16	E_{01} 水土流失面积变化率	0.27	2004年水土流失率与1996年水土流失率之比	%
		E_{02} 森林覆盖率	0.26	2004年森林覆盖率与1996年森林覆盖率之比	%
		E_{03} 农用地污染度	0.23	2004年污染指数与1996年污染指数之比	%
		E_{04} 水体污染度	0.24	2004年污染指数与1996年污染指数之比	%
E_7 投入产出率	0.12	E_{05} 地均新增建设用地投入率	0.17	每公顷新增建设用地投资与平均建设用地投资之比	%
		E_{06} 地均新增建设用地产出率	0.18	每公顷新增建设用地产出与平均建设用地产出之比	%
		E_{07} 单位GDP新增建设用地面积	0.15	2004年亿(万)元二、三产业产值增加建设用地面积与1996年之比	%
		E_{08} 单位建设用地面积占农用地面积	0.24	农用地减少面积与单位新增建设用地之比	%
		E_{09} 单位建设用地占耕地面积	0.26	耕地减少面积与单位新增建设用地面积之比	%

资料来源：夏春云,严金明,2006.土地利用规划实施评价的指标体系构建[J].中国土地科学(2):19-23.

(五) 规划社会影响的评价指标体系

夏春云等(2006)认为,规划的社会影响指标主要包括社会公众对土地利用规划的了解程度、认知程度、肯定程度、参与程度等；郑新奇等(2006)认为,社会影响指标除了社会公众对规划的认知度外,还应包括领导对规划作用的认知度、规划管理部门对规划作用的认知度、用地者对规划作用的认知度以及专业人士对规划的认知度,并赋予权重(见表9-8)。凌鑫(2009)把公众参与程度评价指标分为抽样调查规划公众知晓度百分比、抽样调查规划公众参与度百分比、抽样调查规划公众满意度百分比。洪武扬等(2013)对公众满意度等宏观层面的评价采用了群众座谈的方法。群众座谈能较快速地了解群众对规划实施的基本判断。该方法具有交叉信息激发与校核的特点,易于获得群众对规划实施深入细致的理解,评价结果可信度较高。

表9-8 规划社会影响的评价指标体系

二级	权重	三级	权重	计算说明	单位
D_1 领导对规划作用的认知度	0.25			问卷调查	%
D_2 规划管理部门对规划作用的认知度	0.24			问卷调查	%
D_3 用地者对规划作用的认知度	0.20			问卷调查	%
D_4 社会公众对规划作用的认知度	0.15			问卷调查	%
D_5 专业人士对规划作用的认知度	0.16			问卷调查	%

资料来源：夏春云,严金明,2006.土地利用规划实施评价的指标体系构建[J].中国土地科学,(2):19-23.

除上述五个方面的指标体系外,洪武扬等(2013)提出,在内容上从规划目标实现程度、土地利用结构与布局、耕地与基本农田保护、生态用地保护、土地节约集约利用、规划实施社会效应、制度建设情况、规划背景变化、规划修改情况这些层面来进行土地利用规划评价指标体系的构建(见表9-9)。此外,吕昌河等(2007)从生态保护、土地退化防治、耕地资源保障、建设用地增长的适度性与后效、耕地占补平衡的生态风险五个方面构建了用于预测和评价土地利用规划对环境、生态和土地资源的可能影响程度的指标体系。

表9-9 规划实施评价指标体系

项目	评价指标	评价方法
规划目标实现程度	规划战略总目标实现程度	规划战略总目标实现程度的问卷调查
	主要调控指标完成程度	评价时点各调控指标实际值与规划阶段目标值之比
	重大工程实施情况	评价时点土地利用重大工程实施面积与阶段目标面积之比
	重点建设项目实施情况	评价时点土地利用重点建设项目实施个数与阶段目标个数之比
土地利用结构与布局	耕地结构调整系数	见对比分析
	城乡建设用地结构变化系数	(评价时点城镇用地面积/农民点面积)/(规划末期城镇用地面积/农居点面积)
	交通用地通达性	交通用地缓冲区面积占评估区域总面积比例
	允许建设区空间偏离度	位于允许建设区内建设用地增量与新增建设用地总量之比
	禁止建设区使用情况	判断新增建设用地是否占用禁止建设区
耕地与基本农田保护	耕地保有量完成程度	评价时点耕地面积与规划耕地保有量之比
	耕地等级指数	评价时点耕地等级指数与规划基期耕地等级指数之比
	基本农田保护目标实现程度	评价时点基本农田面积与基本农田保护任务之比
	基本农田保护地类构成	位于基本农田保护区内耕地面积所占比例
	基本农田布局连片度	见连片度分析
生态用地保护	生态系统服务价值	见生态系统服务价值计算公式
	生态空间建设用地减量化	位于生态空间内建设用地实际减少量与规划阶段目标之比
	生态空间景观破碎度	见景观格局指数破碎度计算式
土地节约集约利用	人均农村居民点用地	农村居民点面积/总人口
	人均城镇工矿用地	城镇工矿面积/总人口
	地均GDP	GDP/土地总面积
	固定资产投资密度	固定资产投资额/建设用地总量
	闲置土地处置情况	闲置土地处置面积/闲置土地总面积
规划实施社会效应	规划与经济增长速度匹配性	由建设用地面积与GDP计算相关系数
	规划与城镇化进程适应性	由建设用地面积与城镇化水平计算相关系数
	规划与人口增长适应性	由建设用地面积与人口规模计算相关系数

续表

项目	评价指标	评价方法
制度建设情况	制度建设情况 土地违法违规案件结案率 公众对规划认知程度 公众对规划满意程度	规划实施期间政府制度建立情况的问卷调查 土地违法违规案件结案数与案件数之比 公众对规划认知度的群众座谈 公众对规划满意度的群众座谈
规划背景变化	规划重大背景变化影响度	分析评价期间国家、省、市、县、镇级或局部背景变化
规划修改情况	规划修改频率	统计不包括因行政区划调整、自然灾害、抢险避灾等引起的规划修改次数

资料来源：洪武扬，刘永学，李满春，等，2013. 土地利用总体规划实施评估方法研究[J]. 国土资源科技管理,（5）: 68-73.

　　土地利用系统具有多系统复合、多层次结构、多目标导向、多功能协调、多地域差异以及多因素约束的特点，是一个复杂的人地复合系统，涉及自然、经济和社会等多个方面，因此，建立土地利用规划实施评价指标体系来评价规划实施时需要综合考虑多种因素。同时需要综合运用各类定性、定量方法构建一套系统，以期获得科学合理的评价结论。规划实施评价的根本目的在于改进规划，对规划实施情况进行评价，并逐步演化为规划实施和土地管理的重要保障机制。作为规划编制链条中的重要环节，规划实施评价与适时修改将纳入规范的工作程序，科学的评价结果有利于为规划修改提供定量化的论证基础。

参 考 文 献

ALEXANDER E R, FALUDI A, 1989. Planning and plan implementation: notes on evaluation criteria [J]. Environment & Planning B Planning & Design, 16(2): 127-140.
ALTERMAN R, HILL M, 1978. Implementation of urban land use plans [J]. Journal of the American Institute of Planners, 44(3): 274-285.
HEALEY P, et al., 1988. Land use planning and the mediation of urban change: the british planning system in practice [M]. Cambridge: Cambridge University Press.
HEALEY P, 1985. The Implementation of planning policies and the role of development plans [R]. Published with the permission of the Controller of her Majesty's Stationery Office.
Mayor of London, 2004. London plan [M/OL]. http://www.london.gov.uk.
TALEN E, 1996a. After the plans: methods to evaluate the implementation success of plans [J]. Journal of Planning Education & Research, 16(2): 79-91.
TALEN E, 1996b. Do plans get implemented? a review of evaluation in planning [J]. Journal of Planning Literature, 10(3): 248-259.
海尔开·基里，周希璋，1981. 国际人口政策、人口战略和人口规划[J]. 人口研究,（1）: 19-26.
洪武扬，刘永学，李满春，等，2013. 土地利用总体规划实施评估方法研究[J]. 国土资源科技管理,（5）: 68-73.
凌鑫，2009. 土地利用总体规划实施评价体系的构建[J]. 安徽农业科学,（22）: 10603-10604, 10614.

吕昌河,贾克敬,冉圣宏,等,2007.土地利用规划环境影响评价指标与案例[J].地理研究,(2):249-257.
吕传廷,黎云,姚燕华,等,2012.广州市战略规划实施评估的实践与探索[J].理想空间,(54):38-42.
吕晓蓓,伍炜,2006.城市规划实施评价机制初探[J].城市规划,(11):41-45.
孙施文,陈宏军,2001.城市总体规划实施政策概要[J].城市规划汇刊,(1):7-13,79.
孙施文,周宇,2003.城市规划实施评价的理论与方法[J].城市规划汇刊,(2):15-20,27-95.
汤海孺,2012.杭州市城市总体规划实施评估的实践[J].理想空间,(54):50-55.
田莉,吕传廷,沈体雁,2008.城市总体规划实施评价的理论与实证研究——以广州市总体规划(2001—2010年)为例[J].城市规划学刊,(5):90-96.
吴琳,徐亚军,2012.浙江省兰溪市域总体规划实施评估[J].理想空间,(54):43-49.
夏春云,严金明,2006.土地利用规划实施评价的指标体系构建[J].中国土地科学,(2):19-23.
赵民,汪军,刘锋,2013.关于城市总体规划实施评估的体系建构——以蚌埠市城市总体规划实施评估为例[J].上海城市规划,(3):18-22.
赵小敏,郭熙,2003.土地利用总体规划实施评价[J].中国土地科学,(5)35-40.
郑新奇,李宁,孙凯,2006.土地利用总体规划实施评价类型及方法[J].中国土地科学,(1):21-26.
邹兵,钱征寒,2005.近期建设规划与"十一五"规划协同编制设想[J].城市规划,(11):68-73.

思 考 题

1. 目前对土地利用规划实施效果评价一般采用哪些方法?试分析其优缺点。
2. 以一个城市为例,分析其影响某一类土地利用规划实施的因素有哪些?规划实施的影响机制如何?

第十章　我国的土地利用制度

　　土地利用制度,是指在一定土地所有制度基础上对土地利用的程序、手段和方式的规定,它主要包括人们在利用土地中所形成的经济关系。对土地利用制度的了解有助于我们明确城市土地利用规划在城市发展进程中的角色及其需要强化的要点。本章将着重介绍我国国家层面的城市土地利用制度。我国的土地利用制度在城市土地属于国家所有、农村和城市郊区土地属于集体所有的基础上,分离了土地使用权与所有权。以土地使用权为核心,一方面,城市土地建立了以出让、转让、租赁、抵押等形式为主的土地有偿使用制度;另一方面,农村长期以来实行集体经济组织成员身份相关的使用权分配制度,近年来开展了农用地三权分置、宅基地三权分置等制度改革试点,以提升农村土地的使用效率。由于土地有偿使用制度的建立和发展在我国土地利用制度体系中起着至关重要的作用,本章第一节将以土地有偿使用制度的建立及演进为着眼点,回顾我国的土地利用制度变迁进程。

　　在土地利用制度的基础上,我国逐步形成了较为成熟的城市土地市场(见图10-1)。城市土地市场可交易的土地包括两部分:一部分是农村集体土地通过征收转为的国有土地,是我国城市土地使用权主要的增量来源;另一部分是已经上市的城市用地通过回购、收回等方式重新上市的土地,是存量土地再利用的重要途径。我国城市土地市场包括土地一级市场和土地二级市场两个层级,其中一级市场是市县政府为主要供应者将土地使用权让渡给土地使用者的垄断市场,二级市场是土地使用者之间让渡土地使用权的自由市场。土地储备制度是我国两个层级土地市场的重要配套制度,自建立以来逐渐成为政府调控土地市

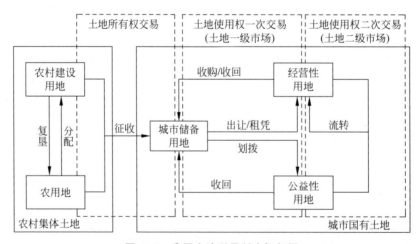

图10-1　我国土地利用制度框架图

场、获取土地增值收益的重要工具,是政府部门使用城市土地的主要阶段[①],几乎涉及土地市场的各个环节,是城乡土地流转和金融资本循环的重要枢纽。因此,本章第二、三、四节将通过对我国的土地征收制度、土地储备制度和土地使用权交易制度进行阐释,勾勒我国城市土地利用制度的基本轮廓。

第一节 我国土地有偿使用制度的建立及演进

一、我国土地有偿使用制度建立的背景

(一) 计划经济体制下的土地使用制度

新中国成立以前,城市土地为旧政权机构、官僚资本家、民族资本家、城市个体劳动者及城市一般居民所有,外国资本家也拥有极少量的土地(王小映,2000)。1949年新中国成立初期,新政府接管了旧国民政府的国有土地,同时没收了大批帝国主义、封建主义和官僚资本主义的私有土地并收归国家所有。1953年,我国开始施行社会主义改造,农民、手工业者和资本主义工商业者土地的使用权,伴随着三大改造的推进,逐渐收归集体或国家所有。1955年底,中共中央书记处第二办公室提出《关于目前城市私有房产基本情况及进行社会主义改造的意见》,拉开了城市土地国有化的序幕。而真正在法律上确立"城市土地属于国家所有",却是1982年通过的《中华人民共和国宪法》。

随着我国城市土地逐步实现国有化,土地市场逐渐萎缩关闭,土地划拨制度相应形成。1954年2月,由政务院公布的《政务院关于对国营企业、机关、部队、学校等占用市郊土地征收土地使用费或租金问题的批复》中明确指出:"国营企业经市人民政府批准占用的土地,不论是拨给公产或出资购买,均应作为该企业的资产。不必再向政府缴纳租金或使用费;机关、部队、学校经政府批准占用的土地,亦不缴纳租金或使用费。"由此逐渐形成了我国计划经济体制下单一的土地无偿划拨使用制度。

事实上,土地划拨制度是顺应高度集权的计划经济体制而产生的。在国内外环境的限制和政治领袖的经济理想驱动下,中国领导层选择了以优先发展重工业为目标的战略,而要完成这一战略,在外部经济封锁和内部资金短缺的条件下,只能选择高度集中的资源计划配置制度(林毅夫等,1994)。此时,企业已成为"计划任务的承担者"(王小映,2000),政府部门支配着企业的生产和销售,同时通过指令性计划为其配置包括土地在内的各类生产要素。在这一背景下的土地使用制度,排斥了市场的资源配置作用,完全成为政府进行行政划拨的手段,同时它还是无偿、无期限且不可转让的。

虽然土地划拨制度在一定程度上促进了共和国现代工业的建设,但也给城市的发展带来了诸多问题。

首先,无偿分配的制度缺少经济约束,造成土地资源的极大浪费。由于土地成本几乎

---

① 即政府部门在城市土地储备阶段进行的土地抵押、租赁和基础设施建设等活动。

为零,各个部门和企业往往倾向于多要土地。虽然有关规定要求严格按照"实际需要和发展情况,确定土地使用的面积"[①],然而还是会有许多部门通过各种手段获取远超其需求的土地,"多报少用、早占迟用、占而不用"的现象屡见不鲜。

其次,无期限使用的土地缺乏流通渠道,导致土地利用效率低下,并且加剧了土地资源的浪费。多余土地闲置抛荒,却难以流转到急需土地者的手中进行开发建设。而相比于调整存量土地所隐含的高昂交易成本,政府部门更倾向于为新的部门划拨新的土地,从而导致城市的低效蔓延和土地资源的进一步浪费。

最后,土地的无偿使用无法为政府创造有效的资金来源,城市长期处于财政赤字和基础设施建设滞后的窘境。政府部门一方面无法从土地划拨中获取任何收益,另一方面还要提供大量的福利性住宅,有限的税收难以缓解沉重的财政压力,更无力提供足够的资金进行基础设施的建设和维护,基础设施建设的滞后可想而知。

(二) 改革开放初期的土地有偿使用探索

1978 年 12 月,中共中央第十一届三中全会召开,自此中国发展的重心开始逐步转移到经济建设上来。为了促进中国尽快学到国外的先进技术,以弥补巨大的技术差距,同时缓解大规模外资引入形成的庞大债务压力,在邓小平的大力倡导下,中外合资企业开始逐渐盛行。

然而,由于外资的特殊属性,中外合资企业对国有土地的无偿使用难免遭到质疑,这也成为国有土地有偿使用的导火索。1979 年 7 月,《中外合资经营企业法》颁布,其中规定:"中国合营者的投资可包括为合营企业经营期间提供的场地使用权,如果场地使用权未作为中国合营者投资的一部分,合营企业应向中国政府缴纳使用费",这成为我国"国有土地使用权商品化的开端"(萧冬连,2007)。1980 年 7 月 26 日颁布的《关于中外合营企业建设用地的暂行规定》指出:"中外合营企业用地,不论是新征用土地,还是利用原有企业的场地,都应计收场地使用费"。

由于土地的有偿使用可以有效提高土地利用效率,并且为地方政府提供新的资金来源,土地使用费从针对中外合资企业,"自然地向公有制企业扩展开来"(王小映,2000)。1982 年 1 月 1 日,《深圳经济特区土地管理暂行规定》开始施行,其中规定了不同用途土地各自使用最长年期和不同用途不同地区每年每平方米土地使用费标准,且该规定"适用于在特区兴办企业、事业的所有单位"(王永红,2008)。内陆重要的工业城市抚顺市于 1984 年 1 月 1 日起,全面开征土地使用费,实行城市国有土地的有偿使用制度(周诚等,1987)。

土地使用费[②]的建立标志着我国国有土地从无偿使用到有偿使用的突破,市场要素开始逐渐引入到土地制度中来,然而它是建立在土地划拨制度基础之上的,收费标准相对较

---

① 引自《政务院关于对国营企业、机关、部队、学校等占用市郊土地征收土地使用费或租金问题的批复》(〔1954〕政财习字第 15 号)。

② 20 世纪 80 年代关于土地使用费的"税""费"名义之争十分普遍,最终国务院于 1988 年颁布《中华人民共和国城镇土地使用税暂行条例》,明确以"土地使用税"取代"土地使用费"。然而,土地使用税的收费标准依然偏低,且以土地区位作为税收级别的标准,城市公共设施对土地的增值作用并没有充分反映在税收上,其对土地市场的调控作用十分有限。

低,征收范围颇为狭窄,无法充分反映土地的级差地租,对原有土地使用制度的触动十分有限,更没有形成有效的土地流转机制。另一方面,外资企业往往更习惯于明晰的土地产权和规范的土地流转程序,随着改革开放的步伐越来越大,越来越多的外资企业入驻中国,它们对低效的土地使用制度和模糊的国有土地产权的改革呼声越来越高。面对这一局面,一种更加规范和灵活的土地配置机制呼之欲出。

二、土地有偿使用制度的建立

(一) 深圳的突破

最早探索土地有偿使用的深圳,也最早感受到了土地使用费的局限。自深圳特区成立至 1987 年,城市政府用于基础设施的投资近 6 亿元,而土地使用费收入累计只有 3848 万元,尚不足以偿还基础工程投资贷款的利息(何广怀等,1987)。面对沉重的财政压力,深圳开始谋求新的对策。1987 年 7 月,深圳结合香港经验和自身实际情况,提出将土地所有权与使用权分离的土地改革方案,确定将土地使用权作为商品,通过公开拍卖、招标、协议等方式进入流通领域,转让、租赁、买卖土地使用权(卢荻,2010)。

1987 年 12 月 1 日,深圳首次公开拍卖一宗面积为 $8588m^2$ 的住宅用地使用权,44 家房地产公司参与了竞拍,经过激烈的角逐,最终被深圳特区房地产公司以 525 万元的价格竞得。拍卖后仅 28 天,广东省人大常委即通过《深圳经济特区土地管理条例》,其中规定"特区国有土地实行有偿使用和有偿转让制度"。这一条例的通过从法律上肯定了深圳特区土地的价值属性,为土地使用权的拍卖、转让、抵押提供了法律保护。

(二) 国家法律的确立

继深圳之后,上海、天津、广州、厦门、福州等沿海城市也开始了土地使用制度改革的试点。然而这些早期的土地使用权转让试点,"理论上来说是违宪的"(Zhang,1997),承担着一定的法律风险。直到 1988 年 4 月,第七届全国人民代表大会第一次会议通过了对《宪法》第 10 条的修正案,其中第四款由"任何组织或者个人不得侵占、买卖、出租或者以其他形式非法转让土地"改为"任何组织或者个人不得侵占、买卖或者以其他形式非法转让土地。土地的使用权可以依照法律的规定转让"。同年 12 月,全国人大依据宪法修正案对《土地管理法》进行了相应修改,规定"国有土地和集体所有的土地的使用权可以依法转让;土地使用权转让的具体办法,由国务院另行规定"。

我国根本大法《宪法》和专门法律《土地管理法》的修改和颁布,承认了土地使用权的商品属性,奠定了我国土地管理制度市场化改革和国有土地资源有偿使用的基础,也成为土地有偿使用制度逐步确立的开端(廖永林等,2008)。

(三) 土地有偿使用制度建立的意义

土地有偿使用制度的建立,对我国的城市发展产生了深远的影响,主要包括以下几个方面。

(1) 城市土地资源配置引入了市场机制,一定程度上提高了土地利用的效率。由于土地使用权有偿出让和转让制度的建立,资金准入门槛相应提高,企业不顾实际多拿多占土地的意愿相对受到抑制,而大量闲置荒废的土地可以较为有效地流转,级差地租较高的土地得到了相对充分的开发。

(2) 土地有偿使用制度的确立引发了土地市场的形成和发展,进而极大地促进了我国经济的发展。随着土地出让和转让制度的建立,我国的土地一级和二级市场相应形成,大量的投资逐渐附着在土地之上,房地产业随之蓬勃发展,并带动相关产业的快速发展。

(3) 土地收益增加了政府的财政收入,为城市基础设施的建设提供了保障。通过土地有偿使用制度,可以使土地资源资本化,从而创造巨量的土地收益,成为政府财政收入的重要来源,也为城市基础设施建设提供了资金保障。而良好的基础设施又反过来促进土地价值的上升,成为地方政府进行设施建设的动力源泉,从而形成资本循环,促进城市建设的不断发展。

(4) 土地有偿使用制度成为政府引导城市发展的驱动力和经济手段,城市的功能和结构从而得到优化。改革开放前盘踞在城市黄金地段的工业用地,随着土地价值的提升,逐渐被更加合理的功能所替代,而其所获得的赔偿金又为企业的技术升级提供了可能,从而实现了经济效益、社会效益和环境效益的最优化。

三、土地有偿使用制度建立以来的阶段演进

(一) 土地有偿使用制度确立阶段(1988—1995 年)

1988 年政府对过热经济的"治理整顿",以及之后的西方国家对华封锁和社会主义阵营瓦解,对中国的经济发展和社会心态提出了严峻挑战。

在这一背景下,1990 年 5 月,国务院同时发布了《中华人民共和国城镇土地使用权出让和转让暂行条例》和《外商投资开发经营成片土地暂行管理办法》,通过行政法规的形式,确立了国家实行城镇国有土地使用权出让、转让制度,并对土地使用权出让、转让、出租、抵押和终止作出了系统的规定(廖永林等,2008)。这一步为土地使用权的交易和土地市场的建立奠定了基础,初步彰显了国家领导层坚持"改革开放"的决心。1992 年 1 月,邓小平视察南方发表谈话,中央政府开始鼓励各地自主创新、扩大引资,地方政府获得了更大的自主权利,开始以廉价土地和优惠政策为重要的筹码,主动参与到招商引资的过程中,甚至在地方政府之间展开了激烈的竞争,土地市场也随之蓬勃发展。

然而,由于当时政府对市场机制的了解和调控手段相当有限,土地市场在为中国经济带来巨大活力的同时,也引发了很多问题。首先是房地产市场过热。至 1992 年,中国已有 12 400 家地产商,与上一年相比整整增长了 2.4 倍(Zhang,1997)。同时,"开发区热"开始盛行。地方政府出于政治和经济利益的考虑,开始大量兴建各类开发区,以公司化的模式在区域间展开竞争和博弈,对外来投资一再降低底线。根据国家土地管理局同一口径统计,1991 年底全国仅有开发区 117 个,1992 年底则剧增至 2700 个,是前 7 年总和的近 20 倍,空置率惊人(梁运斌等,1993)。

另外,由于实行双轨制的土地使用制度,土地价格也呈"双轨"并行的格局。行政划拨

方式支付的土地使用费远远低于出让、转让方式支付的出让金,一般相差5~10倍,最高达40倍(丁洪建等,2003)。一些企业和机构开始通过各种手段将划拨土地使用权私下转让、抵押或出租,从而攫取巨额利益,致使国家土地收益大量流入个人手中,形成"土地隐形市场"。

过热的土地市场一方面造成土地资源的巨大浪费,城市空间无序蔓延,大量的房产投入形成过高的空置率,耕地资源锐减;另一方面,开发商和政府对土地利益的盲目追求导致"房地产泡沫"越来越大,经济风险空前高涨,财政、金融和外汇三大领域赤字同时爆发。面对这一局面,1994年,中国政府开始采取大刀阔斧的改革措施,力推三大宏观领域改革:汇率"一步并轨",实现外汇市场化;中央与地方政府"分税制"改革;强行紧缩银根和地根(温铁军,2013)。强力的宏观政策调整和土地紧缩政策终于使过热的土地市场逐渐冷却下来,但由于政策实施的时滞性,其对土地市场的影响直到1995年才完全显现出来。同时,各地政府开始推进对效益低下的中小型国企的改革,在全国范围内掀起"中小型国企私有化的浪潮"(杨其静,2008),政府从不经济的中小型国企中退出,包括土地在内的大量国有资产被变卖。

1994年7月,《城市房地产管理法》颁布,该法总结了1987—1994年土地市场化进程的经验教训,对土地市场监管等作了比较详细的规定,土地出让、转让市场体系的法规基本成形(甘藏春,2014)。

(二) 土地市场机制完善阶段(1996—2003年中)

1996年11月,上海以国企改革为契机,成立了全国第一家土地储备机构——上海土地发展中心,实施城市土地的收购、整理和出让工作。次年8月,杭州市成立了"杭州市土地储备中心",随后土地储备制度在全国范围内迅速推广。作为深化城市土地使用制度改革的进一步实践,有学者将之誉为"我国城市土地使用制度的第二次革命"(欧阳安蛟,2002)。1997年,针对城镇无序开发导致的耕地锐减局面,中央组织了针对耕地保护问题的调研,并在刑法修订案中增加了三条关于土地犯罪的规定。同年4月,中共中央与国务院联合下发了《关于进一步加强土地管理切实保护耕地的通知》,决定对1991年以来的各类建设用地进行全面清查,并决定冻结非农业建设项目占用耕地一年,以利用这一年的时间对《土地管理法》进行修订。同年7月,亚洲金融危机突然爆发,中国香港、台湾地区和新加坡等投资内地土地市场的主要角色纷纷面临严重的财务窘况,中国城市的建设放缓,房地产投资甚至出现了负增长。同时,国外市场的紧缩也使中国的出口受阻,在投资和出口双双受挫的情况下,为了保持经济的平稳增长,中国政府只能采取积极的财政政策,以扩大内需。

1998年夏季开始,中央政府持续发行国债,其投向主要是用于大规模基础设施建设(温铁军,2013)。同年7月,政府开始推进城镇住房制度改革,宣布全面停止住房实物分配,实行住房分配货币化。这一改革断然切除了单位福利分房的渠道,形成以市场供应为主的住房体系,普通民众成为城市住房和设施的最主要消费者,住房消费市场骤然扩大。同时,分税制改革后,地方政府的税收收入大幅缩水,而事权却并未相应减少。可以自主支配的土地及其相关收入成为地方政府财政收入的重要来源,也成为撬动银行资金、城市基础设施及房地产投融资的重要工具(蒋省三等,2007)。于是,地方政府普遍转向"土地财政"模式,房价上涨与地方政府的利益逐渐捆绑在一起。

正是在这一宏观背景下,1998年8月,经过对原有《土地管理法》的全面修改、全民讨论和全国人大常委会的三次审议,历时一年有余,新的《土地管理法》终于出台。新法对土地管理和利用方式进行了重大改革,明确了以耕地保护为目标、以用途管制为手段、以土地利用总体规划为龙头的现代土地管理制度基本框架,并建立了基本农田保护制度、建设占用耕地占补平衡制度和建设用地农地转用审批制度(甘藏春,2014)。该法虽然强化了政府部门对土地管理的控制,然而在中央不断增加投资和扩大内需的宏观政策主导下,其对建设用地扩张和房价上涨的控制力度相对有限。

另外,这一时期土地使用权的出让方式主要为协议出让,由于其不透明的运作模式,造成了巨大的寻租空间,土地领域的权利腐败、资产流失现象十分突出。为了规范土地一级市场,2001年4月,国务院发布了《关于加强国有土地资产管理的通知》,要求各地大力推行土地使用权招标、拍卖。2002年3月,国土资源部[①]发布了《招标拍卖挂牌出让国有土地使用权规定》,要求"商业、旅游、娱乐和商品住宅等各类经营性用地,必须以招标、拍卖或者挂牌方式出让"。2003年6月,国土资源部发布了《协议出让国有土地所有权规定》,规定协议方式出让土地使用权的出让金不得低于国家规定的最低价,且协议出让的合同必须进行公布。随着这一系列法规及后续法律法规的出台,我国土地使用权出让的市场化程度逐步提高,在土地资源配置中进一步提升了市场机制的主导作用。

同时,住房领域的市场机制开始发挥重要的作用。随着住房需求的不断高涨,房地产投资继而兴起,快速发展的房地产市场成为我国宏观经济的重要增长点。1998—2003年房地产开发投资持续、高速增长,增幅高于同期固定资产投资,2001年出现波峰,增长率达到27.3%。2003年出现另一个波峰,攀升30.3%(陈艳萍等,2012)。2003年8月,国家将房地产业列为国民经济的支柱产业,确立了这一产业在国民经济中的重要地位。然而,过快发展的房地产业开始出现投资过热,带来了一定程度的经济泡沫和金融风险,并且在开发商和地方政府的推动下,城市建设用地迅速扩张,耕地进一步减少。

此外,从1999年起,在中央政府陆续提出的"西部大开发""东北老工业基地振兴""中部崛起"等一系列宏观区域开发战略的引领下,各地的"开发区热"再度兴起。在促进经济发展的名义下,地区之间的招商引资直接演变成压低土地价格的恶性竞争,使工业用地价格长期维持低水平,在有些地区甚至不升反降(蒋省三等,2007)。这导致了各类开发区数量的剧增和土地利用的低效,甚至出现大面积闲置。据统计,在全国3837家开发区中,经国务院批准的只占6%,省级政府批准的占26.6%,其他的2586家均为省级以下开发区,同时新设的开发区用地规模更甚,动辄达到十几、二十几平方公里(王永红,2003)。2003年,国土

[①] 1998年3月,第九届全国人大通过了国务院机构改革方案,将原国家土地管理局和地质矿产部、国家海洋局、国家测绘局合并,共同组建成立了国土资源部。2018年3月,根第十三届全国人民代表大会第一次会议批准的国务院机构改革方案,将国土资源部的职责和国家发展和改革委员会、住房和城乡建设部、水利部、农业部、国家林业局、国家海洋局、国家测绘地理信息局的部分职责整合,组建自然资源部,国土资源部不再保留。

资源部开始对土地市场进行治理整顿,其重点即是全面清理各类开发区。在整顿过程中,发现"地方政府成为重要的违法主体"(甘藏春,2007)。为此,中央开始对省级以下国土资源部门进行调整,实行垂直管理,并强化其执法监察职能。

(三) 土地政策参与宏观调控阶段(2003年下半年—2013年)

随着2002年下半年全球宏观经济的逐渐复苏和跨国公司的产业转移与价值链重构,具有相对较好基础设施条件的中国成为国际资本和产业的重要输入国,这也带来了中国经济的新一轮高速发展,城市开发建设和房价随之上涨。在财政和金融手段被中央政府垄断的情况下,地方政府只能依靠土地抵押融资来拉动地方经济发展,形成了"高投资+高负债"的高速经济增长模式。于是,土地成为影响宏观经济的重要因素,具有资源、资产、资本三位一体的属性,对土地的调控可以在很大程度上影响经济的发展。因此,2003年9月,国务院宣布将土地政策上升到国家宏观调控的战略高度,同货币政策、财政政策一起,构成国家宏观调控的重要手段(田莉,2013)。

2004年3月,国土资源部和监察部联合下发通知,规定"8月31日后,不得再以历史遗留问题为由采用协议方式出让经营性土地使用权"[①],正式叫停协议出让经营性土地的做法,时称"8·31大限"。同年4月,国务院办公厅下发通知,决定集中半年时间实施"三个暂停"[②],继续深入开展土地市场治理整顿。10月,国务院下发了《国务院关于深化改革严格土地管理的决定》(国发〔2004〕28号),明确要求实行最严格的土地管理制度。通过这一系列的措施,收紧土地供给,同时,央行提高了存贷款基准利率和存款准备金率,"地根""银根"同时协作,对土地市场进行调控,各类建设乱象得到了一定遏制。

同时,随着房价的节节攀升,中央政府对房地产业的态度开始由支持转向警惕,继而转为控制。2005—2006年,为控制住房价格过快上涨,国务院相继出台了"国八条""新国八条""国六条""国十五条"等,对房地产市场的调整逐渐由总量控制转变为结构控制,对住房供应结构、税收信贷、廉租房和经济适用房等作了相应规定。然而这一系列措施对房价的调控效果并不理想。2006—2007年,我国的房价甚至进一步飙升(见图10-2)。

2007年3月,《中华人民共和国物权法》公布,界定了物权的概念与范畴,明确了国家、集体、私人的物权受平等保护的原则,强化了对私人物权的保护。同年10月,《城乡规划法》颁布,进一步明确了城乡规划的法定地位,突出城乡规划的公共政策属性,构建了公众参与的制度框架,贯彻了城乡统筹发展的精神(孙忆敏等,2008)。这两部法律的出台,分别从私法和公法的角度出发,进一步规范了城市土地利用制度的相关政策和实施路径,对我国城市的开发和建设产生了深远的影响。

2008年,由美国次贷危机引发的金融海啸迅速席卷全球,对外依存度过高的中国(2007年中国的对外贸易依存度达到了62.73%)面临严峻挑战,也促使中央政府展开新一轮的财政投资计划以拉动内需、摆脱困境。2008年,中央政府提出要在2010年底前,新增

---

① 《关于继续开展经营性土地使用权招标拍卖挂牌出让情况执法监察工作的通知》(国土资发〔2004〕71号)。
② 即全国暂停审批农用地转非农建设用地,暂停新批的县改市(区)和乡改镇的土地利用总体规划的修改,暂停涉及基本农田保护区调整的各类规划修改。

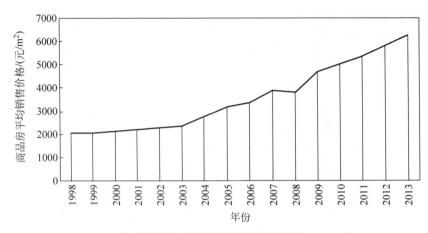

图 10-2 我国商品房价格变化图

资料来源:《中国统计年鉴》(2014).

投资 4 万亿元。伴随着 4 万亿元的入市,各类城市建设再一次扩张,房价也出现了新一轮的"井喷"。随后,中央政府迅速出台一系列紧缩政策,对房地产市场进行调控,同时,加大保障房供给,随着政策效果的逐渐显现,2011 年,坚挺的住房价格开始出现松动。伴随着宏观经济的逐步下行,2012 年的房价开始进入下行通道。

(四) 土地要素市场化配置深化阶段(2013 年至今)

2013 年,党的十八届三中全会审议通过的《中共中央关于全面深化改革若干重大问题的决定》,提出了全面深化改革的蓝图,提出坚决破除一切不合时宜的思想观念和体制机制弊端,以提升资源配置效率和治理现代化水平。土地作为要素市场化改革的重要内容,在继续大力推进城镇土地节约集约利用的基础上,扩大国有土地有偿使用范围,同时重点围绕"三块地"进行制度创新,提升农村土地利用效率。"三块地"改革包括"农村土地征收、集体经营性建设用地入市、宅基地管理制度改革"三个方面。

早在 2015 年 2 月 27 日,十二届全国人大常委会审议通过《关于授权国务院在北京市大兴区等三十三个试点县(市、区)行政区域暂时调整实施有关法律规定的决定》,探索三块地制度改革。经过 4 年的探索,形成一系列试点成果。第一,全面推开农村土地征收制度改革,缩小土地征收范围,规范土地征收程序,维护被征地农民及其集体权益。通过落实承包地所有权、承包权、经营权"三权"分置,强化土地综合整治,促进经营权的流转,发展多种形式适度规模经营,实现从小农户到规模化现代农业发展的转型。第二,乡村建设用地利用改革,以贯彻落实乡村振兴战略为引领,加强农村建设用地规划管控,在符合国家土地空间规划、用途控制和依法取得的前提下,允许农村集体建设用地入市,促进城乡融合发展。第三,宅基地管理制度改革,探索宅基地所有权、资格和使用权"三权"分离,实行宅基地集体所有制,保护农民宅基地资格权和农民住房产权,适度放开宅基地和农民住房使用权,增加农民实现宅基地用益物权的途径。

总体来看,我国土地有偿使用制度自建立以来,相关制度和配套政策逐步完善,市场机制逐渐成为配置土地资源的主导因素。土地市场的发展带动了我国经济的持续增长，土地已成为影响宏观经济的重要因素，在历次经济危机和经济过热的应对过程中，土地政策逐渐成为宏观调控的重要手段。尤其是 2013 年全面深化改革以来，以构建更加完善的要素市场化配置体制机制的顶层制度设计快速推进，土地有偿使用范围逐渐扩大，城乡统一的建设用地市场逐步建立，促进城乡用地效率不断提升。然而，现行的城乡土地利用制度依然面临诸多的问题和挑战，城市蔓延、耕地减少、房价飙升、社会公平、城乡关系、隐形市场等问题，需要采取更为多元的手段去应对和处理，我国的城乡土地利用制度也需要进一步完善。

第二节 土地征收制度

一、土地征收的内涵

土地征收，指国家为了公共利益的需要，依照法定程序，强制取得集体或私人的土地所有权，并给予相应补偿的行政行为。土地征收普遍存在于世界各国，无论私有制还是公有制国家，这是由于在公共项目开发中，政府部门若与每一个土地所有者议价，将形成高昂的交易成本，这会抬高公共项目的开发成本（而这一成本主要来自公民的税收），或者造成项目的中断，而这两种结果均会造成私人利益对公共利益的侵害。因此，土地征收成为城市发展中弥补市场失灵的重要政策手段，以便于达到环境和社会目标，促进规划的实施（Ding，2007）。

基于我国特有的国家所有和集体所有两种土地所有权属性，在我国，土地征收主要指国家为了公共利益的需要，按照法律规定的批准权限和程序，并依法给予农村集体经济组织和农民补偿后，强制将农村集体所有土地转变为国家所有的一种具体行政行为（陈少琼，2007）。

二、土地征收的范围

我国《宪法》第 10 条和《土地管理法》第 2 条规定："国家为了公共利益的需要，可以依法对土地实行征收或者征用，并给予补偿"。《物权法》第 42 条规定："为了公共利益的需要，依照法律规定的权限和程序可以征收集体所有的土地和单位、个人的房屋及其他不动产"。因此，我国土地征收的范围应该是基于公共利益需要的用地范畴。

长期以来，我国法律对"公共利益"的界定并不明确，对"非公共利益"项目用地的获取途径也未明确，导致土地征收的范围模糊不清，事实上把公益性用地和非公益性用地都纳入了征地范围（汪晖等，2013）。为了应对这一问题，政策领域进行了持续的修正调整。2008 年十七届三中全会《决定》提出"在土地利用规划确定的城镇建设用地范围外，经批准占用农村集体土地建设非公益项目，允许农民依法通过多种方式参与开发经营并保障农民合法权益"。2010 年国土资源部下发《关于开展征地制度改革试点工作的指导意见》，对非公益用地项目作了界定，主要包括经依法批准建设的旅游娱乐、商业服务、工业仓储等类型，同时确定 11 个城市开展征地制度改革试点(唐健,2011)。这在一定程度上缩小了土地征收的范围。2021 年 1 月 1 日修订生效的《土地管理法》首次采用列举方式对公共利益范畴进行了界定，新法规定了六种满足公共利益需要可以进行征地的情形，包括：①军事和外交需要用地的；②由政府组织实施的能源、交通、水利、通信、邮政等基础设施建设需要用地的；③由政府组织实施的科技、教育、文化、卫生、体育、生态环境和资源保护、防灾减灾、文物保护、社区综合服务、社会福利、市政公用、优抚安置、英烈保护等公共事业需要用地的；④由政府组织实施的扶贫搬迁、保障性安居工程建设需要用地的；⑤土地利用总体规划确定的城镇建设用地范围内，经省级以上人民政府批准由县级以上地方人民政府组织实施的成片开发建设需要用地的；⑥法律规定为公共利益需要可以征收农民集体所有的土地的其他情形。

新法这一规定将有利于缩小征地范围，限制政府滥用征地权。这个内容被视作将 2004 年国务院 28 号文件提出的"保障被征地农民原有生活水平不降低、长远生计有保障"的补偿原则上升为法律规定，并以区片综合地价取代原来的年产值倍数法，在原来的土地补偿费、安置补助费、地上附着物和青苗补偿费的基础上，增加农村村民住宅补偿费用和将被征地农民社会保障费用的规定，从法律上为被征地农民构建更加完善的保障机制。此外，土地征收程序也进行了改革，将原来的征地批后公告改为征地批前公告，多数被征地的农村集体经济组织成员对征地补偿安置方案有异议的，应当召开听证会修改，进一步落实被征地的农村集体经济组织和农民在整个征地过程的知情权、参与权和监督权。

三、土地征收的程序

依据《土地管理法》及相关法律法规，我国的土地征收主要包括批前程序、审批程序和批后程序三个阶段。

(一) 批前程序

1. 征地调查和社会风险评估

当地自然资源部门对拟征土地的权属、地类、面积以及地上附着物的权属、种类、数量等现状进行调查，调查结果应与被征地农村集体经济组织、农户和地上附着物的产权人共同确认。依法实施土地征收安置报批前对在土地征收安置时可能引发的社会不稳定因素开展的安全性、合法性、合理性、可行性等方面的评估工作。

2. 征地公告

自然资源部门将拟征地的征收范围、土地现状、征收目的、补偿标准、安置方式和社会保障等在拟征收土地所在的乡(镇)和村、村民小组范围内公告至少三十日，听取被征地的农村集体经济组织及其成员、村民委员会和其他利害关系人的意见。

3. 组织征地听证

市、县人民政府自然资源管理部门针对被征地农村集体经济组织、农村村民或者其他权利人对征地补偿、安置方案的不同意见进行研究。多数被征地的农村集体经济组织成员认为征地补偿安置方案不符合法律、法规规定的,县级以上地方人民政府应当组织召开听证会,并根据法律、法规的规定和听证会情况修改方案。

  4. 征地补偿登记

拟征收土地的所有权人、使用权人应当在公告规定期限内,持不动产权属证明材料办理补偿登记。县级以上地方人民政府应当组织有关部门测算并落实有关费用,保证足额到位,与拟征收土地的所有权人、使用权人就补偿、安置等签订协议;个别确实难以达成协议的,应当在申请征收土地时如实说明。

(二) 审批程序

我国的征地审批权上收至省级政府和国务院,市、县级人民政府无权对土地征收进行审批。市、县人民政府上报的征地材料,由省级国土资源部门受理审核,通过后报请省级人民政府审批。根据《土地管理法》相关规定须报国务院批准的,由省级人民政府审查后,报请国务院批准。经国务院或省级人民政府批准后,自然资源部或省级自然资源部门下发征地批准文件。

(三) 批后程序

国家征收土地的,依照法定程序批准后,由县级以上地方人民政府予以公告并组织实施,并将征地补偿安置费用及时足额拨付给被征地农村集体经济组织或农民,妥善解决好被征地农户的居住问题。

四、土地征收的补偿与安置

(一) 征地补偿

依据《土地管理法》(2019 年 8 月 26 日第十三届全国人民代表大会常务委员会第十二次会议),征收土地应当给予公平、合理的补偿,保障被征地农民原有生活水平不降低、长远生计有保障。我国征收耕地的补偿费用主要包括土地补偿费、安置补助费、地上附着物和青苗的补偿费,并安排被征地农民的社会保障费用。

征收农用地的土地补偿费、安置补助费标准由省、自治区、直辖市通过制定公布区片综合地价确定。制定区片综合地价应当综合考虑土地原用途、土地资源条件、土地产值、土地区位、土地供求关系、人口以及经济社会发展水平等因素,并至少每三年调整或者重新公布一次。

征收农用地以外的其他土地、地上附着物和青苗等的补偿标准,由省、自治区、直辖市制定。对其中的农村村民住宅,应当按照先补偿后搬迁、居住条件有改善的原则,尊重农村村民意愿,采取重新安排宅基地建房、提供安置房或者货币补偿等方式给予公平、合理的补偿,并对因征收造成的搬迁、临时安置等费用予以补偿,保障农村村民居住的权利和合法的住房财产权益。

县级以上地方人民政府应当将被征地农民纳入相应的养老等社会保障体系。被征地农民的社会保障费用主要用于符合条件的被征地农民的养老保险等社会保险缴费补贴;被征地农民社会保障费用的筹集、管理和使用办法,由省、自治区、直辖市制定。

(二) 征地安置

参照《关于完善征地补偿安置制度的指导意见》《国土资源部关于进一步做好征地管理工作的通知》等法规和相关实践,我国被征地农民的安置方式主要包括:货币安置、农业生产安置、重新择业安置、入股分红安置、留地安置、社会保险安置、异地移民安置等。

1. 货币安置

货币安置是指将安置补助费和部分或全部的土地补偿费一次性发放给被征地农民,让其自谋出路(张晓玲等,2006)。由于该方式简单快捷,农民在短期内可以获得显著收益,成为目前我国最普遍采用的征地安置方式。

2. 农业生产安置

农业生产安置是指通过利用农村集体的机动地、土地开发整理新增加或承包地流转的耕地等,使被征地农民重新获得耕作土地,继续从事农业生产,而安置补助费和土地补偿费相应留在农村集体经济组织内。该方式多用于城市远郊、耕地相对较多或欠发达的地区。

3. 重新择业安置

重新择业安置是指为失地农民提供免费的劳动技能培训,安排相应的工作岗位,鼓励用地单位优先吸收被征地农民就业,将其纳入城镇就业体系,并建立社会保障制度。随着市场经济的逐步建立和私营企业的兴起,这一安置方式的难度逐渐增加,同时,竞争力偏低的农民往往面临再度失业的风险。

4. 入股分红安置

入股分红安置是指对于有长期稳定收益的项目用地,农村集体经济组织可在农户自愿的前提下,通过征地补偿安置费或经批准的建设用地土地使用权入股,参与用地单位的利润分配。这需要对入股的项目进行甄别,同时承担因企业破产而导致村民和农村集体的利益受到损害的风险。

5. 留地安置

留地安置是指在符合土地利用规划和城市规划的条件下,在被征收土地中留出一定比例的土地或非农建设用地指标,给被征地集体经济组织从事土地开发和经营,安置被征地农民,同时给予被征地农民一定的现金补偿(张晓玲等,2006)。该方式多用于城市近郊,可使村民分享城市化进程带来的收益,同时一定程度上留存了原有的社会关系网络。

6. 社会保险安置

社会保险安置是指将征地的农民转为城市居民,加入城镇居民社会养老保险体系,由社会保险来承担农民的养老问题(薛刚凌等,2005),而社会保险主要通过安置补助费和土地补偿费购买。该方式多用于较为发达的城市,需要城市对社会养老保险金有较强的承受能力,同时照顾到农民的近期利益和生活保障。

7. 异地移民安置

异地移民安置是指本地区确实无法为因征地而导致无地的农民提供基本生产生活条

件的,在充分征求被征地农村集体经济组织和农民意见的前提下,由政府统一组织,实行异地移民安置①。该方式多用于大型基建项目或特殊用地建设的情况下,需要政府进行宏观的调节,保障农民和农村集体的利益。

对于实际的征地安置,需根据具体情况采取相应的安置方式,也可为村民和农村集体组织提供多样的方式供其选择,以保障农民的自主权益。

(三) 补偿与安置的关系

补偿与安置作为征地制度的重要内容,两者彼此矛盾又紧密联系。在我国早期的法规中(如《政务院发布城市郊区土地改革条例》《国家建设征用土地办法》等),补偿和安置的概念相互区分,补偿针对的是土地上的附着物与农作物,而安置针对的是耕种该土地的农民。在计划经济体制下,基于公平优先的原则,我国在土地征收中主要采取安置措施,而补偿费甚至可以为零②。

然而改革开放之后,随着市场经济的逐步确立,安置补助费作为货币安置的雏形被纳入补偿费用之中,补偿和安置的概念逐渐融合。为了促进经济发展,保障土地供给的效率,简单快捷的货币安置大行其道,各地政府只要地不要人,广大农民在得到一次性补偿后便被"一脚踢"(黄小虎,2011)。在此情形下,安置逐渐被补偿所替代,货币安置方式掩盖下的政府公共服务职能长期缺失。由此导致城市生活技能和理财知识匮乏的失地农民缺少长久保障,易陷入贫困境地。地方政府与被征地农民围绕单一的补偿费用陷入激烈的博弈和争执。

随着2004年国务院"28号文"的出台,安置制度逐渐受到重视,政府开始探讨多元的安置途径。在效率和公平原则相平衡的理念下,货币安置的地位逐渐弱化,安置制度回归社会保障的内核,安置与补偿的功能差异再度明晰(齐睿等,2013)。

第三节 土地储备制度

一、土地储备制度的产生与发展

土地储备制度源于1896年在荷兰兴起的土地银行(land banking)。当时的荷兰政府通过购买土地并为开发进行前期改造,以解决城市人口快速增长导致的住宅严重匮乏问题(康春,2006)。随后,土地银行开始推广开来,并在20世纪五六十年代广泛流行于世界各国。然而,由于该制度在获取土地过程中的高风险和低效率,且易引起土地所有者的激烈抵制,逐渐为人所诟病,同时,其在降低地价、遏制土地投机等方面的作用也遭到质疑(Carr et al.,1975)。随着新自由主义的强烈抨击,这一做法逐渐变得"过时"(Gilbert,2009)。不

---

① 《国务院关于深化改革严格土地管理的决定》(国发〔2004〕28号)。
② 如《国家建设征用土地办法(修正)》(1958)第9条规定:"征用农业生产合作社的土地,如果社员大会或者社员代表大会认为对社员生活没有影响,不需要补偿,并经当地县级人民委员会同意,可以不发给补偿费。"

过近年来,尤其随着次贷危机的爆发,美国的许多地方开始建立"第二代土地银行"以整理废弃住宅①,提升社区的物质环境水平和土地价值(Whitaker et al.,2015)。

我国建立土地储备制度,最初是为了解决城市存量土地(尤其是国有企业的划拨土地)管理混乱、国有资产大量流失的问题。20世纪90年代,随着土地市场的逐步发展,许多企业和单位私自将无偿获取的划拨土地出租甚至转让,以获得巨大收益。这导致大量国有资产流入个人手中,炒卖地皮现象突出,市场价格信号失真,同时为城市的规划和管理带来诸多困难(贾生华等,2001)。为了应对这些问题,1996年,上海以"国企三年脱困"为契机,成立了我国第一家土地储备机构——上海土地发展中心,以此规范土地市场,推进国企改革,实践城市经营理念,深化土地市场化改革(丁洪建等,2003)。次年8月,杭州成立了杭州市土地储备中心,随后,南通、青岛、武汉等地也开始了城市土地储备制度的探索。1999年,国土资源部以内部通报的形式将杭州、青岛两地的实践向全国推广。2001年,国务院颁布了《关于加强国有土地资产管理的通知》,指出"有条件的地方政府试行储备经营制度",自此土地储备制度开始在全国范围内展开。

2007年,国土资源部颁布的《土地储备管理办法》,首次在国家层面明确了土地储备的含义,并对土地储备的相关内容作了规范。至2010年,我国土地储备机构已达到2000余家,其在城市土地一级市场中占据绝对主导的地位(王宏新等,2011)。2012年,面对各地土地储备机构的庞大债务和潜在的金融风险,国土资源部联合财政部、中国人民银行、中国银行业监督管理委员共同发布了《关于加强土地储备与融资管理的通知》,对土地储备的机构管理、储备规模、运营机制、融资行为、资金管理等方面作了进一步的规范。

二、土地储备制度的内涵

土地储备,是指市、县人民政府国土资源管理部门为实现调控土地市场、促进土地资源合理利用目标,依法取得土地,进行前期开发、储存,以备供应土地的行为②。这一定义基本明确了我国土地储备制度的主体、目标、对象和手段,从这四个维度出发,结合相关法规和实践,可以对我国土地储备制度的内涵作进一步的深化。

(一) 土地储备的主体

依照《土地储备管理办法》,我国土地储备的主体为市、县人民政府国土资源管理部门,具体实施主体为土地储备机构。土地储备机构由市、县人民政府批准成立,具有独立的法人资格,是隶属于国土资源管理部门的事业单位。不过,由于我国的土地储备机构大多由市、县政府领导的土地储备管理委员会(或类似机构)进行指导和监督,且年度土地储备计划须由同级人民政府批准,在很大程度上代表了当地政府的意志,因此土地储备的实质主

---

① 在美国,投资者往往倾向于快速转手住房以获得高额利润,而很少对其进行维护,一旦无法转手便直接抛弃。这些被弃房产的铜管、电缆等随后会被地痞拆走变卖,残存的结构往往成为犯罪的温床,从而影响了整个社区的环境和安全。Stephan等人(2015)的评估显示,土地银行通过拆除废弃住宅,可以有效减少其负外部性,同时在一定程度上促进社区地价的提升。

② 《土地储备管理办法》(国土资发〔2007〕277号)第2条。

体应为地方政府。

(二) 土地储备的目标

目标往往蕴含着制度的价值导向,依照《土地储备管理办法》的定义,我国土地储备制度的主要目标是强化政府对土地市场的调控能力,同时促进土地资源的合理利用,具有较强的公共属性。结合相关法规和具体实践,可以将我国土地储备制度的目标归纳为以下几点。

1. 提高政府的宏观调控能力

通过土地储备制度强化政府在土地市场中的主导地位,利用土地供应量的多寡调节土地市场的供求关系,以此干预土地价格的过度波动,促进房地产市场和城市经济的平稳运行。

2. 规范土地市场的运行

抑制隐性土地市场,保障土地供应的形式以招标、拍卖、挂牌为主,规范土地一级市场的交易行为,减少寻租空间,促进土地需求者的公平公开竞争。

3. 保障土地利用规划和城乡规划的落实

依据土地利用规划、城市总体规划和土地利用年度计划等制定土地储备计划,通过土地储备计划的执行来体现各类规划的意志,强化对城市增量用地的控制,促进城市土地的集约节约利用,促进城市空间结构的优化与完善。

4. 强化城市基础设施的建设

通过融资手段和土地出让收益,保障城市基础设施建设的资金;通过前期开发,进行"七通一平",将"生地"变为"熟地",保障城市基础设施建设的系统实施,避免设施关系的错位和重复建设。

5. 增加地方政府的财政收入

强化政府在土地一级市场的垄断地位,减少国有资产因隐性市场和灰色交易而流失;通过出让熟地获取增值收益,达到"以地聚财、以地生财"的目的(贾生华等,2001),增加地方政府财政收入。

(三) 土地储备的对象

所谓土地储备的对象,也就是土地储备的范围,即哪些土地可以由土地储备机构予以储备(沈福俊,2010)。参照土地储备的定义,其对象为依法取得的土地[①]。依据《土地储备管理办法》第10条,土地储备的具体对象(即可以纳入土地储备范围的土地)包括:依法收回的国有土地、收购的土地、行使优先购买权取得的土地、已办理农用地转用和土地征收批准手续的土地、其他依法取得的土地。同时,《土地储备管理办法》第6条指出:储备土地必须符合规划、计划,优先储备闲置、空闲和低效利用的国有存量建设用地。这意味着用于储

---

① 需要注意的是,可以进行储备的土地是已经依法取得的土地,土地取得的依据必须以法律为准绳,例如对集体土地的征收应依照法律以公共利益为目的,而不能将"土地储备"作为征收、征用、征购、收回的依据和目的。然而,实际中的做法往往本末倒置,以"土地储备"的名义取得土地,而土地储备的公益性还有待商榷。

备的土地必须符合土地利用总体规划、城市总体规划、土地利用年度计划的相关规定,且优先使用闲置的国有存量建设用地。

(四) 土地储备的手段

土地储备的手段主要为前期开发和储备,其直接依据为土地储备规划和年度土地储备计划,而土地储备规划和计划须根据当地经济和社会发展计划、土地利用总体规划、城市总体规划、土地利用年度计划和土地市场供需状况等,由市、县人民政府国土资源管理、财政及当地人民银行相关分支行等部门共同编制,报同级人民政府批准,并报上级国土资源管理部门备案。

土地前期开发和储备所需的资金,可通过财政拨款、土地收益、项目融资等方式获得,也可以将储备土地抵押,向银行等金融机构申请担保贷款。土地储备贷款应实行专款专用、封闭管理,不得挪用。贷款规模应当与年度土地储备计划、土地储备资金项目预算相衔接,并报经同级地方政府财政部门批准。

三、土地储备的运作程序

我国土地储备的运作程序主要包括土地取得、土地储备和土地供应三个阶段。

(一) 土地取得阶段

市、县国土资源主管部门可根据土地储备计划,依法取得城市国有土地和农村集体土地并交由土地储备机构储备,从而将散置的土地使用权进行集中,便于后期的整理、储备和供应。我国现行储备土地的取得方式主要包括以下四种。

1. 收回

我国对土地的收回分为有偿收回和无偿收回。依照《土地管理法》,国土资源管理部门可有偿收回的情形包括:为公共利益需要使用土地的;为实施城市规划进行旧城区改建,需要调整使用土地的。国土资源管理部门可无偿收回的情形包括:土地出让等有偿使用合同约定的使用期限届满,土地使用者未申请续期或者申请续期未获批准的;因单位撤销、迁移等原因,停止使用原划拨的国有土地的;公路、铁路、机场、矿场等经核准报废的;超过出让合同约定的动工开发日期满二年未动工开发的[1]。

2. 收购

对于部分地段好、级差高但使用不合理的土地,政府可以通过市场从原土地使用者手中购回土地使用权(周介铭,2010)。根据土地储备计划收购国有土地使用权的,土地储备机构应与土地使用权人签订土地使用权收购合同[2]。

---

[1]《城市房地产管理法》第 25 条规定:"超过出让合同约定的动工开发日期满二年未动工开发的,可以无偿收回土地使用权;但是,因不可抗力或者政府,政府有关部门的行为或者动工开发必需的前期工作造成动工开发迟延的除外。"另据《土地管理法》第 37 条,"该幅土地原为农民集体所有的,应当交由原农村集体经济组织恢复耕种"。

[2]《土地储备管理办法》(国土资发〔2007〕277 号)第 13 条。

3. 优先购买

申报土地转让价格比标定地价低20%以上的,市、县人民政府可行使优先购买权①。由于土地优先购买权在实施成本和时效上都不占优势,导致现实实践中被弃置的局面(杨遴杰等,2011)。

4. 征收

为了公共利益的需要,政府可以依照法律规定的权限和程序征收集体所有的土地,并给予一定补偿。由于土地征收的成本相对较低,拆迁量相对较少(尤其是耕地),潜在规模巨大,成为我国各城市储备土地获取的主要来源。

上述四个概念的进一步说明见专栏10-1。

专栏10-1　土地"征收""征用""收购"与"收回"的辨析

在我国,土地征收、征用、收购和收回是政府获取和使用土地的主要途径,四者的主体都是政府部门,但取得土地的前提、客体和方式有所差异。

土地征收需基于公共利益,其客体主要为集体土地所有权,通过法定方式永久取得并给予相应补偿,具有强制性。

土地征用需基于抢险救灾等紧急需要,其客体是土地使用权,通过法定方式临时取得并须在使用后返还,具有强制性。

土地收购则是基于市场原则,其客体主要为国有土地使用权,通过交易方式永久取得,不具有强制性。

土地收回主要基于公共利益,其客体主要为国有土地使用权,可依法有偿或无偿进行永久取得,具有一定的强制性。

一般情况下政府获取土地的方式主要为征收、收购和收回,其中征收主要用于集体土地所有权的获取,收购和收回用于国有土地使用权的获取,由于收回具有一定的强制性,而收购往往需要双方进行议价谈判,政府部门往往倾向于通过收回的方式取得城市土地使用权。

(二) 土地储备阶段

对纳入储备的土地,经市、县人民政府国土资源管理部门批准,土地储备机构有权对储备土地进行前期开发、保护、管理、临时利用及为储备土地、实施前期开发进行融资等活动②。土地储备阶段的工作内容主要包括以下两个方面。

1. 前期开发

土地储备机构应组织对储备土地的前期开发,为政府供应"净地"提供有效保障。进行道路、供水、供电、供气、排水、通信、照明、绿化、土地平整等基础设施建设的,应通过公开招标方式选择工程设计、施工和监理等单位,不得通过下设机构进行工程建设③。当涉及地上

---

① 《加强国有土地资产管理的通知》(国发〔2001〕15号)。
② 《土地储备管理办法》(国土资发〔2007〕277号)第16条。
③ 《关于加强土地储备与融资管理的通知》(国土资发〔2012〕162号)。

房屋征收的工作时,应由房屋征收部门负责组织实施。房屋的征收应基于公共利益的需要,并对被征收人给予公平补偿。房屋征收部门可以委托房屋征收实施单位,承担房屋征收与补偿的具体工作,房屋征收实施单位不得以营利为目的[①]。建设单位禁止参与搬迁活动,政府不得责成有关部门强制拆迁。

2. 管理与利用

土地储备机构应对纳入储备的土地采取必要的措施予以保护管理,防止侵害储备土地权利行为的发生。在储备土地未供应前,土地储备机构可将储备土地或连同地上建(构)筑物,通过出租、临时使用等方式加以利用[②]。

在城市规划区内储备土地的临时使用,需搭建建筑物、构筑物的,在报批前,应当先经城市规划行政主管部门同意;设立抵押权的储备土地临时使用,应征得抵押权人的书面同意。土地储备机构应与土地使用者签订临时使用土地合同,明确土地用途、期限、经济补偿、不得修建永久性建筑物、到期地面建筑物处理及提前终止使用经济关系的处理等事宜。临时使用储备土地的期限不得超过两年,且不得转包[③]。对于办理农用地转用、土地征收后的土地,纳入储备满两年未供应者,在下达下一年度农用地转用计划时扣减相应指标[④]。

(三) 土地供应阶段

储备土地完成前期开发整理后,纳入当地市、县土地供应计划,由市、县人民政府国土资源管理部门统一组织供地[⑤]。国土资源管理部门依据土地供应计划和规划部门出具的规划条件,确定储备土地的供应规模和用途,有计划地通过公开的土地市场向用地单位供应土地。

四、土地储备制度的不足

我国土地储备制度的建立在一定程度上规范了我国的土地市场,保障了城市基础设施的实施,增加了地方政府的财政收入,对土地利用总体规划和城乡规划的落实起到了积极的作用。然而,随着我国土地储备制度的推广和发展,其内在缺陷所带来的问题也逐渐显化,并开始为人所诟病,这主要包括以下几个方面。

(一) 土地储备机构的角色定位存在矛盾

我国各地的土地储备机构往往承担着双重角色:一方面要代表政府行使行政职能,通过土地收购和供应调节土地市场,优化城市结构,扩展城市规模;另一方面又要根据经济规律行使企业行为,通过土地的收购和出让,保障资本的良性循环,避免出现债务危机,实现土地收益的增加,以促进地方财政。政府行为要求实现经济、社会和生态效益的均衡,追求

---

① 《国有土地上房屋征收与补偿条例》(国务院令第 590 号)第 5 条。
② 《土地储备管理办法》(国土资发〔2007〕277 号)第 20、21 条。
③ 《关于加强土地储备与融资管理的通知》(国土资发〔2012〕162 号)。
④ 《土地储备管理办法》(国土资发〔2007〕277 号)第 23 条。
⑤ 《土地储备管理办法》(国土资发〔2007〕277 号)第 22 条。

社会公平,而市场行为则要求提高资源配置效率,追求利润最大化,这两种相互矛盾的角色使得土地储备机构很难找到政府行为与市场行为的最佳衔接点(徐建春,2002)。在地方政府"公司化"的背景下,逐利性驱使土地储备机构不断趋向企业行为,通过不断扩大土地的储备规模来增加土地收益,而土地的供应也主要集中于经营性用地,对公益性土地的供应则相对有限。这导致城市建设用地规模的进一步扩张,对耕地保护形成了更为严峻的挑战。而粗放的投入和过量的供地也造成了许多"半生不熟"的新区(张京祥等,2007),空城、鬼城大量出现,对土地资源造成进一步的浪费。同时在强制征收和收购土地时,其模糊的属性(公共利益中夹带了许多私人利益)也引起了人们广泛的质疑。

(二) 土地储备程序的资本运作存在风险

土地储备过程中的收购和前期开发需要大量的资金来保障其运行,我国现行的土地储备机构往往倾向于通过土地抵押向银行贷款,进行融资以保持其顺利运转,并通过土地出让获取高额的收益用来偿还贷款。同时随着土地储备规模的不断增加,贷款规模也相应不断增加。然而这一运作程序的顺利进行建立在城市经济高速发展、城市土地需求旺盛的基础之上。一旦经济减速,需求疲软,土地出让的收益无法填补债务的规模,将导致城市资金链断裂,地方债务危机和银行金融危机同时爆发,城市经济将陷入巨大的困境。

(三) 土地储备制度的相关规范和地方政府的利益驱动限制了其调控作用

为了控制地方的逐利冲动,减少土地过量供给造成的低效开发,降低城市的债务风险,中央政府开始对土地储备机构进行规范,要求其制定年度储备计划,严格控制土地储备规模,同时,间接限定了储备时间[①]。而要缓解地价上升对房地产开发与城市发展带来的不利影响,土地储备机构应增加储备土地的供给量,以降低地价上涨的幅度(张文新,2005)。然而,僵化的年度计划和有限储备规模限制了土地储备机构通过扩大土地供给平抑地价的空间。同时,地方政府为保证融资的安全和财政收入的增加,也往往倾向于鼓励地价的上涨,而不是相反,毕竟一旦调控过度导致土地贬值,其带来的风险将更加直接。因此,我国的土地储备制度对地价及与之紧密相关的房价的调控作用被大打折扣,甚至在一定程度上促进了我国地价和房价的进一步上升。例如,2002年前半年,当土地储备在全国推行以后,平均房价比2001年同期上涨了10%(田莉,2008)。

第四节 土地使用权交易制度

土地使用权的交易构成了我国城市土地市场的主要内容,也是城市土地利用制度的集中体现。我国城市土地市场可分为土地一级市场和土地二级市场两个层次,土地一级市场是政府与土地使用者间进行的土地使用权交易,土地二级市场是土地使用者之间进行的土

[①] 例如《土地储备管理办法》规定,"储备土地的临时利用,一般不超过两年""依法办理农用地转用、土地征收后的土地,纳入储备满两年未供应的,在下达下一年度农用地转用计划时扣减相应指标"。

地使用权交易(Yeh et al.,1996)。土地一级市场以城市土地使用权的供给为主,土地二级市场以城市土地使用权的流转为主。

一、土地一级市场的交易制度

我国城市土地一级市场由政府垄断,属于垄断型市场,政府是唯一合法的国有土地使用权供给者,供给方式主要为土地使用权划拨和土地使用权出让。由于这两种供给方式的金额、期限和获取路径存在巨大差异,导致我国形成了独特的"双轨制"城市土地市场。另外,我国的城市土地供给方式还包括:国有土地租赁、土地使用权作价出资或入股。

(一) 土地使用权划拨

土地使用权划拨,是指经县级以上人民政府依法批准,在土地使用者缴纳补偿、安置等费用后将该幅土地交付其使用,或者将土地使用权无偿交付给土地使用者使用的行为[①]。除法律法规另有规定外,以划拨方式取得的土地使用权没有使用期限的限制。

划拨土地的范围有严格限定,依据《划拨项目目录》(国土资源部令第9号),我国纳入划拨项目的包括:国家机关军事用地,城市基础设施用地和公益事业用地,国家重点扶持的能源、交通、水利等基础设施用地,法律、行政法规规定的其他用地(详见附录E)。同时按照集约节约利用土地的理念,逐步对城市经营性基础设施和社会事业用地实行有偿使用,缩小划拨供地范围[②]。符合《划拨项目目录》的建设用地项目,由建设单位提出申请,经有批准权的人民政府批准后,方可以划拨方式提供土地使用权。

(二) 土地使用权出让

土地使用权出让,是指国家将国有土地使用权在一定年限内出让给土地使用者,由土地使用者向国家支付土地使用权出让金的行为[③]。以出让方式取得的土地使用权有年限限制,依据《中华人民共和国城镇国有土地使用权出让和转让暂行条例》的规定,各类用途的土地使用权出让最高年限分别为:居住用地70年,工业用地50年,教育、科技、文化、卫生、体育用地50年,商业、旅游、娱乐用地40年,综合或者其他用地50年。

土地使用权的出让必须符合土地利用总体规划、城乡规划和年度建设用地计划的要求。土地使用权出让应当签订书面出让合同,土地使用者必须按照出让合同支付土地使用权出让金。土地使用权出让的方式包括招标、拍卖、挂牌和协议。

1. 招标出让

招标出让是指市、县人民政府国土资源行政主管部门发布招标公告,邀请特定或者不特定的自然人、法人和其他组织参加国有建设用地使用权投标,根据投标结果确定国有建设用地使用权人的行为[④]。

---

① 《城市房地产管理法》(1994年)第22条。
② 《国土资源部关于推进土地节约集约利用的指导意见》(国土资发〔2014〕119号)。
③ 《城市房地产管理法》(1994年)第7条。
④ 《招标拍卖挂牌出让国有建设用地使用权规定》(国土资源部令第39号)。

2. 拍卖出让

拍卖出让是指出让人发布拍卖公告,由竞买人在指定时间、地点进行公开竞价,根据出价结果确定国有建设用地使用权人的行为[①]。

3. 挂牌出让

挂牌出让是指出让人发布挂牌公告,按公告规定的期限将拟出让宗地的交易条件在指定的土地交易场所挂牌公布,接受竞买人的报价申请并更新挂牌价格,根据挂牌期限截止时的出价结果或者现场竞价结果,确定国有建设用地使用权人的行为[②]。

4. 协议出让

协议出让是指国家以协议方式将国有土地使用权在一定年限内出让给土地使用者,由土地使用者向国家支付土地使用权出让金的行为[③]。

一般来说,拍卖出让最为公开透明,市场化程度最高,对于商业和居住用地,地方政府往往倾向于使用这一方式进行出让,以最大化土地出让金收入。而协议出让最为封闭,"暗箱操作"的空间最大。

(三) 国有土地租赁

国有土地租赁,是指国家将国有土地出租给使用者使用,由使用者与县级以上人民政府国土资源管理部门签订一定年期的土地租赁合同,并支付租金的行为。国有土地租赁是国有土地有偿使用的一种形式,是出让方式的补充[④]。国有土地租赁可分为短期租赁和长期租赁。短期租赁年限一般不超过5年,长期租赁的期限由租赁合同约定,但最长租赁期限不得超过法律规定的同类用途土地出让最高年期。租赁期限六个月以上的国有土地租赁,须由市、县国土资源管理部门与土地使用者签订租赁合同,土地租赁的租金标准应与地价标准相均衡。经营性房地产开发用地必须实行出让[⑤],其他建设项目用地可依照相关规定,以租赁方式取得国有土地使用权。

国有土地租赁,可以采用招标、拍卖、挂牌或者协议的方式,具有竞投条件的项目,须采取招标、拍卖、挂牌的方式。当采用协议方式出租国有土地时,其租金不得低于出租底价和按国家规定的最低地价折算的最低租金标准。

在20世纪90年代国有企业转制的过程中,由于租赁制可以有效减轻企业负担,同时保障政府的租金收益,因此在当时发挥了较大的作用。然而随着经济的发展,能够一次性带来巨额收益以便政府投资基础设施和其他项目的出让制逐渐成为主流,而租赁制由于其带来的一次性租金有限且易于造成管理成本的升高[⑥],逐渐被局限于较小的范围。然而,随着

[①] 《招标拍卖挂牌出让国有建设用地使用权规定》(国土资源部令第39号)。
[②] 《招标拍卖挂牌出让国有建设用地使用权规定》(国土资源部令第39号)。
[③] 《协议出让国有土地使用权规定》(国土资源部令第21号)。
[④] 《规范国有土地租赁若干意见》(国土资发〔1999〕222号)。
[⑤] 《规范国有土地租赁若干意见》(国土资发〔1999〕222号)。
[⑥] 即在租赁制下,政府必须不断保持对土地使用者交租义务的监督,而土地使用者凭借其对土地先占的优势很容易产生违约倾向,政府要确保取得足额的土地租金,必须付出很高的监督和制度实施费用(王小映,2000)。

出让制的问题逐渐显现,租赁制(或年租制)开始回到人们的视野,其对存量土地盘活、对增量土地优化、为政府带来更多土地收益等方面的作用受到了肯定(徐婷等,2006)。2014年,国土资源部发布的《关于推进土地节约集约利用的指导意见》,明确指出"实行新增工业用地弹性出让年期制,重点推行工业用地长期租赁",使国有土地租赁制的发挥空间进一步扩大。

(四) 土地使用权作价出资或入股

土地使用权作价出资(入股),是指国家以一定年期的国有土地使用权作价,作为出资投入改组后的新设企业,该土地使用权由新设企业持有,可以依照土地管理法律、法规关于出让土地使用权的规定转让、出租、抵押[①]。国家根据需要,可以将一定年期的国有土地使用权作价后授权给经国务院批准设立的国家控股公司、作为国家授权投资机构的国有独资公司和集团公司经营管理[②]。

依照《国土资源部关于加强土地资产管理促进国有企业改革和发展的若干意见》,可以土地使用权作价出资(入股)方式获得土地使用权的,应为自然垄断的行业、提供重要公共产品和服务的行业,支柱产业和高新技术产业中的重要骨干企业,以及承担国家计划内重点技术改造项目的国有企业。以作价出资(入股)方式处置的土地使用权,在使用年期内可依法转让、作价出资、租赁或抵押,改变用途的应补缴不同用途的土地出让金差价[③]。

二、土地二级市场的交易制度

我国的土地二级市场完全放开,土地供求双方可根据市场行情自由交易,属于竞争型市场(毕宝德,2003)。我国土地二级市场主要涉及出让土地、租赁土地和划拨土地使用权的二次交易。

(一) 出让土地使用权的二次交易

出让土地使用权的二次交易主要包括转让、出租和抵押三种形式。有关法律法规规定,我国出让土地使用权可以在使用年限内转让、出租、抵押或者用于其他经济活动,其合法权益受法律保护。

1. 土地使用权转让

土地使用权转让,是指土地使用者将土地使用权再转让的行为,包括出售、交换和赠予[④]。依照《房地产管理法》,土地使用权转让的条件为:"按照出让合同约定已经支付全部土地使用权出让金,并取得土地使用权证书;按照出让合同约定进行投资开发,属于房屋建

---

① 《国有企业改革中划拨土地使用权管理暂行规定》(国家土地管理局令第8号)第3条。
② 《国有企业改革中划拨土地使用权管理暂行规定》(国家土地管理局令第8号)第4条。
③ 《国土资源部关于加强土地资产管理促进国有企业改革和发展的若干意见》(国土资发〔1999〕433号)。
④ 《城镇国有土地使用权出让和转让暂行条例》(国务院令第55号)第19条。

设工程的,完成开发投资总额的 25% 以上,属于成片开发土地的,形成工业用地或者其他建设用地条件"。土地使用者通过转让方式取得的土地使用权,其使用年限为土地使用权出让合同规定的使用年限减去原土地使用者已使用年限后的剩余年限[①]。

2. 土地使用权出租

土地使用权出租是指土地使用者作为出租人将土地使用权随同地上建筑物、其他附着物租赁给承租人使用,由承租人向出租人支付租金的行为。未按土地使用权出让合同规定的期限和条件投资开发、利用土地的,土地使用权不得出租[②]。土地使用权出租,出租人与承租人应当签订租赁合同。租赁合同不得违背国家法律、法规和土地使用权出让合同的规定。土地使用权出租后,出租人必须继续履行土地使用权的出让合同[③]。

3. 土地使用权抵押

土地使用权抵押,是指抵押人(即土地使用权人)以其合法的土地使用权以不转移占有的方式向抵押权人提供债务履行担保的行为[④]。依照《房地产管理法》的规定,土地使用权抵押应当有土地使用权证书。土地使用权抵押时,其地上建筑物、其他附着物随之抵押;地上建筑物、其他附着物抵押时,其使用范围内的土地使用权随之抵押[⑤]。活跃的出让土地二级市场对带动我国的经济发展、优化城市空间布局、提高建设用地利用率等方面有着重要的促进作用。目前,我国的土地二级市场相关制度还有待改进和完善,对转让、出租、抵押的条件、期限、方式等需要进一步明确。

(二) 租赁土地使用权的二次交易

租赁土地使用权的二次交易包括转租、转让和抵押三种形式。依据《规范国有土地租赁若干意见》,承租人在按规定支付土地租金并完成开发建设后,经土地行政主管部门同意或根据租赁合同约定,可将承租土地使用权转租、转让或抵押。承租土地使用权转租、转让或抵押,必须依法进行登记。

1. 转租

承租人将承租土地转租或分租给第三人的,承租土地使用权仍由原承租人持有,承租人与第三人建立了附加租赁关系,第三人取得土地的他项权利[⑥]。

2. 转让

承租人转让土地租赁合同的,租赁合同约定的权利义务随之转给第三人,承租土地使用权由第三人取得,租赁合同经更名后继续有效[⑦]。

---

① 《城镇国有土地使用权出让和转让暂行条例》(国务院令第 55 号)第 22 条。
② 《城镇国有土地使用权出让和转让暂行条例》(国务院令第 55 号)第 28 条。
③ 《城镇国有土地使用权出让和转让暂行条例》(国务院令第 55 号)第 29、30 条。
④ 本定义参考《房地产管理法》(1994)第 46 条。
⑤ 《城镇国有土地使用权出让和转让暂行条例》(国务院令第 55 号)第 33 条。
⑥ 《规范国有土地租赁若干意见》(国土资发〔1999〕222 号),其中他项权利包括抵押权、租赁权、地役权、借用权、空中权和地下权等。
⑦ 《规范国有土地租赁若干意见》(国土资发〔1999〕222 号)。

3. 抵押

地上房屋等建筑物、构筑物依法抵押的,承租土地使用权可随之抵押,但承租土地使用权只能按合同租金与市场租金的差值及租期估价。抵押权实现时,土地租赁合同同时转让[①]。

另外,在使用期限内政府部门对租赁土地进行出让的,承租人享有优先受让权。租赁土地办理出让手续后,租赁关系终止。由于我国租赁土地的规模相对较小,租赁土地二次交易的规模也较小,与之相应的法律法规有限,具体措施可参照有偿使用的出让土地使用权各项规定。

(三) 划拨土地使用权的二次交易

划拨土地使用权的二次交易与出让土地类似,同样包括转让、出租和抵押三种形式。所不同的是,绝大部分划拨土地使用权交易需要补办出让手续,补缴出让金,而该行为属于一级市场行为,因此,有学者(王世元,2014)认为其并非严格意义上的二级市场交易,而是一、二级市场联动的交易行为。

依据《划拨土地使用权管理暂行办法》,划拨土地使用权转让、出租、抵押的条件为:土地使用者为公司、企业、其他经济组织和个人;领有国有土地使用证;具有合法的地上建筑物、其他附着物产权证明。依照《城镇国有土地使用权出让和转让暂行条例》和《划拨土地使用权管理暂行办法》规定签订土地使用权出让合同,向当地市、县人民政府交付土地使用权出让金或者以转让、出租、抵押所获收益抵交土地使用权出让金。

2014年国土资源部发布的《关于推进土地节约集约利用的指导意见》明确指出:"符合规划并经依法批准后,原划拨土地既可与其他存量土地一并整体开发,也可由原土地使用权人自行开发;经依法批准后,鼓励闲置划拨土地上的工业厂房、仓库等用于养老、流通、服务、旅游、文化创意等行业发展,在一定时间内可继续以划拨方式使用土地,暂不变更土地使用性质",这为划拨土地的盘活利用创造了更大的空间。

三、土地使用权交易中的管理制度

我国土地使用权交易过程中涉及的管理制度主要包括交易许可制度、交易价格管制和税收制度。

(一) 交易许可制度

我国城市土地使用权的交易实行交易许可制度。出让土地使用权的土地首次交易时,经交易机构对出让合同履行情况初审后,必须报国土资源管理部门核准,达到转让的条件方可进场交易[②]。划拨土地或改变原土地使用条件的交易,由国土资源管理部门审核、县级以上人民政府批准后,方可入市交易。国土资源管理部门确认地价评估结果并核定应补交

---

① 《规范国有土地租赁若干意见》(国土资发〔1999〕222号)。
② 《关于建立土地有形市场促进土地使用权规范交易的通知》(国土资发〔2001〕11号)。

的出让金,明确缴纳办法①。

(二) 交易价格管制

2001年国务院发布的《关于加强国有土地资产管理的通知》规定:"国有土地使用权转让,转让双方必须如实申报成交价格。土地行政主管部门要根据基准地价、标定地价对申报价格进行审核和登记。申报土地转让价格比标定地价低20%以上的,市、县人民政府可行使优先购买权。"

(三) 税收制度

我国城市土地使用权交易过程中涉及的主要税种包括以下几项。

(1) 耕地占用税

耕地占用税是对占用耕地建房或从事非农业建设的单位或个人,以其实际占用的耕地面积为计税依据,按照规定的适用税额一次性征收的税。

(2) 契税

契税是在我国境内转移土地、房屋权属时,承受的单位或个人,以交易价格或市场价格为计税依据征收的税。

(3) 土地增值税

土地增值税是对转让国有土地使用权、地上的建筑物及其附着物并取得收入的单位或个人,以转让房地产所取得的增值额为计税依据征收的税。

此外,还涉及印花税、营业税、企业所得税或个人所得税等。同时,在土地交易过程中还涉及一些土地收费,如土地有偿使用费、土地使用权交易服务费、场地使用费等。

在城市土地使用权保有过程中涉及的主要税种包括以下几项。

(1) 城镇土地使用税

城镇土地使用税是对城镇、工矿区范围内使用土地的单位和个人,以其实际占用的土地面积为计税依据,按年计算、分期缴纳的税。

(2) 房产税

房产税是对产权所有人、经营管理单位、承典人、房产代管人或者使用人,以房产余值或租金为计税依据,按年征收、分期缴纳的税。

以上这些税种均由地方政府进行征收,详细解释见表10-1。

可以看到,我国在土地方面的税收制度存在诸多问题:首先是交易环节征税较多,而保有环节征税较少,这在一定程度上抑制了交易,而扩大了用地的需求。其次,与各项土地收费相比,土地税收又缺少相对的灵活机动性而被替代,以费代税的现象突出(李涛,2004),导致通过税收调节土地市场的作用有限。最后,重复征收严重,如增值税与所得税,契税和印花税等,导致税收负担不公(阮家福,2009)。

---

① 《关于建立土地有形市场促进土地使用权规范交易的通知》(国土资发〔2001〕11号)。

表 10-1　中国现行城市土地税收体系分类表

税　种		纳税人	计税依据	税率	纳税环节	征税机关
资源税	城镇土地使用税	城镇、工矿区范围内使用土地的单位和个人	纳税人实际占有的土地面积	按城市规模分为四等,0.2～10元/m²	保有环节	地方税务机关
特定目的税	土地使用增值税	转让国有土地使用权、房地产并取得收入的单位或个人	转让房地产所取得的增值额	四级超率累进税,从30%～60%	流转环节	地方税务机关
	耕地占用税	占有耕地建房或从事其他非农业建设的单位或个人	纳税人实际占用的耕地面积	按人均耕地分为四等,1.3～10元/m²	取得环节	地方财政机关
	城市维护建设税	缴纳增值税、消费税和营业税的单位或个人	纳税人实际缴纳"三税"的税额	市、县(镇)、其他分别为7%、5%、1%	附加于"三税"	地方税务机关
财产税	房产税	城镇、工矿区内房产所有人、经营单位、承典人、代管人或使用人	房产余值或出租房屋的租金	房产余值的1.2%,租金收入的12%	保有环节	地方税务机关
行为税	契税	我国境内转移土地、房屋权属,承受的单位或个人	土地房产的成交价或市场价	3%～5%	取得环节	规定的地方财政或税务机关
	印花税	书立、领受税法所列举凭证的单位或个人	按凭证所载合同额或按件计	据凭证的性质分比例税或定额税	取得环节	地方税务机关

资料来源：李涛,2004.城市土地市场运行与政策控管研究[D].南京：南京农业大学,150.

参 考 文 献

CARR J，SMITH，et al.，1975. Public land banking and the price of land [J]. Land Economics，51(4)：316-330.
DING C，2007. Policy and praxis of land acquisition in China [J]. Land Use Policy，24(1)：1-13.
GILBERT A，2009. The rise (and fall?) of a state land bank [J]. Habitat International，33(4)：425-435.
WHITAKER S，FITZPATRICK T J，2016. Land bank 2.0：an empirical evaluation[J]. Journal of Regional Science，56(1)：156-175.
YEH G O，WU F，1996. The new land development process and urban development in chinese cities [J]. International Journal of Urban & Regional Research，20(2)：330-353.
ZHANG X Q，1997. Urban land reform in China [J]. Land Use Policy，14(3)：187-199.
毕宝德,2001.土地经济学[M].4版.北京：中国人民大学出版社.
陈少琼,2007.土地征收法律问题研究[D].北京：中国政法大学.
陈艳萍,赵民,2012.1998年以来我国城市住房改革及宏观调控的反思与改进探讨——基于经济、社会、空间发展"指向"的综合视角[C]//多元与包容——2012中国城市规划年会论文集(06.住房建设与社区规划).

丁洪建,吴次芳,徐保根,2003.基于社会燃烧理论的中国土地储备制度产生与发展研究[J].中国土地科学,17(4):14-19.

甘藏春,2007.在实践中不断推进国家土地督察制度的实施和完善——在国家土地督察机构负责人培训研讨班上的讲话[J].国土资源通信,(2):33-38.

甘藏春,2014.社会转型与中国土地管理制度改革[M].北京:中国发展出版社.

何广怀,蒋顺章,1987.深圳市首次拍卖土地使用权[J].瞭望周刊,(50):4-5.

黄小虎,2011.征地制度改革的历史回顾与思考[J].上海国土资源,32(2):7-13.

贾生华,张宏斌,金星,等,2001.城市土地储备制度:模式、效果、问题和对策[J].现代城市研究,(3):44-47.

蒋省三,刘守英,李青,2007.土地制度改革与国民经济成长[J].管理世界,(9):1-9.

康春,2006.中国城市土地储备制度运行机制研究[D].武汉:华中科技大学.

李建建,戴双兴,2009.中国城市土地使用制度改革60年回顾与展望[J].经济研究参考,(63):2-10.

李涛,2004.城市土地市场运行与政策控管研究[D].南京:南京农业大学.

梁运斌,邹勇,1993.关于我国城市开发区的初步研究[J].城市规划,(4):27-30.

廖永林,雷爱先,唐健,2008.土地市场改革:回顾与展望[J].中国土地,(12):14-17.

林毅夫,蔡昉,李周,1994.中国的奇迹:发展战略与经济改革[M].上海:上海人民出版社.

卢荻,2010.深圳土地"第一拍"拉开了我国地产市场的帷幕[C]//2010中国经济特区论坛:纪念中国经济特区建立30周年学术研讨会论文集.

欧阳安蛟,2002.中国城市土地收购储备制度[M].北京:经济管理出版社.

齐睿,李珍贵,王斯亮,等,2013.中国被征地农民安置制度变迁分析[J].中国土地科学,(10):24-30.

阮家福,2009.中外土地税收制度的比较与借鉴[J].宏观经济研究,(9):75-79.

沈福俊,2010.我国土地储备范围的法学透视——以我国土地储备的制度与实践为分析对象[J].政治与法律,(12):28-38.

孙忆敏,赵民,2008.从《城市规划法》到《城乡规划法》的历时性解读——经济社会背景与规划法制[J].上海城市规划,(2):55-60.

唐健,2011.征地制度改革的回顾与思考[J].中国土地科学,(11):3-7.

田莉,2004.土地有偿使用改革与中国的城市发展——来自香港特别行政区公共土地批租制度的启示[J].中国土地科学,18(6):40-45.

田莉,2008.有偿使用制度下的土地增值与城市发展[M].北京:中国建筑工业出版社.

田莉,2013.处于十字路口的中国土地城镇化——土地有偿使用制度建立以来的历程回顾及转型展望[J].城市规划,37(5):22-28.

汪晖,2013.中国土地制度改革难点、突破与政策组合[M].北京:商务印书馆.

王宏新,勇越,2011.城市土地储备制度的异化与重构[J].城市问题,(5):67-71.

王世元,2014.新型城镇化之土地制度改革路径[M].北京:中国大地出版社.

王小映,2000.我国企业制度演变中的城市土地制度变迁分析[J].中国经济史研究,(3):86-94.

王永红,2003.开发区的喜与忧[J].中国土地,(9):3-6.

王永红,2009.攀登新的高度——我国土地有偿使用制度改革30年历程[EB/OL].http://www.gov.cn/gzdt/2008-12//92008.

温铁军,2013.八次危机[M].北京:东方出版社.

萧冬连,2007.中国对外开放的决策过程[J].中共党史研究,(2):12-22.

徐建春,2002.土地储备制度创新及拓展完善[J].中国土地科学,16(1):7-10.

徐婷,周寅康,2006.我国土地年租制的发展趋势——年租制与增量土地供应[J].资源开发与市场,22(1):38-41.

薛刚凌,王霁霞,2005.土地征收补偿制度研究[J].中国政法大学学报,23(2):86-94.
杨遴杰,周文兴,2011.中国政府土地优先购买权功能分析[J].中国土地科学,25(2):28-33.
杨其静,2008.国企改革:在摸索与争论中前进[J].世界经济文汇,(1):55-63.
张京祥,吴佳,殷洁,2007.城市土地储备制度及其空间效应的检讨[J].城市规划,31(12):26-30.
张文新,2005.城市土地储备对我国城市土地供求与地价的影响分析[J].资源科学,27(6):58-64.
张晓玲,卢海元,米红,2006.被征地农民贫困风险及安置措施研究[J].中国土地科学,20(1):2-6.
周诚,毕宝德,周义根,等,1987.城市土地有偿使用势在必行——抚顺市开征城市土地使用费调查[J].经济理论与经济管理,(6):65-70.
周介铭,2010.城市土地管理[M].北京:科学出版社.

思 考 题

1. 我国现行的土地征收制度带来了哪些问题？新型城镇化背景下,政府应采取哪些措施解决这些问题？

2. 在我国增量土地逐渐受限的背景下,存量土地将成为城市发展的重要空间资源。对存量土地的再开发,我国的土地储备制度具有哪些优势和不足？

3. 土地一级市场完全由政府垄断,存在哪些优点和缺陷？

第十一章 土地的开发与管理

土地的开发与管理是国家根据统治阶级的意志,用来维护土地所有制,调整土地关系,合理组织土地利用,以及贯彻执行国家在土地开发、利用、保护等方面的决策而采取的行政、经济、法律和工程技术的综合性措施(何银虎,聂绍光,2000)。土地的开发与管理内容十分广泛,包括基础管理、土地利用管理、土地经济管理、土地法制管理四个方面的内容。土地利用管理是土地管理的核心(见图11-1)。本章在介绍土地利用管理的概念及基本内容的基础上,梳理了土地利用规划的法律制度和土地管理组织构架,着重介绍了土地利用的计划管理、管制和实施。

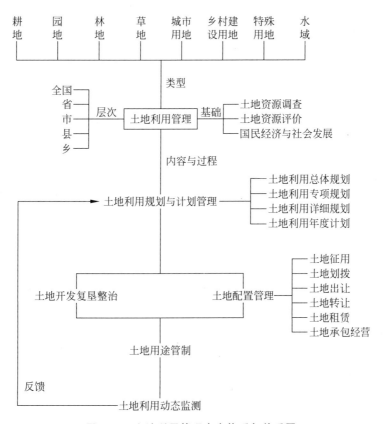

图 11-1 土地利用管理内容体系与关系图

资料来源:单艳,2014.开发区土地利用管理问题及对策研究[D].上海:华东政法大学.

第一节　城市土地利用管理概述

一、土地利用管理的概念及指导思想

土地利用管理可以理解为,根据土地的自然属性条件和地域特点,把握国家全局利益,结合国家经济、社会发展的实际需求,对土地资源进行统一配置、开发利用、整治保护等过程中进行的计划组织、管理控制等工作的总称。如总体土地利用规划的编制,以及土地利用计划的编制与再分解,土地开发,加大土地复垦整治工作等,土地利用管理的目的是为了尽可能充分发挥土地效益,合理有序利用土地。土地利用管理是土地管理的重中之重,即通过土地利用管理,提升土地利用在经济、社会、生态等方面的综合效益,最终实现土地管理的总目标(孟宪兰,2004)。其任务是通过土地利用总体规划和土地利用计划,实行对土地利用的宏观控制,通过非农业建设用地的指令性计划管理实现对占用耕地的微观控制等一系列措施,达到合理组织土地利用的目的。土地利用管理是实现"十分珍惜、合理利用土地和切实保护耕地"这一国策的保证(陆红生,2002)。

然而,由于人们的认识水平有限,加之自然社会经济等方面的原因,常导致土地利用各种不合理的现象频繁发生。因此,为了有效控制这些不合理现象的发生,必须要严格遵守土地预定目标和客观规律,而对土地的利用开发、整治保护进行管理就显得尤为重要。适度控制及有效平衡土地资源供应与社会经济发展中土地需求之间的矛盾,是人们在土地利用管理中应遵循的基本指导思想,始终把科学分配土地资源,提高土地使用效率,保障土地供应,最终实现土地可持续利用作为宗旨贯穿其中。一方面要熟知土地资源总量、质量、具体分布及结构变化趋势,随时掌握土地供求关系变化,并及时对其作出准确预测和判断;另一方面,要按照土地利用的自然规律和经济规律,运用科学的手段和技术合理利用、管理土地。

二、土地利用管理的内容

土地利用管理的内容可根据土地利用类型、土地资源利用的过程等不同来划分。按照土地利用类型,土地利用管理可分为农用地、(非农业)建设用地和未利用土地的开发利用管理。其中,农用地又包括耕地、园地、林地、牧草地、养殖水面等;建设用地又可划分为城市用地、乡村建设用地、专门用途土地(特殊用地)等。按照土地资源的利用过程划分,土地利用管理包含内容如下。

(1) 土地资源调查与评价。通过摸清土地资源家底,查清不同种类土地的数量、结构、分布和利用现况,依据相关土地标准,采用一系列方法,评价土地利用状况,为合理科学利用土地资源提供充分依据。

(2) 土地利用规划与计划管理。通过制定实施土地利用总体规划和土地利用年度总计划,宏观调控土地利用,确定土地利用的布局、结构,从而保证土地供给需求的总体平衡。

（3）土地资源配置管理。通过征地、土地划拨和市场化手段（如土地使用权出让，耕地、林地等的承包经营）等，使得土地资源合理配置，同时，加大加强土地在使用者之间的流动管理。

（4）土地资源用途管理。基于土地利用总体规划，对土地用途进行管制，通过控制保护各类土地的开发利用，排除非法土地利用，达到土地可持续利用的目的。

（5）土地利用的监测与管控。一是监督土地利用总体规划的实施，确保严格按照规划进行土地资源的开发利用和整治保护。二是经常调查监管各类土地的开发利用及整治保护情况，保证科学合理利用土地，并朝着可持续的方向发展（欧名豪，2002）。

第二节 土地利用规划的法律体系概述

一、土地利用规划的法律体系

我国土地利用规划法律体系主要包括四大部分：宪法、法律、行政法规与部门规章和地方法规。

（一）宪法

《中华人民共和国宪法》是中华人民共和国的根本大法，拥有最高的法律效力。宪法是一切法律规范的基础，给出土地利用规划的原则性规定，是其他土地利用规划法律、法规和规章的立法依据。我国宪法第9、10、13条对土地利用作出了明确的规定。其中第9条规定，矿藏、水流、森林、山岭、草原、荒地、滩涂等自然资源，属于国家所有，即全民所有；由法律规定属于集体所有的森林和山岭、草原、荒地、滩涂除外。第10条规定，城市的土地属于国家所有。农村和城市郊区的土地，除由法律规定属于国家所有的以外，属于集体所有；宅基地和自留地、自留山，也属于集体所有。国家为了公共利益的需要，可以依照法律规定对土地实行征收或者征用并给予补偿。任何组织或者个人不得侵占、买卖或者以其他形式非法转让土地。土地的使用权可以依照法律的规定转让。一切使用土地的组织和个人必须合理地利用土地。第13条规定，国家为了公共利益的需要，可以依照法律规定对公民的私有财产实行征收或者征用并给予补偿。

（二）法律

我国针对土地利用规划的法律主要包括《城乡规划法》《土地管理法》《城市房地产管理法》和《草原法》等。《城乡规划法》（2019年4月23日第十三届全国人民代表大会常务委员会第十次会议修正）分为七章，规定了政府规划权力具体包括城乡规划制定的编制权、审议权、审批权与建筑规划许可权等。第一，对政府规划权力的规定包括规划编制权和建筑规划许可权。《城乡规划法》第12~16条规定了规划编制权与上级政府对下级政府的审批权；第27条规定了政府的规划审查权，即省域城镇体系规划、城市总体规划、镇总体规划批准前，审批机关应当组织专家和有关部门进行审查。第40条规定，对符合控制性详细规划和规划条件的，由城市、县人民政府城乡规划主管部门或者省、自治区、直辖市人民政府确定的镇人民政府核发建设工程规划许可证(缪春胜,2009)。第二,对人大规划权力的规定包括人大的规划审议权和监督权。《城乡规划法》第16条规定了人大对本级政府编制的总体规划具有审议权,第52条规定了人大的规划监督权,即地方各级人民政府应当向本级人民代表大会常务委员会或者乡、镇人民代表大会报告城乡规划的实施情况,并接受监督。此外,《土地管理法》(2019年8月26日第十三届全国人民代表大会常务委员会第十二次会议第三次修正)。专章规定了土地利用总体规划制度,是土地利用规划的基本法律规范,在土地利用规划法律体系中处于中心地位。《土地管理法》中第四条第二款、第三款、第四款明确规定:国家编制土地利用总体规划,划定土地用途,将土地分为农用地、建设用地和未利用地。严格限制农用地转为建设用地,控制建设用地总量,对耕地实行特殊保护。使用土地的单位和个人必须严格按照土地利用总体规划确定的用途使用土地。《城市房地产管理法》第10条规定,土地使用权出让,必须符合土地利用总体规划、城市规划和年度建设用地计划。《草原法》对土地利用规划也作出了相关规定,第19条规定,草原保护、建设、利用规划应当包括:草原保护、建设、利用的目标和措施,草原功能分区和各项建设的总体部署,各项专业规划等;第20条规定,草原保护、建设、利用规划应当与土地利用总体规划相衔接,与环境保护规划、水土保持规划、防沙治沙规划、水资源规划、林业长远规划、城市总体规划、村庄和集镇规划以及其他有关规划相协调。

(三) 行政法规与部门规章

土地利用规划的行政法规主要包括1998年修订的《基本农田保护条例》和2011年1月修订的《土地管理法实施条例》。《基本农田保护条例》第8条规定,各级人民政府在编制土地利用总体规划时,应当将基本农田保护作为规划的一项内容,明确基本农田保护的布局安排、数量指标和质量要求。县级和乡(镇)土地利用总体规划应当确定基本农田保护区。《土地管理法实施条例》落实了《土地管理法》,进一步明确了土地利用总体规划的编制、土地分类、批准公告、规划修改、土地利用年度计划、规划执行以及规划责任等内容(胡耘通,2011)。与行政法规相比,土地规划部门规章数量更多,操作性更强,涉及的问题更加具体。国土资源部2009年出台的《土地利用总体规划编制审查办法》,在总结《土地利用总体规划编制审批规定》(1997)经验的基础上,进一步细化了土地利用总体规划的地位、要求、编制方针、规划内容、审查、报批等规定。

(四) 地方法规

针对我国幅员辽阔,各地情况差异较大的特点,各地方政府有权依据《土地管理法》土地利用规划权力的划分,结合自身具体情况,在不与上位法律法规抵触的前提下,制定关于土地利用规划的地方法规与规章。例如,《辽宁省国土规划管理办法》(2009)、《广东省土地利用总体规划条例》(2008)、《浙江省土地利用总体规划条例》(2011)、《吉林省城乡规划条例》(2011)以及福建省实施的《城乡规划法》(2011)等。

二、我国土地利用规划法律体系的特点

早期中国的土地利用规划是以物质空间环境为重心的"工程设计"模式,而如今,正在

转变成以社会经济问题为重心的"政策设计"模式,这是一种"过程控制"的"社会经济"模式。土地利用规划权的演进反映了我国价值导向的变化。改革开放后,我国土地利用规划权的行使由早先的单一政府指令模式,逐步转变为复合多元参与的模式。市场决策多元化的特征,削弱了政府原有的控制能力,土地开发利用由传统的垂直传达关系开始转变为平行竞争关系。特别是20世纪80年代的《城乡规划法》出台后,各级规划行政机关加快了规划的行政治理向公共治理方向的转变,使我国的规划法律体系表现出如下四个特征。

(1) 规划立法目标的多元化。土地利用规划权的行使要达到的目标包括可持续发展、要达到生态合理性、经济有效性和社会可承受性的多重要求。《城乡规划法》第1条规定,为了加强城乡规划管理,协调城乡空间布局,改善人居环境,促进城乡经济社会全面协调可持续发展,制定本法。《全国土地利用总体规划纲要(2006—2020年)》中的规划目标是守住18亿亩耕地红线、保障科学发展的建设用地、土地利用结构得以优化、土地整理复垦开发全面推进、土地生态保护和建设取得积极成效、土地管理在宏观调控中的作用明显增强。目标的多元化导致了规划修编的复杂性。在编制规划时,突出表现为多个目标、多种利益的相互博弈。

(2) 对地方政府的规划权的强化。考虑到国家管理的延续性以及多边的市场动态,为强调宏观规划权运行的灵活性、动态性,地方层级的土地利用规划权的实践探索主要集中于宏观层面的战略规划和中观层面的实施性规划。2000年5月,国土资源部出台的《土地利用规划实施管理工作若干意见》提出了深入调查研究,搞好试点示范,积极探索实施规划的有效机制和方法,并要求各级土地行政主管部门要根据经济社会发展需要和客观情况变化,有针对性地开展调查,研究解决规划实施中的问题。近期要重点围绕实施西部大开发、加快城市化发展、加强生态环境建设等规划实施中出现的新情况、新问题进行专题调研,提出对策和措施;搞好规划实施试点。并将在各省、自治区、直辖市推荐的基础上,确定部分市或县作为规划实施试点,加强跟踪调查,及时总结规划实施的经验,研究探索实施规划的新机制、新方法,发挥试点的示范作用。各省、自治区、直辖市可以相应开展规划实施试点工作。即使在可以明确、详细规定的情况下,中央土地利用规划的法律政策也往往要预留给地方一定的制度创新空间。土地利用总体规划制度的管制理念体现为"禁止原则",即只要不禁止就是合法的,"规划"实质上可以理解为国家提供给各项土地权利在土地市场上自由活动的底线。

(3) 强调规划的强制性。《土地管理法》第17条规定:"各级人民政府应当依据国民经济和社会发展规划、国土整治和资源环境保护的要求、土地供给能力以及各项建设对土地的需求,组织编制土地利用总体规划。"第18条规定:"下级土地利用总体规划应当依据上一级土地利用总体规划编制。地方各级人民政府编制的土地利用总体规划中的建设用地总量不得超过上一级土地利用总体规划确定的控制指标。"《城乡规划法》第38条规定,在城市、镇规划区内以出让方式提供国有土地使用权的,在国有土地使用权出让前,城市、县人民政府城乡规划主管部门应当依据控制性详细规划,提出出让地块的位置、使用性质、开发强度等规划条件,作为国有土地使用权出让合同的组成部分。未确定规划条件的地块,不得出让国有土地使用权。以出让方式取得国有土地使用权的建设项目,在签订国有土地使用权出让合同后,建设单位应当持建设项目的批准、核准、备案文件和国有土地使用权出让合同,向城市、县人民政府城乡规划主管部门领取建设用地规划许可证。城市、县人民政府城乡规划主管部门不得在建设用地规划许可证中,擅自改变作为国有土地使用权出让合同组成部分的规划条件。《国务院关于深入改革严格土地管理的决定》中也规定,供地时要将土地用途、容积率等使用条件的约定写入土地使用合同。对工业项目用地必须有投资强度、开发进度等控制性要求。土地使用权人不按照约定条件使用土地的,要承担相应的违约责任。

(4) 注重对公民规划权利的保护。我国《城乡规划法》中规定,公民的规划权利包括规划参与权与信赖利益保护权。其中,《城乡规划法》第26条规定了规划参与权,即城乡规划报送审批前,组织编制机关应当依法将城乡规划草案予以公告,并采取论证会、听证会或者其他方式征求专家和公众的意见。公告的时间不得少于三十日。组织编制机关应当充分考虑专家和公众的意见,并在报送审批的材料中附具意见采纳情况及理由。《城乡规划法》第50条规定了信赖利益保护权,即在选址意见书、建设用地规划许可证、建设工程规划许可证或者乡村建设规划许可证发放后,因依法修改城乡规划给被许可人合法权益造成损失的,应当依法给予补偿。经依法审定的修建性详细规划、建设工程设计方案的总平面图不得随意修改;确需修改的,城乡规划主管部门应当采取听证会等形式,听取利害关系人的意见;因修改给利害关系人合法权益造成损失的,应当依法给予补偿。

第三节 土地利用的计划管理

新修订的《中华人民共和国土地管理法》第二十四条规定:各级人民政府应当加强土地利用计划管理,实行建设用地总量控制。这就赋予了土地利用计划管理的法律地位,同时规定了各级政府进行土地利用计划管理的责任。

一、土地利用计划管理的含义

土地利用计划是指国家对土地资源开发利用作出部署和安排的中期和年度计划。土地利用计划管理就是国家通过编制计划和下达控制指标,对土地资源的开发、利用、整治和保护进行统筹安排,宏观地指导和约束人们有计划地合理组织土地利用的一项行政调控措施。土地利用计划管理主要包括计划编制、指标下达和计划实施三部分内容(王万茂,韩桐魁,2015)。

土地利用计划管理的任务包括:①通过编制中期和年度土地计划,实现土地利用总体规划;②确定各类用地的计划指标和调整土地利用结构的规模与速度,促进国民经济均衡协调地发展;③研究制定实施土地利用计划的政策措施,保证计划顺利实现。

二、土地利用计划与土地利用规划的关系

土地利用规划是对全部土地资源利用的战略性的长期规划,土地利用计划则是中期和年度的土地利用规划,两者的关系如下。

(1) 土地利用规划是土地利用计划编制与实施的依据。为实现土地利用目标,土地利用规划确定了一系列的土地利用控制指标体系,这些控制指标就是编制土地利用计划的直接依据,也是土地利用计划实施的重点。土地利用规划中一般有耕地减少量、耕地补充量、建设用地总量、农用地保有量等控制指标;土地利用计划中相应地应有农用地转用计划、生态退耕计划、土地开发整理补充耕地计划、耕地保有量计划等指标来保证规划控制指标按年度落实。

(2) 土地利用计划是土地利用规划的具体实施计划,土地利用计划管理是实施土地利用规划的行政手段。土地利用规划的实施需要分阶段、分年度进行,土地利用计划就是在土地利用规划的框架内,根据国民经济发展的具体情况,对土地利用进行的阶段或年度的调节,以保障规划的贯彻落实。各级政府在审批农用地转用、土地开发整理、生态退耕等项目时,除要求符合规划确定的布局外,还应符合土地利用计划的要求。土地利用计划起着调节器的作用,可以避免某种土地利用行为在阶段或年度上过于集中。

三、土地利用计划体系

(一) 土地利用计划的类型

1. 按计划时效分为中期计划和年度计划

中期计划一般是五年计划,与国民经济发展的五年计划相一致。土地利用中期计划是土地利用规划的阶段性实施计划,能够对土地利用规划的目标任务作出较详细的核算,确定较详细的计划指标,并为编制年度计划提供依据,起到承上启下的作用。

年度计划是以一年为期的计划,是中期计划的具体化。土地利用年度计划要对中期计划所规定的分年度任务作出具体安排,但不是中期指标的机械分段,而是要充分考虑当年的实际情况,对中期计划进行必要的调整和补充,又必须服从中期计划的调控。土地利用年度计划是具体的执行计划。

2. 按计划管理层次分为国家计划和地方计划

国家计划即全国的土地利用计划。它体现国家全局性的土地利用决策,规定国民经济及其各部门的用地比例及规模,以及实现计划的重大政策措施。它是制定地方计划的主要依据。当地方计划与国家计划发生矛盾时,地方计划应当服从国家计划,并首先保证国家计划的实现。

地方计划主要是指省、市、县级的土地利用计划,是国家土地利用计划在各地区的具体化。地方计划是以全国计划中按地区分列的指标为基本依据,结合本地区的情况,因地制宜地对本地区的土地利用作出具体安排。

3. 按调控程度分为指令性计划和指导性计划

指令性计划是由国家统一制定的具有法律效力和强制性的计划。《土地管理法实施条例》第十三条第二款规定，土地利用年度计划应当包括农用地转用计划指标、耕地保有量计划指标和土地开发整理计划指标。这三项计划指标就是指令性计划指标，一经批准下达，必须严格执行。其中农用地转用计划指标为高限指标，要求严格控制，不得任意突破；耕地保有量计划指标和土地开发整理计划指标是低限指标，要求保证完成或超额完成。

指导性计划只规定一定幅度和不具有强制性的，用以指导国民经济各部门组织土地利用的计划指标。计划执行单位一般以指导性计划为依据，结合本部门、本地区实际条件安排计划，可以在一定程度上有所调整并报土地利用计划主管部门备案。国家主要通过经济政策、经济杠杆和经济法规进行指导和调节，必要时辅以行政手段。例如，国有土地出让计划、闲置土地利用计划、土地征用计划等都属于指导性计划指标。

(二) 土地利用计划指标体系

土地利用计划指标，即组成土地利用计划的某个单项计划，是计划目标、任务的具体化和数量表现，通常由指标名称和指标数值两部分组成。土地利用计划指标体系主要包括农业生产用地计划指标、建设用地计划指标、土地开发整理计划指标等类型。

(1) 农业生产用地计划指标，包括耕地、园林、林地、牧草地和水产养殖用地指标；另外，为有序地进行农业生产结构调整，还可编制退耕还林、还园以及生态退耕等计划指标。这些都是指导性计划指标。

(2) 建设用地计划指标，包括国家建设用地计划指标、乡镇建设和农民建房计划指标。国家建设用地计划指标中具体有农用地转用(含耕地转用)计划指标、国有土地出让计划指标、农民集体土地征用计划指标、闲置土地利用计划指标等。

(3) 土地开发整理计划指标，包括荒地开垦、废弃地复垦、滩涂围垦、农地整理、村庄整理等计划指标。

第四节 土地利用的管制

土地利用管制是指政府部门基于公共利益，依法对各类土地利用活动进行调节控制的行为。我国对城市土地开发利用的管制主要由国土资源管理部门和城乡规划部门共同完成，形成了独特的双部门管理体制。这两个部门基于保护耕地、集约节约利用土地和改善人居环境的目标，主要在土地的征收和供应环节进行管控，形成了建设用地总量控制、城市土地利用标准控制和规划行政许可等一系列土地利用管制制度。

一、建设用地总量控制

伴随着工业化和城镇化的快速推进，我国城乡建设用地持续扩张，大量耕地被蚕食，"人多地少"的局面愈发严峻，粮食安全问题凸显。为了切实保护耕地，提高建设用地效率，中央政府提出了建设用地总量控制制度,对城乡建设用地总量进行严格的指标控制,同时通过耕地占补平衡制度和城乡建设用地增减挂钩制度来化解城市发展和耕地保护间的矛盾。

(一) 建设用地指标控制

我国通过土地利用总体规划和土地利用年度计划,制定城市建设用地控制指标和耕地保有量指标,自上而下严格控制地方各级政府的城乡建设用地总量,以保持我国耕地总量的动态平衡。

土地利用总体规划依据编制单位的行政级别,可分为全国、省(自治区、直辖市)级、市(地)级、县级、乡(镇)级五个层级,各层级按照下级规划服从上级规划的原则,层层落实《全国土地利用总体规划纲要》确定的各项目标和任务。其对规划期内的耕地保有量、基本农田保护面积、城乡建设用地规模、人均城镇工矿用地、新增建设占用耕地规模等指标进行明确,通过土地利用年度计划、建设项目用地预审、农用地转用管理、规划实施动态监督检查等手段,确保各项指标的落实和土地利用规划的实施。

土地利用年度计划依据土地利用总体规划和近期规划来编制和实施,其指标包括:新增建设用地计划指标(包括新增建设用地总量和新增建设占用农用地及耕地指标)、土地开发整理计划指标、耕地保有量计划指标。国土资源部上报国务院确定每年度全国土地利用年度计划指标,再层层分解到省、市、县国土资源部门,新增建设用地计划指标实行指令性管理,不得突破(谭明智,2014)。国土资源管理部门以土地利用变更调查和监测数据为依据,对年度计划的执行情况进行年度评估和考核,实际新增建设用地面积超过当年下达计划指标的,扣减下一年度相应的计划指标[①]。

该政策的实施在一定程度上减缓了我国耕地耗减的速率,保障了耕地总量,然而也带来了一系列问题。第一,土地利用总体规划和年度计划所规定的建设用地指标有限,无法满足部分城市的需求,面临巨大缺口,且随着地方政府普遍通过土地进行抵押融资,土地资本化程度加剧,有限的用地指标也限定了地方政府的融资规模;第二,地方建设用地指标由中央自上而下层层分解和下达,往往与地方实际需求脱节,在瞬息万变的市场经济中缺乏灵活性,严格限定的土地规模使地方政府可能错失发展的良机;第三,建设用地指标的分配受行政级别的牵制,最终落在乡镇级别的建设用地指标极为有限,一定程度上剥夺了基层政府的土地发展权,造成权益分配的不均衡和城乡格局的进一步极化;第四,有限的建设用地指标限制了土地供给规模,在高涨的用地需求下,推高土地价格,并最终传导至房产价格,使居民的购房负担进一步加重,间接加剧了社会分化。

(二) 耕地占补平衡制度

1. "耕地占补平衡"概念的提出及其内涵

耕地占补平衡制度的核心是耕地,但其与城市建设用地的总量平衡息息相关。在建设用地指标的严格控制下,为保障城镇的有序发展,同时保持耕地总量的平衡,1997年4月,中共中央和国务院联合发布《关于进一步加强土地管理、切实保护耕地的通知》,首次提出

[①] 《土地利用年度计划管理办法》(2006年修订,国土资源部第37号令)。

"实行占用耕地与开发复垦挂钩的政策"。1998年8月新修订的《土地管理法》公布,其中提出"国家实行占用耕地补偿制度",要求非农建设经批准占用耕地,要按照"占多少,补多少"的原则,补充数量和质量相当的耕地,做到"占一补一"。

2. 耕地占补平衡制度的主要要求

经过多年的实施和调整,我国现行的耕地占补平衡制度的主要要求为:①各类非农建设占用耕地立足于本市、县行政区域内补充完成,确实难以完成的,可由省级国土资源部门在省域内统筹安排,严禁跨省(自治区、直辖市)补充耕地[1];②除国家重大工程可以暂缓外,非农建设占用耕地全面实行"先补后占",即新增建设项目用地在审批前,必须先将足额耕地资源储备进行补充,并确定由用地单位出资、国土部门实施耕地开垦[2];③实行占用耕地的建设用地项目与补充耕地的土地开发整理项目挂钩制度,以建设用地项目为单位进行考核[3]。

3. 耕地占补平衡制度的局限

耕地占补平衡制度在一定程度上缓解了各地(尤其是发达地区)在建设用地指标总量控制下的庞大土地缺口,同时基本保障了耕地总量的动态平衡。然而,随着东、中部省份后备耕地资源的逐渐减少,各个城市依然面临严峻的建设用地短缺;同时,许多地区为拓展耕地而盲目进行的填海造地、毁林造田、沙漠垦殖等行为,对生态造成了不容忽视的影响;另外,以发展经济为核心目标的地方政府面对开垦耕地所带来的有限收益和财政负担,缺乏足够的动力。

(三) 城乡建设用地增减挂钩制度

1. 城乡建设用地增减挂钩制度的提出

面对耕地占补平衡制度的局限,政府部门提出了城乡建设用地增减挂钩的办法。与耕地占补平衡不同,建设用地增减挂钩面向的是农村建设用地,尤其是农民的宅基地。2004年,国务院发布《关于深化改革严格土地管理的决定》,指出"鼓励农村建设用地整理,城镇建设用地增加要与农村建设用地减少相挂钩"。2006年,天津、四川、山东、江苏、湖北作为第一批试点省(市),开始探索城乡建设用地增减挂钩。2008年6月,国土资源部发布了《城乡建设用地增减挂钩试点管理办法》,进一步明确了增减挂钩的政策内涵和实施要点。2013年10月,国土资源部批准29个省份开展城乡建设用地增减挂钩试点,全国共安排城乡建设用地增减挂钩指标90万亩[4],至此建设用地增减挂钩的试点基本在全国铺开。

2. 城乡建设用地增减挂钩制度的内涵

城乡建设用地增减挂钩,是指依据土地利用总体规划,将若干拟整理复垦为耕地的农村建设用地地块(即拆旧地块)和拟用于城镇建设的地块(即建新地块)等面积共同组成建新拆旧项目区,通过建新拆旧和土地整理复垦等措施,在保证项目区内各类土地面积平衡的基础上,最终实现增加耕地有效面积,提高耕地质量,节约集约利用建设用地,城乡用地

---

[1] 《关于进一步加强土地整理复垦开发工作的通知》(国土资发〔2008〕176号)。
[2] 《关于进一步加强土地整理复垦开发工作的通知》(国土资发〔2008〕176号)。
[3] 《耕地占补平衡考核办法》(2006年国土资源部令第33号)。
[4] http://www.gov.cn/gzdt/2013-10/24/content_2514112.htm。

布局更合理的目标①,城乡建设用地增减挂钩的运作流程如图 11-2 所示,其基本逻辑是通过拆除原有农村建设用地,将农民安置在集中新建的住房,得到富余的建设用地指标(即增减挂钩周转指标),用于城市的开发建设。通过这一过程实现城市建设用地的增加和农村建设用地的减少,进而达到土地供给平衡(Tian et al.,2015)。

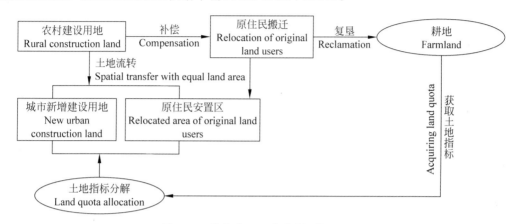

图 11-2　城乡建设用地增减挂钩流程图

资料来源:TIAN L,GUO X,YIN W,2015. From urban sprawl to land consolidation in suburban Shanghai under the backdrop of increasing versus decreasing balance policy: a perspective of property rights transfer [J]. Urban Studies,(11):1-13.

需要注意的是,增减挂钩周转指标仅是准入指标,其在城市的落地依然要履行土地征地的相关程序和赔偿,且建新区与拆旧区一一对应,须由土地管理部门对其进行严格的审批。同时,国土资源部每年下达增减挂钩周转指标总量,自上而下层层分解,从而加强了中央政府对新增建设用地的控制。根据《城乡建设用地增减挂钩试点管理办法》的规定,增减挂钩周转指标"专项用于控制项目区内建新地块的规模,同时作为拆旧地块整理复垦耕地面积的标准,不能作为年度新增建设用地计划指标使用",且须在规定的时间内用复垦的耕地面积归还,其本质上是一种"预支"指标。

3. 城乡建设用地增减挂钩制度的成效与不足

城乡建设用地增减挂钩制度的设立实质上是在年度新增建设用地计划指标以外,提供了新的"计划外"土地指标,为城市建设用地的需求开了新的"口子"。其将城市建设用地与农村建设用地联系在一起,由于两者间悬殊的土地差价,激励着地方政府以极大的热情进行土地复垦和村民安置,从而将城镇化进程扩散至广阔的农村地区,也使远郊农民在一定程度上分享城市土地增值带来的收益。

然而,增减挂钩制度也存在着一定的风险。首先,为了获得更多的挂钩指标,地方政府往往倾向于尽可能缩小村民安置区,使村庄安置点过于集中,容积率过高,房屋质量偏低,安置住房无法满足农民生产生活的需求,导致村民的不满情绪和社会关系的紧张;其次,在

---

① 《城乡建设用地增减挂钩试点管理办法》(国土资发〔2008〕138 号).

农村建设用地指标转换为城市建设用地指标的过程中,地方政府在增值收益的分配上享有极高的自由裁量权,补偿机制不够公开透明,农民的权益无法得到充分的保障;第三,面对建设用地指标的利益诱惑,地方政府具有在短时间内大规模周转农村建设用地以促进城镇发展的冲动,从而导致对农村地区进行盲目的大拆大建,使乡村社会网络和具有一定历史文化价值的乡土建筑面临被严重破坏的巨大风险。

二、城市土地利用标准控制

为了促进城市土地的集约节约利用,同时保障城市建成环境的有效运转,我国住房和城乡建设部、国土资源管理部分别从各自的角度出发,制定了国家层面的规划建设用地标准和土地使用标准,对我国城市土地的规划设计和开发利用进行管理控制。其中,规划建设用地标准主要从优化建成环境的角度出发,着重对远期规划的总体用地规模和结构进行限定;土地使用标准主要从集约土地利用的角度出发,着重对近期建设项目的具体土地利用进行限定。在城市规划设计和土地开发利用的过程中,需综合统筹这两类标准,以保障城市土地的高效利用和人居环境的不断优化。

(一) 规划建设用地标准

城市规划建设用地标准是我国城乡规划编制、管理的重要技术依据,也是城乡规划技术标准体系所确定的基础标准(王凯等,2012)。依据《城市用地分类与规划建设用地标准》(GB 50137—2011),我国的规划建设用地标准主要包括规划人均城市建设用地面积标准、规划人均单项城市建设用地面积标准和规划城市建设用地结构,其中前两者为强制性标准。

1. 规划人均城市建设用地面积标准

规划人均城市建设用地,是指规划期末城市或县人民政府所在地(镇)内的规划城市建设用地面积除以中心城区(镇区)内的规划常住总人口数量,单位为 $m^2/人$。规划人均城市建设用地面积指标构建了人口规模与用地规模的对应关系,通过规划期末的人口总数来约束城市建设用地的扩张。

我国的规划人均城市建设用地面积指标依据多元控制要素,通过分档调整,实现对城市建设用地规模的管控与引导。规划人均城市建设用地面积指标依据的控制要素包括:现状人均城市建设用地面积指标、城市所在气候区和规划人口规模。依据三类控制要素,分档确定允许采用的规划人均城市建设用地面积指标和允许调整幅度,进行"双因子"控制,具体如表 11-1 所示。

此外,对于各类特殊城市,进行区别对待。新建城市的规划人均城市建设用地面积指标应在 $85.1\sim105.0 m^2/人$ 内确定;首都应在 $105.1\sim115.0 m^2/人$ 内确定;边远地区、少数民族地区城市,以及部分山地城市、人口较少的工矿业城市、风景旅游城市等,不符合表 10-1 的规定时,须专门论证确定规划人均城市建设用地面积指标,且上限不得大于 $150.0 m^2/人$[①]。

---

① 《城市用地分类与规划建设用地标准》(GB 50137—2011)。

表 11-1　规划人均城市建设用地面积指标　　　　　　　　　　　　m²/人

气候区	现状人均城市建设用地规模	规划人均城市建设用地规模取值区间	允许调整幅度 规划人口规模 ≤20.0万人	允许调整幅度 规划人口规模 20.1万～50.0万人	允许调整幅度 规划人口规模 >50.0万人
Ⅰ、Ⅱ、Ⅵ、Ⅶ	≤65.0	65.0～85.0	>0.0	>0.0	>0.0
	65.1～75.0	65.0～95.0	+0.1～+20.0	+0.1～+20.0	+0.1～+20.0
	75.1～85.0	75.0～105.0	+0.1～+20.0	+0.1～+20.0	+0.1～+15.0
	85.1～95.0	80.0～110.0	+0.1～+20.0	-5.0～+20.0	-5.0～+15.0
	95.1～105.0	90.0～110.0	-5.0～+15.0	-10.0～+15.0	-10.0～+10.0
	105.1～115.0	95.0～115.0	-10.0～-0.1	-15.0～-0.1	-20.0～-0.1
	>115.0	≤115.0	<0.0	<0.0	<0.0
Ⅲ、Ⅳ、Ⅴ	≤65.0	65.0～85.0	>0.0	>0.0	>0.0
	65.1～75.0	65.0～95.0	+0.1～+20.0	+0.1～+20.0	+0.1～+20.0
	75.1～85.0	75.0～100.0	-5.0～+20.0	-5.0～+20.0	-5.0～+15.0
	85.1～95.0	80.0～105.0	-10.0～+15.0	-10.0～+15.0	-10.0～+10.0
	95.1～105.0	85.0～105.0	-15.0～+10.0	-15.0～+10.0	-15.0～+5.0
	105.1～115.0	90.0～110.0	-20.0～-0.1	-20.0～-0.1	-25.0～-5.0
	>115.0	≤110.0	<0.0	<0.0	<0.0

备注：气候区应符合《建筑气候区划标准》(GB 50178—1993)的规定.
资料来源：《城市用地分类与规划建设用地标准》(GB 50137—2011).

2. 规划人均单项城市建设用地面积标准

我国现行规划建设用地标准主要对居住用地、公共管理与公用服务设施用地、道路与交通设施用地、绿地与广场用地四大类用地的人均指标进行控制，以保障城市居民基本的居住、公共服务、交通和绿化权利。

对于规划人均居住用地指标，位于Ⅰ、Ⅱ、Ⅵ、Ⅶ气候区的城市应在28.0～38.0m²/人内确定，位于Ⅲ、Ⅳ、Ⅴ气候区的城市应在23.0～36.0m²/人内确定。

对于公共管理与公共服务设施、道路与交通设施、绿地与广场，进行底线控制，以鼓励地方政府加强公共投入，提高公益设施配置水平。规划人均公共管理与公共服务设施用地面积不应小于5.5m²/人，规划人均道路与交通设施用地面积不应小于1.2m²/人，规划人均绿地与广场用地面积不应小于10.0m²/人，其中人均公园绿地面积不应小于8.0m²/人[①]。

3. 规划城市建设用地结构

我国现行规划建设用地标准主要对居住用地、公共管理与公用服务设施用地、工业用地、道路与交通设施用地、绿地与广场用地五大类用地占城市建设用地的比例进行引导，以优化城市建设用地结构，具体实践中可参考表11-2调整相应用地比例。

---

① 《城市用地分类与规划建设用地标准》(GB 50137—2011).

表 11-2 规划城市建设用地结构

地 名 称	占城市建设用地的比例/%
居住用地	25.0~40.0
公共管理与公用服务设施用地	5.0~8.0
工业用地	15.0~30.0
道路与交通设施用地	10.0~30.0
绿地与广场用地	10.0~15.0

资料来源：《城市用地分类与规划建设用地标准》(GB 50137—2011)。

对于工矿城市、风景旅游城市以及其他具有特殊情况的城市，其规划城市建设用地结构可根据实际情况具体确定，以体现该类城市的专业职能特色[①]。

(二) 土地使用标准

原国土资源部基于土地集约节约利用的原则，针对各类建设项目出台了一系列土地使用标准，作为"建设用地审批、土地供应、土地利用评价考核和供后监管的重要政策依据和制度规范"[②]。其内容主要包括限制与禁止用地项目目录、工业项目建设用地控制指标、工程项目建设用地控制指标等，通过对开发容量、投资规模等指标的规定，设置国家层面的土地利用底线，确保城市土地的集约利用。

1. 限制与禁止用地项目目录

2012 年，为顺应国家经济发展趋势，调整产业结构，规范房地产市场，原国土资源部联合国家发展和改革委员会，参照 2011 年产业结构调整指导目录及矿业、房地产产业相关政策性文件，在原有限制与禁止用地项目目录的基础上修订完善，发布了 2012 年版的《限制用地项目目录》和《禁止用地项目目录》，对新建、扩建和改建的项目进行限定。

其中《限制用地项目目录》对城市住宅、道路、广场等建设项目的用地控制指标作出的具体规定如下。

(1) 住宅项目：宗地出让面积小城市和建制镇不得超过 $7hm^2$，中等城市不得超过 $14hm^2$，大城市不得超过 $20hm^2$；住宅项目容积率不得低于 1.0(含 1.0)。

(2) 城市主干道路项目：用地红线宽度(包括绿化带)小城市和建制镇不得超过 40m，中等城市 55m，大城市 70m。200 万人口以上特大城市主干道路确需超过 70m 的，城市总体规划中应有专项说明。

(3) 城市游憩集会广场项目：小城市和建制镇不得超过 $1hm^2$，中等城市不得超过 $2hm^2$，大城市不得超过 $3hm^2$，200 万人口以上特大城市不得超过 $5hm^2$。

此外，该目录还对党政机关新建办公楼项目、农林业项目、黄金项目及其他项目作出了限制性规定，详见附录 F。凡列入限制目录的建设项目，必须符合目录规定条件，国土资源

[①] 《城市用地分类与规划建设用地标准》(GB 50137—2011)。

[②] 《国土资源部关于严格执行土地使用标准大力促进节约集约用地的通知》(国土资发〔2012〕132 号)。

管理部门和投资管理部门方可办理相关手续[①]。

《禁止用地项目目录》对电力、石化化工、信息等十七个大类,就产业类型、生产工艺、产能、规模、用地类型及建筑用途等方面提出了禁止条件,其中明确将别墅类房地产开发、高尔夫球场、赛马场、党政机关培训中心和接待场所等列为禁止用地项目。凡列入禁止用地目录的建设项目或者采用所列工艺技术、装备、规模的建设项目,资源管理部门和投资管理部门不得办理相关手续[②]。

2. 工业项目建设用地控制指标

原国土资源部于 2008 年发布实施《工业项目建设用地控制指标》,对工业项目(或工程)及其配套工程在土地利用上进行控制,主要适用于新建工业项目,改建、扩建工业项目可参照执行。该控制指标由投资强度、容积率、建筑系数、行政办公及生活服务设施用地所占比重、绿地率五项指标构成。

(1) 投资强度即项目用地范围内单位面积固定资产投资额,其中,固定资产投资包括厂房、设备和地价款。该指标参照新增建设用地土地有偿使用费征收等级划分的规定,将全国各区县划归为七类,针对各工业行业大类指定相应的投资强度底线。

(2) 容积率即项目用地范围内总建筑面积与项目总用地面积的比值,对于建筑物层高超过 8m 的,在计算容积率时该层建筑面积加倍计算。该指标参照《国民经济行业分类》(GB/T 4754—2002),针对各工业行业大类指定了相应的容积率底线,具体如表 11-3 所示。

表 11-3 工业项目建设用地容积率控制指标

行业分类		容积率
代码	名称	
13	农副食品加工业	≥1.0
14	食品制造业	≥1.0
15	饮料制造业	≥1.0
16	烟草加工业	≥1.0
17	纺织业	≥0.8
18	纺织服装鞋帽制造业	≥1.0
19	皮革、毛皮、羽绒及其制品业	≥1.0
20	木材加工及竹、藤、棕、草制品业	≥0.8
21	家具制造业	≥0.8
22	造纸及纸制品业	≥0.8
23	印刷业、记录媒介的复制	≥0.8
24	文教体育用品制造业	≥1.0
25	石油加工、炼焦及核燃料加工业	≥0.5
26	化学原料及化学制品制造业	≥0.6
27	医药制造业	≥0.7

[①] 《关于发布实施〈限制用地项目目录(2012 年本)〉和〈禁止用地项目目录(2012 年本)〉的通知》(国土资发〔2012〕98 号)。

[②] 《关于发布实施〈限制用地项目目录(2012)〉和〈禁止用地项目目录(2012)〉的通知》(国土资发〔2012〕98 号)。

续表

行业分类		容积率
代码	名称	
28	化学纤维制造业	≥0.8
29	橡胶制品业	≥0.8
30	塑料制品业	≥1.0
31	非金属矿物制品业	≥0.7
32	黑色金属冶炼及压延加工业	≥0.6
33	有色金属冶炼及压延加工业	≥0.6
34	金属制品业	≥0.7
35	通用设备制造业	≥0.7
36	专用设备制造业	≥0.7
37	交通运输设备制造业	≥0.7
39	电气机械及器材制造业	≥0.7
40	通信设备、计算机及其他电子设备制造业	≥1.0
41	仪器仪表及文化、办公用机械制造业	≥1.0
42	工艺品及其他制造业	≥1.0
43	废弃资源和废旧材料回收加工业	≥0.7

资料来源：《工业项目建设用地控制指标》(国土资发〔2008〕24号).

(3) 建筑系数即项目用地范围内各种建筑物、用于生产和直接为生产服务的构筑物占地面积总和占总用地面积的比例。其计算公式为

$$建筑系数 = \frac{建筑物占地面积 + 构筑物占地面积 + 堆场用地面积}{项目总用地面积} \times 100\%$$

工业项目的建筑系数应不低于30%。

(4) 行政办公及生活服务设施用地所占比重即项目用地范围内行政办公、生活服务设施占用土地面积(或分摊土地面积)占总用地面积的比例。工业项目所需行政办公及生活服务设施用地面积不得超过工业项目总用地面积的7%。严禁在工业项目用地范围内建造成套住宅、专家楼、宾馆、招待所和培训中心等非生产性配套设施。

(5) 绿地率即规划建设用地范围内的绿地面积与规划建设用地面积之比，其中绿地面积包括厂区内的公共绿地、建(构)筑物周边绿地等。工业企业内部一般不得安排绿地。但因生产工艺等特殊要求需要安排一定比例绿地的,绿地率不得超过20%。

工业项目建设用地控制指标是核定工业项目用地规模的重要标准,是编制工业项目用地有关法律文书、工业项目初步设计文件和可行性研究报告等的重要依据,是对工业项目建设情况进行检查验收和违约责任追究的重要尺度。建设项目竣工验收时,没有达到该控制指标要求的,须依照合同约定及有关规定追究违约责任。

3. 工程项目建设用地控制指标

工程项目建设用地控制指标主要是针对重大基础设施和城市主要公用服务设施等建设项目制定的用地控制指标。该类项目以划拨用地为主,由于获取成本较低,用地单位在申请土地时往往存在多占土地的倾向,为了提高城市土地的利用效率,为该类土地制定用

地标准以作为项目设计和用地审批的依据是有必要的。

目前我国国家层面的工程项目建设用地指标主要包括：公路、铁路、民用航空运输机场、电力、煤炭、石油天然气、城市生活垃圾处理和给水污水处理等基础设施类工程项目建设用地指标；公共图书馆、文化馆、体育训练基地、城市社区体育设施等公用服务设施类工程项目建设用地指标[①]。

另外，住房与城乡建设部会同相关行业主管部门制定实施的医院、中小学、仓库、码头、监狱等设施的建设标准，是公共项目审批和设计的重要参照标准，需结合其相关规定及国家有关政策要求，合理确定建设用地控制指标并在实际建设中落实。

由于我国尚未在国家层面形成完整的土地使用标准体系，许多项目类型缺乏明确的控制标准，北京、江苏、陕西、辽宁等省市在国家标准的基础上，结合自身实际情况，补充细化了各类建设项目的用地控制指标，形成了地方土地使用标准体系，是地方土地使用与开发建设的重要依据。

土地使用标准的实施主要体现在建设项目的可行性研究、初步设计、土地审批、土地供应、供后监管、竣工验收等环节。地方资源管理部门在用地批准文件、出让合同、划拨决定书等法律文本中，须明确提出用地标准的控制性要求，并加强土地使用标准执行的监督检查。同时，在城乡规划环节，亦有必要将土地使用标准纳入考虑范畴，在城市开发建设的前端引入土地使用标准，强化与资源管理部门的衔接，促进我国城乡土地的集约节约利用。

另外，需要注意的是，土地使用标准是资源管理部门从土地集约节约利用的角度出发，对城市建设限定的利用底线，它是城市土地利用准入的门槛指标。在城乡规划，尤其是控制性详细规划中，在遵守土地使用标准的基础上，还需综合考虑各类技术规范、建成环境和基础设施负荷，对具体地块的开发控制指标作进一步细化和明确。城市土地的开发利用，不仅要符合国家和地方的土地使用标准，也要符合控制性详细规划设定的各类开发控制指标。

三、规划的行政许可

由于土地利用的排他性和外部性，在城市土地的利用过程中需要设置行政许可以保障公共利益，赋予特定人在一定条件下对有限的土地资源进行开发利用的权力。我国土地的利用主要涉及投资立项许可、土地供应许可和规划许可（陈西敏，2012），其中规划许可与我国城市土地的开发建设直接相关，本部分着重对规划许可制度进行介绍。1989年颁布的《城市规划法》系统构建了以"一书两证"为核心的规划行政许可制度，2008年实施的《城乡规划法》与之一脉相承[②]，成为我国落实城乡规划、管理城市建设、规范土地利用的重要机制。规划行政许可主要包括对建设用地和建设项目的规划许可，通过建设项目选址意见书、建设用地规划许可证、建设工程规划许可证进行落实。

---

① 该类指标均收录于《土地使用标准汇编》，可结合该书作进一步扩展阅读。
② 同时《城乡规划法》将乡村规划工作纳入规划体系，增添了"乡村建设规划许可证"制度，形成了"一书三证"的城乡规划行政许可制度。

(一) 建设用地规划许可

1. 建设项目选址意见书

依据《城乡规划法》，以划拨方式提供国有土地使用权的建设项目，建设单位在报送有关部门批准或者核准前，应当向城乡规划主管部门申请核发建设项目选址意见书。城乡规划主管部门核发选址意见书后，经有关部门综合国家规定和各方面意见，对划拨项目进行批准或核准。另外，对于非划拨方式提供国有土地使用权的建设项目，不需要申请建设项目选址意见书。

2. 建设用地规划许可证

在规划区内以划拨方式提供国有土地使用权的建设项目，经有关部门批准、核准、备案后，建设单位应当向城乡规划主管部门提出建设用地规划许可申请，由城乡规划主管部门依据控制性详细规划核定建设用地的位置、面积、允许建设的范围，核发建设用地规划许可证。建设单位在取得建设用地规划许可证后，方可向土地主管部门申请用地，经县级以上人民政府审批后，由土地主管部门划拨土地[①]。

在规划区内以出让方式取得国有土地使用权的建设项目，在签订国有土地使用权出让合同后，建设单位应当持建设项目的批准、核准、备案文件和国有土地使用权出让合同，向城乡规划主管部门领取建设用地规划许可证。城乡规划主管部门不得在建设用地规划许可证中，擅自改变作为国有土地使用权出让合同组成部分的规划条件[②]。

规划条件由城乡规划主管部门在国有土地使用权出让前依据控制性详细规划提出，包括出让地块的位置、使用性质、开发强度等内容，并作为国有土地使用权出让合同的重要组成部分。规划条件是对出让地块的空间利用进行约束，不依流动性的项目有所区别，其动态变化须通报给土地主管部门备案，以履行出让合同变更的手续（陈西敏，2012）。建设用地规划许可与规划条件一脉相承，是对具体建设项目的细化落实和行政许可，其在项目投资建设周期内起约束作用，在下一个投资周期则失去效用，如果规划许可未能成功引导投资，则一般只有半年到一年的有效期。

(二) 建设工程规划许可

依据《城乡规划法》，在规划区内进行建筑物、构筑物、道路、管线和其他工程建设的，建设单位或者个人应当向城乡规划主管部门申请办理建设工程规划许可证。申请办理建设工程规划许可证，应当提交使用土地的有关证明文件、建设工程设计方案等材料，需要建设单位编制修建性详细规划的建设项目，还应当提交修建性详细规划。对符合控制性详细规划和规划条件的，由城乡规划主管部门核发建设工程规划许可证。同时，城乡规划主管部门应当依法将经审定的修建性详细规划、建设工程设计方案的总平面图予以公布。

建设工程规划许可是对具体建设工程的约束，充当微观空间利用的管制工具，并指导下一步的建设实施，其核心环节即是对申请项目的修建性详细规划、建设工程设计方案进

[①] 《城乡规划法》第 37 条。
[②] 《城乡规划法》第 38 条。

行技术审查,主要包括依据控制性详细规划复核相关指标和对规划设计方案本身进行专业审查。

(三) 规划行政许可制度的不足

规划行政许可制度建立以来,对我国的城市开发与建设起到了较大的约束作用,一定程度上规范了各类建设行为,保障了城市的整体利益,但是,目前这一制度依旧存在一定不足,并直接或间接地引发了城市建设中的诸多问题。

就规划许可的依据来看,随着《城乡规划法》的颁布,我国的规划许可制度逐渐由详细规划为导向的"自由裁量"许可体系转向控制性详细规划作为"严格规则"的许可体系(何明俊,2015),控制性详细规划成为规划许可中的核心依据,这无疑缩小了地方政府部门自由裁量的空间,但也提高了对控制性详细规划科学性的依赖。由于快速发展过程中的城市建设项目难以准确预料,为了适应不断变化的实际建设情况并减少更改已批规划的巨额成本,许多地方开始不断拖延控规的审批时间,并对其成果进行频繁修改。

就规划许可的程序来看,规划许可往往涉及大量的审查任务,尤其建设工程规划许可牵涉多个专项审批,往往需要申请者奔波于各个部门之间,导致行政效率低下,甚而衍生腐败问题(庞晓媚等,2014)。同时,规划许可的审查需要大量的专业知识,尤其具体的方案规划设计审查往往有赖于许可人的专业素养和个人偏好,而这与城市建成环境直接相关,城乡规划主管部门在这方面的人才相对欠缺。此外,规划许可的程序相对封闭,存在较大的暗箱操作和寻租空间,有待进一步引入有效的公众参与机制,增加规划许可的公开性和透明性。

就规划许可的效用来看,由于建设用地规划许可证中不得擅自改变作为土地出让合同组成部分的规划条件,而划拨用地的规划许可证往往是在规划设计方案批准后核发的(何明俊,2015),建设用地规划许可的作用明显弱化。另外,规划许可主要作用于土地开发建设阶段,无法直接干预建筑的实际应用,建筑用途的变更尚缺乏有效的管控机制。

第五节 土地管理的组织架构

一、土地利用管理架构

现行土地管理体制是指在《土地管理法》颁布之后,1986 年国家成立土地管理局,由党中央、全国人大常委会、国务院所确定实行的全国土地统一管理的体制。从 1986 年开始,地方各级政府相继成立了具有城乡地政统一管理职能的土地管理机构。1998 年机构改革后,根据中央统一要求,地方各级土地管理机构也进行了相应调整改革,一般在省级人民政府设置国土资源厅,市、县级人民政府设置国土资源局,乡(镇)设国土资源所,省、市、县三级机构结合自身特点,参照原国土资源部的职能部门设置,形成了从中央到地方的五级土地管理机构网络。其中,原国土资源部是国务院负责全国土地资源统一管理的职能部门和行政执法部门;省、市、县、乡(镇)土地管理机构是同级人民政府的职能部门和土地行政执法部门,统一管理其行政区域内的土地。2018年3月,中华人民共和国第十三届全国人民代表大会第一次会议表决通过了关于国务院机构改革方案的决定,批准成立中华人民共和国自然资源部。新成立的自然资源部将国土资源部的职责,国家发展和改革委员会的组织编制主体功能区规划职责,住房和城乡建设部的城乡规划管理职责,水利部的水资源调查和确权登记管理职责,农业部的草原资源调查和确权登记管理职责,国家林业局的森林、湿地等资源调查和确权登记管理职责,国家海洋局的职责,国家测绘地理信息局的职责整合,从而实现统一行使全民所有自然资源资产所有者职责,统一行使所有国土空间用途管制和生态保护修复职责,着力解决自然资源所有者不到位、空间规划重叠等问题,实现山水林田湖草整体保护、系统修复、综合治理。

全国城乡土地统一管理的体制,是由我国的具体国情所决定的。一是我国人地矛盾的内在需求。我国人多地少,人地矛盾十分突出,土地管理首先要解决的根本问题就是保证有限的土地养活众多的人口,切实保护耕地。保护耕地的实质就是协调好吃饭与建设,做到一要吃饭,二要建设,三要保护环境。吃饭与建设的关系协调,就要求对全国土地实行统一规划、统一管理、统筹兼顾、合理配置。二是维持我国土地公有制的客观需要。土地公有制是我国社会经济发展的基本保证,要维持和巩固土地公有制,就必须坚持土地统一管理,分散或分割管理会导致公有制的名存实亡,统一管理有利于土地的合理配置和土地利益的合理分配,兼顾国家和集体的利益与发展,从而发挥土地公有制的优越性。

土地由各部门分管,或统管与分管相结合的体制,不但不能发挥各部门的作用,反而会造成政出多门、相互扯皮和土地管理的无序状态。过去,由于国家和各级政府未设置统一的土地管理机构,各部门自己管地,各自为政,自立条例、规定。凡涉及征地、批地的部门,都插手地政工作,要管都管,要不管都不管。所以,土地分散多头管理,不能有力地贯彻、执行国家制定的土地法规、条例和政策,不能强有力地制止乱占耕地和滥用土地的行为发生,致使国家土地资源不断遭到浪费和破坏,社会主义土地公有制也不断受到侵犯。

1998年国务院机构改革之后,国土资源部代表国务院负责全国土地管理工作。全国地方各级政府从1986年开始已按《土地管理法》的规定成立了具有统管职能的土地管理机构。一般各省、自治区级的土地管理机关为厅级单位,地、市级土地管理机构为处级单位,县级土地管理机构为科级单位。我国现行土地管理机构的设置是2018年根据党的十九届三中全会审议通过的《中共中央关于深化党和国家机构改革的决定》《深化党和国家机构改革方案》和第十三届全国人民代表大会第一次会议批准的《国务院机构改革方案》设立的自然资源部。根据自然资源部的"三定"方案,自然资源部设25个职能司(厅、局)。

下面列举部分与土地管理职责密切相关的司(局)及其主要职能。

(1) 法规司。承担有关法律法规草案和规章起草工作;承担有关规范性文件合法性审查和清理工作;组织开展法治宣传教育;承担行政复议、行政应诉有关工作。

(2) 自然资源调查监测司。拟订自然资源调查监测评价的指标体系和统计标准,建立自然资源定期调查监测评价制度;定期组织实施全国性自然资源基础调查、变更调查、动态监测和分析评价;开展水、森林、草原、湿地资源和地理国情等专项调查监测评价工作;承担自然资源调查监测评价成果的汇交、管理、维护、发布、共享和利用监督。

(3) 自然资源确权登记局。拟订各类自然资源和不动产统一确权登记、权籍调查、不动产测绘、争议调处、成果应用的制度、标准、规范。承担指导监督全国自然资源和不动产确权登记工作；建立健全全国自然资源和不动产登记信息管理基础平台，管理登记资料；负责国务院确定的重点国有林区、国务院批准项目用海用岛、中央和国家机关不动产确权登记发证等专项登记工作。

(4) 自然资源所有者权益司。拟订全民所有自然资源资产管理政策，建立全民所有自然资源资产统计制度，承担自然资源资产价值评估和资产核算工作；编制全民所有自然资源资产负债表，拟订相关考核标准；拟订全民所有自然资源资产划拨、出让、租赁、作价出资和土地储备政策；承担报国务院审批的改制企业的国有土地资产处置。

(5) 自然资源开发利用司。拟订自然资源资产有偿使用制度并监督实施，建立自然资源市场交易规则和交易平台，组织开展自然资源市场调控；负责自然资源市场监督管理和动态监测，建立自然资源市场信用体系；建立政府公示自然资源价格体系，组织开展自然资源分等定级价格评估；拟订自然资源开发利用标准，开展评价考核，指导节约集约利用。

(6) 国土空间规划局。拟订国土空间规划相关政策，承担建立空间规划体系工作并监督实施；组织编制全国国土空间规划和相关专项规划并监督实施；承担报国务院审批的地方国土空间规划的审核、报批工作，指导和审核涉及国土空间开发利用的国家重大专项规划；开展国土空间开发适宜性评价，建立国土空间规划实施监测、评估和预警体系。

(7) 国土空间用途管制司，拟订国土空间用途管制制度规范和技术标准；提出土地、海洋年度利用计划并组织实施；组织拟订耕地、林地、草地、湿地、海域、海岛等国土空间用途转用政策，指导建设项目用地预审工作；承担报国务院审批的各类土地用途转用的审核、报批工作；拟订开展城乡规划管理等用途管制政策并监督实施。

(8) 国土空间生态修复司。承担国土空间生态修复政策研究工作，拟订国土空间生态修复规划；承担国土空间综合整治、土地整理复垦、矿山地质环境恢复治理、海洋生态、海域海岸带和海岛修复等工作；承担生态保护补偿相关工作；指导地方国土空间生态修复工作。

(9) 耕地保护监督司。拟订并实施耕地保护政策，组织实施耕地保护责任目标考核和永久基本农田特殊保护，负责永久基本农田划定、占用和补划的监督管理；承担耕地占补平衡管理工作；承担土地征收征用管理工作；负责耕地保护政策与林地、草地、湿地等土地资源保护政策的衔接。

根据中央授权，自然资源部向地方派驻国家自然资源督察北京局、沈阳局、上海局、南京局、济南局、广州局、武汉局、成都局、西安局，承担对所辖区域的自然资源督察工作。

二、改革开放以来土地利用、城市规划管理体制的变迁过程

(一) 改革开放以来我国土地利用管理体制的变迁

自1954年地政局被撤销后，我国土地行政管理体制进入了分块分部门管理的阶段。城市土地主要由国务院于1956年设立的城市建设部管理，后城市建设部改为国家建设总局，

1982年并入新成立的城乡建设环境保护部。当时城乡建设部对土地管理的职责有：编制全国城市的中长期计划和年度计划,并经国务院批准后负责组织实施;指导和组织城市规划工作;负责城市住宅建设和公房、私房及地产的管理工作,编制住宅建设计划;指导乡村居民点、村庄、集镇的规划和建设;负责管理批准城市(包括市、县城、镇、工矿区)规划范围内的土地。1962年,国务院设立了国家房地产管理局作为国务院的直属机构,国家房地产管理局既管地也管房。农村土地主要由农垦部和农业部管理。农垦部主要管理国营农场和农村荒地开发,农业部主要管理农村耕地。1982年成立了农牧渔业部,下设土地管理局,加强了对农村土地的管理。此外,国务院各相关部门也分别管理各自的土地利用工作,如林业部、交通部、水电部、铁道部、商业部等(林绍珍,林卿,2013)。

1986年,中共中央、国务院发布了《关于加强土地管理、制止乱占耕地的通知》,决定在原城乡建设部与农牧渔业部负责管理土地工作的职能部门基础上成立国家土地管理局,负责全国城乡统一的土地管理工作。国家土地管理局下设办公室、地籍管理司、土地利用规划司、建设用地规划司、监督检察司、政策法规司、科技宣教司等。其主要职责是：拟订和贯彻执行国家土地法律、法规和有关政策;主管全国的土地调查、登记、统计、发证和分等定级工作;组织编制全国的土地利用总体规划;审查省级的土地利用总体规划;负责全国近期的年度用地计划的编制;主管全国的土地征用、划拨工作;承办由国务院批准征用、拨用土地的审查、报批工作;负责全国城乡土地利用中重大问题的协调工作;检查、监督各地、各部门的土地利用情况;会同有关部门调解处理重大土地纠纷案件;管理全国城乡土地重大违法案件的查处工作等。1988年,国务院进行了机构改革,保留了国家土地管理局。同年,国家机构编制委员会批准了《国家土地管理局"三定"方案》,在职责上强调了由其统一管理土地资源和对城乡地籍的管理工作、地政工作,统一查处土地权属纠纷。1998年,国务院由地质矿产部、国家土地管理局、国家海洋局和国家测绘局共同组建了国土资源部。其主要职能是：负责土地资源、矿产资源、海洋资源等自然资源的规划、管理、保护与合理利用。至此,我国从陆地到海洋,从土地到矿产实行了集中统一的管理,建立起了现行的土地管理体制。到1998年,全国已形成了从中央、省(自治区、直辖市)、市(地)、县(市)到乡(镇)的五级土地管理体系。

2004年,国务院发布了《关于做好省级以下国土资源管理体制改革有关问题的通知》(国发〔2004〕12号),明确提出由省级人民政府承担保护土地资源的责任,落实最严格的耕地保护制度,切实加强矿产资源管理,即实行土地垂直管理体制,把土地总体规划利用的审批权收归省级人民政府。地方土地管理机构的设置主要包括：市(州、盟)、县(市、旗)国土资源主管部门是同级人民政府的工作部门,其机构编制仍由同级人民政府管理;地区国土资源主管部门的机构编制仍由行署管理。市辖区国土资源主管部门的机构编制上收到市人民政府管理,改为国土资源管理分局,为市国土资源主管部门的派出机构。乡(镇)国土资源管理所的机构编制上收到县(市、旗)人民政府管理,县(市、旗)可以根据实际情况和工作需要,按乡(镇)或区域设置国土资源管理所,为县(市、旗)国土资源主管部门的派出机构。2006年,国务院办公厅发布了《关于建立国家土地督察制度有关问题的通知》(国办发〔2006〕50号),决定在国土资源部设立国家土地总督察办公室(正局级),进一步强化了土地垂直管理体制。国家土地总督察办公室的主要职责是：拟定并组织实施国家土地督察工作的具体办法和管理制度；协调国家土地督察局工作人员的派驻工作；指导和监督检查国家土地督察局的工作；协助国土资源部人事部门考核和管理国家土地督察局工作人员；负责与国家土地督察局的日常联系、情况沟通和信息反馈工作。同年，国土资源部共向全国派出9个督察局，分别是北京局、上海局、沈阳局、南京局、济南局、广州局、成都局、西安局和武汉局。2008年十一届全国人大一次会议通过了关于国务院机构改革方案的决定，国土资源部仍是国务院的一个部，下设15个司(厅、局)，其中与土地管理有关的有政策法规司、规划司、耕地保护司、地籍管理司、土地利用管理司、执法监察局。2018年3月，根据中华人民共和国自然资源部是根据党的十九届三中全会审议通过的《中共中央关于深化党和国家机构改革的决定》《深化党和国家机构改革方案》和第十三届全国人民代表大会第一次会议批准的《国务院机构改革方案》，成立自然资源部，自然资源部对外保留国家海洋局牌子。

(二) 改革开放以来我国城市规划管理体制的变迁

改革开放初期，城市规划管理体制恢复发展，1984年开始初步改革，1993年全国各地都开始深化规划管理体制改革，再到2003年开始完善发展，逐步建立了适应于新时期、新制度的管理体制。

1979年3月12日，国家城市建设总局恢复成立，下设城市规划局。随后，各省(市、自治区)的建委也普遍设置了城市建设管理机构，大城市也普遍恢复设立了城市规划局。上海、北京等主要城市的城市规划管理部门相继恢复和成立；中小城市都设有城市建设局，自此全国上下各城市规划管理机构基本上得以恢复和建立。为进一步加强对全国城市规划工作的恢复与整顿，1980年10月，国家建委召开了全国城市规划工作会议，此次会议在城市规划工作的历史发展中具有里程碑的意义。同年12月，国务院批准了《全国城市规划工作会议纪要》(简称《纪要》)，对地方各级城市规划行政管理机构的恢复和设置工作进行了明确规定，进一步重申了我国城市规划管理工作的体制和基本原则。《纪要》指出，在城市规划管理体制上，国家建委和国家城建总局在党中央和国务院的双重领导下，在集中管理全国的城市规划管理工作的基本原则下，对全国城市规划管理工作进行指导、监督和检查。《纪要》对各级城市规划行政管理机构的职能关系问题也作出了明确的规定。1982年1月，邓小平在中央政治局会议上提出以提高效率为目标的行政机构精简调整改革后，大规模的机构改革开始。同年5月4日，根据第五届全国人大常委会第二十三次会议决议，城市规划管理机构进行改革，新的城乡建设环境保护部诞生，内设城市规划局。至1983年底，我国各级政府城市规划管理机构基本上得以恢复或新建，集中统一的规划管理体制得到了进一步发展。1984年7月24日，经国务院批示，城乡建设环境保护部的城市规划局改由该部和国家计划委员会双重领导，以城乡建设环境保护部为主，对外以国家计划委员会城市规划局和城乡建设环境保护部城市规划局两名称。国家计划委员会城市规划局和城乡建设环境保护部城市规划局仍为国务院直属局，统一管理全国城市规划事务。全国各省(自治区、直辖市)基本上都按照中央的模式对城市规划管理体制进行了调整。根据党的十三大政治体制改革的目标及内容，1988年4月，国务院通过了《国务院机构改革方案的决定》。同年5

月,撤销了城乡建设环境保护部,设立了建设部,并把国家计委施工管理局等一些部门划归建设部(见图11-3)。至此,全国城市规划、建设、管理工作集中归口建设部管理,地方城市规划管理权限集中在各级城市政府,这一模式一直沿用到1993年国务院再次进行机构改革。

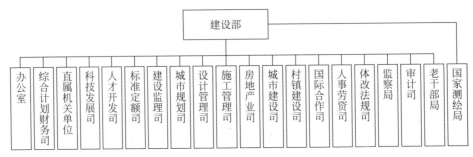

图 11-3 建设部内设机构图(1988—1993 年)

资料来源:《住房和城乡建设部历史沿革及大事记》编委会,2012.住房和城乡建设部历史沿革及大事记[M].北京:中国城市出版社,53.

在社会主义市场经济体制确立的背景下,党的十四大会议报告提出改革行政管理体制。1993年3月22日,通过了《国务院机构改革方案》;4月19日,国务院发布了新一轮机构设置的通知,考虑到城市规划工作的实际情况和客观需要,党中央、国务院决定保留建设部,并明确了其职能。1998年,我国进行了城市规划管理体制改革,这次改革的重点是加强了城乡规划管理机构的设置,建设部下设城乡规划司,各地方城市也加强了乡镇政府规划管理机构的设置。进入21世纪后,城市规划管理体制越来越得到重视,其地位和作用都受到关注。2008年3月11日,第十一届全国人大通过了《国务院机构改革方案》,此次机构改革中,建设部改为住房和城乡建设部。此后,我国各省(直辖市、自治区)、市、县以及城市政府,根据国务院机构改革模式并结合自身发展实际,调整完善了城市规划管理体制。2018年3月,根据党的十九届三中全会审议通过的《中共中央关于深化党和国家机构改革的决定》《深化党和国家机构改革方案》和第十三届全国人民代表大会第一次会议批准的《国务院机构改革方案》,住房和城乡建设部的城乡规划管理职责划入新成立的自然资源部。

第六节 城市土地利用规划的实施管理

一、土地利用规划实施保障的内涵及任务

(一)土地利用规划实施保障的内涵

土地利用规划实施保障是指按照经过法定程序编制和批准的土地利用规划,根据国家和各级地方政府颁布的有关规划管理的法律、法规、规章和具体规定,对区域内的各项土地利用和建设活动进行统一的安排和控制,引导和调节各项用地有计划有秩序的合理利用,保证土地利用规划目标的实现。其内容主要包括两个方面:一是土地利用规划的组织,包

括制定政策、建立法制、不断改进管理运行机制和工作方法等;二是在批准的规划落实过程中,对各项具体建设项目所采取的审查、发证等措施以及违法建设的检查与处理等(夏春云,2011)。

(二) 土地利用规划实施保障的任务

土地利用规划实施保障的任务主要包括以下四个方面:土地利用规划的组织编制和审批管理、土地利用规划的实施管理、土地利用规划实施的监督检查管理和土地利用规划的基础保障管理。土地利用规划的实施管理主要任务包括土地利用年度计划管理、建设项目用地预审管理、农用地转用和土地征用规划审查管理、土地整理复垦开发项目规划审查管理、基本农田保护区规划管理、土地利用规划和村镇规划审核等。土地利用规划实施管理是土地利用规划实施保障工作的主要内容。所谓"三分规划,七分管理",其中的"管理"就是指土地利用规划实施管理,这充分说明了规划实施管理在土地利用规划工作中的重要地位。

上述各项管理活动是相互联系、相互影响的。把土地利用规划作为一个大系统来分析,土地利用规划的组织编制和审批管理构成了这个系统的决策子系统,土地利用规划的实施管理构成了这个系统的执行子系统,土地利用规划实施的监督检查管理构成了这个系统的反馈子系统,土地利用规划的基础保障管理则是保证这个系统正常运行的保障系统。

二、国外规划实施管理的主要模式及手段

(一) 国外规划实施管理的几种模式

1. 政府调控型

实行政府调控模式的国家主要有计划经济管理时期的苏联、朝鲜、匈牙利等社会主义国家,同时还有资本主义国家日本。这些国家通常拥有较高的中央集权传统,社会主导价值观念以提倡集体主义和国家主义为主,有专业部门负责制订专门的国民经济和社会发展长期计划。这些国家对土地的开发控制权把握很严,规划权力较为集中地掌握在中央政府及各级政府手中,是各级政府的主要职能之一,拥有健全的规划机构与机制,通常由政府来协调较大区域范围内城镇群的发展。

2. 政府主导型

实行政府主导模式的国家主要有德国、英国、瑞典、丹麦、荷兰、意大利和瑞士等欧洲发达资本主义国家。这些国家既拥有较强的中央政府,同时也给予地方政府较大的自治权,对规划实行统一领导,有意识加以适度干预和总体协调,一般都在中央政府设有一级主管规划的机构,也有的在议会内设有立法检查机构。规划在一个主管部门负责下按统一程序分级进行管理。其特点是国家对规划实行统一领导,中央政府对地方的土地利用规划具有一定的指导权限,并且国家可以通过法律、行政、经济、政策等多方面对地方的土地利用规划进行调控。

3. 市场主导型

实行市场主导模式最典型的国家是美国。其特点是：各种规划由地方政府或城市自行编制，土地利用规划的权力主要掌握在地方政府手里，国家一般不对规划进行集中统一管理，也不强调区域安排，各地土地利用规划的编制与实施的做法不尽相同，在国家层面一般虽设有规划管理机构，但其职能主要是制定全国性的法律和政策，协调分配国家对地区建设的财政补助资金（汪少群，2011）。

(二) 国外规划实施管理的主要手段

1. 法律手段

国外发达国家非常重视土地规划的法律法规体系建设。早在19世纪初期，英国政府就制定了一系列关于城乡土地利用规划一体化的法律法规，并逐步修改完善，至今已经形成了一套完善的土地利用规划法律法规体系。这些法规明确界定了土地管理者和使用者的法定职责、规划的实施程序和具体的操作方法。日本在国土规划方面，也制定了大量的法律法规，针对性强，要求具体、明确，同时也随着经济社会发展变化而不断修改完善。

2. 行政手段

国外在土地利用规划实施管理中，行政手段主要包括三个方面。一是建立专门机构协助政府制定和实施规划。例如韩国除建设交通部主管国土规划外，还设立了国土政策委员会、首都圈整备委员会等专门的国土规划协调机构，并由政府总理、部长等高层人士担任委员长和副委员长；为保障规划的实施，还设立了专门的大型公营企业，专职从事国土资源开发和全国性大型基础设施项目的建设。二是严格实行规划许可制度。三是有完善的土地用途管制制度。例如美国在土地用途分区管制条款中，对各类土地的开发规定了非常严格的限制条件，其核心是通过控制土地开发利用密度和容积率，来控制城市规模的无序蔓延，从而达到有效保护农用地的目的。

3. 经济手段

很多国家通过财政、金融、税收等手段来落实土地利用规划目标，促进规划实施。比如韩国一方面为保证国土建设综合规划的实施，对符合规划的土地利用，采取推进战略，在政治方面和资金方面给予支持，并由国家进行相关公用设施的配套建设，但对无规划的土地利用则以禁止提供公共服务的方式，使不合理利用土地者最终得不到任何利益；另一方面通过实施扩大综合土地税制、宅基地面积上限制、开发者负担制等制度，为规划的实施创造良好条件。如法国采取发放财政补贴、奖励制度以及税收优惠等政策，建立各种土地开发基金和奖金等措施，鼓励土地规划中开发项目和国土整治项目的执行，并以各种优惠政策吸引社会企业参与土地规划项目的实施。

4. 社会手段

在很多经济发达国家，土地规划编制和实施的透明度都很高。在规划实施的不同阶段，社会公众均拥有知情权、参与决策权和监督实施权等权利，这使得规划能够站在公众利益的立场上反映社会各阶层在土地利用中不同的价值取向，调节各方利益关系，确保规划方案在制定后能够得以顺利实施。如英国从1968年开始就把公众参与作为一项法定政策延续至今。英国现行的《城乡规划法》等法律法规中强调：规划在作为正式的法律性文件公布实施之前，应按照立法要求与下级规划部门及公众一同协商；在规划形成阶段，也要把规划的政策条款和开发计划、时序等规划附件一并公之于众，并展开讨论。

5. 技术手段

自1997年美国政府放宽了对高分辨率卫星技术的限制以来，美国国家土地管理局开发了一套《国家综合土地调查信息系统》。这套系统融土地信息调查与采集、土地利用变化监测与汇总等为一体，在采集、调查、处理与管理土地资源信息、监测土地规划实施过程等方面发挥了重要的作用，不仅能及时发布与土地规划及利用变化密切相关的政策信息，还可为社会团体、企业以及社会公众等提供基本的土地资源信息和数据，从而加快了土地规划信息的共享以及对用户信息反馈的交换速度(汪少群，2011)。

三、提升我国土地利用规划实施管理的思路与建议

在我国土地利用规划的实施管理过程中，还存在诸多问题，如法律基础薄弱、市场手段运用滞后、行政手段不健全、技术保障不足、社会参与程度较低等问题。基于这些问题，应从法律、行政、经济、社会、技术等多个方面，探讨完善规划实施保障的措施建议。

1. 法律措施

完善政策体系，提升土地规划实施管理权威。赵烨等(2006)认为，从土地管理科学理论出发，土地利用总体规划应具有科学性、权威性和严肃性，从其全过程来看，包括编制、审批和实施三个主要环节。从规划的实施管理来看，需要通过系统的研究，进一步构建一整套完善的、切实可行的土地利用总体规划实施制度，如土地转用许可制度、用地计划管理制度、占用耕地与补充耕地挂钩制度、专项规划审核制度、规划实施的监督查处制度、规划公示制度等，以保证土地利用总体规划在规划期限内能得到贯彻落实。臧俊梅和王万茂(2006)认为，要强化省、市级的地方性法律法规的建设，国家应建立以法律法规为中心的规划实施运作体系，省、市级地方政府也应考虑本地实际情况，制定地方性法规、规章，如规划实施条例或办法等，把规划实施工作纳入法治化轨道。总之，通过建立以保障规划实施基本法律为核心、专项法规和地方性法规相配套的综合法律体系，保障土地规划的顺利实施。

2. 行政措施

充分体现国家意志，发挥行政适当干预优势。土地开发利用作为一项国家措施和政府行为，主要依靠各级行政部门运用行政手段，如采用指示、命令、规定、计划、标准、制度等行政手段来组织规划的实施。在加强行政保障措施中，要强化土地利用规划许可证制度、加强土地利用年度计划管理、严格执行耕地占补平衡制度、严格执行建设项目用地预审制度，促进土地集约高效利用。

3. 经济措施

推进市场经济手段，促进规划顺利实施。经济手段就是为了实现规划目标，运用土地利用中的经济属性，采取的一系列经济管理措施。其实质是利用经济利益调整来协调土地利用各方面、各环节的利益关系，通过综合运用价格税费、资金奖罚等经济杠杆来调节各方

对土地资源的供需关系,并间接影响到土地利用的规模、时序与空间布局,从而达到调控的目的。姜志法和刘双良(2009)认为,在土地规划实施过程中除了考虑全局的、整体的利益外,还必须考虑实施主体的局部利益,切实注重利益的调配,引入竞争机制、激励机制,改革现行土地管理制度,进一步培育和规范土地市场,充分运用经济、财政、金融、税收杠杆对市场进行有效调节,引导土地合理利用,实现土地资源优化配置。例如改革土地管理制度,深化财政制度改革,建立由土地财政到公共利益的土地储备制度,健全土地税收政策,完善土地金融等。

4. 社会措施

重视公众参与、规划宣传,确保规划实施的公共监督。社会措施主要是通过发动公众主动参与和吸引广泛的社会支持,来调动各种社会资源参与规划制定及监督和支持规划实施。在市场经济比较发达的国家,规划管理中的公众参与和社会监督制度已相当完善,而我国土地利用规划将其作为规划理念、方法、制度,近年才开始引起专家学者、政府相关部门以及社会公众的重视。冯源嵩和杨兴礼(2006)认为,在规划实施保障体系设计中,社会监督保障主要包括三方面的制度建设,即规划公众参与、规划公示和规划管理公开制度。上述三个制度互为补充、共同作用,形成规划的社会监督保障措施,其目的是赋予土地使用者知晓、参与决策和监督规划的权力,更好地宣传土地利用规划的法律规定和要求,促进政府土地管理部门公正执行规划,有效制约和避免各种违反规划行为的发生。

5. 技术措施

加强规划技术手段,为规划实施管理奠定良好基础和技术保障措施的内容非常广泛,如规划标准的制定、规划监测、理论和方法研究、人力资源培训、信息化建设、实施效果动态评价等。这些技术保障措施的更新和运用既对当前的规划实施产生重大影响,又对规划的长远发展有决定性的作用。

在新一轮土地利用总体规划的编制过程中,技术保障措施是国家及地方共同关注的重点问题,主要包括以下三个方面的内容。

1) 重视生态保护,优先安排生态用地,划定禁止建设区和限制建设区

国土资源部办公厅《关于印发市县乡级土地利用总体规划编制指导意见的通知》(国土资厅发〔2009〕51号)明确要求,要优先布设国土生态屏障用地,设定核心生态网络体系,维系河道、湖泊及滨水地带的自然形态等,确保土地利用的生态安全;将自然保护区核心区、森林公园、地质公园、野生动植物自然栖息地、水源保护区的核心区、主要河湖的蓄滞洪区、地质灾害高危险地区等,划入禁止建设区。通过以上技术办法,进一步加强生态保护力度。

2) 探索规划编制和实施的弹性机制

传统的土地利用总体规划是确定各类用地的规模、位置,并在规划图上明确标出,实行严格的用途管制政策,通过具体行政审批行为将规划逐步付诸实际。但现实中,往往是实际建设项目经常突破规划确定的范围或不在原规划用地范围内,大大降低了规划的原则性和严肃性。因此,黄朝奎(2006)提出,在土地利用总体规划编制中应坚持以原则性为主,但也要保持一定的灵活性作为补充,这样才能既确保实现国家对土地的严格管理目标,又增强土地利用总体规划的科学性和可行性。

弹性机制主要包括以下几个方面。

一是创新土地利用分区和管制规则。51号文要求,划定允许建设区和有条件建设区,允许建设区是城乡建设用地指标落实到空间上的预期用地区,有条件建设区是在不突破指标控制的前提下,可以用于规划建设用地布局调整的区域。这对规划实施管理的弹性化有极大的作用。

二是预留一定规模的机动指标,用于不可预见的项目。机动指标包括基本农田指标和建设用地指标两大类。51号文规定,在基本农田保护区内,可以多划一定比例的基本农田,避免规划期内不易确定具体范围的建设项目占用基本农田。赵玉玲等(2008)认为,经济社会发展的不可预见性导致土地利用的变异性增加,因而土地利用应具有一定弹性。而建设用地规划指标是刚性的,如果把从上级规划层层分解下达的用地规划指标全部落实到每一个具体地块上,则在规划实施过程中,经常会遇到一些建设项目确实需要在规划确定用地范围外进行选址建设时,因没有规划建设用地指标而无法及时建设,而如果从其他地块调剂用地指标,又因涉及规划发展权、交易成本高等原因而需要花很大精力和时间去协调。而如果规划中预留了一定比例的机动用地指标,则可以满足其用地需求。

三是建立并完善动态管理机制。黄朝奎(2006)提出,在规划期(如20年)内,可探索采用土地规划指标存量库控制管理方式,按一定的时间间隔对规划用地指标存量库进行调整更新,保留将规划期分为近期和远期的做法,但近期规划除了确定各项完成指标外,还要确定一个最低库存量。最低库存量是指在一定规划期内剩余用地指标的警戒存量,如果在近期规划实施期内用地剩余指标(库存量)接近规定的最低库存量,则以此为基期,对下一个同样长度规划期内的土地利用规模进行安排,使规划一直保持在合理的刚性和弹性之中。其目的在于对规划实施中土地利用的规模、利用方向和综合效益及时进行监测和评价。

3)加强规划管理信息系统建设

由于土地利用规划编制实施管理涉及大量的指标、图件等数据的维护和更新,对规划成果和管理的时效性要求较高,所以必须加快信息系统建设,才能提高土地利用规划的管理水平和管理效率(詹长根,2005)。

参 考 文 献

TIAN L, GUO X, YIN W, 2015. From urban sprawl to land consolidation in suburban Shanghai under the backdrop of increasing versus decreasing balance policy: a perspective of property rights transfer [J]. Urban Studies,(11): 1-13.
陈西敏,2012. 基于规划法的规划许可社会秩序辨释与探微[J]. 城市规划,(3): 51-64.
单艳,2014. 开发区土地利用管理问题及对策研究[D]. 上海:华东政法大学.
冯源嵩,杨兴礼,2006. 开县土地利用总体规划管理保障措施研究[J]. 安徽农业科学,34(22): 5999-6000,6021.
高中岗,2007. 中国城市规划制度及其创新[D]. 上海:同济大学.
何明俊,2015. 城市规划许可制度的转型及其影响[J]. 城市规划,(9): 53-58.

何银虎,聂绍光,2000.中国土地管理与开发经营全书[M].北京:中国社会出版社.
胡耘通,2011.土地规划法制生态化研究[D].重庆:重庆大学.
黄朝奎,2006.土地利用规划编制和实施管理中原则性与灵活性研究[J].资源与产业,8(6):49-52.
姜志法,刘双良,2009.构建土地规划实施保障措施体系的思考[J].中国房地产,(10):56-58.
林绍珍,林卿,2013.新中国土地行政管理体制变迁过程及原因探析[J].河南工业大学学报(社会科学版),9(2):43-46,78.
陆红生,2002.土地管理学总论[M].北京:中国农业出版社.
孟宪兰,2004.中国土地资源科学管理工作指导[M].北京:人民日报出版社.
缪春胜,2009.英国城市规划体系改革研究及其借鉴[D].广州:中山大学.
欧名豪,2002.土地利用管理[M].北京:中国农业出版社.
庞晓媚,周剑云,戚冬瑾,2014.城市规划行政许可及审批探讨[J].规划师,(12):54-58.
容志,2008.政策变迁中的中央与地方博弈——以中国土地调控政策为例(1978—2007)[D].上海:复旦大学.
谭明智,2014.严控与激励并存:土地增减挂钩的政策脉络及地方实施[J].中国社会科学,(7):125-142.
汪少群,2011.北京市土地利用总体规划实施管理政策研究[D].北京:中国地质大学.
王凯,张菁,徐泽,等,2012.立足统筹,面向转型的用地规划技术规章——《城市用地分类与规划建设用地标准(GB 50137—2011)》阐释[J].城市规划,(4):42-48.
王万茂,韩桐魁,2015.土地利用规划学[M].北京:中国农业出版社.
夏春云,2011.土地利用规划实施评价与实施保障研究[D].南京:南京农业大学.
臧俊梅,王万茂,2006.我国土地利用总体规划编制的理念与思考[J].国土资源,(10):34-37.
詹长根,2005.对新一轮土地利用总体规划修编与实施的探讨[J].广东土地科学,4(4):15-18.
赵烨,杨燕敏,刘锋,等,2006.北京市土地利用总体规划实施管理预警系统的构建[J].干旱区资源与环境,(1):23-26.
赵玉玲,朱跃华,唐棣,2008.土地利用的弹性规划思考[J].国土资源科技管理,25(2):134-137.

思 考 题

1. 在城市土地使用权出让的过程中,土地出让合同和建设用地规划许可证各自承担怎样的角色?

2. 思考在我国建设用地指标控制的背景下,城乡建设用地增减挂钩对城乡空间结构的影响。

附录 A 土地利用现状分类和三大地类对应

土地利用现状分类和三大地类对应

一级类		二级类		含义	三大地类
编码	名称	编码	名称		
01	耕地			指种植农作物的土地,包括熟地,新开发、复垦、整理地,休闲地(含轮歇地、休耕地);以种植农作物(含蔬菜)为主,间有零星果树、桑树或其他树木的土地;平均每年能保证收获一季的已垦滩地和海涂。耕地中包括南方宽度＜1.0m,北方宽度＜2.0m 固定的沟、渠、路和地坎(埂);临时种植药材、草皮、花卉、苗木等的耕地,临时种植果树、茶树和林木且耕作层未破坏的耕地,以及其他临时改变用途的耕地	农用地
		0101	水田	指用于种植水稻、莲藕等水生农作物的耕地,包括实行水生、旱生农作物轮种的耕地	
		0102	水浇地	指有水源保证和灌溉设施,在一般年景能正常灌溉、种植旱生农作物(含蔬菜)的耕地,包括种植蔬菜的非工厂化的大棚用地	
		0103	旱地	指无灌溉设施,主要靠天然降水种植旱生农作物的耕地,包括没有灌溉设施,仅靠引洪灌溉的耕地	
02	园地			指种植以采集果、叶、根、茎、汁等为主的集约经营的多年生木本和草本作物,覆盖度大于50%或每亩株数大于合理株数70%的土地,包括用于育苗的土地	农用地
		0201	果园	指种植果树的园地	
		0202	茶园	指种植茶树的园地	
		0203	橡胶园	指种植橡胶树的园地	
		0204	其他园地	指种植桑树、可可、咖啡、油棕、胡椒、药材等其他多年生作物的园地	
03	林地			指生长乔木、竹类、灌木的土地,及沿海生长红树林的土地。包括迹地,不包括城镇、村庄范围内的绿化林木用地,铁路、公路征地范围内的林木,以及河流、沟渠的护堤林	农用地
		0301	乔木林地	指乔木郁闭度≥0.2 的林地,不包括森林沼泽	
		0302	竹林地	指生长竹类植物,郁闭度≥0.2 的林地	
		0303	红树林地	指沿海生长红树植物的林地	
		0304	森林沼泽	以乔木森林植物为优势群落的淡水沼泽	
		0305	灌木林地	指灌木覆盖度≥40%的林地,不包括灌丛沼泽	
		0306	灌丛沼泽	以灌丛植物为优势群落的淡水沼泽	
		0307	其他林地	包括疏林地(树木郁闭度≥0.1、＜0.2 的林地)、未成林地、迹地、苗圃等林地	

续表

一级类		二级类		含义	三大地类
编码	名称	编码	名称		
04	草地			指生长草本植物为主的土地	
		0401	天然牧草地	指以天然草本植物为主,用于放牧或割草的草地,包括实施禁牧措施的草地,不包括沼泽草地	农用地
		0402	沼泽草地	指以天然草本植物为主的沼泽化的低地草甸、高寒草甸	
		0403	人工牧草地	指人工种植牧草的草地	
		0404	其他草地	指树木郁闭度<0.1,表层为土质,不用于放牧的草地	未利用地
05	商服用地			指主要用于商业、服务业的土地	建设用地
		0501	零售商业用地	以零售功能为主的商铺、商场、超市、市场和加油、加气、充换电站等的用地	
		0502	批发市场用地	以批发功能为主的市场用地	
		0503	餐饮用地	饭店、餐厅、酒吧等用地	
		0504	旅馆用地	宾馆、旅馆、招待所、服务型公寓、度假村等用地	
		0505	商务金融用地	指商务服务用地,以及经营性的办公场所用地。包括写字楼、商业性商务办公场所、金融活动场所和企业厂区外独立的办公场所;信息网络服务、信息技术服务、电子商务服务、广告传媒等用地	
		0506	娱乐用地	指剧院、音乐厅、电影院、歌舞厅、网吧、影视城、仿古城以及绿地率小于65%的大型游乐等设施用地	
		0507	其他商服用地	指零售商业、批发市场、餐饮、旅馆、商务金融、娱乐用地以外的其他商业、服务业用地。包括洗车场、洗染店、照相馆、理发美容店、洗浴场所、赛马场、高尔夫球场、废旧物资回收站、机动车、电子产品和日用产品修理网点、物流营业网点,及居住小区及小区级以下的配套的服务设施等用地	
06	工矿仓储用地			指主要用于工业生产、物资存放场所的土地	建设用地
		0601	工业用地	将工业生产、产品加工制造、机械和设备修理及直接为工业生产等服务的附属设施用地	
		0602	采矿用地	指采矿、采石、采砂(沙)场,砖瓦窑等地面生产用地,排土(石)及尾矿堆放地	
		0603	盐田	指用于生产盐的土地,包括晒盐场所、盐池及附属设施用地	
		0604	仓储用地	指用于物资储备、中转的场所用地,包括物流仓储设施、配送中心、转运中心等	
07	住宅用地			指主要用于人们生活居住的房基地及其附属设施的土地	建设用地
		0701	城镇住宅用地	指城镇用于生活居住的各类房屋用地及其附属设施用地,不含配套的商业服务设施等用地	
		0702	农村宅基地	指农村用于生活居住的宅基地	

续表

一级类		二级类		含 义	三大地类
编码	名称	编码	名称		
08	公共管理与公共服务用地			指用于机关团体、新闻出版、科教文卫、公用设施等的土地	建设用地
		0801	机关团体用地	指用于党政机关、社会团体、群众自治组织等的用地	
		0802	新闻出版用地	指用于广播电台、电视台、电影厂、报社、杂志社、通讯社、出版社等的用地	
		0803	教育用地	指用于各类教育用地,包括高等院校、中等专业学校、中学、小学、幼儿园及其附属设施的用地,聋、哑、育人学校及工读学校用地,以及为学校配建的独立地段的学生生活用地	
		0804	科研用地	指独立的科研、勘察、研发、设计、检验检测、技术推广、环境评估与监测、科普等科研事业单位及其附属设施用地	
		0805	医疗卫生用地	指医疗、保健、卫生、防疫、康复和急救设施等用地。包括综合医院、专科医院、社区卫生服务中心等用地;卫生防疫站、专科防治所、检验中心和动物检疫站等用地;对环境有特殊要求的传染病、精神病等专科医院用地;急救中心、血库等用地	
		0806	社会福利用地	指为社会提供福利和慈善服务的设施及其附属设施用地。包括福利院、养老院、孤儿院等用地	
		0807	文化设施用地	指图书、阅览等公共文化活动设施用地。包括公共图书馆、博物馆、档案馆、科技馆、纪念馆、美术馆和展览馆等设施用地;综合文化活动中心、文化馆、青少年宫、儿童活动中心、老年活动中心等设施用地	
		0808	体育用地	指体育场馆和体育训练基地等用地,包括室内外体育运动用地,如体育场馆、游泳场馆、各类球场及其附属的业余体校等用地,溜冰场、跳伞场、摩托车场、射击场,以及水上运动的陆域部分等用地,以及为体育运动专设的训练基地用地,不包括学校等机构专用的体育设施用地	
		0809	公用设施用地	指用于城乡基础设施的用地。包括供水、排水、污水处理、供电、供热、供气、邮政、电信、消防、环卫、公用设施维修等用地	
		0810	公园与绿地	指城镇、村庄范围内的公园、动物园、植物园、街心花园、广场和用于休憩、美化环境及防护的绿化用地	

续表

一级类		二级类		含义	三大地类
编码	名称	编码	名称		
09	特殊用地			指用于军事设施、涉外、宗教、监教、殡葬、风景名胜等的土地	建设用地
		0901	军事设施用地	指直接用于军事目的的设施用地	
		0902	使领馆用地	指用于外国政府及国际组织驻华使领馆、办事处等的用地	
		0903	监教场所用地	指用于监狱、看守所、劳改场、戒毒所等的建筑用地	
		0904	宗教用地	指专门用于宗教活动的庙宇、寺院、道观、教堂等宗教自用地	
		0905	殡葬用地	指陵园、墓地、殡葬场所用地	
		0906	风景名胜设施用地	指风景名胜景点(包括名胜古迹、旅游景点、革命遗址、自然保护区、森林公园、地质公园、湿地公园等)的管理机构,以及旅游服务设施的建筑用地。景区内的其他用地按现状归入相应地类	
10	交通运输用地			指用于运输通行的地面线路、场站等的土地。包括民用机场、汽车客货运场站、港口、码头、地面运输管道和各种道路以及轨道交通用地	建设用地
		1001	铁路用地	指用于铁道线路及场站的用地。包括征地范围内的路堤、路堑、道沟、桥梁、林木等用地	
		1002	轨道交通用地	指用于轻轨、现代有轨电车、单轨等轨道交通用地,以及场站的用地	
		1003	公路用地	指用于国道、省道、县道和乡道的用地。包括征地范围内的路堤、路堑、道沟、桥梁、汽车停靠站、林木及直接为其服务的附属用地	
		1004	城镇村道路用地	指城镇、村庄范围内公用道路及行道树用地,包括快速路、主干路、次干路、支路、专用人行道和非机动车道,及其交叉口等	
		1005	交通服务场站用地	指城镇、村庄范围内交通服务设施用地,包括公交枢纽及其附属设施用地、公路长途客运站、公共交通场站、公共停车场(含设有充电桩的停车场)、停车楼、教练场等用地,不包括交通指挥中心、交通队用地	
		1006	农村道路	在农村范围内,南方宽度≥1.0m、≤8m,北方宽度≥2.0m、≤8m,用于村间、田间交通运输,并在国家公路网络体系之外,以服务于农村农业生产为主要用途的道路(含机耕道)	农用地
		1007	机场用地	指用于民用机场、军民合用机场的用地	建设用地
		1008	港口码头用地	指用于人工修建的客运、货运、捕捞及工程、工作船舶停靠的场所及其附属建筑物的用地,不包括常水位以下部分	
		1009	管道运输用地	指用于运输煤炭、矿石、石油、天然气等管道及其相应附属设施的地上部分用地	

续表

一级类		二级类		含义	三大地类
编码	名称	编码	名称		
11	水域及水利设施用地			指陆地水域,滩涂、沟渠、沼泽、水工建筑物等用地。不包括滞洪区和已垦滩涂中的耕地、园地、林地、城镇、村庄、道路等用地	
		1101	河流水面	指天然形成或人工开挖河流常水位岸线之间的水面,不包括被堤坝拦截后形成的水库区段水面	未利用地
		1102	湖泊水面	指天然形成的积水区常水位岸线所围成的水面	
		1103	水库水面	指人工拦截汇集而成的总设计库容≥10万m³的水库正常蓄水位岸线所围成的水面	农用地
		1104	坑塘水面	指人工开挖或天然形成的蓄水量<10万m³的坑塘常水位岸线所围成的水面	
		1105	沿海滩涂	指沿海大潮高潮位与低潮位之间的潮浸地带。包括海岛的沿海滩涂。不包括已利用的滩涂	未利用地
		1106	内陆滩涂	指河流、湖泊常水位至洪水位间的滩地;时令湖、河洪水位以下的滩地;水库、坑塘的正常蓄水位与洪水位间的滩地。包括海岛的内陆滩地,不包括已利用的滩地	
		1107	沟渠	指人工修建,南方宽度≥1.0m、北方宽度≥2.0m用于引、排、灌的渠道,包括渠槽、渠堤、护堤林及小型泵站	农用地
		1108	沼泽地	指经常积水或渍水,一般生长湿生植物的土地。包括草本沼泽、苔藓沼泽、内陆盐沼等。不包括森林沼泽、灌丛沼泽和沼泽草地	未利用地
		1109	水工建筑用地	指人工修建的闸、坝、堤路林、水电厂房、扬水站等常水位岸线以上的建(构)筑物用地	建设用地
		1110	冰川及永久积雪	指表层被冰雪常年覆盖的土地	未利用地
12	其他土地			指上述地类以外的其他类型的土地	
		1201	空闲地	指城镇、村庄、工矿范围内尚未使用的土地。包括尚未确定用途的土地	建设用地
		1202	设施农用地	指直接用于经营性畜禽养殖生产设施及附属设施用地;直接用于作物栽培或水产养殖等农产品生产的设施及附属设施用地;直接用于设施农业项目辅助生产的设施用地;晾晒场、粮食果品烘干设施、粮食和农资临时存放场所、大型农机具临时存放场所等规模化粮食生产所必需的配套设施用地	农用地
		1203	田坎	指梯田及梯状坡地耕地中,主要用于拦蓄水和护坡,南方宽度≥1.0m、北方宽度≥2.0m的地坎	
		1204	盐碱地	指表层盐碱聚集,生长天然耐盐植物的土地	
		1205	沙地	指表层为沙覆盖、基本无植被的土地,不包括滩涂中的沙地	未利用地
		1206	裸土地	指表层为土质,基本无植被覆盖的土地	
		1207	裸岩石砾地	指表层为岩石或石砾,其覆盖面积≥70%的土地	

附录 B 城镇村及工矿用地分类和编码

城镇村及工矿用地分类和编码

一级类		二级类		含 义
编码	名称	编码	名称	
20	居民及工矿用地			指城乡居民点、独立居民点以及居民点以外的工矿、国防、名胜古迹等企事业单位用地,包括其内部交通、绿化用地
		201	城市	指城市居民点建设用地
		202	建制镇	指设建制镇的居民点建设用地
		203	村庄	指农村居民点,以及所属的商服、住宅、工矿、工业、仓储、学校等用地
		204	采矿用地	指采矿、采石、采砂(沙)场,盐田,砖瓦窑等地面生产用地及尾矿堆放地
		205	风景名胜及特殊用地	指城镇村用地以外用于军事设施、涉外、宗教、监教、殡葬等的土地,以及风景名胜(包括名胜古迹、旅游景点、革命遗址等)景点及管理机构的建筑用地

附录C 城乡用地分类和代码

城乡用地分类和代码

类别代码			类别名称	内　　容
大类	中类	小类		
H			建设用地	包括城乡居民点建设用地、区域交通设施用地、区域公用设施用地、特殊用地、采矿用地及其他建设用地等
	H1		城乡居民点建设用地	城市、镇、乡、村庄建设用地
		H11	城市建设用地	城市内的居住用地、公共管理与公共服务设施用地、商业服务业设施用地、工业用地、物流仓储用地、道路与交通设施用地、公用设施用地、绿地与广场用地
		H12	镇建设用地	镇人民政府驻地的建设用地
		H13	乡建设用地	乡人民政府驻地的建设用地
		H14	村庄建设用地	农村居民点的建设用地
	H2		区域交通设施用地	铁路、公路、港口、机场和管道运输等区域交通运输及其附属设施用地，不包括城市建设用地范围内的铁路客货运站、公路长途客货运站以及港口客运码头
		H21	铁路用地	铁路编组站、线路等用地
		H22	公路用地	国道、省道、县道和乡道用地及附属设施用地
		H23	港口用地	海港和河港的陆域部分，包括码头作业区、辅助生产区等用地
		H24	机场用地	民用及军民合用的机场用地，包括飞行区、航站区等用地，不包括净空控制范围用地
		H25	管道运输用地	运输煤炭、石油和天然气等地面管道运输用地，地下管道运输规定的地面控制范围内的用地应按其地面实际用途归类
	H3		区域公用设施用地	为区域服务的公用设施用地，包括区域性能源设施、水工设施、通信设施、广播电视设施、殡葬设施、环卫设施、排水设施等用地
	H4		特殊用地	特殊性质的用地
		H41	军事用地	专门用于军事目的的设施用地，不包括部队家属生活区和军民共用设施等用地
		H42	安保用地	监狱、拘留所、劳改场所和安全保卫设施等用地，不包括公安局用地
	H5		采矿用地	采矿、采石、采沙、盐田、砖瓦窑等地面生产用地及尾矿堆放地
	H9		其他建设用地	除以上之外的建设用地，包括边境口岸和风景名胜区、森林公园等的管理及服务设施等用地
E			非建设用地	水域、农林用地及其他非建设用地等
	E1		水域	河流、湖泊、水库、坑塘、沟渠、滩涂、冰川及永久积雪
		E11	自然水域	河流、湖泊、滩涂、冰川及永久积雪
		E12	水库	人工拦截汇集而成的总库容不小于10万 m^3 的水库正常蓄水位岸线所围成的水面
		E13	坑塘沟渠	蓄水量小于10万 m^3 的坑塘水面和人工修建用于引、排、灌的渠道

续表

类别代码			类别名称	内　　容
大类	中类	小类		
	E2		农林用地	耕地、园地、林地、牧草地、设施农用地、田坎、农村道路等用地
	E9		其他非建设用地	空闲地、盐碱地、沼泽地、沙地、裸地、不用于畜牧业的草地等用地

附录 D 城市建设用地分类和代码

城市建设用地分类和代码

类别代码			类别名称	内　　容
大类	中类	小类		
R			居住用地	住宅和相应服务设施的用地
	R1		一类居住用地	设施齐全、环境良好,以低层住宅为主的用地
		R11	住宅用地	住宅建筑用地及其附属道路、停车场、小游园等用地
		R12	服务设施用地	居住小区及小区级以下的幼托、文化、体育、商业、卫生服务、养老助残设施等用地,不包括中小学用地
	R2		二类居住用地	设施较齐全、环境良好,以多、中、高层住宅为主的用地
		R21	住宅用地	住宅建筑用地(含保障性住宅用地)及其附属道路、停车场、小游园等用地
		R22	服务设施用地	居住小区及小区级以下的幼托、文化、体育、商业、卫生服务、养老助残设施等用地,不包括中小学用地
	R3		三类居住用地	设施较欠缺、环境较差,以需要加以改造的简陋住宅为主的用地,包括危房、棚户区、临时住宅等用地
		R31	住宅用地	住宅建筑用地及其附属道路、停车场、小游园等用地
		R32	服务设施用地	居住小区及小区级以下的幼托、文化、体育、商业、卫生服务、养老助残设施等用地,不包括中小学用地
A			公共管理与公共服务设施用地	行政、文化、教育、体育、卫生等机构和设施的用地,不包括居住用地中的服务设施用地
	A1		行政办公用地	党政机关、社会团体、事业单位等办公机构及其相关设施用地
	A2		文化设施用地	图书、展览等公共文化活动设施用地
		A21	图书展览用地	公共图书馆、博物馆、档案馆、科技馆、纪念馆、美术馆和展览馆、会展中心等设施用地
		A22	文化活动用地	综合文化活动中心、文化馆、青少年宫、儿童活动中心、老年活动中心等设施用地

续表

类别代码			类别名称	内容
大类	中类	小类		
A	A3		教育科研用地	高等院校、中等专业学校、中学、小学、科研事业单位及其附属设施用地，包括为学校配建的独立地段的学生生活用地
		A31	高等院校用地	大学、学院、专科学校、研究生院、电视大学、党校、干部学校及其附属设施用地，包括军事院校用地
		A32	中等专业学校用地	中等专业学校、技工学校、职业学校等用地，不包括附属于普通中学内的职业高中用地
		A33	中小学用地	中学、小学用地
		A34	特殊教育用地	聋、哑、盲人学校及工读学校等用地
		A35	科研用地	科研事业单位用地
	A4		体育用地	体育场馆和体育训练基地等用地，不包括学校等机构专用的体育设施用地
		A41	体育场馆用地	室内外体育运动用地，包括体育场馆、游泳场馆、各类球场及其附属的业余体校等用地
		A42	体育训练用地	为体育运动专设的训练基地用地
	A5		医疗卫生用地	医疗、保健、卫生、防疫、康复和急救设施等用地
		A51	医院用地	综合医院、专科医院、社区卫生服务中心等用地
		A52	卫生防疫用地	卫生防疫站、专科防治所、检验中心和动物检疫站等用地
		A53	特殊医疗用地	对环境有特殊要求的传染病、精神病等专科医院用地
		A59	其他医疗卫生用地	急救中心、血库等用地
	A6		社会福利用地	为社会提供福利和慈善服务的设施及其附属设施用地，包括福利院、养老院、孤儿院等用地
	A7		文物古迹用地	具有保护价值的古遗址、古墓葬、古建筑、石窟寺、近代代表性建筑、革命纪念建筑等用地。不包括已作其他用途的文物古迹用地
	A8		外事用地	外国驻华使馆、领事馆、国际机构及其生活设施等用地
	A9		宗教用地	宗教活动场所用地
B			商业服务业设施用地	商业、商务、娱乐康体等设施用地，不包括居住用地中的服务设施用地
	B1		商业用地	商业及餐饮、旅馆等服务业用地
		B11	零售商业用地	以零售功能为主的商铺、商场、超市、市场等用地
		B12	批发市场用地	以批发功能为主的市场用地
		B13	餐饮用地	饭店、餐厅、酒吧等用地
		B14	旅馆用地	宾馆、旅馆、招待所、服务型公寓、度假村等用地
	B2		商务用地	金融保险、艺术传媒、技术服务等综合性办公用地
		B21	金融保险用地	银行、证券期货交易所、保险公司等用地
		B22	艺术传媒用地	文艺团体、影视制作、广告传媒等用地
		B29	其他商务用地	贸易、设计、咨询等技术服务办公用地

续表

类别代码 大类	类别代码 中类	类别代码 小类	类别名称	内　　容
B	B3		娱乐康体用地	娱乐、康体等设施用地
		B31	娱乐用地	剧院、音乐厅、电影院、歌舞厅、网吧以及绿地率小于65%的大型游乐等设施用地
		B32	康体用地	赛马场、高尔夫、溜冰场、跳伞场、摩托车场、射击场，以及通用航空、水上运动的陆域部分等用地
	B4		公用设施营业网点用地	零售加油、加气、电信、邮政等公用设施营业网点用地
		B41	加油加气站用地	零售加油、加气、充电站等用地
		B49	其他公用设施营业网点用地	独立地段的电信、邮政、供水、燃气、供电、供热等其他公用设施营业网点用地
	B9		其他服务设施用地	业余学校、民营培训机构、私人诊所、殡葬、宠物医院、汽车维修站等其他服务设施用地
M			工业用地	工矿企业的生产车间、库房及附属设施用地，包括专用铁路、码头和附属道路、停车场等用地，不包括露天矿用地
	M1		一类工业用地	对居住和公共环境基本无干扰、污染和安全隐患的工业用地
	M2		二类工业用地	对居住和公共环境有一定干扰、污染和安全隐患的工业用地
	M3		三类工业用地	对居住和公共环境有严重干扰、污染和安全隐患的工业用地
W			物流仓储用地	物资储备、中转、配送等用地，包括附属道路、停车场以及货运公司车队的站场等用地
	W1		一类物流仓储用地	对居住和公共环境基本无干扰、污染和安全隐患的物流仓储用地
	W2		二类物流仓储用地	对居住和公共环境有一定干扰、污染和安全隐患的物流仓储用地
	W3		三类物流仓储用地	易燃、易爆和剧毒等危险品的专用物流仓储用地
S			道路与交通设施用地	城市道路、交通设施等用地，不包括居住用地、工业用地等内部的道路、停车场等用地
	S1		城市道路用地	快速路、主干路、次干路和支路等用地，包括其交叉口用地
	S2		城市轨道交通用地	独立地段的城市轨道交通地面以上部分的线路、站点用地
	S3		交通枢纽用地	铁路客货运站、公路长途客运站、港口客运码头、公交枢纽及其附属设施用地
	S4		交通场站用地	交通服务设施用地，不包括交通指挥中心、交通队用地
		S41	公共交通场站用地	城市轨道交通车辆基地及附属设施，公共汽(电)车首末站、停车场(库)、保养场，出租汽车场站设施等用地，以及轮渡、缆车、索道等的地面部分及其附属设施用地
		S42	社会停车场用地	独立地段的公共停车场和停车库用地，不包括其他各类用地配建的停车场和停车库用地
	S9		其他交通设施用地	除以上之外的交通设施用地，包括教练场等用地

续表

类别代码			类别名称	内容
大类	中类	小类		
U			公用设施用地	供应、环境、安全等设施用地
	U1		供应设施用地	供水、供电、供燃气和供热等设施用地
		U11	供水用地	城市取水设施、自来水厂、再生水厂、加压泵站、高位水池等设施用地
		U12	供电用地	变电站、开闭所、变配电所等设施用地,不包括电厂用地。高压走廊下规定的控制范围内的用地应按其地面实际用途归类
		U13	供燃气用地	分输站、门站、储气站、加气母站、液化石油气储配站、灌瓶站和地面输气管廊等设施用地,不包括制气厂用地
		U14	供热用地	集中供热锅炉房、热力站、换热站和地面输热管廊等设施用地
		U15	通信用地	邮政中心局、邮政支局、邮件处理中心、电信局、移动基站、微波站等设施用地
		U16	广播电视用地	广播电视的发射、传输和监测设施用地,包括无线电收信区、发信区以及广播电视发射台、转播台、差转台、监测站等设施用地
	U2		环境设施用地	雨水、污水、固体废物处理等环境保护设施及其附属设施用地
		U21	排水用地	雨水泵站、污水泵站、污水处理、污泥处理厂等设施及其附属的构筑物用地,不包括排水河渠用地
		U22	环卫用地	生活垃圾、医疗垃圾、危险废物处理(置),以及垃圾转运、公厕、车辆清洗、环卫车辆停放修理等设施用地
	U3		安全设施用地	消防、防洪等保卫城市安全的公用设施及其附属设施用地
		U31	消防用地	消防站、消防通信及指挥训练中心等设施用地
		U32	防洪用地	防洪堤、防洪枢纽、排洪沟渠等设施用地
	U9		其他公用设施用地	除以上之外的公用设施用地,包括施工、养护、维修等设施用地
G			绿地与广场用地	公园绿地、防护绿地、广场等公共开放空间用地
	G1		公园绿地	向公众开放,以游憩为主要功能,兼具生态、美化、防灾等作用的绿地
	G2		防护绿地	具有卫生、隔离和安全防护功能的绿地
	G3		广场用地	以游憩、纪念、集会和避险等功能为主的城市公共活动场地

附录 E 划拨用地目录（国土资源部令第 9 号）

一、国家机关用地和军事用地

(一) 党政机关和人民团体用地
1. 办公用地
2. 安全、保密、通讯等特殊专用设施

(二) 军事用地
1. 指挥机关、地面和地下的指挥工程、作战工程
2. 营区、训练场、试验场
3. 军用公路、铁路专用线、机场、港口、码头
4. 军用洞库、仓库、输电、输油、输气管线
5. 军用通信、通讯线路、侦察、观测台站和测量、导航标志
6. 国防军品科研、试验设施
7. 其他军事设施

二、城市基础设施用地和公益事业用地

(三) 城市基础设施用地
1. 供水设施：包括水源地、取水工程、净水厂、输配水工程、水质检测中心、调度中心、控制中心
2. 燃气供应设施：包括人工煤气生产设施、液化石油气气化站、液化石油气储配站、天然气输配气设施
3. 供热设施：包括热电厂、热力网设施
4. 公共交通设施：包括城市轻轨、地下铁路线路、公共交通车辆停车场、首末站（总站）、调度中心、整流站、车辆保养场
5. 环境卫生设施：包括雨水处理设施、污水处理厂、垃圾（粪便）处理设施、其他环卫设施
6. 道路广场：包括市政道路、市政广场
7. 绿地：包括公共绿地（住宅小区、工程建设项目的配套绿地除外）、防护绿地

(四) 非营利性邮政设施用地
1. 邮件处理中心、邮政支局（所）
2. 邮政运输、物流配送中心
3. 邮件转运站
4. 国际邮件互换局、交换站
5. 集装容器（邮袋、报皮）维护调配处理场

(五) 非营利性教育设施用地

1. 学校教学、办公、实验、科研及校内文化体育设施
2. 高等、中等、职业学校的学生宿舍、食堂、教学实习及训练基地
3. 托儿所、幼儿园的教学、办公、园内活动场地
4. 特殊教育学校(盲校、聋哑学校、弱智学校)康复、技能训练设施

(六) 公益性科研机构用地

1. 科学研究、调查、观测、实验、试验(站、场、基地)设施
2. 科研机构办公设施

(七) 非营利性体育设施用地

1. 各类体育运动项目专业比赛和专业训练场(馆)、配套设施(高尔夫球场除外)
2. 体育信息、科研、兴奋剂检测设施
3. 全民健身运动设施(住宅小区、企业单位内配套的除外)

(八) 非营利性公共文化设施用地

1. 图书馆
2. 博物馆
3. 文化馆
4. 青少年宫、青少年科技馆、青少年(儿童)活动中心

(九) 非营利性医疗卫生设施用地

1. 医院、门诊部(所)、急救中心(站)、城乡卫生院
2. 各级政府所属的卫生防疫站(疾病控制中心)、健康教育所、专科疾病防治所(站)
3. 各级政府所属的妇幼保健所(院、站)、母婴保健机构、儿童保健机构、血站(血液中心、中心血站)

(十) 非营利性社会福利设施用地

1. 福利性住宅
2. 综合性社会福利设施
3. 老年人社会福利设施
4. 儿童社会福利设施
5. 残疾人社会福利设施
6. 收容遣送设施
7. 殡葬设施

三、国家重点扶持的能源、交通、水利等基础设施用地

(十一) 石油天然气设施用地

1. 油(气、水)井场及作业配套设施

2. 油(气、汽、水)计量站、转接站、增压站、热采站、处理厂(站)、联合站、注水(气、汽、化学助剂)站、配气(水)站、原油(气)库、海上油气陆上终端

3. 防腐、防砂、钻井泥浆、三次采油制剂厂(站)材料配制站(厂、车间)、预制厂(车间)

4. 油(气)田机械、设备、仪器、管材加工和维修设施

5. 油、气(汽)、水集输和传输管道、专用交通运输设施

6. 油(气)田物资仓库(站)、露天货场、废旧料场、成品油(气)库(站)、液化气站

7. 供排水设施、供配电设施、通讯设施

8. 环境保护检测、污染治理、废旧料(物)综合处理设施

9. 消防、安全、保卫设施。

(十二) 煤炭设施用地

1. 矿井、露天矿、煤炭加工设施,供伴生矿物开采与加工场地

2. 矿井通风、抽放瓦斯、煤层气开采、防火灌浆、井下热害防治设施

3. 采掘场与疏干设施(含控制站)

4. 自备发电厂、热电站、输变电设施

5. 矿区内煤炭机电设备、仪器仪表、配件、器材供应与维修设施

6. 矿区生产供水、供电、燃气、供气、通讯设施

7. 矿山救护、消防防护设施

8. 中心试验站

9. 专用交通、运输设施

(十三) 电力设施用地

1. 发(变)电主厂房设施及配套库房设施

2. 发(变)电厂(站)的专用交通设施

3. 配套环保、安全防护设施

4. 火力发电工程配电装置、网控楼、通信楼、微波塔

5. 火力发电工程循环水管(沟)、冷却塔(池)、阀门井水工设施

6. 火力发电工程燃料供应、供热设施,化学楼、输煤综合楼,启动锅炉房、空压机房

7. 火力发电工程乙炔站、制氢(氧)站,化学水处理设施

8. 核能发电工程应急给水储存室、循环水泵房、安全用水泵房、循环水进排水口及管沟、加氯间、配电装置

9. 核能发电工程燃油储运及油处理设施

10. 核能发电工程制氢站及相应设施

11. 核能发电工程淡水水源设施,净水设施、污水、废水处理装置

12. 新能源发电工程电机,厢变、输电(含专用送出工程)、变电站设施,资源观测设施

13. 输配电线路塔(杆)、巡线站、线路工区,线路维护、检修道路

14. 变(配)电装置,直流输电换流站及接地极

15. 输变电、配电工程给排水、水处理等水工设施

16. 输变电工区、高压工区

(十四) 水利设施用地

1. 水利工程用地：包括挡水、泄水建筑物、引水系统、尾水系统、分洪道及其附属建筑物，附属道路、交通设施，供电、供水、供风、供热及制冷设施
2. 水库淹没区
3. 堤防工程
4. 河道治理工程
5. 水闸、泵站、涵洞、桥梁、道路工程及其管护设施
6. 蓄滞洪区、防护林带、滩区安全建设工程
7. 取水系统：包括水闸、堰、进水口、泵站、机电井及其管护设施
8. 输(排)水设施(含明渠、暗渠、隧道、管道、桥、渡槽、倒虹、调蓄水库、水池等)、压(抽、排)泵站、水厂
9. 防汛抗旱通信设施，水文、气象测报设施
10. 水土保持管理站、科研技术推广所(站)、试验地设施

(十五) 铁路交通设施用地

1. 铁路线路、车站及站场设施
2. 铁路运输生产及维修、养护设施
3. 铁路防洪、防冻、防雪、防风沙设施(含苗圃及植被保护带)、生产防疫、环保、水保设施
4. 铁路给排水、供电、供暖、制冷、节能、专用通信、信号、信息系统设施
5. 铁路轮渡、码头及相应的防风、防浪堤、护岸、栈桥、渡船整备设施
6. 铁路专用物资仓储库(场)
7. 铁路安全守备、消防、战备设施

(十六) 公路交通设施用地

1. 公路线路、桥梁、交叉工程、隧道和渡口
2. 公路通信、监控、安全设施
3. 高速公路服务区(区内经营性用地除外)
4. 公路养护道班(工区)
5. 公路线路用地界外设置的公路防护、排水、防洪、防雪、防波、防风沙设施及公路环境保护、监测设施

(十七) 水路交通设施用地

1. 码头、栈桥、防波堤、防沙导流堤、引堤、护岸、围堰水工工程
2. 人工开挖的航道、港池、锚地及停泊区工程
3. 港口生产作业区
4. 港口机械设备停放场地及维修设施

5. 港口专用铁路、公路、管道设施
6. 港口给排水、供电、供暖、节能、防洪设施
7. 水上安全监督（包括沿海和内河）、救助打捞、港航消防设施
8. 通讯导航设施、环境保护设施
9. 内河航运管理设施、内河航运枢纽工程、通航建筑物及管理维修区

(十八) 民用机场设施用地

1. 机场飞行区
2. 公共航空运输客、货业务设施：包括航站楼、机场场区内的货运库（站）、特殊货物（危险品）业务仓库
3. 空中交通管理系统
4. 航材供应、航空器维修、适航检查及校验设施
5. 机场地面专用设备、特种车辆保障设施
6. 油料运输、中转、储油及加油设施
7. 消防、应急救援、安全检查、机场公用设施
8. 环境保护设施：包括污水处理、航空垃圾处理、环保监测、防噪声设施
9. 训练机场、通用航空机场、公共航运机场中的通用航空业务配套设施

四、法律、行政法规规定的其他用地

(十九) 特殊用地

1. 监狱
2. 劳教所
3. 戒毒所、看守所、治安拘留所、收容教育所

附录 F 限制用地项目目录（2012 年版）

一、党政机关新建办公楼项目

1. 中央直属机关、国务院各部门、省（区、市）及计划单列市党政机关新建办公楼项目：须经国务院批准
2. 中央和国家机关所属机关事业单位新建办公楼项目：须经国家发展改革委批准（使用中央预算内投资 7000 万元以上的，须经国务院批准）
3. 省直厅（局）级单位和地、县级党政机关新建办公楼项目：须经省级人民政府批准
4. 地、县级党政机关直属单位和乡镇党政机关新建办公楼项目：须经地级人民政府（行署）批准

二、城市主干道路项目

用地红线宽度（包括绿化带）不得超过下列标准：小城市和建制镇 40m，中等城市 55m，大城市 70m。200 万人口以上特大城市主干道路确需超过 70m 的，城市总体规划中应有专项说明

三、城市游憩集会广场项目

用地面积不得超过下列标准：小城市和建制镇 $1hm^2$，中等城市 $2hm^2$，大城市 $3hm^2$，200 万人口以上特大城市 $5hm^2$

四、住宅项目

1. 宗地出让面积不得超过下列标准：小城市和建制镇 $7hm^2$，中等城市 $14hm^2$，大城市 $20hm^2$
2. 容积率不得低于 1.0（含 1.0）

五、农林业项目

1. 普通刨花板、高中密度纤维板生产装置不得低于以下规模：单线 5 万 m^3/a
2. 木质刨花板生产装置不得低于以下规模：单线 3 万 m^3/a
3. 松香生产不得低于以下规模：1000t/a
4. 一次性木制品与木制包装的生产和使用：不得以优质林木为原料；木竹加工项目：木竹加工综合利用率不得偏低
5. 胶合板和细木工板生产线：不得低于 1 万 m^3/a

6. 根雕制造：不得以珍稀植物为原料
7. 珍贵濒危野生动植物加工：不得以野外资源为原料

六、黄金项目

1. 独立氰化不得低于以下标准：日处理金精矿100t，原料自供能力50%
2. 独立黄金选矿厂不得低于以下标准：日处理矿石200t，配套采矿系统
3. 火法冶炼不得低于以下规模：日处理金精矿100t
4. 独立堆浸场不得低于以下规模：东北、华北、西北地区年处理矿石10万t，华东、中南、西南年处理矿石20万t
5. 采选不得低于以下规模：日处理岩金矿石100t
6. 砂金开采不得低于以下规模：年处理砂金矿砂30万m^3

七、其他项目

下列项目禁止占用耕地，亦不得通过先行办理城市分批次农用地转用等形式变相占用耕地。

1. 机动车交易市场、家具城、建材城等大型商业设施项目
2. 大型游乐设施、主题公园（影视城）、仿古城项目
3. 大套型住宅项目（指单套住房建筑面积超过144m^2的住宅项目）
4. 赛车场项目
5. 公墓项目
6. 机动车训练场项目

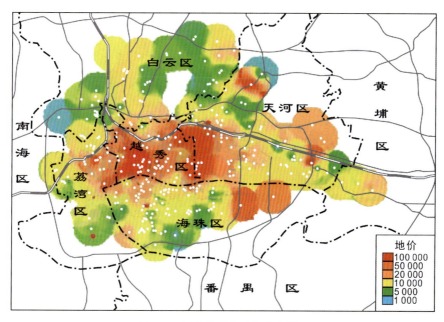

图 3-2 某城市现状地价分布模拟

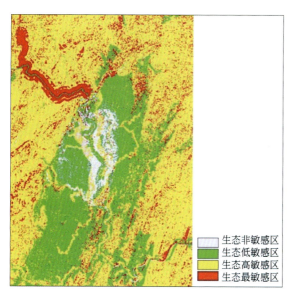

图 3-8 综合评价结果

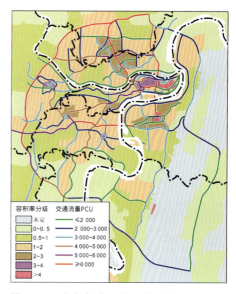

图 3-10 重庆主城区主要道路交通流量及用地开发强度叠加

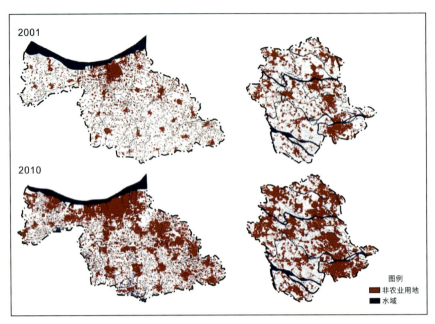

图 3-11　2001—2010 年江阴、顺德的非农用地扩张

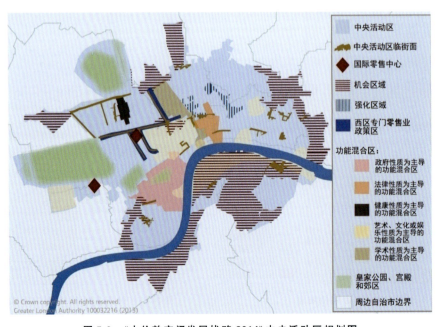

图 5-6　《大伦敦空间发展战略 2014》中央活动区规划图

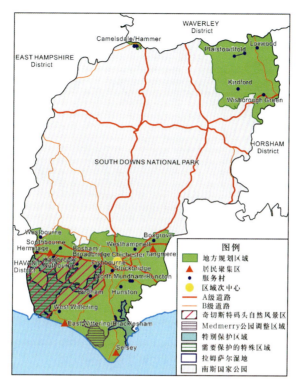

图 5-8 奇切斯特的规划示意图

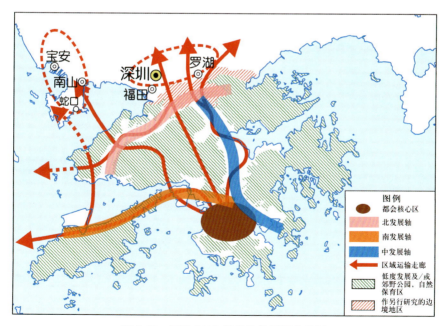

图 5-13 香港 2030 策略性发展概念计划

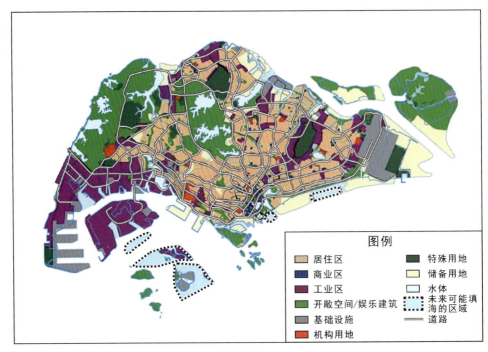

图 5-17 新加坡的概念规划(2011 年)

图 5-19 万礼(Mandai)城市规划区总体规划平面图

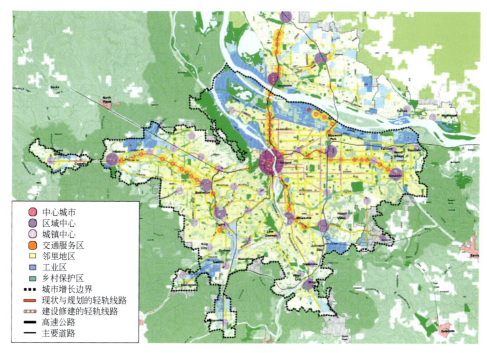

图 7-6 波特兰都市区的城市增长边界

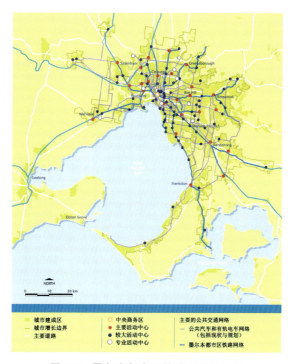

图 7-7 墨尔本都市区的城市增长边界

图 7-14　北京市中心城区多中心结构

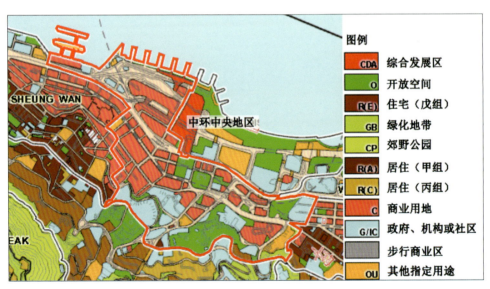

图 8-3　香港中环商业区分区大纲计划图

按规划实施区域

违反规划区域

图 9-1 广州市城市总体规划(2001—2010 年)实施情况

图 9-1 （续）